ETHIK · PRAKTISCHE PHILOSOPHIE

W0282331

Sich *orientieren* 9/10

Klaus Blesenkemper
Helmut Engels
Brigitte Philipp
Volker Steenblock
Gerhild Tesak

Bayerischer Schulbuch Verlag

ETHIK · PRAKTISCHE PHILOSOPHIE

Sich *orientieren* 9/10

Erarbeitet von
Klaus Blesenkemper, Gymnasiallehrer, Dülmen
Helmut Engels, Gymnasiallehrer und Fachleiter, Krefeld
Brigitte Philipp, Realschullehrerin, Warendorf
Volker Steenblock, Gymnasiallehrer und Privatdozent, Münster/Bochum
Gerhild Tesak, Fachdidaktikerin für Ethik/Philosophie, Basel

1. Auflage 2002 R E
Druck 06 05
Die letzte Zahl bezeichnet das Jahr des Drucks.

Alle Drucke dieser Auflage sind untereinander unverändert
und im Unterricht nebeneinander verwendbar.

Lektorat: Joachim Siebert, Hannover
Zeichnungen: Otto Wiezorek
Umschlaggestaltung: Lutz Siebert-Wendt, unter Verwendung einer Karte
aus „Atlas der Erlebniswelten", © Eichborn Verlag, Frankfurt/M. 2000
Typographie, Satz und Gestaltung: Jesse Konzept & Text, Elke Rößler, Hannover
Druck: R. Oldenbourg Graph. Betriebe GmbH, Kirchheim b. München

ISBN 3-7627-**7125**-1

Gefühle geben zu denken

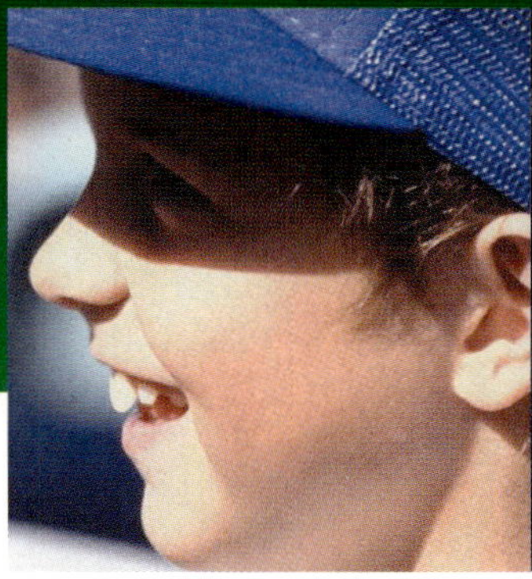

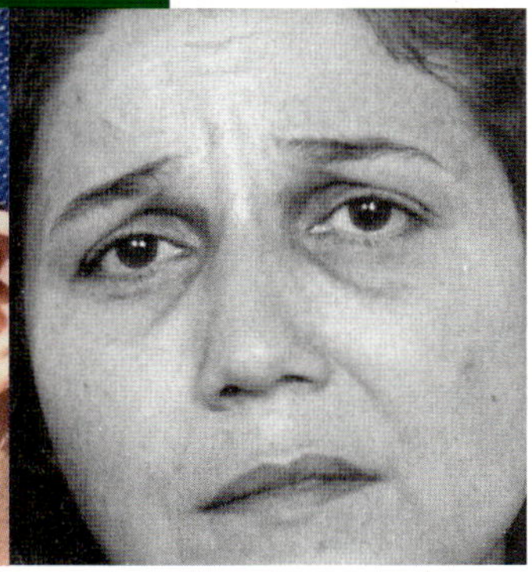

Wer bin ich – und wenn ja, wie viele?

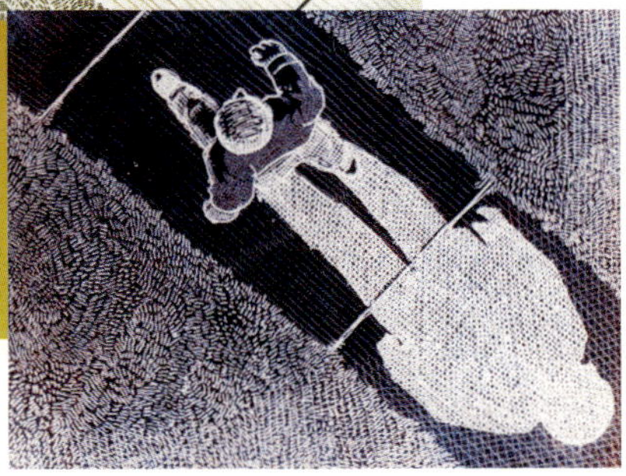

Freunde finden – Partner sein

Handeln aus Verantwortung

*WERT*sachen

Gerechtigkeit – (k)ein Kinderspiel?

Mit Technik leben

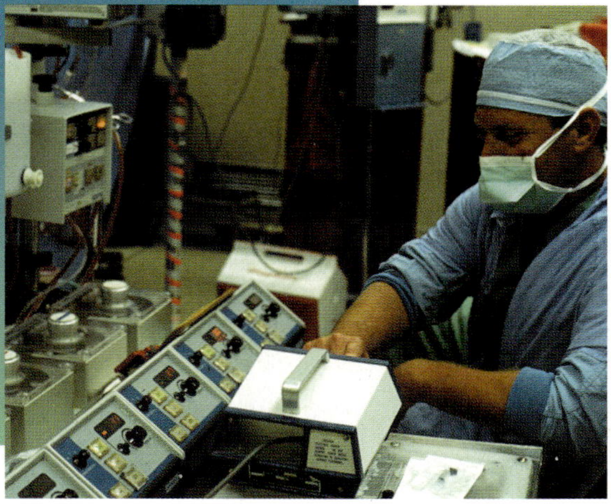

Alles nur Ansichtssache?

Die neuen Medien: künstliche Paradiese?

Tod und Sterben gehören zum Leben

Zum Glück gibt es das Glück

Ist doch logisch, oder? – Ein Briefwechsel

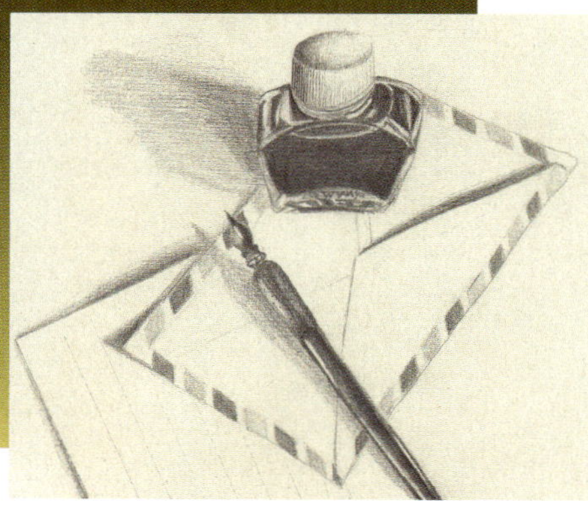

Anhang

Liebe Schülerinnen und Schüler,

dieses Schulbuch heißt „Sich orientieren". Es ist nötig, sich zu orientieren, wenn man einen Weg sucht, einen Platz ausfindig machen will oder seinen eigenen Standpunkt bestimmen möchte. Bei diesen Vorhaben kann und möchte das Buch Hilfestellung geben. So wie eine Landkarte Orientierungshilfe sein kann, so bieten die einzelnen Kapitel Möglichkeiten des Sich-Zurechtfindens an: in der Welt der Gefühle, in der Begegnung mit dem eigenen Ich und den Anderen, in dem weiten Raum der Ideen, Gedanken, Weltanschauungen.
Bilder, Texte, Ideen und Anregungen in den einzelnen Kapiteln wollen den Zielen und Aufgaben der Fächer

„Ethik",
„Praktische Philosophie"

dienen. In diesen Fächern, so unterschiedlich die Namen in den einzelnen Bundesländern auch sein mögen, geht es ja darum, vom Sehen, Beobachten und Staunen über das Kennenlernen, Unterscheiden und Sichten zur eigenen Beurteilungs- und Handlungsfähigkeit zu gelangen. Für solche sicherlich hohen Ziele kann ein Schulbuch eine Hilfsmöglichkeit unter anderen sein.

Als Orientierungshilfe für die Arbeit mit dem Buch solltet ihr Folgendes wissen:
Jedes Kapitel beginnt mit einer Eröffnungsseite: Sie stellt das Thema des Kapitels vor, will gleichzeitig aber auch schon anregen zum Nachdenken, zum Gespräch, vielleicht zum Erforschen einiger Zusammenhänge; vielleicht macht sie aber auch „nur" neugierig auf die folgenden Seiten. Die zweite Doppelseite jedes Kapitels trägt die Überschrift „Sich orientieren und planen". Sie bietet Impulse zur eigenständigen Planung, wie man sich das Thema erarbeiten kann. Die weiteren Doppelseiten des Kapitels bilden zumeist eine thematische Einheit.

Neben Erklärungen, Anregungen und Aufgabenstellungen tauchen in der Randspalte manchmal kleine Figuren auf, die wir „Skeptika" oder „Skeptiko" genannt haben. Wie die Namengebung vermuten lässt, wollen die beiden auch eure Skepsis wecken: „Ist es wirklich so, wie es dort geschrieben steht oder wie jemand etwas gesagt hat?" Diese skeptische Grundhaltung soll dafür sorgen, dass eure „Orientierung" nicht zu schnell vonstatten geht oder zu schnell festgelegt ist.

Wie wünschen euch, dass ihr bei der Entdeckungsreise durch die Kapitel eine Ahnung davon bekommt, wo „der Weg langgehen könnte", dass ihr spannende Erfahrungen macht und viel Neues kennen lernt.

Verlag und Autoren

Gefühle geben zu denken

Wut, Zorn, Jähzorn, Empörung, Erbitterung – Aggressivität, Hass, Feindseligkeit, Antipathie – Ärger, Gereiztheit, Verdruss, Missmut, Unmut – Trotz, Grimm, Ingrimm, Groll, Verachtung, Geringschätzung, Hochmut, Arroganz – Spott, Hohn, Rache, Schadenfreude, Häme, Niedertracht, Eigennutz, Selbstsucht – Unhöflichkeit, Unanständigkeit, Rüdheit, Rauheit, Derbheit, Grobheit, Wildheit – Widerborstigkeit, Störrigkeit, Bockigkeit, Unwirschheit – Härte, Strenge, Sadismus, Grausamkeit – Mut,
Tapferke- it, Kühnheit, Wagemut, Edelmut – Zä-
higkeit, Ehrgeiz, Geduld, Hartnäckigkeit, Verläss-
lichkeit, Unerschütterlichkeit

Angst, Fu rcht, Grauen, Horror,
Panik – B angigkeit, Ängstlichkeit,
Unsicherhe it – Sorge, Besorgtheit –
Misstraue n, Scheu, Schüchternheit,
Verlegenh eit, Befangenheit – Mut-
losigkeit,
Kleinmut, Feigheit, Un terwürfigkeit, Servilität

Lächeln echter Freude?

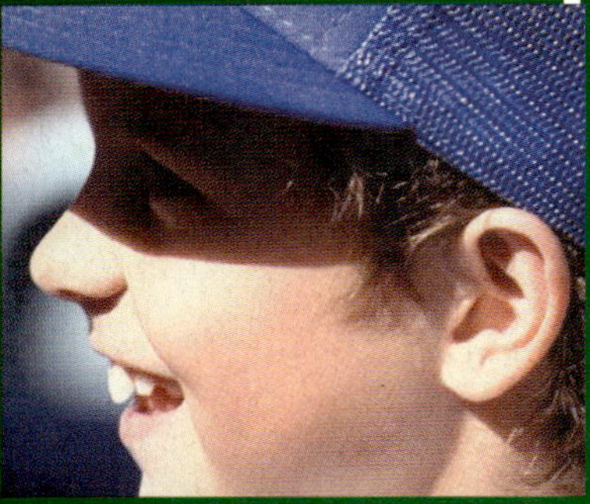

Trauer, Traurigkeit, Nie dergeschla-
genheit, Schwermut, M elancholie,
Depression – Gram, Ku mmer, Leid,
Schmerz, Jammer, Klag haftigkeit,
Weinerlichkeit, Verzagt heit, Erge-
benheit – Unmut, Miss mut, Unbe-
hagen, Trübsinn, Düsterheit, Vergrämtheit, Ver drossenheit,
Beklemmung, Pessimismus – Verschlossenheit, Bedrückt-
heit – Unlust, Gleichgültigkeit, Apathie, Langeweile – Scham, Reue, Demut, Erniedrigung, Zerknirschung, Schuldgefühl, Enttäuschung, Frustration, Überdruss, Bitterkeit – Wehmut, Nostalgie, Sehnsucht, Heimweh

Freude, Glück, Seligkeit – Lust, Entzücken, Wollust, Verzückung, Verklärung, Ekstase – Verliebtheit, Zärtlichkeit, Zuneigung, Liebe, Dankbarkeit, Großmut – Anmut, Heiterkeit, Lieblichkeit, Frohmut,

Was sagen mir diese Augen?

Lustigkeit, Vergnügtheit, Fröhlichkeit, Leichtsinn, Übermut, Überschwang, Albernheit, Ausgelassenheit – Gehobenheit, Festlichkeit, Hochgefühl, Optimismus, Euphorie, Begeisterung, Jubel, Stolz, Triumph – Zufriedenheit, Entspanntheit, Gelöstheit, Behaglichkeit, Ruhe, Muße, Gelassenheit, Gleichmut, Lässigkeit, Gefasstheit – Zutraulichkeit, Vertrauen, Achtung, Bewunderung, Verehrung, Ehrfurcht, Andächtigkeit, Ernst, Feierlichkeit, Tiefsinn – Mitleid, Mitgefühl, Sympathie, Empathie, Milde, Sanftmut, Erbarmen, Barmherzigkeit, Feinfühligkeit, Empfindlichkeit, Zartheit

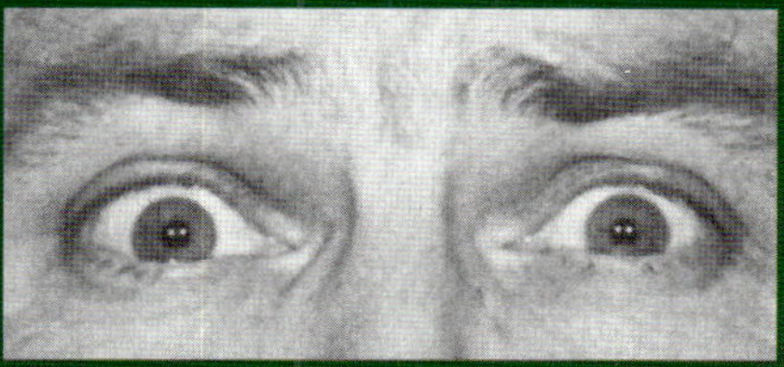

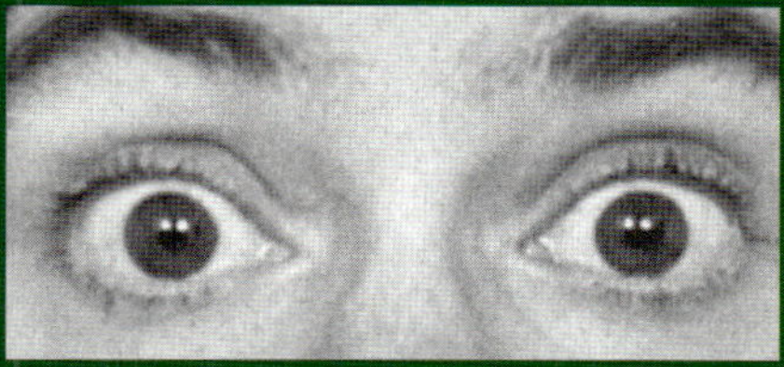

Interesse, Aufmerksamkeit, Neugier – Erwartung, Hoffnung, Zuversicht – Aufregung, Ungeduld, Erregung, Spannung – Appetenz, Hunger, Verlangen, Begehren, Gier, Begierde, Geilheit, Leidenschaft, Passion – Erstaunen, Überraschung, Verwunderung, Verblüffung, Perplexität, Schreck

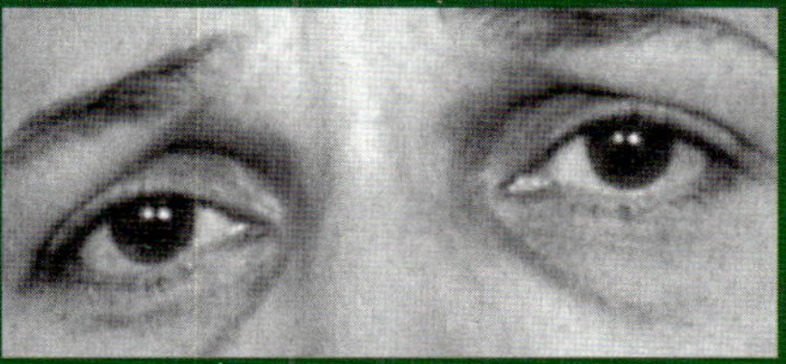

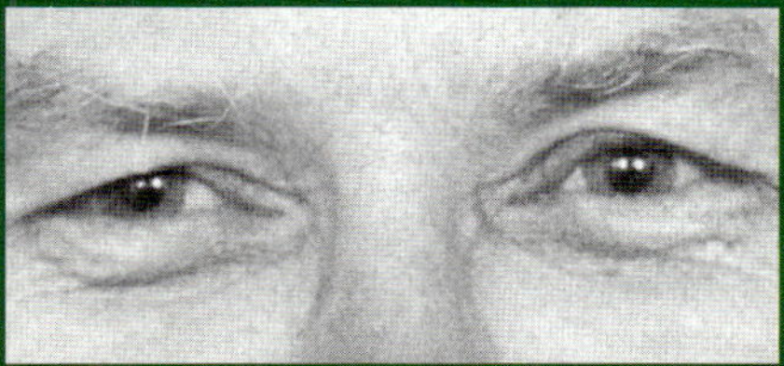

Ekel, Abscheu, Grausen – Zweifel, Ambivalenz –Wankelmut, Flatterhaftigkeit, Rauschhaftigkeit – Oberflächlichkeit, Sorglosigkeit, Nachlässigkeit, Verspieltheit, Leichtsinn – Distanzlosigkeit, Dreistigkeit – Nachdenklichkeit, Staunigkeit, Versunkenheit, Verstörtheit, Verwirrtheit, Verschrobenheit, Fanatismus, Besessenheit – Knorrigkeit, Skurrilität, Rigidität

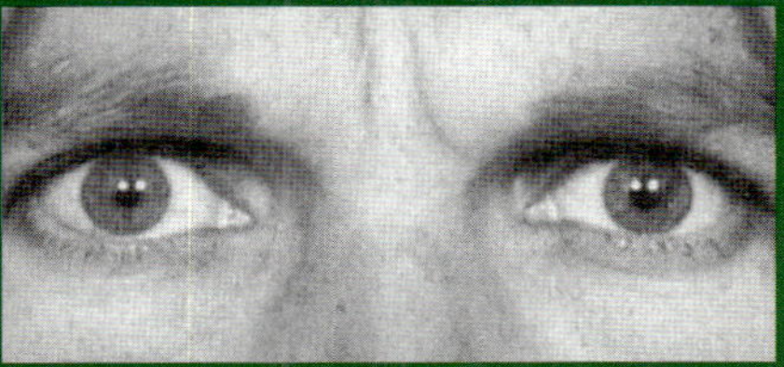

Das *auch* noch / auch *das* noch:

1. Blutdruck steigt; 2. enge Pupillen; 3. fahl im Gesicht; 4. Falten auf der Stirn; 5. Gänsehaut; 6. Gefühl der Enge in der Brust; 7. Glanz in den Augen; 8. Herzjagen; 9. Herzklopfen; 10. Kloß im Hals; 11. Krähenfüße an den Augen; 12. Lächeln; 13. Lachen; 14. Röte steigt ins Gesicht; 15. Schweiß auf der Stirn; 16. stoßende Atmung; 17. vermehrtes Schwitzen; 18. Weinen; 19. weite Pupillen; 20. Zittern

Bei welchen Gefühlen?

Gefühle geben zu denken

Was ich still bei mir *denke*, das ist mein Geheimnis; aber was ich *fühle*, das wird manchmal auch **anderen** sichtbar. Vor allem mein **Gesicht,** es kann zum Spiegel meiner Gefühlswelt werden. Man sieht es mir an, ob ich mich freue oder traurig bin, ob ich wütend bin oder mich schäme. Das ist manchmal schön, aber nicht immer! Unangenehm genug, wenn ich mich schäme, aber dass ich dann auch noch knallrot werde ... Wieso dringt gerade dieser Teil aus meinem Inneren nach außen? Kann ich etwas dagegen tun? Soll man überhaupt etwas dagegen tun? – Aber nicht nur, dass die Gefühle *sichtbar* werden, dass sie überhaupt *da* sind, das empfinde ich mal positiv, mal negativ. Wenn ich mich freue, freue ich mich. Aber wenn ich beispielsweise einen „Wutanfall" bekomme, ärgere ich mich über mich selbst. Bei diesem Gefühl – habe ich ein schlechtes Gefühl. Manchmal fühle mich auch erleichtert. – Bei einigen Gefühlen habe ich das Gefühl, ohnmächtig zu sein. Wenn ich lachen muss, kann ich mich kaum bremsen. Mein **Körper** macht dann, was er will, und ich stecke auch noch die anderen mit meinem Lachen an! – Woher weiß eigentlich mein Körper, dass ich gerade über einen Witz **nachdenke?** Wer sagt meiner **Hand,** dass sie sich bei Wut ballen soll? Und wenn ich traurig bin: Woher wissen meine **Augen** von meinen Gefühlen und vergießen Tränen?
Diese Gedanken und Fragen machen deutlich: Gefühle bieten genügend Anlass zum Überlegen.

Kurz: GEFÜHLE GEBEN ZU DENKEN.

Bei Gefühlen wirkt vieles zusammen, und sie bewegen uns! Vielleicht lässt sich ein Gefühl vergleichen mit einem

Propeller.

Wenn sich seine Flügel schnell drehen, erzeugt er an Flugzeugen oder Schiffen viel Schubkraft, ...

... aber dann kann man die einzelnen Propellerflügel nicht mehr unterscheiden. Halten wir unseren Gefühlspropeller einmal an, dann sehen wir genauer, was sich bei uns ‚dreht' und ‚bewegt', zum Beispiel in der

Wut.

- Sieht dein Wut-Propeller auch so aus?
  Hast du vielleicht in unterschiedlichen Wutsituationen unterschiedliche Propeller?
- Vergleicht eure Wut-Propeller. Welche Namen könnte man den Flügeln geben?
  Welche Aspekte des Gefühls verdeutlichen sie?

GEFÜHLE GEBEN ZU DENKEN. – Das hat noch eine ganz andere Bedeutung: Der Mediziner Thomas Hülshoff erläutert: „Stimmungen legen die Welt aus. Wir betrachten die Welt im Licht unserer Emotionen und bewerten die Geschehnisse, die uns widerfahren."
Man ist glücklich, vielleicht verliebt, und alles erscheint in einem ‚rosa Licht'.
Gerade die Gefühle sind es, die dadurch dem Denken etwas geben.
In diesem Kapitel geht es um wichtige Gefühle wie **Wut** (siehe links), **Angst** und **Scham** sowie um Gefühle, die mit **Lachen** und **Weinen** verbunden sind. Bei allen Gefühlen spielen alle fünf Aspekte eine Rolle, aber mit unterschiedlichem Gewicht.

- Welche Gefühle haltet ihr für rätselhaft oder wichtig?
- Welche wollt ihr daher näher untersuchen?
- Welche Gefühlsäußerungen hängen mit welchen Gefühlen zusammen?

Bei Gefühlen geht es um uns selbst, da sind wir Experten, sozusagen Experten in der eigenen Sache. Die folgende Gedanken- und Schreibtechnik – entlehnt aus modernen Romanen – soll helfen, diesen Expertenblick zu schärfen und das Erblickte auch anderen mitteilbar zu machen.

Gedankenstromtechnik

1. Schalte alle üblichen Filter zwischen Denken und Schreiben aus: Das heißt: Rechtschreibung, Grammatik und Zeichensetzung spielen *hier* keine Rolle.
2. Öffne dein inneres Auge und dein inneres Ohr. Sieh und höre dir selbst genau zu.
3. Notiere den Strom der Gedanken und Vorstellungen, wie er dir bei dem jeweiligen Beispiel in den Sinn kommt. Verwende dazu – ohne Punkt und Komma – einzelne Wörter, Wortgruppen oder kleine Sätze.

Kleines Beispiel: „Überraschendes Wiedersehen am Bahnhof"
endlich wochenende • halt • das gibt's doch gar nicht • das ist doch • diese haare • oder doch nicht? • klar • Conni • mindestens zwei jahre ist das her • sie ansprechen? • ist mir bestimmt noch böse • wegen Peter • könnte mich noch heute ohrfeigen! • nein • zum glück • sie lächelt

In einem **Schlussteil** **(S. 28-29)** geht es um das Zusammenspiel der fünf Aspekte von Gefühl **im Gehirn.** Das Thema kann auch in Verbindung mit dem **Biologie-Unterricht** vertieft werden.

- Die Journalistin **Anne-Bärbel Köhle** wendet sich in ihrem Buch „Wut lass nach!" (1998) an erwachsene Frauen und gibt ihnen Ratschläge für einen sinnvollen Umgang mit Ärger und Wut.

Aupair-Mädchen: Mädchen, das im Ausland gegen Unterkunft, Verpflegung und Taschengeld in einer Familie arbeitet
süffisant: selbstgefällig
Chauvi: ein Mann, der sich den Frauen überlegen fühlt und sie entsprechend herabwürdigend behandelt

1 Welche Gründe nennt A.-B. Köhle für eine genauere Auseinandersetzung mit Ärger und Wut? Welche weiteren Gründe könnte es noch geben?

2 Beschreibe – ähnlich wie die wütende Mutter – eine Wutsituation aus deiner eigenen Erfahrung. In der Ich-Perspektive kannst du auch noch genauer die inneren Vorgänge erfassen.
Wichtiger Hinweis: Beschreibe nur einen Ärger oder einen Wutausbruch, der dich jetzt nicht mehr berührt. Nur so kannst du in Ruhe und mit Abstand darüber nachdenken. Beachte die Grundregeln für Rollenspiele auf S. 69.

3 Stellt euch in kleinen Gruppen gegenseitig eure Wutbeschreibungen vor.

Wenn der Mutter die Hutschnur reißt – Teufelskreis der Wut

Es wäre so schön: Die lieben Kinder spielen brav miteinander im Garten. Kein Streit, kein Schulstress, keine frechen Manieren. Der zuvorkommende Ehemann kommt nach einem erfüllten Arbeitstag pünktlich nach Hause und macht sich sogleich im Haushalt nützlich. Auch in Ihrem Job läuft alles bestens, die Kollegen sind freundlich und fair. Sie haben keine finanziellen Sorgen, dafür aber ein eigenes Häuschen, einen schicken Wagen und genug Reserven, um einmal im Jahr mit der Familie in Urlaub zu fahren.

Aber so ist es eben nicht: Ihr Aupair-Mädchen hat Sie versetzt, Ihre Kinder kommen heulend, Ihr Mann viel zu spät und natürlich total erschöpft nach Hause. Wieder sind Sie nicht bei Ihrer Mutter vorbeigefahren, die Reinigung hatte schon zu, als Sie Ihre Kleider abholen wollten, das Abendessen ist Ihnen angebrannt, auf Ihrem Schreibtisch stapeln sich die Mahnungen, und Ihre Kollegen haben Sie süffisant gefragt, ob Sie eigentlich auch mal wieder pünktlich zur Arbeit kommen wollen.

Die Folge: Irgendwann – oft für alle Beteiligten gänzlich unvorbereitet – reißt Ihnen die Hutschnur. Dann schreien Sie Ihre Kinder an oder schlagen sie sogar, machen Ihrem Partner eine Szene oder brechen mit Ihren alternden Eltern eine Grundsatzdiskussion vom Zaun, sagen sich von Ihren Geschwistern los, geigen den Kollegen die Meinung.

Effekt? Null komma null. Die Kinder bleiben frech, der Mann weiterhin ein Haushaltsmuffel, die Eltern zeigen sich völlig unbeeindruckt, und die Kollegen bleiben die Erz-Chauvis, die sie schon immer gewesen sind.

Was bleibt nach einem unkontrollierten Wutausbruch? Das peinliche Gefühl, sich nicht im Griff gehabt zu haben, der Schwächere gewesen zu sein. Hilflosigkeit gemischt mit Scham und einem schalen Geschmack im Mund – besonders dann, wenn der Gegner ruhig geblieben ist.

[...] Ein Teufelskreis – dem Sie jedoch entrinnen können! Dann nämlich, wenn man sich die Mechanismen der Wut klar macht. Wut ist beileibe nicht nur Temperamentssache, sie hängt vor allem zusammen mit früheren Erlebnissen, mit dem familiären Hintergrund und mit Ängsten, die tief in uns sitzen. Wut muss sich nicht zwangsläufig nach außen richten, sie kann sich auch gegen uns selbst richten [...].

Wenn wir Wut in uns aufsteigen spüren, kann das bedeuten, dass wir an der Grenze unserer Kraft angelangt sind, dass es Zeit wird, an uns selbst zu denken. Wenn wir ans heiße Bügeleisen langen, zwingt uns der Schmerz, die Hand zurückzuziehen. So wie der Schmerz den Körper, beschützt die Wut unsere Psyche, unser Inneres, vor Verletzungen.

Deshalb ist es wichtig zu wissen, warum wir wütend geworden sind. Wenn wir die Gründe unserer Aggressionen kennen, können wir die Ursache für unsere Wut beseitigen.

Anne-Bärbel Köhle

4 Anne-Bärbel Köhle behauptet, das Wissen um die Gründe der Wut helfe, die Ursache für die Wut zu beseitigen. Fragt euch anhand eurer Wutbeispiele, ob das stimmen könnte.

Der Wut-Zyklus

Unserer Wut liegt gewöhnlich ein anderes Gefühl zugrunde, das Ängstlichkeit, Langeweile, Furcht oder Unruhe sein kann. Dieses Gefühl macht uns verwundbar für Ereignisse oder Anlässe, die Wut auslösen. Oft gibt es mehr als einen Auslöser, und unsere Wut eskaliert im Laufe des Tages, da sie immer neue Nahrung erhält. Eins scheint zum anderen zu kommen, bis sich das Angestaute in einem explosionsartigen Ausbruch unkontrollierten Zorns entlädt. Dieser Kontrollverlust verstärkt wiederum die zugrunde liegenden Gefühle von Verwundbarkeit, Stress und Angst, und der Kreislauf beginnt von vorn. [...]

■ In ihrem Buch „Das intelligente Gefühl" (1999) gibt die englische Psychologin **Frances Wilks** Ratschläge, „Wie man Herz und Verstand in Einklang bringt" – so der Untertitel des Buches.

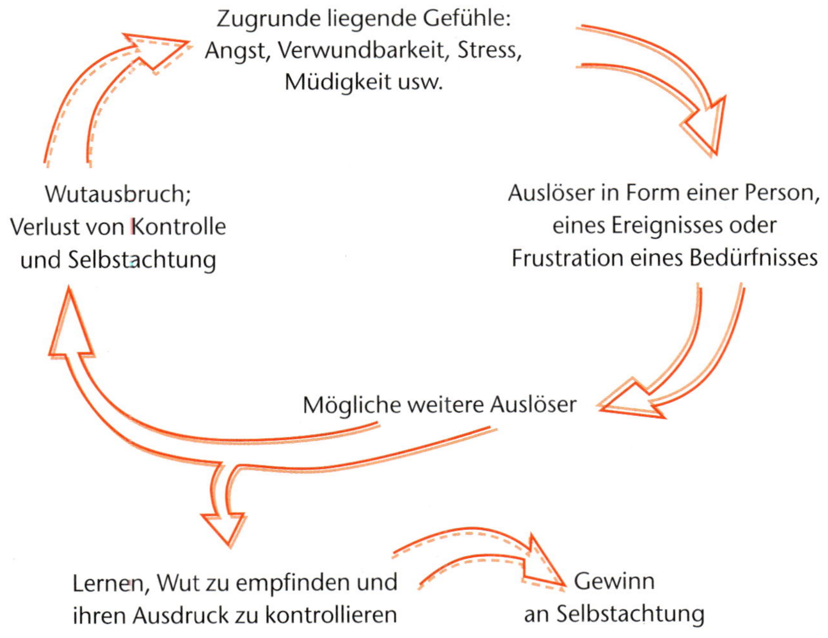

5 Der wichtigste Tipp von Frances Wilks lautet, man solle seine Wut auf eine Weise ausdrücken, in der man weder sich selbst noch anderen schadet. Man könne etwa auf ein Kissen einschlagen oder einen leeren Stuhl anschreien. *Versuche es:* Rufe dir einen möglichst harmlosen Ärger ins Bewusstsein und beschimpfe damit einen Stuhl mitten in der Klasse. Wie fühlst du dich anschließend? Was könnte danach kommen?

Zwei wichtige Schritte sind nötig, um den Kreislauf der Wut zu unterbrechen. Der erste besteht darin, zu erkennen, welche Gefühle unserer Wut zugrunde liegen, und besonders achtsam und liebevoll mit uns selbst umzugehen. Als zweites müssen wir lernen, unsere Wut zu spüren und auf das richtige Ziel zu richten. Wenn wir uns eingestehen können, dass wir wütend sind, haben wir auch die Kontrolle darüber, wie wir die Wut ausdrücken.

Frances Wilks

6 Kennt ihr noch andere Möglichkeiten, die Wut „unschädlich" auszudrücken?

- Der amerikanische Psychologe **Daniel Goleman** meint in „Emotionale Intelligenz" (1995), Kinder sollten in der Schule lernen, mit ihren Gefühlen umzugehen.

Samurai: (jap.) bewaffnetes Gefolge des Adels, später: Kriegerstand
Zen-Priester: Priester des Zen-Buddhismus, der in Korea, Japan und Vietnam verbreitet ist. Konzentrationsübungen (Meditationen) und provozierende Sätze sollen zu Einsicht und Erleuchtung führen.
Sokrates (470-399 v. Chr.): griechischer Philosoph. Seine Mahnung „Erkenne dich selbst" stand am Apollon-Tempel von Delphi geschrieben.

Emotionale Intelligenz

Ein kämpferischer Samurai, so heißt es in einer alten japanischen Legende, forderte einst einen Zen-Priester auf, ihm Himmel und Hölle zu erklären. Doch der Priester erwiderte verächtlich: „Du bist nichts als ein Flegel, mit deinesgleichen vergeude ich nicht meine Zeit!"
In seiner Ehre getroffen, wurde der Samurai rasend vor Wut, zog sein Schwert aus der Scheide und schrie: „Für deine Frechheit sollst du mir sterben!"
„Das ist", gab ihm der Priester gelassen zurück, „die Hölle".
Verblüfft von der Erkenntnis der Wahrheit dessen, was der Priester über die Wut gesagt hatte, die sich seiner bemächtigt hatte, beruhigte sich der Samurai, steckte das Schwert in die Scheide und dankte dem Priester mit einer Verbeugung für die Einsicht.
„Und das", sagt der Priester, „ist der Himmel."
Die plötzliche Einsicht des Samurai in seinen eigenen Erregungszustand macht den entscheidenden Unterschied deutlich, ob man in seinem Gefühl befangen ist oder ob man erkennt, dass man von ihm fortgerissen wird. Sokrates' Ermahnung „Erkenne dich selbst" spricht diesen Grundpfeiler der emotionalen Intelligenz an, sich der eigenen Gefühle in dem Augenblick, da sie auftreten, bewusst zu werden.

Daniel Goleman

Die Bemühung um „Achtsamkeit" ist Teil des **„Edlen Achtfältigen Pfades"**, der Heilslehre des indischen Religionsstifters Buddha (560-480 v. Chr.).

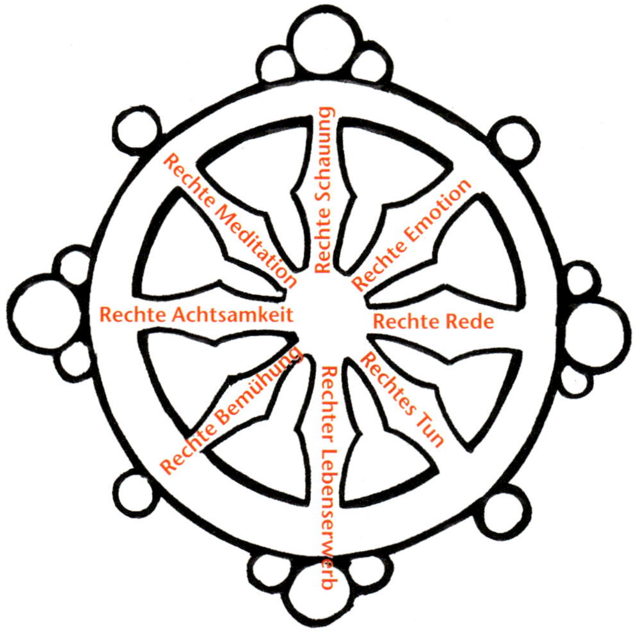

Achtsamkeit und gezieltes Handeln

- **Jessica Wilker**, Psychologin in der Schweiz, bekennt sich zum Buddhismus.
In ihrem Buch „Das Einmaleins der Achtsamkeit" (1998) setzt sie buddhistische Gedankengut in lebenspraktische Ratschläge für Europäer um.

Möchte, wäre, hätte, könnte, sollte, müsste, würde – solche Einstellungen bringen uns nicht weiter [...]. *Ja, aber welche denn dann?*
Ganz einfach: Wir nehmen wahr, was ist. Und mehr nicht.
Ich habe ein Gefühl und nehme wahr, dass ich ein Gefühl habe. Mehr nicht. Ich habe ein angenehmes Gefühl und nehme wahr, dass ich ein angenehmes Gefühl habe. Mehr nicht. Ich habe ein unangenehmes Gefühl und nehme wahr, dass ich ein unangenehmes Gefühl habe. Mehr nicht.

Das hört sich nun vollkommen unspektakulär an, nicht wahr? Lassen Sie uns deshalb nochmals genau hinschauen.
Wahrnehmen heißt ja, dass man sich dessen, was ist, bewusst wird. Und das ist eine entscheidende Bedingung dafür, überhaupt gezielt handeln zu können. Denn erst, wenn etwas in unserem Bewusstsein ist, können wir auch bewusst damit umgehen. Also doch gar nicht so unwichtig!
Nun geht es ja aber nicht einfach nur ums *Wahrnehmen*, sondern ums *Wahrnehmen und mehr nicht*. Und genau das, dieses *mehr nicht*, ist eigentlich das A und O im Umgang mit den Gefühlen.
Wahrnehmen und mehr nicht – nennen wir es hier der Einfachheit halber Achtsamkeit – hat nämlich eine enorme Wirkung und ist für uns von größtem Nutzen.
Diese Achtsamkeit, die einfach feststellt, was ist, und weder wertet, wünscht, noch will, ist der klare Blick auf die Wirklichkeit, so wie sie ist.

Jessica Wilker

1 Jessica Wilker schlägt Übungen zur Schulung der Achtsamkeit vor. Die Hinweise sollten langsam und mit vielen Pausen vorgelesen und ohne abschweifendes Nachdenken befolgt werden:
Innehalten. – Welche Körperhaltung habe ich jetzt? – Was berühre ich mit meinem Körper? – Wie fühlt sich mein Körper insgesamt an? – Was fühle ich jetzt? – Ich benenne innerlich mein Gefühl. – Wo im Körper nehme ich das Gefühl wahr? – Auf welche Weise? – Ich richte wieder die Aufmerksamkeit auf den Körper: Welche Haltung? – Welche Berührung?

Stoische Gelassenheit …

Was ist dein Eigen? – Manches steht in unserer Macht, manches nicht. In unserer Macht steht das Denken, das Handeln, das Verlangen und das Meiden – dies sind also alle Dinge in uns. Nicht in unsere Macht gegeben sind Körper, Besitz, Ansehen und Würden – also alle, außer uns. Was nun in unserer Hand liegt, ist seiner Natur nach frei, es kann von niemandem behindert oder gehemmt werden, was aber nicht in unserer Hand liegt, ist schwankend, gefährdet und fremder Gewalt unterworfen.
Und jetzt merke auf! Hältst du für frei, worüber fremde Gewalt gebietet, und für dein Eigen, worüber andere herrschen, so wirst du scheitern, in Leid geraten, aus der Fassung geraten und mit Gott und den Menschen hadern. […]
Erwäge alle Möglichkeiten – Willst du etwas beginnen, so überdenke, was alles damit zusammenhängt. Gehst du etwa baden, so stelle dir vor, was dort geschieht: wie Unfug getrieben, gelärmt und gestoßen, ja selbst gestohlen wird. Du wirst ruhiger bleiben, wenn du dir vorher zurechtlegst: Ich will baden, doch ich will dabei auch allem überlegen bleiben.
So halte es stets! Denn kommt dir nun im Bad der Ärger, so hast du bereit: Nicht nur baden wollte ich, sondern auch die Überlegenheit bewahren. Dies aber täte ich nicht, würde ich mich über solche Dinge ärgern.
Wer gibt sich in fremde Hand? – Überließe jemand deinen Körper dem Erstbesten auf der Straße, wärest du erzürnt. Du aber überlässt dem Erstbesten dein Gemüt und gerätst in Bewegung über seine Schmähungen – und dessen schämst du dich nicht?

Epiktet

■ **Epiktet** (55-120), ein Grieche aus Kleinasien (heute Türkei), kommt nach Rom, und zwar als Sklave. Er ist gehbehindert. Manche vermuten, sein Herr habe ihm mit voller Absicht sein Bein gebrochen und ihn damit zum Krüppel gemacht. Und doch gelingt es Epiktet, Seelenruhe und Zufriedenheit zu bewahren. Dahinter stecken bestimmte Lebensregeln, die er im „Handbüchlein der Moral" aufgeschrieben hat.

2 Sucht ein Beispiel, das zur Bemerkung von Aristoteles passt. Stellt euch vor, Epiktet und Aristoteles begegneten sich. Wie würden sie sich über das Beispiel unterhalten? Wenn ihr das Gespräch spielt: Achtet auf geeignete Körperhaltung, Gestik, Wortwahl …

… oder gerechter Zorn

Denn wer nicht zürnt, wo er soll, gilt als einfältig, und ebenso, wer es nicht tut, wie und wann und wem er es soll. Ein solcher scheint keine Empfindungen und keinen Schmerz zu kennen; da er nicht zürnt, wird er sich nicht wehren. Doch ist es sklavisch, sich Beschimpfungen gefallen zu lassen und die Seinigen nicht dagegen zu schützen.

Aristoteles

■ **Aristoteles** (384-322 v. Chr.): griechischer Philosoph

Edvard Munch: Der Schrei, 1895. Lithographie

1 Betrachte das Bild in aller Ruhe. – Was siehst du? – Was fühlst du? – Welche Erinnerungen tauchen auf? Deine Antworten kannst du notieren in
- Stichpunkten
- in Gedankenstromtechnik (siehe S. 11)
- mit einem eigenen Bild
- in einer kleinen Geschichte, einem Gedicht …

Von dem norwegischen Maler *Edvard Munch* (1863-1944) wird erzählt, dass er selbst oft Angst hatte: vor Krankheiten, dem Tod und auch der Einsamkeit. Mit fünf Jahren erlebte er den Tod seiner Mutter, mit 14 den seiner Schwester. Aber auch noch andere Ängste bedrängten ihn: So vermied er es z. B. beim Überqueren von Straßen und Plätzen sich umzusehen.

Angst in bestimmten Lebensphasen

■ Der Arzt und Familientherapeut **Thomas Hülshoff** stellt in seinem Buch „Emotionen" (1999) Erscheinungsformen und Entstehung der wichtigsten Gefühle vor.

Bestimmte Ängste treten erst ab einem bestimmten Reifungsgrad auf. So sind erst acht Monate alte Säuglinge in der Lage, zwischen vertrauten und nichtvertrauten Gesichtern zu unterscheiden. Lächelten sie zuvor noch jedes lächelnde Gesicht (sogar ein auf einen Pappkarton aufgemaltes Gesicht) an, so differenzieren sie ab dem 8. Monat zwischen „fremd" und „vertraut" und reagieren im ersten Fall mit Unruhe und Schrecken – deutliches Zeichen der Angst. Erst im vertrauten und Sicherheit gebenden, schützenden „Hafen" des mütterlichen Arms kann diese Erregung von Angst in Neugierde und Interesse umschlagen – der Säugling wendet sich nun interessiert dem Fremdling zu.

[...]

Ängste vor vermeintlichen und tatsächlichen Gefahren in der Umgebung des Kindes (Umweltängste) treten vor allem im Kindergarten- und Vorschulalter auf. Dieses Alter ist durch die Tendenz der Kinder geprägt, die Umwelt kritisch zu sichten und zu analysieren. [...]

Bei der Schulangst handelt es sich im Wesentlichen um Sozialisationsängste [...]: Die Kinder ängstigen sich vor realen Leistungsschwierigkeiten mit damit möglicherweise verbundenen Überforderungen und Demütigungen oder sozialen Konfliktsituationen. [...]

In der Pubertät tritt, wie in jeder Übergangsphase, Angst auf. [...] Angst in einem solchen Stadium der Neuorientierung [...] ist ein natürliches Phänomen, wenn die Sicherheit bisheriger familiärer Strukturen, die Sicherheit der Kindheit aufgegeben werden muss und die persönliche und soziale Zukunft noch nicht abgesehen werden kann. Auch die körperlichen Veränderungen, die beginnende Sexualität, stürmische hormonelle Veränderungen, die Aufgabe bisheriger Bindungen und die Suche neuer Bindungen in der Gruppe der Gleichaltrigen oder in einer Liebesbeziehung sind natürlicherweise auch angstbesetzt. [...]

Im Erwachsenenalter finden wir Realangst (vor Arbeitslosigkeit, Krankheit und anderen bedrohlichen Lebensereignissen) sowie Existenzängste, die mit zunehmendem Alter auch mit Ängsten vor dem Verlust von Freunden und Angehörigen, der Angst vor Hilflosigkeit und der Angst vor dem Tod verbunden sind. Auch die Angst, im Leben wichtige Ziele nicht erreichen oder wichtige Aufgaben nicht erfüllen zu können, mag von Bedeutung sein.

Thomas Hülshoff

2 Angst ist ein zum Leben gehöriges Phänomen, eine Grundemotion, die evolutionär ganz offensichtlich von großem Vorteil war. Könnt ihr euch denken, warum?

3 Auf den Seiten 10/11 sind die Aspekte der Wut in Form eines Propellers dargestellt. Gestaltet den „Angst"-Propeller.

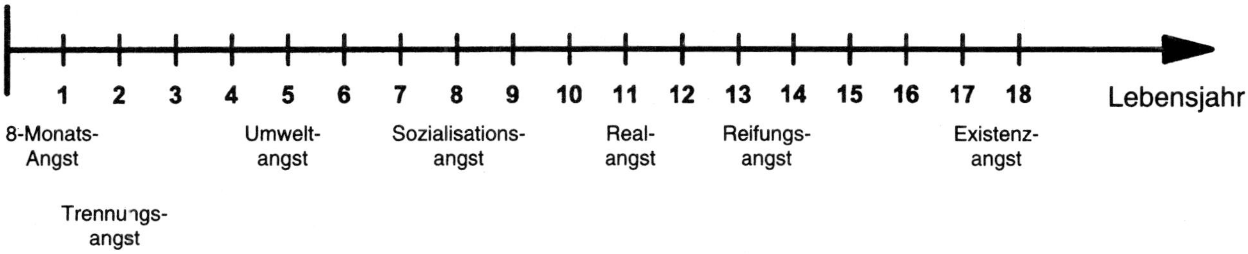

1 Untersucht die Übersetzung von „Angst" in modernen Fremdsprachen.

2 Stellt euch in einem Gedankenexperiment vor, ihr könntet mit einem Mal nicht mehr in die Zukunft vorausdenken, ihr wüsstet nicht einmal, dass es so etwas wie Zukunft überhaupt gibt. – Könntet ihr dann Angst empfinden? Würdet ihr so leben wollen, wie in dem Gedankenexperiment beschrieben?

Die Angst ist ein schlechter Ratgeber, aber ein guter Spion.

Sprichwort aus Brasilien

■ Zu den von Frances Wilks (vgl. S. 13) angesprochenen Existenzphilosophen zählt auch der Däne **Sören Kierkegaard** (1813-1855). In seiner Schrift „Der Begriff Angst" heißt es: „Demgemäß ist die Angst jener Schwindel der Freiheit, der aufkommt, wenn [...] die Freiheit nun hinunter in ihre eigene Möglichkeit schaut."

Das deutsche Wort „Angst" ist verwandt mit entsprechenden Wörtern in anderen europäischen Sprachen: Im Griechischen heißt „anchein" ***würgen, drosseln, sich ängstigen;*** **der gleiche Stamm findet sich im lateinischen „angor"** ***(Würgen, Beklemmung, Angst),*** **„anxietas"** ***(Ängstlichkeit),*** **„angustia"** ***(Enge)*** **und „angere"** ***([die Kehle] zuschnüren, das Herz beklemmen).***

Angst und Zeitlichkeit

Die Wurzeln der Ängstlichkeit liegen in der Angst vor dem Unbekannten. Unsere Ängste richten sich immer auf die Zukunft, die nur aus Unbekanntem besteht, denn im Grunde wissen wir nicht, ob wir noch unseren nächsten Atemzug erleben werden. Trotz all unserer Pläne, Hoffnungen und Befürchtungen ist und bleibt die Zukunft unbekanntes Terrain. Um mit dieser recht unbehaglichen Lage leben zu können, ergehen wir uns in Fantasien über die Zukunft und bilden uns ein zu wissen, was morgen passieren wird. Gestützt auf Erfahrungswerte liegen wir damit sogar oft richtig, was uns wieder in dem Glauben bestärkt, über die Zukunft Bescheid zu wissen. Dieser Trugschluss verursacht einen Großteil unseres emotionalen Leids, denn er raubt dem Leben viel von seiner Frische und Spontaneität.

Existenzängste

Vor allem die Existenzphilosophen haben sehr viel über eine spezielle Form von Ängstlichkeit, die Existenzangst, nachgedacht. Sie unterscheiden vier Arten von Existenzangst, die alle Menschen irgendwann einmal erleben. Es sind Ängste, die sich um die folgenden Seinserfahrungen drehen:

- Tod – unvermeidlich, aber Furcht erregend, weil er das Tor zum Unbekannten ist.
- Freiheit – sich frei entscheiden zu können, ist beängstigend, denn es weist uns die Verantwortung für unser Schicksal zu.
- Alleinsein – wir sind im Grunde immer allein, trotz all unserer Versuche, uns mit anderen zu verbinden und zu verschmelzen.
- Bedeutungslosigkeit – die Welt ist ein Produkt von Zufälligkeiten, und es liegt an uns, ihr einen Sinn zu geben. Wir sind es, die unserem Leben Bedeutung verleihen.

Frances Wilks

3 Wie geht man mit seiner Angst um? – *Ein Vorschlag:* Schreibe dem ängstlichen Teil in dir einen Brief und biete Hilfe an. Die Schreibaufgabe könnte auch als Dialog zwischen dem ängstlichen und nicht ängstlichen Teil des Selbst gestaltet werden.

Zellentüren Nr. 1-4 im Keller des Kölner Gestapo-Gefängnisses. Fast 1400 restaurierte Wandinschriften zeugen noch heute von Ängsten und Folterverhören der politischen Gefangenen.

■ Das Pressebüro beim höheren SS- und Polizeiführer in dem von Deutschen besetzten Dänemark teilte am 8.4.1945 mit:

☛ Der Schiffsjunge und Leichtmatrose **Kim Malthe-Bruun,** geb. 8.7.23 in Schahes-wan-Forts, Kanada, wohnhaft in Kopenhagen, wurde zum Tode verurteilt und hingerichtet, weil er als Mitglied einer illegalen Gruppe sich ein Zollboot angeeignet und nach Schweden verbracht hat. Ferner hat er seiner Gruppe Waffen verschafft und am Waffentransport teilgenommen.

Am 2.3.45 war er gefoltert und nach der Tortur bewusstlos in seine Zelle getragen worden.

Angst und Stärke in der Todeszelle

3. März 1945

Ich habe seitdem über das Merkwürdige nachgedacht, was eigentlich mit mir geschehen ist. Gleich hernach fühlte ich eine unbeschreibliche Erleichterung, einen jubelnden Siegesrausch, eine so unsinnige Freude, dass ich wie gelähmt war. Es war, als ob die Seele sich vom Körper ganz frei gemacht hätte, als ob diese zwei sich als freie Wesen tummelten, das eine in einem vollkommen frei gewordenen überirdischen Rausch, das andere sich wälzend in einem stark erdgebundenen, leidenschaftslosen Kampf. Ich wusste plötzlich, wie fantastisch stark ich bin. [...]

Dennoch, ohne dass mir bange ist, ohne dass ich zurückweiche, klopft mein Herz jedes Mal rascher, wenn einer vor meiner Tür stehen bleibt. Es muss etwas rein Körperliches sein, obschon es ja unbestreitbar ein Sinneseindruck ist, der es hervorruft.

Es ging mir gleich nachher auf, wie ich nun ein neues Verständnis für die Gestalt Jesu habe. Die Wartezeit, das ist die Prüfung. [...] Die Wartezeit im Garten, sie tropft von rotem Blut.

Noch eine merkwürdige Sache. Ich empfand überhaupt keinen Hass. Meinem Körper widerfuhr etwas, es war nur ein Knabenkörper, und er reagierte wie ein solcher, meine Seele aber war von etwas ganz anderem in Anspruch genommen; sie sah wohl die kleinen Geschöpfe, die mit meinem Körper zusammen waren, aber sie war viel zu sehr von sich selbst erfüllt, um sich näher mit ihnen zu befassen.

Jesu ... Wartezeit im Garten:
Nach christlichem Glaubensverständnis ist Gott in seinem Sohn Jesus Mensch geworden. Von dem menschlichen Gefühl der Angst bei Jesus berichtet der Evangelist Lukas (22,39-44).
Zur Situation: Jesus sieht voraus, dass er in Kürze verhaftet und getötet werden wird. Nach einem letzten gemeinsamen Abendmahl zieht sich Jesus mit seinen Jüngern zum Ölberg (Garten Gethsemane) zurück.

Dann verließ Jesus die Stadt und ging, wie er es gewohnt war, zum Ölberg; seine Jünger folgten ihm. [...] Dann entfernte er sich von ihnen ungefähr einen Steinwurf weit, kniete nieder und betete: Vater, wenn du willst, nimm diesen Kelch von mir! Aber nicht mein, sondern dein Wille soll geschehen. Da erschien ihm ein Engel vom Himmel und gab ihm (neue) Kraft. Und er betete in seiner Angst noch inständiger, und sein Schweiß war wie Blut, das auf die Erde tropfte.

27. März 1945

[...] Die Angst ist etwas, das von innen kommt, und versucht man, in zu starkem Grade einem Menschen Angst beizubringen, erreicht man sehr leicht nur, ihm jedes Angstgefühl ganz auszutreiben, ihn in einen Zustand zu treiben, wo er unerreichbar über allem steht und vor allem unantastbar ist.

Kim Malthe-Bruun

4 Male mit Worten das „Gesicht der Angst“ von Kim.

10. April
Seit der Kindergartenzeit waren wir befreundet, Kathrin und ich. Wir haben uns immer verstanden, auch ohne viele Worte. Kathrin war so häufig bei uns zu Hause, dass sie schon fast zur Familie gehörte. Umgekehrt natürlich auch, versteht sich. Und jetzt? –
Vorgestern: Ich war wütend, über meinen bescheuerten Trainer. Ich sah Kathrin und machte wie üblich meinem Ärger Luft. Aber bei meinem Redeschwall blieb Kathrin teilnahmslos und stumm. Und dann ihre tonlosen Worte: „Du, meine Mutter ist tot." – Kein Scherz, das spürte ich sofort. Ich stutzte, ganz kurz. Und dann, ich verstehe es immer noch nicht, platzte es aus mir heraus: Ich lachte aus vollem Halse. Jawohl, ich lachte! – und erschrak über mich selbst. Das entgeisterte Gesicht von Kathrin; aber ich habe es nur flüchtig wahrgenommen.
Nein, ich konnte ihr nicht in die Augen sehen. Ich spürte, wie mir das Blut in den Kopf stieg, wollte nur noch weg, weg, und rannte. – Was war nur in mich gefahren? Wie hatte ich nur so reagieren können? Ich war gelähmt vor Scham.
Auf der Beerdigung heute sind wir uns – glaube ich – wieder ein wenig näher gekommen. Vielleicht lag's an den Tränen.

■ **Helmuth Plessner** (1892-1985) war Anthropologe, also ein Philosoph, der vor allem nach *den* Eigenschaften des Menschen forscht, die ihn zum Menschen machen und vom Tier unterscheiden. Dazu zählen für Plessner auch Lachen, Weinen und Lächeln.

Lachen, Weinen, Lächeln

a) Lachen und Weinen als „sinnvolle Fehlreaktionen"

Normalerweise verhalten wir uns so zu unserem Körper: Ich habe eine bestimmte Absicht, ich will beispielsweise etwas essen, um meinen Hunger zu stillen. In einer Gaststätte bestelle ich beim Kellner ein Schnitzel und verwende meine Sprachwerkzeuge. Arme und Hände brauche ich, um das Schnitzel zu zerschneiden und zum Munde zu führen. Kurz: Mein Körper dient mir als Greif-, Trag- und Zerkleinerungswerkzeug. Ich habe meinen Leib, die Situation und mich *im Griff.*

Ganz anders beim Lachen und Weinen. Dies sind Situationen, in denen der Mensch die *Selbstbeherrschung verliert.* Das kennt jede und jeder: Du prustest plötzlich los und kannst dich kaum mehr halten vor Lachen. Oder deine Lippen fangen unwillkürlich an zu beben, du musst schluchzen, und die Tränen kullern ganz von selbst die Wangen hinunter. Dann macht der Körper, was er will.

Wie kommt es zu solchen Reaktionen? – Es geht um eine Form von zeitweiliger Verwirrung oder Orientierungslosigkeit. Eine *überraschende Pointe eines Witzes,* ein unerwartet und ungewöhnlich tölpelhaftes Verhalten eines Mitschülers (oder Lehrers), und ich platze los vor Lachen. Ich bin fassungslos vor Freude oder Trauer, ich begreife das alles nicht und weiß mir nicht zu helfen; dann kann ich nicht anders, dann muss ich lachen oder weinen oder beides zugleich.

1 Was würdet ihr als „Fehlreaktion" bezeichnen? Was meint Plessner mit „sinnvolle Fehlreaktion"?

2 Eine(r) erzählt einen noch unbekannten Witz. – Ein Teil der Lerngruppe beobachtet die/den Erzähler(in), ein anderer die Hörenden. Versucht das jeweilige Verhalten mit Plessner zu erklären.

Im Lachen und Weinen verlieren wir die Beherrschung unseres Körpers, ein Bruch zwischen Mensch und Körper entsteht. Insofern sind solche Reaktionen nicht gerade vernünftig. Sie sind Fehlreaktionen, aber sinnvolle Fehlreaktionen. Denn die menschliche Person bleibt Person, indem der Körper gewissermaßen für sie die Antwort übernimmt.

b) Unterschiede zwischen Lachen, Weinen und Lächeln

Mit Lachen und Weinen antwortet die leibliche Seite unserer Persönlichkeit auf Situationen, auf die wir zumindest nicht sofort eine vernünftige, beherrschte Antwort finden. Darin stimmen diese beiden Reaktionen überein. Und der Unterschied? – Die gewöhnliche Annahme, die Menschen lachten, weil sie sich amüsierten, und weinten, weil sie litten, ist eine irreführende Vergröberung. Die Gleichung Lachen = Lust trifft noch halbwegs; die Gleichung Weinen = Schmerz ist sicher falsch. Es gibt auch Freudentränen.

Lachen und Weinen wirken (er-)lösend. Hier löst sich eine Spannung. Doch nur zum Lachen reizen solche Situationen, die zwar irritierend, aber *nicht bedrohlich* sind. Wo hingegen der Spaß aufhört, dort vergeht einem das Lachen; die Situation wird mit einem Mal todernst.

Der Mensch fällt – ins Lachen, er lässt sich fallen – ins Weinen. Das heißt: Im Weinen ist eine Spur der Besinnung, der Rückbezüglichkeit des Weinenden auf sich selbst enthalten. Der Weinende muss sich erst loslassen, um weinen zu können. Daher beginnt das Weinen zeitlich leicht verzögert, nicht so plötzlich wie das Lachen.

Leonardo da Vinci: Mona Lisa, 1510

Mit dem echten, unbeherrschten Lachen hat das Lächeln nichts zu tun. Lächeln ist nämlich die Mimik des Geistes. Es wahrt im Ausdruck zum Ausdruck Abstand.

nach Hellmuth Plessner

c) Verlegenheit und Verzweiflung

Verlegenheit muss um Ausdruck – verlegen sein; deshalb kann sie ebenso gut lachen wie weinen und trifft doch in beiden Fällen das Richtige.

Verzweiflung ist dagegen um keinen Ausdruck verlegen. Ihr ist jeder recht, weil ihr keiner recht sein kann. [...] Für den Verzweifelten, der nicht mehr aus noch ein weiß, gibt es keinen Spielraum der Äußerung. Er kann alles beginnen und nichts beginnen, und vielleicht ist die stille Verzweiflung die tiefere. Wer die Kraft aufbringt, um sich zu schlagen, zu toben, zu weinen oder zu lachen, hat sich noch nicht verloren gegeben, denn er realisiert noch den Abstand zu seiner Lage. Ihm schwindelt, aber er ist noch nicht ganz am Ende. Zwar wirkt Weinen hier „natürlicher", weil es die Kapitulation und Entspannung anzeigt, und das hohle, harte, gequälte Lachen widernatürlich, höllisch, weil es nach Trotz, Hohn oder Betrug klingt. Aber in der Verzweiflung selbst [...] sind Lachen und Weinen gleich echt und gleich fehl am Ort.

Hellmuth Plessner

Männliche und weibliche Kinder haben anfangs die gleichen Voraussetzungen, sie können ungefähr gleich gut Emotionen lesen und ausdrücken. Aber schon im Kindergarten haben Mädchen einen leichten Vorteil gegenüber Jungen in dieser Dimension, und der Unterschied wird im Laufe der Zeit größer. Interessanterweise liegt das jedoch nicht daran, dass Mädchen mit zunehmendem Alter im emotionalen Ausdruck besser werden, sondern vielmehr daran, dass Jungen schlechter werden. [...] Mädchen lernen, ihre Gefühle mit Worten, Tränen und Gesten auszudrücken; Jungen lernen, sich durch Handlungen auszudrücken.

Jeffrey A. Kottler

3 Führt – getrennt nach Jungen- und Mädchengruppen – ein Schreibgespräch, das mit dem Satz beginnt: „Ein Junge weint nicht."

4 Manchmal sieht man, dass Menschen in ihrer Trauer um den Tod eines sehr geliebten Menschen nicht weinen. Wie könnt ihr euch das erklären?

5 Versucht die Verhaltensweisen von Kathrin und ihrer Freundin mit den Hinweisen von Plessner zu erklären.

1 Rufe dir eine Situation der Peinlichkeit oder der Scham in Erinnerung und versuche sie ähnlich wie Matthias in Gedankenstromtechnik aufzuschreiben.

2 Vielleicht ist es euch peinlich, eine peinliche Situation laut vor der gesamte Lerngruppe zu erzählen oder vorzulesen. Dann verfahrt folgendermaßen: Bildet kleine Gruppen mit euch vertrauten Mitschülerinnen und Mitschülern. Erzählt euch gegenseitig Beispiele für kleinere oder größere Peinlichkeiten, wählt eine aufschlussreiche aus und formuliert sie ohne Namensnennung gemeinsam aus (allwissender Er-Erzähler).

■ Der Psychologe **Micha Hilgers** hat in seinem Buch „Scham" (1997) viele Aspekte der Alltagsscham erfasst und listet zur Orientierung eine Gruppierung von Schamgefühlen auf.

Kompetenz: Fähigkeit, etwas zu können
Diskrepanz zwischen Selbst und Ideal: Auseinanderfallen zwischen der Wirklichkeit der eigenen Person (Selbst) und den Vorstellungen, wie man selbst zu sein wünscht (Ideal)

Scham ist wie eine Wunde am Selbst.

S. Neckel

Schuldgefühle beziehen sich auf die Verletzung des anderen, Schamgefühle auf die Verletzung des Selbst.

M. Hilgers

Matthias, Klasse 9, Sportunterricht, Handball

„Zu mir Thorsten!" – hab' den Ball – dribbeln – ha, gut ausgetrickst – da, 'ne Lücke - schnell durch – die Chance – kein Verteidiger vorm Tor – jetzt oder nie – Wow, klasse Wurf – geschafft! – Was soll das? – die lachen – worüber? – über mich! – da im Tor, das ist ja Stefan, unser Torwart! – oh je, verpatzt, so ein Müll – alle starren mich an – umzingelt – ich will nicht mehr, alles lief doch so gut, nun das! – wie konnte ich nur – so ein Mist! – Das wird man mir noch lange nachtragen. – Wieso hab' ich den Wechsel nicht mitgekriegt? – glattes Eigentor – mir wird ganz heiß – ich bin bestimmt schon total rot – oh nein, nicht auch das noch – Himmel, hoffentlich hat Karin nichts gemerkt – jetzt will sie bestimmt nichts mehr von mir wissen, von so einem Loser ... Ich will weg, weg von hier, raus, sie lachen alle. Sie auch? Sie darf mich so nicht sehen.

Alltäglichkeit und Vielfalt von Schamgefühlen

Schamszenen sind alltäglich: Der freundliche Gruß gegenüber einer sich plötzlich als fremd erweisenden Person, Verlegenheit angesichts großen Lobes, ungewolltes Erröten, das unerwiderte Liebesgeständnis oder die unfreiwillige Komik beim Ausrutschen, peinlich-enthüllende Versprecher oder Hänseleien. So häufig Scham ist, so verschiedenartig sind ihre Auslöser. [...]

Zu der Gruppe der Schamaffekte zählen Schamempfindungen,

- die bei abbrechenden Kompetenzerfahrungen entstehen (Kompetenzscham);
- Scham, die bei Verletzung der Selbst- und Intimitätsgrenzen wirksam wird, also bei Übergriffen aller Art; [...]
- Scham, die bei aktiver Demütigung von außen erlebt wird;
- Scham, die sich auf die eigene Körperlichkeit oder das plötzliche Sichtbarwerden von Selbstanteilen bezieht;
- Scham, die eine Diskrepanz zwischen Selbst und Ideal anzeigt;
- Scham, die eigene Abhängigkeit in Beziehung zu anderen oder umgekehrt das Herausfallen aus Beziehungen, die eigentlich gewünscht sind, anzeigt;
- Scham, die sich auf schuldhaftes Handeln bezieht und von Schuldgefühlen kaum zu trennen ist.

Micha Hilgers

Heimlich durchs Schlüsselloch gucken

■ Für **Jean-Paul Sartre** (1905-1980), den französischen Philosophen und Schriftsteller, ist die Scham in seinem Buch „Das Sein und das Nichts" (1943) ein Gefühl, an dem besonders deutlich wird, wie sehr wir Menschen unsere Identität den Anderen verdanken, wie wichtig also unser „Für-Andere-Sein" ist. Dies geschieht, indem wir zu Objekten werden, und zwar im „Erblickt-Werden".

Nehmen wir an, ich sei aus Eifersucht, aus Neugier, aus Verdorbenheit so weit gekommen, mein Ohr an eine Tür zu legen, durch ein Schlüsselloch zu gucken. Ich bin allein […]. Das bedeutet zunächst, dass es kein *Ich* gibt, das mein Bewusstsein bewohnt. […] Mein Bewusstsein klebt an meinen Handlungen; es *ist* meine Handlungen; sie werden nur durch die zu erreichenden Zwecke und die zu verwendenden Instrumente geleitet. […]

Jetzt habe ich Schritte im Flur gehört: Man sieht mich. Was soll das heißen? Das heißt, dass ich in meinem Sein plötzlich getroffen bin […]. Das bedeutet, dass ich mit einem Schlag Bewusstsein von mir habe, insofern ich mir entgehe, […] insofern ich meinen Grund außerhalb von mir habe. […]

Der Andere ist der unentbehrliche Vermittler zwischen mir und mir selbst: Ich schäme mich meiner, *wie ich Anderen erscheine.* Und eben durch das Erscheinen Anderer werde ich in die Lage versetzt, über mich selbst ein Urteil wie über ein Objekt zu fällen, denn als Objekt erscheine ich Anderen. […] Die Scham ist ihrer Natur nach *Anerkennung.* Ich erkenne an, dass ich *bin*, wie Andere mich sehen. […]

Bleibt jedoch, […] dass ich entdecken kann, mich getäuscht zu haben: Ich bin über das Schlüsselloch gebeugt; plötzlich höre ich Schritte. Ich zucke vor Scham zusammen: Jemand hat mich gesehen. Ich richte mich wieder auf, ich suche den leeren Flur mit den Augen ab: Es war blinder Alarm. Ich atme auf. Hat es hier nicht eine Erfahrung gegeben, die sich selbst zerstört hat?

Sehen wir genauer hin. Ist das, was sich als Irrtum erwiesen hat, etwa mein Objekt-Sein für Andere? Keineswegs. Die Existenz des Anderen ist so weit davon entfernt, in Zweifel gezogen zu werden, dass dieser blinde Alarm sehr wohl die Folge haben kann, mich auf mein Vorhaben verzichten zu lassen. Wenn ich dagegen weitermache, werde ich doch mein Herz klopfen hören und nach dem geringsten Geräusch, dem leisesten Knacken der Treppenstufen lauschen. Statt dass der Andere nach meiner ersten Alarmierung verschwunden wäre, ist er jetzt überall, unter mir, über mir, in den Nebenzimmern, und ich spüre weiterhin zutiefst mein Für-Andere-Sein; es kann sogar so sein, dass meine Scham nicht verschwindet: Mit geröteter Stirn beuge ich mich jetzt zum Schlüsselloch, ich höre nicht mehr auf, mein Für-Andere-Sein zu *empfinden.*

Jean-Paul Sartre

3 Ein Experiment zur Selbstbeobachtung: Teilt die Lerngruppe in zwei Hälften, setzt euch so, dass sich immer zwei gegenüber sitzen.
Die jeweiligen Paare sehen sich drei Minuten lang in die Augen und versuchen nur, die Gedanken des anderen zu erraten.
Besprecht mit eurem Partner, was ihr im Wege dieser Beobachtung erfahren habt.

4 Vom ersten Blick durch das Schlüsselloch bis zum Nachdenken über den Fehlalarm geschieht einiges mit dem Ich des Guckers. Listet die Stationen der Veränderungen auf.

5 Wie kann man es fühlen, dass der Andere „überall, unter mir, über mir, in den Nebenzimmern" ist? Versucht diesen Gedanken mit anderen Worten auszudrücken.

Scham in der Geschichte des einzelnen Menschen

Scham ist ein Gefühl, das seit alters zum Wesen des Menschen gehört. Als typische Erfahrung der *Menschheit* wird sie in Mythen gedeutet, etwa in der biblischen Geschichte von der Vertreibung aus dem Paradies. Scham hat aber auch ihre Entstehungsgeschichte im Leben des *einzelnen Menschen.* Dem mythischen Ereignis des Paradiesverlustes entspricht beim Kind diejenige Entwicklungsstufe, in der es allmählich die Sprache erwirbt. In dieser Zeit – das Kind ist etwa 15 bis 18 Monate alt – vermag es sich selbst im Spiegel zu erkennen. Damit ist auch ansatzweise die Fähigkeit erwacht, sich selbst zum Objekt zu machen. Zum ersten Mal erfährt sich das Kind nun als entzweit und „trauert" um die Ganzheit seines Erlebens; es verspürt gleichsam einen Paradiesverlust. Ihm wird bewusst, dass die eigene Person auch von außen gesehen werden kann. Das Kind fängt an, sich ein Bild seiner selbst zu machen. In dieser Phase spricht es von sich selbst in der dritten Person und fügt auch diejenigen Bewertungen hinzu, mit denen es von seinen Bezugspersonen bedacht wurde. Die Bewertungen anderer werden Teil der eigenen Selbstbeurteilung. So entsteht ein erstes Bewusstsein von Scham.

nach Mario Jacoby

Mythos von der Scham in der Geschichte der Menschheit

Die Schlange war schlauer als alle Tiere des Feldes, die Gott, der Herr, gemacht hatte. Sie sagte zu der Frau: Hat Gott wirklich gesagt: Ihr dürft von keinem Baum des Gartens essen? Die Frau entgegnete der Schlange: Von den Früchten der Bäume im Garten dürfen wir essen; nur von den Früchten des Baumes, der in der Mitte des Gartens steht, hat Gott gesagt: Davon dürft ihr nicht essen, und daran dürft ihr nicht rühren, sonst werdet ihr sterben.

Darauf sagte die Schlange zur Frau: Nein, ihr werdet nicht sterben. Gott weiß vielmehr: Sobald ihr davon esst, gehen euch die Augen auf; ihr werdet wie Gott und erkennt Gut und Böse. Da sah die Frau, dass es köstlich wäre, von dem Baum zu essen, dass der Baum eine Augenweide war und dazu verlockte, klug zu werden. Sie nahm von seinen Früchten und aß; sie gab auch ihrem Mann, der bei ihr war, und auch er aß.

Da gingen beiden die Augen auf, und sie erkannten, dass sie nackt waren. Sie hefteten Feigenblätter zusammen und machten sich einen Schurz. Als sie Gott, den Herrn, im Garten gegen den Tagwind einherschreiten hörten, versteckten sich Adam und seine Frau vor Gott, dem Herrn, unter den Bäumen des Gartens. [...]

Gott, der Herr, machte Adam und seiner Frau Röcke aus Fellen und bekleidete sie damit. Dann sprach Gott, der Herr: Seht, der Mensch ist geworden wie wir; er erkennt Gut und Böse. Dass er jetzt nicht die Hand ausstreckt, auch vom Baum des Lebens nimmt, davon isst und ewig lebt! Gott, der Herr, schickte ihn aus dem Garten von Eden weg, damit er den Ackerboden bestellte, von dem er genommen war.

Genesis 3,1-8, 21-23

■ **Mario Jacoby** geht in seiner Darstellung (1997) vom biblischen Sündenfall aus und betont die Bedeutung der Scham für die Identitätsentwicklung und -wahrung in der Menschheit, beim einzelnen Menschen und in aktuellen Konflikten.

1 Untersucht Gemeinsamkeiten und Unterschiede in der mythischen Darstellung der Menschheitsgeschichte und den Bemerkungen zur Psychologie des Kleinkindes.

Der Sündenfall, um 1360. Buchmalerei

Zu mir und meiner Ansicht stehen

Adam und Eva sind nicht mehr eins, sie werden gewahr, dass sie zwei verschiedene Menschen sind, und beide spüren das Bedürfnis, ihre Blöße voreinander zu bedecken, was zu gegenseitiger Abgrenzung und damit zu Individualisierung führt. Es liegt im Wesen der Scham, dass mit ihr zunächst Abgrenzung und ein gewisses Maß an Trennung einhergehen. Volle Blöße, sei es im körperlichen, sei es im seelischen Bereich, wird möglichst bedeckt. [...] Die Scham [...] vermittelt ein Gespür dafür, was ich von mir zeigen und mitteilen und was ich für mich selbst behalten will. Damit wird [...] das Gefühl der eigenen Identität gefördert. Nun ergibt sich aber der folgende Widerspruch.
Einerseits fördert die Scham unsere Individualisierung, zugleich geht aber von ihr auch ein starker *sozialer Anpassungsdruck* aus. Scham stellt sich bekanntlich dann ein, wenn man unangenehm auffällt und von der Umgebung entwertende Reaktionen zu befürchten hat. Die Funktion der Scham ist also höchst komplex, dient offensichtlich Individualisierung und sozialer Anpassung zugleich. Die Frage ist, ob solche Widersprüchlichkeit nicht notwendigerweise zu Konflikten im einzelnen Menschen führen muss. [...]
Zum Beispiel schäme ich mich, anderen Menschen gegenüber meine abweichende, vielleicht nicht genehme Meinung zu äußern, habe eine gewisse Schamangst, ich könnte unangenehm auffallen und mich unbeliebt machen. Kaum bin ich zu Hause, könnte ich mir aus Scham über meine Feigheit, meine Unfähigkeit, zu mir und zu meiner Ansicht zu stehen, „alle Haare ausreißen".

Mario Jacoby

Ohne make-up unter die Leute zu gehen, kommt für girls nicht in Betracht. [...] Sich mit „nackten Fingernägeln" zu zeigen, ist „unmöglich" [...], denn *als „nackt" gilt heute nicht mehr der unbekleidete Leib, sondern der unbearbeitete.*

Günther Anders, 1956

Markenartikel – ein Muss?

Viele Menschen [legen] in unserer Wohlstandsgesellschaft sehr großen Wert auf ihr Äußeres, so dass es in weiten Kreisen eine Prestigeangelegenheit geworden ist, sehr teure Markenkleidung zu tragen. Dieses Phänomen lässt sich gerade in Schulklassen beobachten. Nun können sich aber längst nicht alle Schüler solche Kleidung leisten. Tragen sie jedoch billigere Sachen, laufen sie Gefahr, Opfer ihrer Scham zu werden, was das Risiko erhöht, verlacht oder in eine Außenseiterposition gedrängt zu werden. Um dem zu entgehen, werden große Anstrengungen unternommen, die Markenartikel doch noch erstehen zu können.

Michael Raub

■ **Michael Raub** beobachtet (1997) neue Formen von Scham in einer Gesellschaft, die z. B. in Talk-Shows alte Schamgrenzen aufhebt.

2 In einem Schulzentrum bei Hamburg entstand der Vorschlag: No-Name-Pullover für € 17,00 als Schulkleidung für alle. Was haltet ihr davon?

Abhängig von der Kultur

Aus kultureller Sicht spielt Scham eine wichtige Rolle im Wertesystem. Das heißt, Scham ist eng mit ethischen Werten und Richtlinien in einer bestimmten Kultur verbunden.
Zum Beispiel würde ein junges Mädchen in einer gewissen Kultur sich schämen, moralische Werte verletzt zu haben, wenn es seine Jungfräulichkeit verloren hat, während es sich in einer anderen Kultur schämen würde, noch Jungfrau zu sein.

Zuk-Nae Lee

■ Der südkoreanische Medizinprofessor **Zuk-Nae Lee** kennt mehr als eine Kultur und sieht (1997) daher deutlich die Kulturabhängigkeit von Scham.

Diesen Text schrieb eine Schülerin aus Bosnien, die vier Jahre zuvor mit ihrer Familie aus dem dortigen Bürgerkrieg nach Deutschland geflüchtet war und 1998 die 11. Jahrgangsstufe eines deutschen Gymnasiums besuchte. Mittlerweile ist sie wieder in ihrer Heimat. Mit der Veröffentlichung ist sie einverstanden, möchte aber anonym bleiben. Nennen wir sie **Ivona.** (Am Text wurden wenige sprachliche Korrekturen vorgenommen.)

Im Zug

Es waren Ferien. Ich wollte meine Tante in Berlin besuchen und eine Woche lang dableiben. Ich war sehr glücklich und packte meine Sachen in eine Reisetasche zusammen. In Berlin erwartete mich auch mein Freund, den ich lange nicht mehr gesehen hatte. Ich lief fast zum Bahnhof, denn ich konnte kaum erwarten, dass meine Fahrt begann.

Als ich in den Zug kam, fand ich sofort einen gemütlichen Platz neben einem alten Mann. Der Zug fuhr langsam, und meine Gedanken waren schon in Berlin bei meinen Verwandten, Freunden, aber am meisten bei meinem Freund, den ich so sehr vermisste.

Der Zug hielt an bestimmten Haltestellen, und nach einer Zeit stieg eine Frau mit fünf Kindern ein. Offensichtlich waren sie Ausländer. Sie gingen an mir vorbei durch den Waggon, wo ich saß. In diesem Augenblick sagte der alte Herr, der neben mir saß: „Sieh dir das an! Dieses blöde Deutschland, was die alles zugelassen haben, dass so viele Ausländer hier einziehen können und so Deutschlands Ansehen kaputt machen.“ Darauf erwiderte die Frau, die mir gegenüber saß: „Ja, sieh bloß an, wie viele Kinder sie hat. Ein ganzer Kindergarten. Verflucht sollen sie sein. Was suchen sie hier, wo sie nichts zu suchen haben?“

Als sie das sagte, richtete sie ihren Blick auf mich, und wahrscheinlich fragte sie sich, ob ich mich auch in diesem Kommentar fand. Ja, das hatte ich, und es war schwer für mich. Ich fragte mich, was diese Menschen dazu treibt, so etwas überhaupt auszusprechen. Stören sie sogar die Kinder, die so unschuldig sind? Ich selber fühlte mich so seltsam und merkwürdig. Ich schämte mich, dass ich hier Ausländer bin und dass ich mich in jeder Kritik über Ausländer finde. Ob ich das sollte oder nicht, das weiß ich nicht. Ich weiß eigentlich gar nicht, was diese Menschen denken, wenn sie mich sehen. Wecke ich auch solche Gedanken in ihnen? Wieso überlegen sie nicht, warum ich überhaupt hier bin?

Das war nicht mein Wunsch. Ich hatte damals eine glückliche Kindheit in meinem Land, die aber der Krieg unterbrach. Ich lief mit meiner Familie vor dem Tod weg. Ganz viele von meinen Schulfreunden und deren Familien verloren ihr Leben. Alles unschuldige Menschen.

Das tut weh, und die anderen fühlen das nicht, denn sie haben solche Probleme nicht. Und jetzt unterbrechen meine seltenen schönen Gedanken laute Überlegungen von zwei reifen Menschen. Ich schämte mich, dass ich überhaupt da saß, und diese Blicke konnte ich auch nicht mehr ertragen. Wollten diese Blicke, dass ich auch etwas sage, oder waren das nur böse Blicke, die auf einen Ausländer gerichtet waren? Das weiß ich immer noch nicht. Bei der nächsten Haltestelle tat ich so, als wollte ich aussteigen, aber tatsächlich wollte ich nur weg von diesen Menschen. Ich fand einen ruhigen Platz, wo ich alleine sein konnte, und machte mir Gedanken über mich und die Zeit, die kommen sollte.

Das wird die Zeit sein, in der ich kein Ausländer sein werde; in der Zeit werde ich in meinem Land sein, wo ich mich nicht schämen muss. Zur Zeit ist das nicht möglich, denn in meinem Haus und in meiner Stadt wohnen andere fremde Menschen. Diese Menschen erlauben unsere Rückkehr nicht. Aber ich hoffe, dass es nicht mehr lange dauern wird und dass ich diese Art von Scham bald nicht mehr fühlen werde.

Ivona

Die Beschämung einer Person ist die subtilste Form, sich ihrer zu bemächtigen, weil die Kriterien der eigenen Selbstachtung dann von Dritten verfügbar gemacht worden sind.

Sighard Neckel

subtil: ausgeklügelt, spitzfindig
Kriterien: Maßstäbe

1 Schreibe einen Brief an die nach Bosnien zurückgekehrte Schülerin.

2 Stelle dir vor, du hättest die Situation im Zug beobachtet. Schreibe einen Artikel für die Schülerzeitung oder die örtliche Tageszeitung.

3 Rollenspiel: Stellt euch vor, Ivona säße mit ihrer Freundin im Zug. Wie hätte sie sich gegenüber dem Paar verhalten können?

Sozialscham

Wer sich schämt, hat das Gefühl, dass der Wert der eigenen Person herabgemindert ist. Jedes Selbstwertgefühl hängt aber eng mit der Wertschätzung durch *andere* zusammen. Schamgefühle betreffen damit immer auch die Stellung des Einzelnen innerhalb eines größeren sozialen Verbandes. Wenn mit Scham das Gefühl gemeint ist, gemessen an den in einer *Gesellschaft* herrschenden Werten gering geachtet zu werden, so spricht man von *Sozialscham*. Dafür gibt es in modernen Gesellschaften nach den Lehren der Soziologie vier Quellen, denn es gibt vier Bereiche, in denen Ansehen und Achtung erworben werden können:

- „Reichtum"; der Beweis für Ansehen ist hier „Geld"; Anlass sozialer Scham ist „Armut".
- „Wissen"; der Nachweis ist „Zeugnis"; Sozialscham entsteht, wenn „Unwissen" deutlich wird.
- „Organisation"; geachtet ist, wer in ihr jeweils einen hohen „Rang" hat, beschämt ist, wer „untergeordnet" ist.
- „Assoziationen (Gemeinschaften)"; angesehen ist nur derjenige, der jeweils „dazu gehört", soziale Scham wird hier durch „Fremdheit" veranlasst.

nach Sighard Neckel

■ Als Soziologe untersucht **Sighard Neckel** Scham und Beschämung als Erscheinungen für verborgene Konflikte in modernen Gesellschaften.

4 Versucht für jede der vier Dimensionen von Sozialscham Beispiele zu finden.
Welche Handlungen führen jeweils zur Beschämung des Einzelnen?

- „Elliot" nennen die Hirnforscher **Antonio** und **Hanna Damasio** einen Patienten mit einer rätselhaften Erkrankung. Die Fallschilderung stammt von **Daniel Goleman** (vgl. S. 14).

kognitiv: gedanklich
Entscheidungskalkül: Berechnung in einem Entscheidungsprozess
differierend: sich unterscheidend
Option: Möglichkeit
Präferenzen: Vorlieben

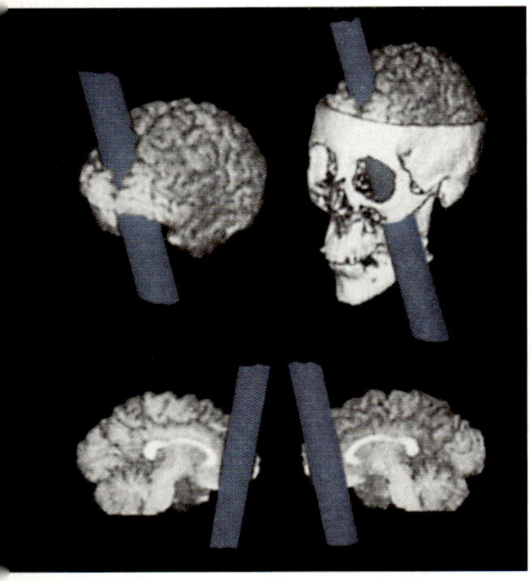

Auf dem Foto ist die Computernachbildung des Kopfes von Phineas P. Gage zu erkennen. Ihm schoss 1848 aufgrund einer Explosion eine Eisenstange durchs Gehirn. Zur Überraschung aller überlebte er diesen Unfall. Dann aber zeigte er ähnliche Persönlichkeitsveränderungen wie Elliot. Wie bei diesem war ein bestimmter Bereich des Frontallappens im Stirnhirn verletzt worden.

„Elliot war nicht mehr derselbe"

Elliot hatte direkt hinter der Stirn einen Tumor von der Größe einer kleinen Orange, der operativ vollständig entfernt wurde. Die Operation galt als gelungen, doch wer ihn gut gekannt hatte, sagte hinterher: „Elliot war nicht mehr derselbe" – er hatte eine einschneidende Persönlichkeitsveränderung erlitten. Elliot, zuvor ein erfolgreicher Rechtsberater in einer Firma, konnte sich in keiner Stellung mehr halten. Seine Frau verließ ihn. Nachdem er seine Ersparnisse mit fruchtlosen unternehmerischen Aktivitäten vergeudet hatte, fristete er sein Dasein im Gästezimmer seiner Bruders.

Elliots Problem hatte etwas Rätselhaftes: Intellektuell war er genauso auf der Höhe wie vorher, aber er konnte seine Zeit überhaupt nicht einteilen und verlor sich in unbedeutenden Einzelheiten. Offenbar war ihm das Gefühl für das, was wichtig war, abhanden gekommen. [...]

Das logische Denken, das Gedächtnis, die Aufmerksamkeit und alle sonstigen kognitiven Fähigkeiten waren einwandfrei, nur hatte Elliot praktisch kein Gefühl für das, was mit ihm geschah. Am auffälligsten war, dass Elliot völlig leidenschaftslos von den schlimmen Ereignissen seines Lebens erzählen konnte, als hätte er die Verluste und Fehlschläge seiner Vergangenheit wie ein Zuschauer erlebt – ohne einen Hauch von Bedauern oder Traurigkeit, Ärger oder Zorn über die Ungerechtigkeit des Lebens. [...]

Damasio führte diese Gefühlsblindheit darauf zurück, dass mit dem Hirntumor ein Teil von Elliots Präfrontallappen entfernt worden war. Bei der Operation waren tatsächlich Verbindungen zwischen tieferen Hirnzentren, speziell dem Mandelkern und angrenzenden Schaltungen, und den Denkfähigkeiten des Neokortex durchtrennt worden. Elliot begann nun wie ein Computer zu denken, konnte in einem Entscheidungskalkül jeden einzelnen Schritt vollziehen, war aber außerstande, den differierenden Möglichkeiten *Werte* zuzuweisen. Jede Option bedeutete ihm gleich viel. Und in diesem übertrieben leidenschaftslosen Denken bestand Elliots Problem: Seine logischen Überlegungen wurden falsch, weil er zu wenig beachtete, was die Dinge für ihn selbst bedeuteten. [...]

Da er seine Gefühle nicht erkannte, hatte er überhaupt keine Präferenzen.

Aus Elliots Unschlüssigkeit können wir etwas lernen: Um uns in dem endlosen Strom der persönlichen Entscheidungen, die wir immer wieder treffen müssen, zurechtzufinden, kommt es entscheidend auf das Gefühl an. Starke Gefühle können sich zwar verheerend auf das logische Denken auswirken, doch die fehlende Wahrnehmung der eigenen Gefühle kann nicht minder ruinös sein, speziell bei der Abwägung der Entscheidungen, von denen unser Lebensweg in hohem Maße abhängt: [...] Wenn es darum geht, wen wir heiraten, wem wir vertrauen oder auch nur, welche Stelle wir annehmen wollen, kommt man allein mit Logik nicht aus; dies sind Bereiche, in denen die Vernunft ohne Gefühl blind ist.

[...] Der Schlüssel zu vernünftigeren persönlichen Entscheidungen ist, kurz gesagt, auf unsere Gefühle zu achten.

Daniel Goleman

Gefühle sind härtere Tatsachen als Tatsachen.

Denkanstoß unbekannter Herkunft

Gefühle in drei Gehirnbereichen

Drei Hirnbereiche sind für das menschliche Gefühlsleben zuständig:
1. Das Reptiliengehirn in der Nähe des Rückenmarks. **Es besteht aus Stammhirn und Teilen des Zwischenhirns. Von hier aus werden unbewusst und ohne Willen der Herzschlag, der Kreislauf, die Darmtätigkeit und andere lebensnotwendige Körperfunktionen gesteuert. Zuständig ist dieser Hirnteil auch für Wachheit, An- und Aufregung und die triebhaften Aspekte der sexuellen Lust.**
2. Das Limbische System mit Mandelkern und Seepferdchen, etwa in der Mitte des Gehirns. **Es ist das Zentrum der Grundgefühle Angst, Wut, Freude, Trauer und Interesse. Auf dieser Ebene werden die genannten Gefühle durchaus bewusst empfunden, auch wenn man sie nicht in Worte fassen kann. Verbindungen zum Reptiliengehirn bewirken, dass etwa bei Wut Blutdruck und Puls steigen. Das Limbische System sorgt auch für den unwillentlichen körperlichen Ausdruck von Gefühlen, etwa für den Glanz in den Augen bei Freude. Wenn z. B. das Lächeln echt ist, wenn es sozusagen von Herzen kommt, dann sorgt das Limbische System für erweiterte Pupillen und Veränderungen an den Augenringmuskeln (Krähenfüßchen). Beides können wir willentlich nicht beeinflussen.**
3. Die Großhirnrinde direkt unter der Schädeldecke. **In ihr sind die Zentren für bewusste Körpersteuerung, wie Greifen und Gehen, für die Verarbeitung der Sinnesreize, wie Hören und Sehen, und alle komplizierten Denkvorgänge wie Lesen, Schreiben und Philosophieren, angesiedelt. Vor allem der Frontallappen im Stirnhirn sorgt dafür, dass die dumpfen Gefühle aus dem Limbischen System persönlich wahrgenommen und begrifflich gefasst werden. Auf die unmittelbare Empfindung von Ärger als Folge von Beleidigung haben wir keinen Einfluss; wir können aber bestimmen, wie wir mit ihm umgehen. Erst durch das Großhirn sind wir in der Lage, komplexe Gefühle wie Neid, Liebe und Scham durch Vernunft mitzugestalten und dann auch anderen mitzuteilen.**

nach Thomas Hülshoff

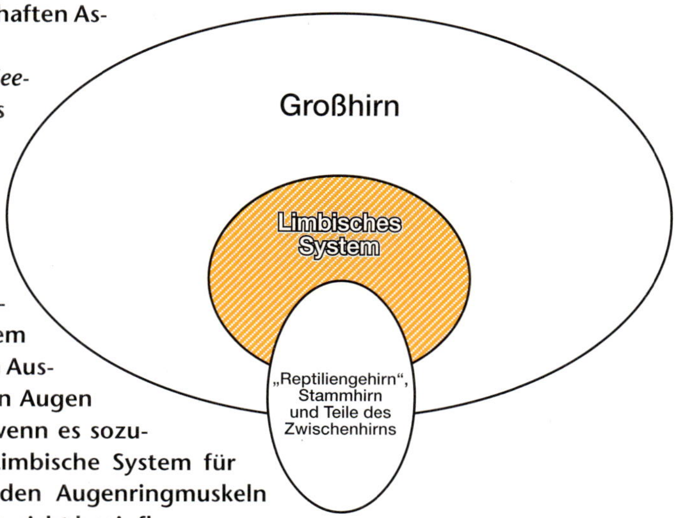

Vereinfachte Einteilung des menschlichen Gehirns in drei Funktionseinheiten

■ **Thomas Hülshoff** (siehe S. 17) stellt dar, wie drei Bereiche des Gehirns zusammenwirken, wenn wir Gefühle erleben.

Das dreieinige Gehirn

Das „dreieinige Gehirn“ trägt also auf unterschiedlichen Ebenen verschiedenartig zu unserem emotionalen Erleben bei. Während die basalen, triebhaften, erregenden oder hemmenden Momente vom Reptiliengehirn beigesteuert werden, werden die emotionalen Grundlagen auf der Ebene des Limbischen Systems moduliert [...]. Darüber „stülpt“ sich das Großhirn, das sich dieser Emotionen bewusst werden und, zumindest in Ansätzen, differenziert mit ihnen umgehen kann – hier können Emotionen modelliert und kontrolliert werden.

Thomas Hülshoff

1 Führt euch noch einmal eine Situation mit Gefühlsausdruck vor Augen, z. B. einen bestimmten Wutausbruch. Beschreibt nun das Zusammenwirken der Flügel des „Gefühlspropellers“ (siehe S. 11) mit Begriffen aus der Lehre über Gehirnfunktionen.

Wer bin ich – und wenn ja, wie viele?

Absolut unbeugsam

Wir befinden uns im Jahr 2776 auf dem Planeten
Erde. Seit zwei Jahrhunderten sind auf der Erde alle
Krankheiten ausgestorben. Während dieser langen
Periode haben die Erdenbewohner fast ihre ganze
Immunität verloren, das heißt die Widerstands-
fähigkeit gegen die vorangegangenen Generatio-
nen von Krankheitserregern. Gefahr droht von den
so genannten Zeitspringern: Menschen, die aus
der Vergangenheit kommen. Sie starten in ihrer
eigenen Gegenwart und springen mit Hilfe eines
Zeitgerätes in die Zukunft. Dort angekommen,
bilden sie eine große Gefahr für die immunschwa-
che Bevölkerung, da sie möglicherweise Krank-
heitserreger aus der Vergangenheit mit sich brin-
gen. Es gibt keine Möglichkeit, sie zurückzuschi-
cken. Um sich vor Ansteckung und Seuchen zu
schützen, verbannt man alle Zeitspringer auf den
Mond. Das ist die Aufgabe von Mahler. Mahler ist
unbestechlich. Absolut unbeugsam. Eines Tages
wird ein Zeitspringer verhaftet, der behauptet, ein
Zweirichtungsgerät zu besitzen …

Mahler horchte auf. Ein Zweirichtungsgerät? Un-
wahrscheinlich, dachte er. Wenn es jedoch zutraf,
würde es das Ende des elenden Kerkers auf dem
Mond bedeuten. Aber war ein solches Gerät über-
haupt möglich?
Er nahm es in die Hand und *untersuchte es.* „Scheint
mir ein typisches Modell aus dem vierundzwanzigs-
ten Jahrhundert zu sein", sagte er.
„Ja, aber sehen Sie hier die zweite Drehscheibe?"
Mahler sah hin und nickte. „Hm. Es *scheint* ein
Zweirichtungsgerät zu sein. Aber wie können wir
das feststellen? Außerdem ist es doch wenig wahr-
scheinlich", sagte er. „Warum sollte auf einmal ein
Zweirichtungsgerät aus dem vierundzwanzigsten
Jahrhundert auftauchen, wenn kein anderer Rei-
sender je eins hatte? Wir selber haben doch nicht
einmal Zeitreise in beiden Richtungen, außerdem
halten unsere Wissenschaftler dies für unmöglich.
Immerhin – ", überlegte er laut, „es ist ein schöner
Traum. Aber wir müssen das Ding genauer unter-
suchen. Ich glaube nicht im Ernst, dass es funktio-
niert. Bringen Sie ihn bitte herein!"

[…]
Die Posten schoben den Springer herein. Mahler
stellte fest, dass er jung und ziemlich groß war. Sein
Gesicht war schwer erkennbar durch die trübe
Scheibe des Raumschutzanzugs, trotzdem konnte
Mahler feststellen, dass es viel von seinem eigenen
harten, kantigen Ausdruck hatte. Es schien ihm, als
ob die Augen des Springers sich beim Eintritt in das
Büro vor Erstaunen geweitet hätten, aber er war
nicht sicher.
„Das hätte ich mir nie träumen lassen – dich hier zu
finden", sagte der Mann. Das Mikrophon im Raum-
anzug übertrug seine Stimme tief und klangvoll.
„Dein Name ist Mahler, nicht wahr?"
„Stimmt", sagte Mahler.
„Über all diese Jahre zu kommen und – dich zu
finden. Da soll mal einer von Unwahrscheinlich-
keiten reden!"
Mahler beachtete ihn nicht; er wollte sich nicht auf
ein Wortgefecht einlassen. Erfahrung hatte ihn ge-
lehrt, dass es unzweckmäßig war, einen Springer im
Gespräch die Oberhand gewinnen zu lassen. Sein
bewährtes Vorgehen bestand darin, dem Springer
zu erklären, warum es unausweichlich war, ihn auf
den Mond zu befördern, und dies dann schnells-
tens zu veranlassen.
„Sie behaupten, dies sei ein Zweirichtungsgerät?",
fragte Mahler, während er das empfindlich aus-
sehende Instrument hoch hielt.
„So ist es", war die Antwort, „arbeitet in beide Rich-
tungen. Wenn du den Knopf drückst, gelangst du
stracks zurück in das Jahr 2360 oder so."
„Haben Sie es konstruiert?"
„Ich? Bewahre", sagte der Springer. „Ich habe es
gefunden. Es ist eine lange Geschichte, habe keine
Zeit, sie zu erzählen. Außerdem – wenn ich es ver-
suche, so würde ich die Dinge womöglich noch
zehnmal schlimmer machen, als sie schon sind.
Nein. Erledigt. Ich weiß genau, dass ich bei dir keine
Chance habe, und da soll es am besten schnell
gehen."
„Sie wissen natürlich, dass dies eine Welt ohne
Krankheiten ist – ", begann Mahler in ernstem Ton-
fall.

„Und dass du glaubst, ich beherberge genug Keime aller Art, um die ganze Welt auszurotten. Und deshalb musst du mit mir völlig unbeugsam sein. Schon gut, ich will nicht streiten. Wo geht es zum Mond?“

[…] Verwundert sah Mahler der entschwindenden Gestalt nach. […]

Nachdem er nun wieder allein ist, untersucht Mahler interessiert das vermeintliche Zweirichtungsgerät, welches er dem Springer abgenommen hat.

LINKE HAND HIER ANLEGEN besagte die Aufschrift. Ein flüchtiger Gedanke kreuzte in seinem Geist auf. Entsetzt wollte er ihn sofort verdrängen, aber vergebens. Es wäre ja so einfach. Aber wenn –?

Nein!

Aber –

[…]

LINKE HAND HIER ANLEGEN.

Ganz sanft berührte er die bezeichnete Stelle. Es gab ein schwaches elektrisches Knistern. Schnell ließ er los und wollte das Zeitgerät wieder auf den Schreibtisch stellen. Da – schwamm dieser jäh unter ihm fort …

Wie Mahler wieder zu sich kommt, findet er sich mitten im Gewühle einer stickigen übel riechenden Metropole. Menschenströme rasen an ihm vorbei.

Plötzlich stieß ihn jemand von hinten. […]

„Hast du einen Ausweis, Schnüffler? Mach schnell, oder du wirst aufgespürt!“

Mahler riss sich los und begann, sich durch die Menge zu winden, beseelt von dem Wunsch, das Zeitgerät einzustellen und schleunigst aus diesem verseuchten und verpesteten Revier zu verschwinden. Die Menschen, die er beiseite stieß, riefen wütend: „Da ist ein Schnüffler! Stellt ihn!“

Die Schreie verstärkten sich zum rasenden Gebrüll: „Stellt ihn! Stellt ihn!“

Nach einer wilden Hetzjagd durch enge Gassen gelingt es Mahler endlich, sich vor seinen Verfolgern in ein kleines Geschäft in einer Seitenstraße zu flüchten.

[…] Mahler sprang zur Seite und drückte mit aller Gewalt auf den Knopf.

War das ein herrliches Gefühl, in das geruhsame Appalachia des achtundzwanzigsten Jahrhunderts zurückzukommen! Kein Wunder, dass es so viele Zeitspringer hierher gezogen hatte, kam es Mahler in den Sinn, als sein erregt klopfendes Herz sich allmählich beruhigte. Alles – oder so gut wie alles musste besser sein als das *Damals*.

Er sah sich in der stillen Straße nach einer Hygienestation um, wo er die Schrammen und Beulen versorgen konnte, […].

Da hörte er den bekannten Ton eines elektronischen Aufspürgerätes. Schon sah er, wie ein solches auf ihn zugerollt kam, dicht gefolgt von zwei Wachen der Abteilung in ihrer Schutzausrüstung.

Während Mahler sich jedoch endlich in Sicherheit wähnt, muss er feststellen, dass er von seinen eigenen Leuten nicht erkannt wird. Unter lautstarkem Protest wird er als Zeitspringer verhaftet.

Es war zwecklos, entschied Mahler, dem kläräugigen jungen Mediziner, der ihn im Büro der Abteilung untersuchte, seine Identität beweisen zu wollen. Das würde höchstens neue Verwicklungen geben. Nein, er beschloss zu warten, bis er dem Chef gegenüberstand.

[…] Mahler schwor sich, nie mehr im Leben eine Zeitmaschine anzurühren, wenn er einmal zurück sein würde. Er würde es anderen überlassen, die Springer in ihre eigene Zeit zurückzubefördern.

Er trat vor, wobei er das fotoelektrische Netz unterbrach. Die Schiebetür zum Chefzimmer öffnete sich. Hinter dem Schreibtisch saß eine mächtige Gestalt mit kantigen, harten herrischen Zügen.

ICH.

Durch die trübe Scheibe des Raumanzugs, in den man ihn gezwängt hatte, sah Mahler den Mann hinter dem Schreibtisch. Das war er selbst! Der absolut unbeugsame Mahler. Der Mann, der viertausend Menschen auf den Mond verschickt hatte, ohne Ausnahme, in starrer Befolgung seiner Aufgabe.

Aber wenn es Mahler ist – wer bin ich dann?

Mit einem Schlage wurde Mahler der irrsinnige Kreis klar. […]

Robert Silverberg

Wer bin ich – und wenn ja, wie viele?

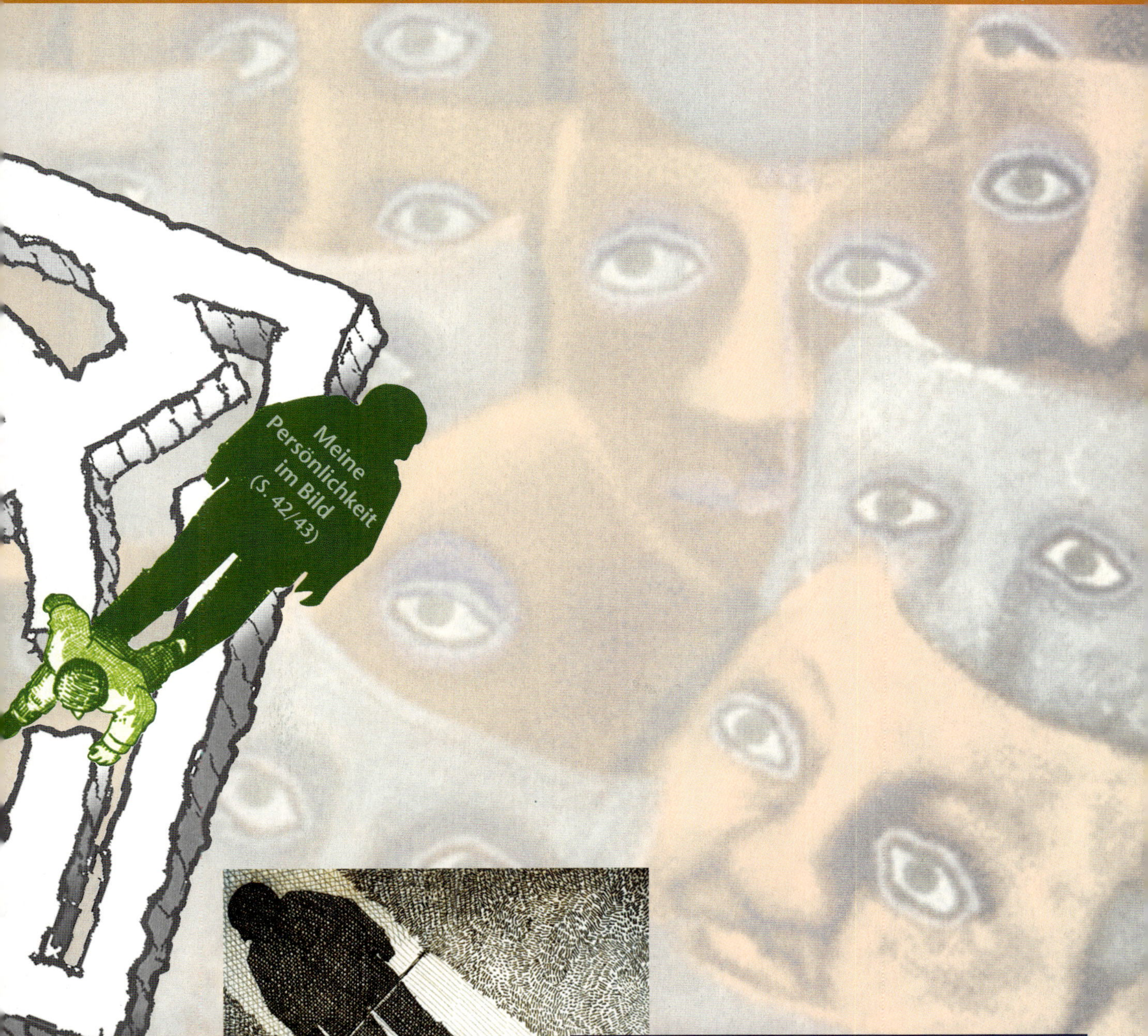

In der Geschichte auf den Seiten 30/31 reist ein Mann durch Zeit und Raum und steht plötzlich sich selbst gegenüber: von Angesicht zu Angesicht.
Auf den folgenden Seiten findet ihr Texte, mit denen ihr euch selbst begegnen könnt.
Wählt euren Weg durch das Labyrinth!

Was ist das Ich?
Wer jemanden um seiner Schönheit willen liebt, liebt der ihn? Nein, denn die Pocken, welche die Schönheit töten, ohne den Menschen zu töten, werden es bewirken, dass er ihn nicht mehr lieben wird. Und wenn man mich wegen meines Urteiles, wegen meines Gedächtnisses liebt, liebt man dann mich? Nein, denn ich kann diese Eigenschaften verlieren, ohne mich selber zu verlieren.
Wo ist also dieses Ich, wenn es weder im Leib noch in der Seele ist? [...] Man liebt also niemals jemanden eigentlich, sondern lediglich Eigenschaften.

Blaise Pascal (1623-1662): franz. Religionsphilosoph

1 Lege eine Liste derjenigen Eigenschaften an, um derentwillen du (a) geliebt, (b) geachtet, (c) beneidet sein willst.

2 Vergleiche deine Selbsteinschätzung (s. Tabelle) mit zwei Fremdeinschätzungen. Fällt dir die Antwort auf die Frage „Wer bin ich?" jetzt leichter?

3 Was sagt ihr zu Blaise Pascals Behauptungen?

4 Was würde Blaise Pascal zu der Auflistung der Eigenschaften sagen?

Selbsteinschätzung/Fremdeinschätzung (ankreuzen)					
Name	Einschätzung von				
10 Persönlichkeitseigenschaften	sehr stark	stark	durchschn. Tendenz nach stark	durchschn. Tendenz nach schwächer	schwächer
Selbstsicherheit					
Optimismus					
Vorsicht					
Unabhängigkeit					
Selbstlosigkeit					
Menschenkenntnis					
Belastbarkeit					
Toleranz					
Ehrgeiz					
Einfühlungsvermögen					

Für Selbst- und für Fremdeinschätzung jeweils eigene Bögen herstellen.

Der nebenstehende Text „Zwiebel und Zweifel" ist in einem Sonderheft der Zeitschrift Trans-Atlantik zum Thema „Individualität" erschienen.

Zwiebel und Zweifel

Es sollte Zwiebelsuppe geben. À la parisienne, so richtig überbacken. Ulla, die gerade einen Klumpen Parmesans zerrieb, resümierte über die Schulter: „Ich habe mich ganz langsam aufgebaut, weißt du. Die Sache mit Frank, das ging schon ziemlich an die Substanz."

„Substanz?" Ich hatte nicht richtig zugehört. Noch immer fordert das Häuten einer Zwiebel meine ganze Aufmerksamkeit. Ich wusste nie so recht, wo die Schale aufhört und die eigentliche Zwiebel (wenn es so was gibt) anfängt. Schon meine Mutter hatte mich nach dem ersten kindlichen Versuch aus der Küche verbannt, und noch heute verwandle ich jede Gemüsezwiebel in eine Art Radieschen.

„Ja, Substanz", wiederholte Ulla ärgerlich. „Ich meine, jeder Mensch sollte sich um sich selbst kümmern. Damals habe ich mich nur noch um Frank gekümmert. Ich war Frank. An meinem eigenen Ich habe ich gar nicht mehr gearbeitet, und das anderthalb Jahre lang."

Das brachte mich auf eine Idee. Ich begann die Zwiebel Schicht um Schicht abzutragen. Die Finger fest um den Messergriff geschlossen, den abgewinkelten Daumen fest an die Knolle gepresst, setzte ich immer weißer werdende Schichten frei. „Und jetzt? Was hast du bei deiner Arbeit rausgekriegt?"

Ulla blickte halb hoch gegen die Wand. „Ich habe rausgekriegt, dass ich sehr wohl allein sein kann. Ich meine, man sollte sich auf seinen eigenen Kern besinnen, den man hat." Das Weitere teilte sich den Raum in Ullas Mund mit einem Streifen Schinkenspeck: „Interessen, Neigungen ausbilden, weißt du."

Ich war inzwischen auf die kleinste zerlegbare Schicht gestoßen und hatte weiter nichts gefunden. Ich beugte mich über den Haufen zerlegter Schalen und schüttelte den Kopf. Noch bevor ich meinen Befund melden konnte, hatte sich Ulla zu mir gedreht und lachte laut auf. „Du siehst süß aus, wenn du heulst."

Die Behörde

Korf erhält vom Polizeibüro
ein geharnischt Formular,
wer er sei und wie und wo.

Welchen Orts er bis anheute war,
welchen Stands und überhaupt,
wo geboren, Tag und Jahr.

Ob ihm überhaupt erlaubt,
hier zu leben und zu welchem Zweck,
wie viel Geld er hat und was er glaubt.

Umgekehrten Falls man ihn vom Fleck
in Arrest verführen würde, und
drunter steht: Borowsky, Heck.

Korf erwidert darauf kurz und rund:
„Einer hohen Direktion
stellt sich, laut persönlichem Befund,

untig angefertigte Person
als nichtexistent im Eigen-Sinn
bürgerlicher Konvention

vor und aus und zeichnet, wennschonhin
mitbedauernd nebigen Betreff,
Korf. (An die Bezirksbehörde in –.)"

Staunend liests der anbetroffne Chef.

Christian Morgenstern (1871-1914): deutscher Dichter

Methodenkasten:
Sechs Möglichkeiten, einen Text zu lesen und zu verstehen

1. Du kannst einen Text auf seine Resultate hin lesen: Versuche herauszufinden, **was** der Autor/die Autorin denkt, stelle eine Liste ihrer Ansichten und Überzeugungen zusammen.
2. Du kannst einen Text auf seine Argumente hin lesen: Hierzu reicht es nicht zu wissen, was ein Autor/eine Autorin denkt. Versuche aus dem Text herauszufinden, **warum** sie oder er so denkt.
3. Du kannst einen Text in dialektischem Zusammenhang lesen: Wenn du schon andere Texte und Diskussionen zu dem Thema kennst, versuche herauszufinden, **wie** das Thema in dem neuen Text aufgefasst wird. Welche neuen Sichtweisen vermittelt er? – Welche neuen Fragen werden gestellt? – Welche Wege werden als Irrwege kenntlich gemacht und versperrt?
4. Du kannst einen Text kritisch lesen: Tritt mit dem Text in einen Dialog. An jede positive Ansicht oder Behauptung kannst du die Frage stellen: **Ist das wahr?** – Folgt das daraus? – Versuche dir vorzustellen, wie der Autor/die Autorin auf deine bohrenden Fragen antworten würde.
5. Du kannst einen Text auf die Entscheidung eines Problems hin lesen: Geh mit einer konkreten Frage an den Text heran. Suche nach Stellen, die die Richtung von Lösungen weisen könnten.
6. Du kannst einen Text kreativ lesen: Fang nicht bei Null an, über etwas nachzudenken. Greife die Gedanken eines Textes auf (benutze ihn als Sprungbrett oder Fahrzeug) und entwickle von dort aus deine eigene Gedankenspur.

5 Schäle in Gedanken eine Zwiebel und überlege dir mit jeder Schale, die du abträgst, welcher Teil deiner Persönlichkeit das sein könnte. Wie bei der Zwiebel sind die äußeren Schalen die „Äußerlichkeiten" – die inneren Schalen bilden den Wesenskern. Ähnelt dein Ergebnis eher dem von Ulla oder dem der Ich-Erzählerin?

6 Worin gleichen sich die Leute aus den Texten dieser Doppelseite?

„Nachdenken über die Forderung ‚Erkenne dich selbst!' “: So lautete das Thema, das Helmut Engels, Philosophielehrer an einer Krefelder Schule, seinem Kurs als Hausaufgabe gegeben hatte. Verena schrieb keinen Aufsatz *über* die Forderung, vielmehr nahm sie diese ernst und dachte über *sich selbst* nach. Das Ergebnis, das hier vorliegt, gibt zu denken. Da der Lehrer eine gewisse Ratlosigkeit aus Verenas Bekenntnis herauszulesen glaubte, schrieb er nicht den üblichen Kommentar unter den Text, sondern verfasste einen Brief. Verena bedankte sich und sagte, sie müsse darüber nachdenken.

1 Welche geometrische(n) Form (Formen) scheint(en) dir geeignet, die Vorstellung vom Ich in der Sicht Verenas und von Helmut Engels darzustellen? Versuche so zu zeichnen, dass die Unterschiede deutlich werden.

Ich bin Verena

Ich sitze am Schreibtisch und höre eine Kassette, die einfach Verena ist, spiele mit einem Stempel, der sagt, dass ich Verena bin, nehme meinen Radiergummi, der sagt, dass er Verena gehört ... verhalte mich einfach so, wie Verena das macht, wenn sie Verena ist und nachdenkt. Aber die Kassette ist doch eigentlich eine Mischung von CDs von Freundinnen, und eigentlich ist sie auch für Johanna bestimmt, den Radiergummi habe ich gefunden, den Stempel geschenkt bekommen. Und wo bin ich da? Bin ich das alles zusammen: eine Mischung aus meinen Freundinnen, aus etwas, das ich irgendwo gefunden habe, aus etwas, das ich geschenkt bekommen habe? Ein bisschen von allem in meiner Umwelt eben. Ja, ich glaube, genau das bin ich, eine Mischung aus kopierten Verhaltensweisen. Am auffälligsten ist dieses unbewusste Kopieren von Verhaltensweisen immer dann, wenn man länger mit bis dahin unbekannten Personen seine Zeit verbringt. Schnell bilden sich Gruppen, deren Mitglieder untereinander Verhaltensweisen nachahmen und sich so von den anderen abgrenzen. In gewisser Weise setzt sich also die Persönlichkeit aus Teilkopien von Menschen, die man mag und vielleicht auch bewundert, zusammen, genauso wie sich meine Kassette aus Teilkopien von CDs meiner Freundinnen zusammensetzt. Meine jetzige Identität setzt sich also unter anderem aus meinen Freundinnen zusammen.

In einem Jahr werde ich aber nicht mehr in dieser Stadt leben, meine Freundinnen werden in anderen Städten leben, ich werde nicht mehr in die Schule gehen ... kurz mein Leben wird sich völlig geändert haben. Vielleicht werde ich diese Kassette dann noch haben, aber wenn ich sie dann höre, werde ich vielleicht nicht mehr denken, dass diese Kassette einfach Verena ist, sondern traurig denken, dass diese Kassette ein Stück Tanja, ein Stück Petra, ein Stück Alex, ein Stück Sabrina, ein Stück Marion, ein Stück Bettina, ein Stück Silvia und auch ein kleines Stück Verena ist. Aber sie ist eben nur ein Stück Verena, der Rest muss wohl auf dem Lebensweg verloren gegangen oder eingetauscht worden sein. Anders gesagt wird meine Identität immer durch meine Gegenwart bestimmt und verändert. Aber wann bin ich dann eigentlich wirklich ich selbst, nur ich selbst?

Sobald ich geboren wurde, begann die Sozialisation: Zunächst sog ich alles begierig auf, lernte die Sprache, die heute ein Teil meiner selbst ist, und wahrscheinlich gibt es keinen Menschen auf der Welt, der genauso redet wie ich, lernte die Bewegungen, lernte die Schrift, lernte die Verhaltensweisen ... Später wurde das Lernen kritischer; ich ahmte nur noch die Verhaltensweisen nach, die mir nachahmenswert erschienen, aber ich war durch die vorherige Sozialisation soweit vorbelastet, dass meine Entscheidungen eigentlich nur die logische Schlussfolgerung aus der Vergangenheit waren. Nicht umsonst spricht man von einem „Kind seiner Zeit“ und betrachtet zum Beispiel Quellen immer im historischen Kontext oder versucht, eine gesamte Generation zu charakterisieren, obwohl sie doch eigentlich nichts außer dem Zeitpunkt ihres Lebens gemeinsam hat. Aber vielleicht ist das gerade entscheidend.

Wirklich man selbst ist man also nie, aber ich hoffe, dass ich immer ein Stück Silvia, ein Stück Bettina, ein Stück Marion, ein Stück Sabrina, ein Stück Alex, ein Stück Petra und ein Stück Tanja sein werde und dabei trotzdem typisch Verena bin.

Verena von Ondarza

Liebe Verena,

bemerkenswert an Ihrem Essay zur Selbsterkenntnis finde ich, wie genau Sie die Tatsache benennen, dass das, was wir für unsere Identität halten, in Wirklichkeit das mehr oder minder zufällige Ergebnis von äußeren Einflüssen ist. Wie wir uns verhalten, wie wir denken, was wir wissen, was wir können, was wir wollen: All dies haben wir in der Tat auch anderen und unzähligen Zufällen zu verdanken. Dies ist durchaus *nichts Negatives*; denn wenn ich von „verdanken“ spreche, dann enthält dies den Gedanken, dass wir für das, was wir mitbekommen haben, auch dankbar sein sollten. Kein Mensch hat sich und wesentliche Aspekte seiner Biografie selbst gemacht, und er ist in vielfacher Weise auf andere angewiesen. Das sollte als Faktum akzeptiert werden.
Ich glaube allerdings nicht, dass wir einfach Kopien sind: Auch wenn andere einen Einfluss auf uns ausüben, wird dieser gefiltert und modifiziert; vieles wird von uns assimiliert, also uns selbst „angeglichen“. Man sollte ebenfalls nicht vergessen, dass auch die anderen von uns beeinflusst werden, so dass eine Wechselwirkung entsteht, in der die anderen uns in unserem *Eigenen* bestärken.
Sie werden zugeben, dass trotz der äußeren Einflüsse und der vielen Zufälle jeder Mensch etwas Besonderes ist, ein Individuum mit einer nur ihm eigenen Mischung von Eigenschaften und Verhaltensweisen. Dazu gehören auch die Dinge, die wir besitzen (zum Teil Fundstücke), und die unterschiedlichen Beziehungen, in denen wir zu anderen Menschen stehen. Sie fragen dennoch zu Recht, wo bei all dem, was zu Ihrer Person gehört (und zu dem Sie auch stehen sollten), Sie selbst sind: „Wann bin ich wirklich ich selbst?“ Gibt es etwas, das nur Sie selbst sind, der Kern Ihrer Person? Ich weiß es nicht. Ich glaube eher, dass es das Selbst nur im Vollzug gibt, als Selbst*sein*, als Weise zu *existieren*.
Ich meine Folgendes. Normalerweise leben wir nach Üblichkeiten und Gewohnheiten, wir leben also *uneigentlich*. Aber: Es gibt Situationen, in denen es ernst wird, in denen sich entscheidet, wer und was wir wirklich sind. Und wenn wir hier nicht ausweichen, sondern uns entscheiden – dazu gehört das kritische Nachdenken – und entsprechend der Entscheidung handeln, dann ereignet sich das Selbst-Sein, dann sind Sie wirklich Verena.
Sie werden mir glauben, wenn ich sage, dass es sehr schwer ist, *eigentlich* zu sein und nicht einfach „so dahin“ zu leben oder gar gelebt zu *werden*. Wahrscheinlich gehört zum Eigentlich-Sein oder Selbst-Sein neben Kritikfähigkeit, Entschlossenheit und Verantwortungsbewusstsein auch eine gehörige Portion Mut. Ich glaube nicht, dass er Ihnen fehlt, jedenfalls hoffe ich dies.

Helmut Engels

2 Welche Auffassung vom Ich entspricht eher deiner Auffassung, die von Verena oder die von Helmut Engels?

3 Warum hat man manchmal einfach keine Lust, über sich selbst nachzudenken?

4 Wann denkst *du* über dich nach? – Wie weit kommst du damit? – Wann gibst du meistens auf?

5 Kannst du an dir beobachten, dass du manchmal auf unterschiedliche Arten über dich nachdenkst? – Wie?

Individuum: das menschliche Einzelwesen

Hans-Georg Rauch: Eine Welt für alle

1 Füllt die Karikatur mit Leben: Baut ein Standbild, das ihrer Aussage entspricht.

2 Erfindet eine Geschichte dazu, vielleicht ein Märchen.

■ **Jerome D. Salinger** (*1919), amerikanischer Schriftsteller; sein Buch „Der Fänger im Roggen" von 1951 gilt als wichtiger Roman über die Nachkriegsjugend in Amerika. In ihm setzt sich der 16-jährige Holden Coulfield als Ich-Erzähler mit der Welt seiner Mitschüler und der Erwachsenen auseinander.

Der Fänger im Roggen

„[…] Hast du die Schule gern, meine ich?"

„Nein, sie *langweilt* mich grässlich."

„Aber ist sie dir wirklich verhasst? Ich weiß natürlich, dass sie grässlich langweilig ist, aber ich möchte wissen, ob sie dir richtig *verhasst* ist."

„Ach, eigentlich nicht verhasst. Man muss schließlich doch immer –"

„Schön, aber mir ist sie wirklich verhasst. Herr im Himmel, mir ist sie verhasst", sagte ich. „Aber nicht nur die Schule. Einfach alles. New York und das alles hasse ich auch – die Taxis und die Autobusse, wo der Fahrer einen immer anbrüllt, dass man hinten aussteigen soll. Und dann hasse ich es, wenn man affektierten Eseln vorgestellt wird, die die Lunts göttlich finden, und dass man im Lift fahren muss, wenn man nur mal rausgehen will, und bei Brooks immer diese Kerle, bei denen man Hosen anprobieren muss, und dass die Leute immer –"

„Bitte, schrei nicht so", sagte Sally. Das war unsinnig, denn ich hatte überhaupt nicht geschrien.

„Zum Beispiel Autos“, sagte ich mit gedämpfter Stimme. „Die meisten Leute sind mit Autos nicht bei Trost. Sie nehmen es furchtbar tragisch, wenn der kleinste Kratzer dran ist, und reden die ganze Zeit davon, wie viele Liter Benzin es braucht, und wenn sie einen ganz neuen Wagen haben, denken sie schon wieder daran, ihn gegen einen noch neueren umzutauschen. Ich kann nicht einmal *alte* Autos ausstehen. Sie interessieren mich einfach nicht. Ich hätte lieber ein verdammtes Pferd. Ein Pferd ist doch wenigstens *menschlich,* Herr im Himmel. Mit einem Pferd kann man wenigstens –“

„Ich weiß nicht, von was du eigentlich reden willst“, sagte Sally. „Du springst von einem –“

„Soll ich dir etwas sagen? Du bist vielleicht der einzige Grund, warum ich jetzt in New York oder überhaupt irgendwo bin. Wenn du nicht da wärst, wäre ich wahrscheinlich irgendwo beim Kuckuck. Im Urwald oder was weiß ich. Du bist praktisch der einzige Grund, warum ich noch hier bin.“

„Das ist lieb von dir“, sagte sie. Aber man merkte deutlich, dass sie mich von dem verdammten Thema abbringen wollte.

„Du solltest einmal in eine Jungenschule gehen“, sagte ich. „Versuch's nur einmal. Dort sind lauter verlogene Heuchler, und man soll nur immer lernen, damit man sich später einen verdammten Cadillac kaufen kann, und man muss immer so tun, als ob es einem wichtig wäre, dass die Fußballmannschaft gewinnt, und man schwätzt den ganzen Tag nur über Mädchen und Alkohol und sexuellen Mist, und alle kleben in dreckigen Cliquen zusammen. Die von der Basketballmannschaft halten zusammen, die Katholischen halten zusammen, die gottverdammten Intellektuellen halten zusammen, die Bridgespieler halten zusammen. Sogar die vom *Buch-des-Monats-Klub* halten zusammen. Wenn man versucht, eine halbwegs intelligente –“

„Jetzt hör aber auf“, sagte Sally. „Viele haben von der Schule wirklich mehr als *das*.“

„Stimmt! Allerdings haben manche mehr davon! Aber das ist eben alles, was ich selber davon habe. Verstehst du? Davon rede ich. Von diesem verfluchten Punkt rede ich. Ich habe überhaupt von fast nichts etwas. Ich bin schon *vollkommen* runter.“

„Offenbar.“

Plötzlich kam mir eine Idee.

Jerome D. Salinger

3 Lassen sich die Abschnitte des Textes auf die heutige Schulsituation beziehen? Schreibt den Text um, wo es euch nötig erscheint.

4 Inwiefern entspricht die Karikatur auf der gegenüberliegenden Seite der Art und Weise, wie Holden sich und die Welt sieht? Entspricht sie dem überhaupt?

5 Fertige eine Zeichnung an, die Holdens Weltsicht vielleicht noch besser entspricht – verwende dabei alle Personalpronomen.

6 Wie würde die Zeichnung *deiner* Weltsicht aussehen?

■ In seinem 1993 erschienen Buch „Hirnverpflanzung. Die erste Unsterblichkeit auf Erden" diskutiert der Neurophysiologe **Detlef B. Linke** die Frage der Hirngewebetransplantationen. Durch diesen technischen Fortschritt können Individualität und Identität unter Umständen aufgelöst werden und zu einer „Ich-losen" Unsterblichkeit des zusammengesetzten Menschen verschwimmen.

1 Ihr kennt sicherlich ähnliche, aber vielleicht weniger einschneidende Änderungen der Persönlichkeit, die manche Menschen irritieren.

Famulatur, famulieren: ein medizinisches Praktikum absolvieren

Manchmal hört man den Satz:

„Das ist nicht mehr der Mann, den ich geheiratet habe!"

Der nebenstehende Text entstammt der „Entscheidsammlung des Europäischen Gerichtshofs für Menschenrechte".
Die abgedruckte Textpassage gehört zum Entscheid „P. gegen S. und Cornwall County", bei dem es um die Entlassung einer transsexuellen Person ging.
Die erhobene Klage lautete auf „Diskriminierung aufgrund des Geschlechts".

Operation am Gehirn

1970 famulierte ich als Student in einer Neurochirurgischen Klinik und betreute einen Parkinson-Patienten, dessen Schüttellähmung mit einer stereotaktischen Operation behandelt werden sollte. Bei dieser stereotaktischen Operation wird gleichsam mit einer heißen Nadel durch einen Hochfrequenzstrom ein Hirnzentrum eingeschmolzen, welches im Rahmen des krankheitsbedingten Dopaminmangels ein Übergewicht erhalten hat und dadurch die ganze Motorik stört. Es handelte sich um einen 65-jährigen Bergmann, der sich von der Operation viel erhoffte. Ich hatte Gelegenheit, mich mit ihm und seiner Ehefrau ausführlich zu unterhalten. Meine Famulatur ging zu Ende, und ich konnte das Operationsergebnis nicht mehr erfahren. Einige Wochen später traf ich in diesem Krankenhaus auf dem Gang einen älteren Mann, der mich unbedingt sprechen wollte. Er schien mich zu kennen. Er war mir völlig unbekannt. Ich wunderte mich etwas über seine vertrauliche Art, weil ich ein gutes Personengedächtnis hatte und sicher war, ihn noch nie getroffen zu haben. Seine Mimik war zwar unpersönlich, aber aus seinen Worten ging hervor, dass er mich gut kannte. Dann erfuhr ich es. Er war der Bergmann, der sich einer stereotaktischen Operation unterziehen wollte und sie jetzt hinter sich hatte. Er war nicht wiederzuerkennen, obwohl sich an seiner äußeren Erscheinung nichts geändert hatte. Doch in der Bewegung war der Körper ein völlig anderer geworden. Die Mimik und der Gesichtsausdruck waren so verändert, dass ich Mühe hatte, sein Gesicht mit dem des Mannes von vor einigen Wochen zur Deckung zu bringen.

Detlef B. Linke

P. gegen S.

[...]
4. Kommen wir nun zum vorliegenden Fall, in dem es um die Entlassung einer transsexuellen Person geht, die wegen der Geschlechtsumwandlung erfolgt ist; genauer gesagt, erfolgte sie wegen der Ankündigung, sich einem operativen Eingriff zur Anpassung des biologischen (männlichen) Geschlechts an die (weibliche) geschlechtliche Identität unterziehen zu wollen. [...]

5. P. wurde im April 1991 als Geschäftsführer bei einer Bildungseinrichtung eingestellt, die zur maßgeblichen Zeit vom Cornwall County Council, der örtlich zuständigen Verwaltungsbehörde, betrieben wurde. Ein Jahr später teilte P. dem Direktor der betreffenden Einrichtung und Verwaltungsleiter, S., mit, dass sie beabsichtige, sich einem operativen Eingriff zur Geschlechtsumwandlung zu unterziehen. S. zeigte sich zunächst verständnisvoll und tolerant und beruhigte P. in Bezug auf ihre Stellung innerhalb der Einrichtung, änderte jedoch später seine Haltung. Nach den Feststellungen des vorlegenden Gerichts beruhte diese Änderung im Wesentlichen auf dem Widerstand der Mitglieder des Verwaltungsorgans, die irgendwann auch die Möglichkeit ins Auge fassten, P. als freie Mitarbeiterin der Einrichtung weiterzubeschäftigen.
Unterdessen unterzog sich P. im Sommer 1992 den ersten Eingriffen zur Geschlechtsumwandlung mit der Folge, dass sie wegen Krankheit der Arbeit fern blieb. In dieser Zeit reifte bei S. und den Mitgliedern des Verwaltungsorgans der Entschluss, P. zu entlassen; die zum 31. Dezember 1992 wirksame Kündigung wurde P. drei Monate zuvor mitgeteilt.

Unmittelbar nach dieser Mitteilung wurde P. aufgefordert, bis zu diesem Zeitpunkt einige besondere Programme abzuschließen, an denen sie gerade arbeitete. Als P. mitteilte, dass sie in Frauenkleidern ins Büro zurückkehren werde, wurde ihr geantwortet, dass sie die ihr übertragenen Aufgaben gut zu Hause erledigen könne, so dass es nicht erforderlich und auch nicht vorgesehen sei, dass sie die Büroräume aufsuche. Das Beschäftigungsverhältnis von P. mit der Einrichtung endete schließlich am vorgesehenen Tag, ohne dass P. in das Büro zurückgekehrt wäre.

6. P. unterzog sich dem abschließenden Eingriff zur Geschlechtsumwandlung am 23. Dezember 1992 [...]. Am 13. März 1993 erhob P. Klage beim Industrial Tribunal Truro mit der Begründung, sie sei aufgrund des Geschlechts diskriminiert worden.

S. gegen P. und Cornwall County, Rechtssache C-13/94

2 S. war zunächst tolerant. Erklärt, warum es nicht dabei geblieben ist.

3 Vorschlag für ein Rollenspiel: Lasst Frau P. in einer Gruppe (z. B. Sportverein) auftreten, in der sie vor einiger Zeit noch als Herr P. gut bekannt war. Wie sprechen und reagieren Herr X (sehr tolerant), Frau Y (verständnislos) und Herr Z (grundsätzlich tolerant, möchte mit solchen Leuten aber nichts zu tun haben) ... ?

Edvard Munch: Selbstbildnis, 1886

Arnulf Rainer: Hall, 1969/71

1 Stell dir vor, du seist Maler oder Malerin. Wie würdest du dich selbst porträtieren?

Nickolas Murray: Frida Kahlo, o. J. Fotografie

2 Stell dir vor, du würdest von jemand anderem porträtiert. Welchen Stil würdest du wählen: Munch, Rainer, Kahlo – oder keinen davon? Warum? Würdest du für ein Porträt von dir einen anderen Stil wählen als für das Selbstporträt?

■ **Devrim,** 17 Jahre, hat die meiste Zeit in der Türkei gelebt. Ihre Eltern holen sie nach Berlin. In ihrem erstmals 1983 erschienenen Buch schildert sie ihre Erfahrungen.

1 Seht ihr Chancen, dass Devrim heute zufriedener leben kann?

2 Ein moderner Begriff von Identität ist „Patchwork-Identität". Erläutert die Wortbildung und veranschaulicht diesen Begriff mit Beispielen.

Meine zwei Gesichter

Morgens stand ich als Türkin auf und machte mich für die Schule fertig. Unterwegs zur Schule war ich neutral und wägte ab, was bei dem einen gut und schlecht war, und verglich das mit dem anderen. In der Schule war ich deutsch. Nach der Schule musste ich direkt nach Hause, weil es zum einen Ärger gab, wenn ich zu spät kam, und zum anderen durfte ich ja auch nicht woanders hingehen. Wieder war ich unterwegs neutral, wobei ich sagen muss, dass ich mich auf dem Weg zur Schule wohler fühlte als auf dem Weg nach Hause. Sobald ich zu Hause war, musste ich wieder mein türkisches Gesicht aufsetzen, sonst kam ich mit den Leuten überhaupt nicht klar.

Mein wahres Ich war eher in dem deutschen Gesicht, weil ich damit ehrlicher war als mit dem türkischen. Das türkische Gesicht war voller Lügen oder eher Verschwiegenheit. Ich konnte ja zu Hause nicht alles sagen, was ich dachte und wollte. Sie zwangen mich selbst dazu, sie anzulügen.

Ich fand das nicht besonders lustig, dass ich zwei Gesichter hatte. Es machte mir sehr viel Kummer, dass ich mich andauernd ändern musste. Ich durfte zu Hause nicht mit meinem deutschen Gesicht ankommen, weil ich mich dann noch unwohler fühlte und es nur Streitigkeiten gab, weil meine Eltern mich gar nicht mehr verstanden oder verstehen wollten. Ich liebte die Schule und hasste mein Zuhause, weil ich mich dort nicht so zeigen konnte, wie ich wirklich war, was ich in der Schule konnte. Die Leute in der Schule akzeptierten mich so, wie ich war, und haben nie empört geschaut, wenn ich eine andere Meinung als sie hatte.

„Die Besetzung ist absolut perfekt, Madeleine."

Bei meinen Eltern und auch bei anderen Türken durfte ich zwar eine eigene Meinung haben, aber wenn sie von der üblichen, typisch türkischen abwich, war es besser, sie für mich zu behalten oder sogar sie zu ändern [...].
Ich habe oft versucht, in Gesprächen mit meinen Eltern eine Einigung zu finden, leider jedes Mal ohne Erfolg. Ohne Erfolg heißt dabei, dass sie mir zwar zugehört haben und in einigen Dingen mit mir sogar übereinstimmten, aber doch nicht aus ihrer Haut herauskonnten und mir dann zum Schluss immer klar machten, dass meine Wünsche utopisch seien und ich mich damit abfinden müsste, wie es ist.

Devrim

„Ich. Um nur einige zu nennen."

Titel eines Kabarettprogramms von Tina Teubner

Ich bin eine Viele

Identität als Vorstellung von einem ‚heilen' Individuum bzw. als Forderung, unter allen Umständen eines aus sich zu machen, wird mir zunehmend problematisch. Alle suchen ihre Identität. „Hört auf damit, es ist eine Sackgasse!", könnte ich mein Anliegen überschreiben.
‚Identität' ist eine Zumutung, unerreichbar, nicht wünschenswert, meine ich. Jedes Ich soll nur eins sein, eindeutig? Es soll sich trotz der Vielzahl seiner Bezüge, seiner ‚Rollen-Selbste' oder sozialen Identitäten als eindeutige Einheit herstellen? [...] Es wäre nicht nur eine Quadratur des Kreises, sondern auch ein Verlust, eine Beschneidung von vielfältigen Selbsten, von möglichen Selbsten, die jedenfalls ich nicht einfach aufgeben möchte.
Identität, diese ordentliche Ordnung, ist nur durch Hierarchisierung herzustellen. [...]. Es ist demokratischer und für mich attraktiver zu sagen: Ich bin eine Viele. Ich will nicht eindeutig und eindimensional sein. Ich will die Vielfalt meiner gegenwärtigen und meiner möglichen Selbste, meiner Wunsch-Selbste, nicht so einfach aufgeben! [...]
Für das Leben in verschiedenen sozialen Kontexten ist es angemessen, sich selbst auf unterschiedliche Arten zu konzipieren und in die Sozialbeziehungen dieser Kontexte einzubauen.

Helga Bilden

3 Was würde Helga Bilden zu Devrims zwei Gesichtern sagen? Wie würde Devrim antworten?

Quadratur des Kreises: Unmöglichkeit
Hierarchisierung: Aufstellung einer Rangordnung

4 Welche Frau auf der Zeichnung ist Madeleine?

5 Stell dir vor, du seiest mit Helga Bilden gut befreundet. Ihr seid gemeinsam zu der Party mit „perfekter Besetzung" eingeladen ... !

6 Wähle dir eine Person auf dem Bild und mache aus ihr in deiner Fantasie „eine Viele". Versuche dabei abzuschätzen, was realistisch (innerhalb einer Person mit „vielen Selbsten") möglich ist und was nicht.

Die Karte ist ein Ausschnitt aus einem Fantasie-Atlas, erfunden von niederländischen Designern und Philosophen (2000). Es geht um eine bildliche Darstellung der faszinierendsten aller Welten, der Welt im Kopf. Hier finden sich natürlich auch wichtige Werte.

1 Suche auf der Karte diejenigen Gefühls-Orte, wo du schon einmal warst. – Wo warst du noch nie? – Welche „Orte“, die du kennst, fehlen auf der Karte?

2 Wähle dir eine Stadt/eine Region/einen Berg/ein Gewässer ... und zeichne davon eine Karte in größerem Maßstab. Zeichne vor allem das ein, was man auf der abgebildeten Übersichtskarte nicht sieht.

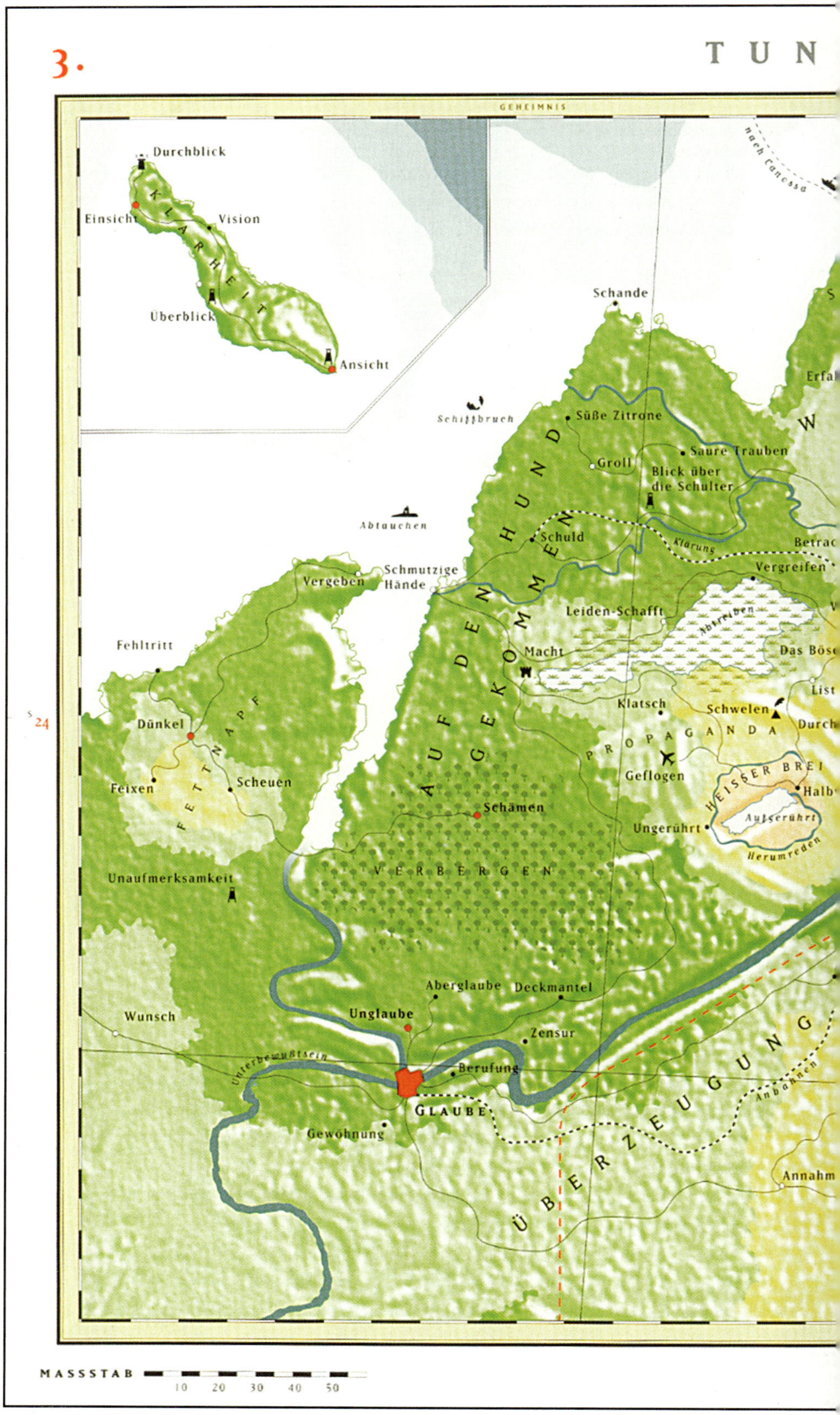

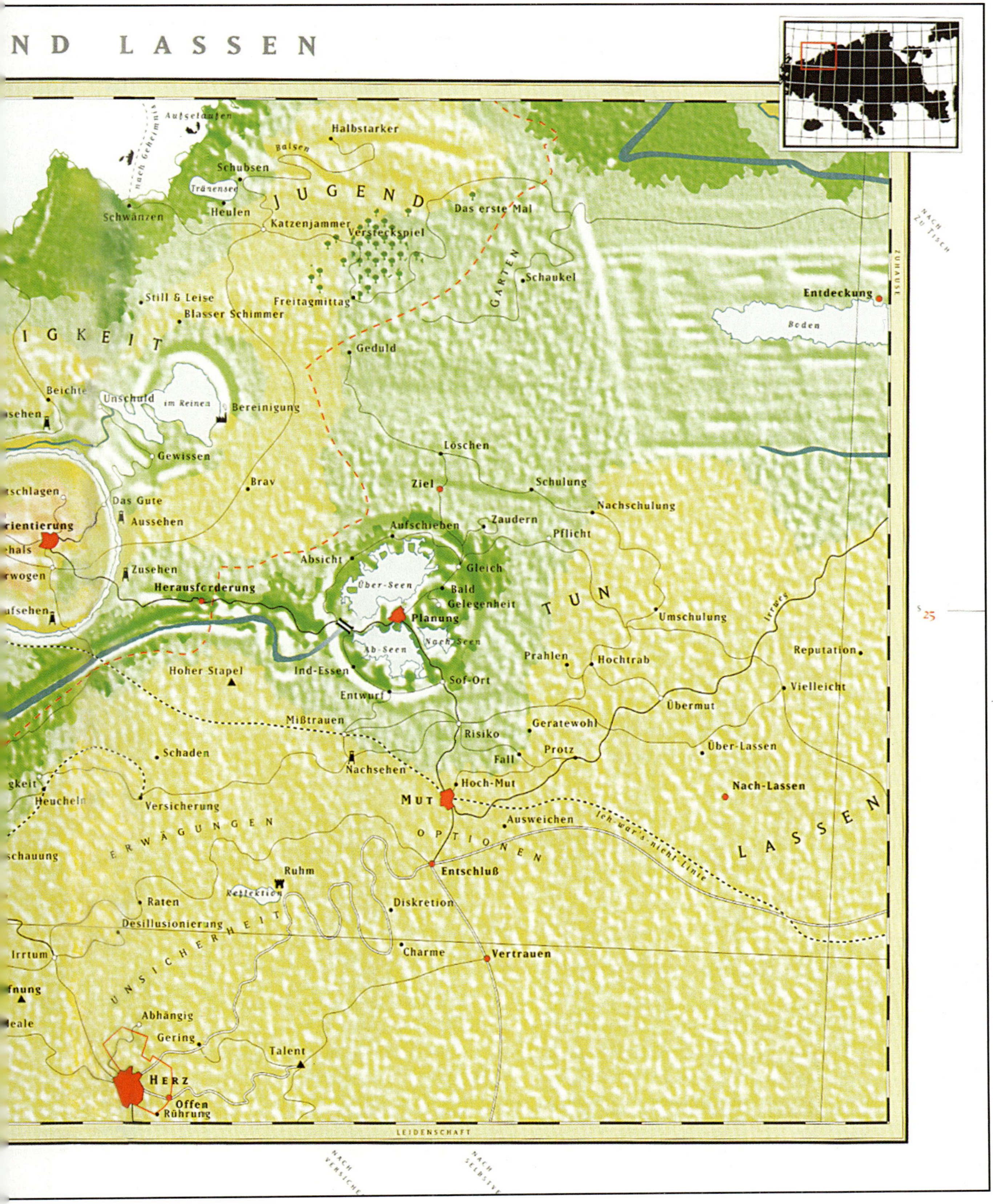
ND LASSEN
Aufstauen
nach Geheimnis
Halbstarker
Balsen
Schubsen
Tränensee
Heulen
Schwänzen
JUGEND
Katzenjammer
Versteckspiel
Das erste Mal
GARTEN
Schaukel
Still & Leise
Blasser Schimmer
Freitagmittag
Entdeckung
Boden
IGKEIT
Geduld
Beichte
Unschuld
im Reinen
Bereinigung
Gewissen
Löschen
Brav
Ziel
Schulung
Das Gute
Aussehen
Nachschulung
Zaudern
Aufschieben
Pflicht
rientierung
Absicht
Gleich
Zusehen
Über-Seen
Bald
Herausforderung
Gelegenheit
TUN
Planung
Umschulung
Nach-Seen
Ab-Seen
Prahlen
Hochtrab
Reputation
Hoher Stapel
Ind-Essen
Sof-Ort
Vielleicht
Entwurf
Übermut
Mißtrauen
Geratewohl
Risiko
Über-Lassen
Schaden
Protz
Fall
Nachsehen
Hoch-Mut
Nach-Lassen
Heucheln
MUT
Versicherung
Ausweichen
Ich war's-nicht Linie
ERWÄGUNGEN
OPTIONEN
LASSEN
schauung
Entschluß
Ruhm
Reflektion
Raten
Diskretion
Desillusionierung
UNSICHERHEIT
Irrtum
Charme
Vertrauen
Abhängig
Gering
Talent
HERZ
Offen
Rührung
LEIDENSCHAFT
Irrweg
NACH ZU TISCH
ZUHAUSE

■ **P. J. M. van Tongeren** ist Professor für Philosophische Ethik an der Katholischen Universität Nimwegen in den Niederlanden.
Der Textausschnitt entstammt seinem Zeitschriftenartikel „Multikulturalität, Identität und Toleranz".

implizieren: enthalten

Toleranz als die Tugend des Aushaltens

Eine Überzeugung zu haben, an einer Lebensweise zu hängen, impliziert, dass eine entgegengesetzte Überzeugung oder Lebensweise als Problem erfahren wird. Es gibt nun verschiedene Arten, wie man mit diesem Problem umgehen kann: Wir können versuchen, den anderen von seinem Unrecht zu überzeugen, oder wir können selbst an unserem Recht zu zweifeln anfangen. In beiden Fällen gilt aber, dass das Problem, solange es nicht gelöst ist, ausgehalten werden muss. Nun gut – Toleranz ist die Haltung, die in diesem Aushalten des Problems besteht, d. h. darin, an der eigenen Überzeugung festzuhalten und gleichzeitig die andere, die der unseren widerspricht, zuzulassen.

[...]

Die Möglichkeit der Toleranz, der wir hiermit auf die Spur kommen, gibt uns die Gelegenheit, ein lange vergessenes Element ihrer Bedeutung wieder neu zu entdecken. Toleranz kommt nämlich von *tolerare*, was so viel heißt wie „tragen, ertragen, erdulden oder aushalten". Demjenigen, der tolerant ist, wurde eine Last auferlegt, und er weiß diese zu tragen. Das, was er zu tragen hat und woran er leidet, ist entweder die andere Überzeugung oder Lebensweise, die er abweist und von der er lieber hätte, dass es sie nicht gäbe, oder der nicht weniger unerwünschte Zweifel an der eigenen Wahrheit. In beiden Fällen sind Kraft und Mut erforderlich, um das, was man nicht will, doch zuzulassen.

In unserem Verständnis von Toleranz ist diese Bedeutung der Tragfähigkeit beinahe verschwunden. Wir sind vor allem gegenüber dem tolerant, was uns keine Schwierigkeiten macht.

Paul van Tongeren

1 Könnte man aus diesem Artikel schließen, dass diejenigen Menschen die tolerantesten sind, die sich über „alles" aufregen und deswegen am meisten „ertragen" müssen?

2 Wo fällt es dir am schwersten, tolerant zu sein – wo macht es dir keine Probleme?

3 Überlegt zu den Leserbriefen: *Was* müsste *wer* im jeweiligen Fall im Sinne von Paul van Tongeren konkret tolerieren – d. h. *aushalten*?

4 Stellt euch vor, in Deutschland könnte über Volksentscheid eine solche Quote festgelegt werden. Schreibt dazu zwei Leserbriefe.

Im Herbst 2000 fand in der Schweiz eine Volksabstimmung zur so genannten 18 %-Quote statt. Es ging dabei um die Frage, ob der Anteil der ausländischen Bevölkerung in der Schweiz auf höchstens 18 % festgeschrieben werden sollte. Die Schweizer stimmten gegen eine verbindliche Höchstquoten-Regelung. Die nachfolgenden Original-Leserbriefe wurden im Vorfeld der Abstimmung in den Zeitungen abgedruckt.

[...] Es ist höchst erfreulich, dass die NZZ [Neue Zürcher Zeitung] im Vorfeld der Abstimmung über die unselige 18 %-Initiative drei Ausländern eine ganze Seite eingeräumt und ihnen damit ein Gesicht und eben eine Stimme gegeben hat. Die Kritik der Befragten ist verständlicherweise zurückhaltend. Den wichtigen Satz hat der Kurde Hasan Gül mit der Bemerkung eingebracht, dass die Initiative die Eingewanderten als anonyme Masse und nicht als Menschen behandle. Das ist genau der Punkt: Die Initiative fördert in verheerender Weise die Vorstellung, dass es „den" und „die" Ausländer mit einer durch diese Bezeichnung hauptsächlich oder gar abschließend definierten Eigenheit gebe. Ausländersein ist in Wirklichkeit zunächst einzig ein fremdenpolizeilicher Status und sagt über die vielfältigen möglichen Eigenschaften dieser Menschen überhaupt nichts aus. Nichts über Geburtsort, Ausbildungsgrad, Beruf, Freizeitfreuden, Religion, Geschlecht, Alter, Haut-, Haar-, und Augenfarbe, Zivilstand, Sprache, Charakter, Gesundheit, Ernährungs- und Kleidungsgewohnheiten, Verkehrs- und Sparverhalten, Musikvorlieben usw. Die Initiative ist aus mehreren Gründen abzulehnen; einer davon ist, dass sie ein negatives Stereotyp kultiviert. (G. K.)

Unter dem Gesichtspunkt der fortwährenden Minderung unseres Lebensraumes ist die 18-Prozent-Initiative zu begrüßen. Alle Zuwanderer wollen (wie wir auch) ein Auto, wollen Flugreisen, brauchen eine Wohnung und und und. Also: mehr Lärm, mehr Staus, mehr Beton. Dass sie unsere AHV [Altersversicherung] stützen, ist ein Trugschluss, den spätestens unsere Kinder zu bedauern und zu berappen haben werden. (A. H.)

Vertrauen ist gut – Kontrolle ist besser. Als CH-Bürgerin seit 24 Jahren und als Mutter von zwei in Basel ansässigen Kindern frage ich mich, ob es nicht möglich sein kann, innerhalb dieser 18 % ein effizientes staatliches Arbeitskräfte-Management zu errichten. Wäre es nicht z. B. erwägenswert, mehrheitlich mit einer maximalen Arbeits- und Aufenthaltsbefristung von fünf Jahren ohne Familiennachzug zu operieren? Ohne Familiennachzug würde zwingend hauptsächlich allein stehende Ausländer/innen wohl zwischen 20 und 30 Jahren dazu motivieren, sich hier über harte Arbeit ein Startkapital für Zuhause zu erwerben. Das könnte z. B. auch für Krankenschwestern/Spitalpersonal gelten. Damit würde Basel über eine tatsächlich erhöhte Streuung verhältnismäßigen Wohlstands einen wahrhaft humanistischen Dienst leisten. Gleichzeitig würden die ganze schulische Integrationsproblematik und ihre Kosten stark vermindert. Zusammengefasst kann ich nicht erkennen, wie der Schweiz Schaden entstehen soll, denn auch die Konsolidierung der Hierarchien innerhalb von kriminellen Organisationen würde mit einer Befristung erschwert. (V. P. D.)

Die 18-Prozent-Initiative, zu welcher die SVP Schweiz leider die Ja-Parole beschlossen hat, löst weder das Problem der illegalen Einwanderung noch jenes des Kriminaltourismus. Ihre Umsetzung wird nur über ein ausgebautes Kontroll- und Überwachungssystem möglich sein. Das bindet Personalressourcen, welche aus dem produktiven Bereich in die Verwaltung abgezogen werden. Gleichzeitig wird die legale Einwanderung, auf welche der produktive Bereich eines exportorientierten Landes eben angewiesen ist, abgewürgt. Die Initiative behindert die Einwanderung von für die Schweiz nützlichen und integrationsfähigen und -willigen Ausländern und hilft kein Jota bei der Abwehr anderer Ausländer. Sie schließt sozusagen den legalen Haupteingang in die Schweiz und lässt die vielen abzudichtenden Ritzen offen. So geht das nicht, weshalb ich die 18-Prozent-Initiative ablehne. (W. B.)

[...] Man stelle sich vor, dass Novartis [eine Schweizer Firma] dringend benötigte ausländische Informatiker nicht anstellen könnte, weil die 18 %-Quote schon durch Flüchtlinge, Familiennachzug, Heirat und Geburten oder – etwas pikanter – durch den Zuzug von als Künstlerinnen zuerst einmal zugelassenen, später aber wegen Berufswechsels doch unter das Kontingent fallenden „Tänzerinnen" aufgebraucht wäre ... ein prächtiges Eigengoal als Folge der scharfen Flanke vom rechten Flügel. Übrigens könnte die Geschichte dann so weitergehen: Sie verlieben sich in einen Ausländer oder eine Ausländerin und heiraten. Leider kann aber Ihr Ehepartner vorerst nicht mit Ihnen zusammen in der Schweiz wohnen, weil die 18 %-Quote schon ausgeschöpft ist. Sie müssen also warten, bis jemand ausreist, stehen dann mit Novartis in Konkurrenz um den freien Platz und dürfen den Behörden darlegen, warum Ihr Partner für die Schweiz wichtiger ist als der Informatiker von Novartis. [...] (G.-R. P.)

[...] Meine Tochter besucht eine zweite Klasse in der WBS [Weiterbildungsschule]. Ich habe schon gehört, dass [dort] eigentlich noch ganz komfortable Verhältnisse herrschen, was die Schülerdurchmischung Schweizer Kinder/Ausländerkinder betrifft. Aber nehmen wir ein konkretes Beispiel: Meine Tochter besucht eine Klasse mit 16 Schülern. Am ersten Elternabend in der ersten Klasse waren sechs (!) Leute anwesend, Elternteile von fünf Kindern. Von diesen sechs Leuten waren vier Elternteile da, die Deutsch sprachen, und zwei Väter, die gebrochen Deutsch sprechen konnten, gerade soviel, dass man, wenn man gut zuhörte, noch verstehen konnte, was sie eigentlich meinten. Die restlichen Eltern waren gar nicht zu diesem Elternabend erschienen, die meisten konnten überhaupt kein Deutsch. Wie soll da dem Anspruch der Schule auf Mithilfe der Eltern überhaupt Rechnung getragen werden können? Wie soll da eine Wechselbeziehung zwischen Schule und Elternhaus überhaupt stattfinden können? [...] Wäre es nicht absolut unbedingt sofort erforderlich, Ausländerkindern, statt sie von Anfang an krampfhaft integrieren zu wollen, obligatorisch zuerst ein halbes Jahr oder länger nur in den Deutschunterricht zu schicken (dies als Forderung an die Ausländer)? Ein Übertritt in eine Regelklasse dürfte eben erst möglich sein, wenn genügend gute Deutschkenntnisse vorhanden sind. Zusätzlich müssten noch weitere Angebote da sein – wie es unsere Aupairs auch im Ausland antreffen –, diese Kinder den Tag oder die Woche durch in deutschsprachigen Familien unterzubringen. [...] (D. D.)

Freunde finden – Partner sein

Fettes Brot: deutsche Hiphop-Band

Fettes Brot: Jein

Es ist 1996,
meine Freundin ist weg und bräunt sich
in der Südsee.
Allein? Ja, mein Budget war klein.
Na fein! Herein,
willkommen im Verein!
Ich wette, heute machen wir erneute fette Beute,
treffen seute Bräute und lauter nette Leute.
Warum dauernd trauern?
Wow, schaut euch diese Frau an!
Schande, dazu bist du imstande?!
Kaum ist deine Herzallerliebste aus dem Lande
und du Hengst denkst längst an 'ne and're.
Soll ich denn heulen?
Ihr wisst, dass ich meiner Freundin treu bin.
Ich bin brav, aber ich traf eben my first love.
Ich darf zwar nur im Schlaf,
doch auf sie war ich schon immer scharf.
Habt ihr den Blick geahnt, den sie mir eben durchs
Zimmer warf!
Oh, mein Gott, wat hat der Trottel Sott.
What a Pretty Woman, das Glück is' mit die Dummen.
Wenn ich die stummen Blicke schicke,
sie wie Rummenigge kicke,
meint ihr, checkt sie das?
Du bist durchschaubar wie Plexiglas!
Uh, sie kommt auf dich zu.
Na Kleiner, hast du Bock auf Schweinereien?
Ja klar, äh Nein, ich mein Jein!
Soll ich's wirklich machen oder lass' ich's lieber
sein?
Jein...

Ich habe einen Freund - Ein guter? -
sozusagen, mein bester, und ich habe ein Problem,
ich steh' auf seine Freundin. - Nicht auf seine Schwester?
Würd' ich auf die Schwester stehen,
hätt' ich nicht das Problem,
das wir haben, wenn er, sie und ich uns sehen.
Kommt sie in den Raum, wird mir schwindelig.
Sag ich, sie will nichts von mir, dann schwindel ich.
Ich will sie, sie will mich, das weiß sie, das weiß ich.
Nur mein bester Freund, der weiß das nicht.
Und somit sitz' ich sozusagen in der Zwickmühle,
und das ist auch der Grund, warum ich mich vom Schicksal
gefickt fühle.
Warum hat er die schönste Frau zur Frau?
Mit dem schönsten Körperbau! -
Und ist sie schlau? - Genau!
Es steigen einem die Tränen in die Augen, wenn man sieht,
was mit mir passiert und was mit mir geschieht.
Es erscheinen Engelchen und Teufelchen auf meiner Schulter,
Engel links, Teufel rechts:
‚Lechz, nimm dir die Frau, sie will es doch auch
kannst du mir erklären, wozu man gute Freunde braucht?'
‚Halt, der will dich linken', schreit der Engel von der Linken,
‚weißt du nicht, dass sowas Scheiße ist und Lügner stinken?'
Und so streiten sich die beiden um mein Gewissen.
Und ob ihr's glaubt oder nicht, mir geht es echt beschissen.
Und während sich die beiden anschreien,
entscheide ich mich für Ja, Nein, ich mein Jein!
Soll ich's wirklich machen oder lass' ich's lieber sein?
Jein...

Ich schätz, jetzt bin ich der Solist in unserem Knabenchor.
- Ey, Schiff, was hast' denn heute Abend vor?
Ich mach hier nur noch meine Strophe fertig,
pack meine sieben Sachen, und dann werd ich
mich zu meiner Freundin begeben,
denn wenn man ehrlich gesteht,
sind solche netten, ruhigen Abende eher spärlich gesät.
- Aha. Dabei biste eingeladen,
auf das beste aller Feste auf der Gästeliste eingetragen!
- Und wenn du nicht mitkommst, dann hast
du echt was verpasst. Und wen wundert's?
Es wird fast die Party des Jahrhunderts.
Mmh, Lust hätt ich ja eigentlich schon!
Oh, es klingelt just das Telefon.
- Und sie sacht, es wär schön,
wenn du bei mir bleibst heut Nacht,
ich dacht, das wär abgemacht?
Wisst ihr, ich liebe diese Frau und deswegen
komm ich von der Traufe in den Regen.
- Na, was ist nun, Schiffmeister,
kommst du mit, du Kollegenschwein.
Ja, äh Nein, ich mein Jein!
Soll ich's wirklich machen oder lass' ich's lieber sein?
Jein …

In der Familie, in der Schule, in der Freizeit – immer leben wir mit anderen Menschen zusammen. Höchste Zeit, einmal genauer darüber nachzudenken, was Partnerschaft oder Freundschaft eigentlich bedeutet …

Könntest du nicht die Bereicherung fürs Leben sein? Wenn du (weiblich) natürlich, lieb und fröhlich bist, dann melde dich bei mir (19, m, 1,90 m, gut aussehend). Über ein Foto würde ich mich freuen …

Frau (35) mit Kinderwunsch (aber keine Torschlusspanik) sucht Ihn mit Lust auf baldige Elternschaft! Bitte schreibt!

Vorzeigbarer Er, 21, Nichtraucher, sucht liebe Sie (jung und hübsch) für Ausflüge und Unternehmungen ohne Kino und Disco!

Suche ungewöhnliche, nicht alltägliche, kluge und faszinierende Frau für zärtlich-verliebte Beziehung ohne Bindungsanspruch. Bin Single, studiert, sensibel und schlank.

Männer sind Schweine (laut dem Lied der Ärzte). Welcher ungebundene Mann (20-30 J.) ab 1,80 m kann mich, w. 23 J., 1,83 vom Gegenteil überzeugen? Mit Foto = Antwortgarantie.

Suche sie, die Lust auf fremde Haut verspürt. Bin 22, 1,85. Trau dich!

Sie, 57 J., su. humorv. Ihn!

Julia (35 Jahre) 163 cm, 52 kg, *traumhaft erotische Traumfigur*, bildschön, unendlich zärtlich und von Natur aus gepflegt und charaktervoll. Eine ehrliche und treue junge Frau, die sich aufrichtig nach Liebe, Vertrauen und ein bisschen Glück sehnt. Welcher Herr, gerne auch bis 50 Jahre, sucht ebenfalls eine Partnerschaft voller Verständnis, Sex, Harmonie und Treue?

Was ein Freund ist, weiß doch jeder!?
S. 54

Was Philosophen über Freundschaft sagen …
S. 56

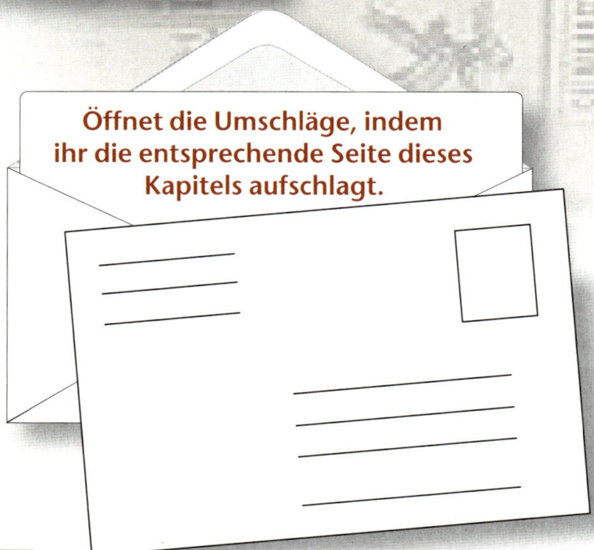

Öffnet die Umschläge, indem ihr die entsprechende Seite dieses Kapitels aufschlagt.

Hallo! Ich, 4 J., s. f. m. Mutti (36 J., 1,69 m, ein bisschen pfundig) einen lustigen, lieben und netten Freund. Ran ans Papier und schreib uns (evtl. Foto?). Noch ein Zwerg wie ich wäre kein Problem. Vielleicht bis bald?

Ausgesuchte Traumfrauen (poln., rumä., russ., ukrai. u. weißruss.) von 19 bis 59 J., redlich, zärtlich u. fleißig für ehrliche deutsche Partner. 100 % Vermittlungserfolg nur bei „Kontakt“.

Gibt es wahre Liebe? Suche Liebe meines Lebens (18 J., m.)

Enttäuscht nach langer Freundschaft – Suche echten Freund!

Ich möchte mich in dich verlieben! Ich möchte mit dir Cafés, Theater, Ausstellungen, Konzerte und lange Spazierfahrten genießen. Ich möchte mit dir lange frühstücken, Alltägliches teilen und mich mit dir für Besonderes begeistern. Gibt es dich? Zum Kennenlernen melde dich doch bei mir (w., 18 J., 178 cm).

Was ist eigentlich Liebe? S. 60

Liebe, nüchtern betrachtet ... S. 62

Ein Paar sein/eine Beziehungskiste packen S. 64

Zusammen/er/leben, S. 68

■ Der Fotograf Timm Rautert (*1941) und der Textautor Ulf Erdmann Ziegler (*1959) haben die 14-jährigen Jungen **Sebastian Wong** und **Michael Walker** im November 1993 in der Nähe von München kennen gelernt. Die kurze Vorstellung der beiden Freunde ist ein leicht bearbeiteter Teil eines umfangreichen Text- und Bildbandes. In ihm geht es um ganz unterschiedliche Formen, in unserer Gesellschaft ein „eigenes Leben" (= Buchtitel) zu „basteln".

1 Mit welchen Problemen haben die beiden Jungen zu kämpfen?

2 Woran merkt man, dass Michael und Sebastian Freunde sind?

Was ein Freund ist, weiß doch jeder!?

Michael ist ein zierlicher Junge von 14 Jahren. Er nennt sich selbst einen „Mischling"; geboren wurde er als Sohn eines afroamerikanischen Vaters und einer weißen deutschen Mutter.

Aber auch in den sehr regelmäßigen Gesichtszügen von *Sebastian* (14) gibt es den Hauch einer fremden Vergangenheit: Seine Großmutter ist „Halbchinesin", und sie hat auch noch Fotografien aus dem chinesischen Kaiserreich.

Die Freundschaft der beiden Jungen begann in der vierten Klasse. Im Jahr darauf wurde sie auf eine harte Probe gestellt: Michael blieb aus Furcht vor zu umfangreichen Hausaufgaben auf der Hauptschule. Sebastian wechselte ins Gymnasium.

Michael bewährte sich in seinem Umfeld: Er war ein guter Schüler, ein gewitzter Mitschüler und bewegte sich recht selbstständig zwischen den Gruppen verfeindeter Jungen und Mädchen, die sich nur in ihrem Hass auf die Türken einig waren. Seine eigene Stellung unter ihnen beschreibt Michael merkwürdig vage: „Ich könnte ziemlich zwischen den Fronten stehen."

Eine ganz ähnliche Erfahrung hat auch Sebastian am Gymnasium gemacht, zunächst in Gilching und nach einem schnellen Wechsel dann im benachbarten Germering. Er wunderte sich über seine Mitschüler, die sich vielfach einbildeten, etwas Besseres zu sein. Ihr Cliquengehabe stieß ihn ab.

Und so finden Michael und Sebastian, deren Häuser ohnehin nur wenige hundert Meter voneinander entfernt sind, bald wieder zueinander.

Was beide verbindet, ist eine bestimmte Art von noch fast sorgloser Herzlichkeit, aber auch ein wenig Schwermut und Traurigkeit. Das hängt mit ihren Erfahrungen in ihren Familien zusammen: Beide Väter haben zwischen 1991 und 1993 die Familie verlassen. Als Michael noch jünger war, hatte er noch gemeinsam mit seiner Mutter die Trennung verhindert. Anders Sebastian: Er hatte sich auf die Seite der Mutter gestellt und die Trennung herbeigewünscht. Beide Mütter arbeiten jetzt ganztags. Sebastian muss sich deshalb als ältester von drei Geschwistern auch um die beiden jüngeren kümmern. Aber nicht allein, denn dabei hilft ihm Michael. Der wohnt hangauf mit seiner Mutter und ihrem (übrigens wieder schwarzen) Freund. Dieser hat dem Jungen als Bekenntnis zu den afrikanischen Wurzeln der erweiterten Familie auch die besondere Frisur verpasst. Genauso oft wohnt Michael aber auch bei der Oma.

Im Herbst 1993 haben die beiden Jungen begonnen, American Football zu spielen, als sie es altersmäßig endlich durften. „Das machen wir jetzt länger und bleiben auch dabei." In ihrem Umfeld und in den Medien stoßen die Jungen überall auf amerikanische Sportarten. Und selbst die Unbeweglichsten der Kids tragen die Mützen der L. A. Raiders und des Basketballteams Michael Jordans. Aber das scheint es nicht allein zu sein, was die beiden Freunde an dem neuen Sport reizt. Vermutlich ist es mehr noch das eigentümliche Neben- und Miteinander von Härte und Fairness, von Kraft und Geschwindigkeit – und von Schwarzen und Weißen.

Vielleicht auch will der gemeinsame Sport in wortloser Sprache zu verstehen geben, dass sich diese Freundschaft von Anfang an gegen eine gleichgültige Außenwelt gerichtet hat. Eine ähnlich sinnbildliche Bedeutung hat wohl auch das Baumhaus im Wald oberhalb Gilchings, das den Jungen gehört.

Den Freunden ist bewusst, inwiefern sie sich unterscheiden und ergänzen. Im Laufen, sagt der höher gewachsene Sebastian, sei er schneller, aber Michaels Fähigkeit liege im sicheren Springen aus erheblicher Höhe. Dass sie wissen, worin sie gut sind, macht sie stark.

nach Ulf Erdmann Ziegler

„Wir sind auf Weltreise!“

Vor einem Jahr starteten Hannah, 24, und Kate, 23, auf eine Reise rund um die Welt.

3 Worin äußert sich die Freundschaft bei Hannah und Kate?

4 Lege im Heft zwei Listen an, die du mit „biete“ und „brauche“ überschreibst.
In die Liste „biete“ trägst du ein, was du in eine Freundschaft einzubringen bereit bist.
In die Liste „brauche“ schreibst du, was du von einer Freundschaft erwartest.

5 Von welchen anderen Beziehungsformen müsste man den Begriff abgrenzen?

Auf der **großen Mauer** bei Simatai. – Nettes Plätzchen für 'ne Mittagspause, **oder?**

Seit mehr als 2500 Jahren denken Menschen über Formen des Zusammenlebens nach ...

Was Philosophen über Freundschaft sagen ...

Arten der Freundschaft

1. [Nun wird] von der Freundschaft zu sprechen sein, denn sie ist irgendwie eine Trefflichkeit menschlichen Wesens oder eng mit ihr verbunden. Und weiter: Sie ist in Hinsicht auf das Leben (in der Gemeinschaft) höchst notwendig. Denn ohne Freunde möchte niemand leben, auch wenn er die übrigen Güter alle zusammen besäße: Gerade auch den reichen Leuten und denen, die Amt und Herrschaft haben, tun Freunde bekanntlich ganz besonders not. Denn wozu ist solcher Wohlstand nutze, wenn die Möglichkeit des Wohltuns genommen ist, das doch vor allem und in seiner preiswürdigsten Form dem Freunde gegenüber sich entfaltet? Oder wie ließe der Wohlstand sich behüten und bewahren ohne Freunde? Je größer er ist, desto gefährdeter ist er. Und in Armut und sonstigem Missgeschick gelten Freunde als die einzige Zuflucht. Freundschaft ist Hilfe: Den Jüngling bewahrt sie vor Irrtum, dem Alter bietet sie Pflege und Ersatz für die aus Schwäche abnehmende Leistung, den Mann auf der Höhe des Lebens spornt sie zu edlen Taten. [...]

■ **Aristoteles** (384-322 v. Chr.) wurde in Stageira in Griechenland geboren. Seit seinem 17. Lebensjahr war er 20 Jahre lang Schüler Platons. Dann wurde er Lehrer des makedonischen Thronfolgers und späteren Welteroberers Alexander des Großen. Nach dessen Regierungsantritt kehrte Aristoteles nach Athen zurück und gründete dort eine eigene Philosophenschule, das Lyzeum.

2. Es gibt aber bei der Freundschaft nicht wenige Probleme. Die einen bestimmen sie als eine Art Wesensgleichheit und sagen: Menschen von gleicher Art sind Freunde. Daher das Sprichwort: „Gleich und Gleich gesellt sich gern" und „Krähe hält zu Krähe" und dergleichen. Andere sagen im Gegenteil, die Gleichen seien einander alle Feind [...].
Vielleicht kommen wir zur Klarheit hierüber, sobald uns das Liebens-Werte bekannt geworden ist. Denn offenbar kann nicht alles Gegenstand der Liebe sein; sondern nur das Liebens-Werte, und als solches gilt das, was wertvoll, lustvoll oder nützlich ist. [...]

3. Die drei Motive, aus denen Freundschaft entsteht, unterscheiden sich voneinander der Art nach, folglich auch die Formen des Liebens und der Freundschaft. Es gibt also drei Arten der Freundschaft – sie entsprechen den drei Arten des Liebens-Werten [...].
Wo also Nutzen das Motiv der Befreundung bildet, da lieben sich die Menschen, weil sie einen Vorteil erstreben, und wo Lust das Motiv ist, geschieht es, weil sie für sich Lust erstreben, also nicht insofern der Partner eben (schlicht) der Befreundete ist, sondern insofern er nützlich oder angenehm ist. Und so sind das also Freundschaften im zufälligen Sinn. Denn nicht deshalb, weil er der ist, der er ist, wird der Befreundete geschätzt, sondern insofern er irgendein Gut oder eine Lust verschafft.
Solche Freundschaften gehen also leicht auseinander, wenn sich die Freunde nicht gleich bleiben. Denn wenn der Partner nicht mehr angenehm oder nützlich ist, so hört man auf, ihn zu lieben. Das Nützliche aber hält nicht stand, sondern stellt sich bald so, bald anders dar. Fällt nun der Grund weg, weshalb sie sich befreundet hatten, so geht auch die Freundschaft auseinander, da sie nur mit Rücksicht darauf geschlossen war.[...]

4. Vollkommene Freundschaft ist die der guten Charaktere und an Güte einander Gleichen. Denn bei dieser Freundschaft wünschen sie einer dem anderen in gleicher Weise das Gute, aus keinem anderen Grunde als weil sie eben gut sind, und gut sind sie „an sich", wesensmäßig. Nun sind aber Menschen, die dem Freunde um des Freundes willen das Gute wünschen, die echtesten Freunde: Denn sie sind es nicht im zufälligen Sinn, sondern weil jeder des anderen Wesensart liebt. Und so währt ihre Freundschaft so lange, wie sie gut sind, Güte aber ist ein Wert, der dauert. Und es ist jeder der beiden Partner „an sich" und für den Freund gut. [...]

Aristoteles

■ **Arthur Schopenhauer** (1788-1860) sah die Welt außerordentlich skeptisch. Berühmt sind Fotografien, die einen spöttischen, schlecht gelaunten Alten zeigen.

Romulus Candea: Solidaritätsgespräch

Wir Stachelschweine

Eine Gesellschaft Stachelschweine drängte sich an einem kalten Wintertage recht nahe zusammen, um durch die gegenseitige Wärme sich vor dem Erfrieren zu schützen. Jedoch bald empfanden sie die gegenseitigen Stacheln; welches sie dann wieder von einander entfernte. Wann nun das Bedürfnis der Erwärmung sie wieder näher zusammenbrachte, wiederholte sich jenes zweite Übel; so dass sie zwischen den beiden Leiden hin- und hergeworfen wurden, bis sie eine mäßige Entfernung von einander herausgefunden hatten, in der sie es am besten aushalten konnten. – So treibt das Bedürfnis der Gesellschaft, aus der Leere und Monotonie des eigenen Inneren entsprungen, die Menschen zueinander; aber ihre vielen widerwärtigen Eigenschaften und unerträglichen Fehler stoßen sie wieder von einander ab. Die mittlere Entfernung, die sie endlich herausfinden und bei welcher ein Beisammensein bestehen kann, ist die Höflichkeit und feine Sitte. Dem, der sich nicht in dieser Entfernung hält, ruft man in England zu: „Keep your Distance!" (Wahre deinen Abstand!) – Vermöge derselben wird zwar das Bedürfnis gegenseitiger Erwärmung nur unvollkommen befriedigt, dafür aber der Stich der Stacheln nicht empfunden. – Wer jedoch viel eigene innere Wärme hat, bleibt lieber aus der Gesellschaft weg, um keine Beschwerde zu geben noch zu empfangen.

Arthur Schopenhauer

Schopenhauer in einer Karikatur mit seinem Pudel ***Mensch.***

1 Kann ein Hund ein treuerer Freund als ein Mensch sein?

2 Ist Abstand eher hinderlich oder förderlich für Freundschaft?

Kritik der „Freundschaft"

Wie Papiergeld statt des Silbers, so kursieren in der Welt statt der wahren Achtung und der wahren Freundschaft die äußerlichen Demonstrationen und möglichst natürlich mimisierten Gebärden derselben. Indessen lässt sich andererseits auch fragen, ob es denn Leute gebe, welche jene wirklich verdienten. Jedenfalls gebe ich mehr auf das Schwanzwedeln eines ehrlichen Hundes als auf hundert solche Demonstrationen und Gebärden.

Wahre, echte Freundschaft setzt eine starke, rein objektive und völlig uninteressierte Teilnahme am Wohl und Wehe des Nächsten voraus und diese wieder ein wirkliches sich mit dem Freunde Identifizieren. Dem steht der Egoismus der menschlichen Natur so sehr entgegen, dass wahre Freundschaft zu den Dingen gehört, von denen man wie von den kolossalen Seeschlangen nicht weiß, ob sie fabelhaft sind oder irgendwo existieren. Indessen gibt es mancherlei, in der Hauptsache freilich auf versteckten egoistischen Motiven der mannigfaltigsten Art beruhende Verbindungen zwischen Menschen, welche dennoch mit einem Gran jener wahren und echten Freundschaft versetzt sind, wodurch sie so veredelt werden, dass sie in dieser Welt der Unvollkommenheiten mit einigem Fug den Namen Freundschaft führen dürfen. Sie stehn hoch über den alltäglichen Liaisons, welche vielmehr so sind, dass wir mit den meisten unserer guten Bekannten kein Wort mehr reden würden, wenn wir hörten, wie sie in unserer Abwesenheit von uns reden.

Die Echtheit eines Freundes zu erproben hat man nächst den Fällen, wo man ernstlicher Hülfe und bedeutender Opfer bedarf, die beste Gelegenheit in dem Augenblick, da man ihm ein Unglück, davon man soeben getroffen worden, berichtet. Alsdann nämlich malt sich in seinen Zügen entweder wahre, innige, unvermischte Betrübnis, oder aber sie bestätigen durch ihre gefasste Ruhe oder einen flüchtigen Nebenzug den bekannten Ausspruch des *Rochefoucauld:* „Dans l'adversité de nos meilleurs amis, nous trouvons toujours quelque chose qui ne nous déplaît pas." Die gewöhnlichen so genannten Freunde vermögen bei solchen Gelegenheiten oft kaum das Zucken zu einem leisen, wohlgefälligen Lächeln zu unterdrücken.

[…].

Die Freunde nennen sich aufrichtig, die Feinde sind es, daher man ihren Tadel zur Selbsterkenntnis benutzen sollte als eine bittere Arznei.

Freunde in der Not wären selten? – Im Gegenteil! Kaum hat man mit einem Freundschaft gemacht, so ist er auch schon in der Not und will Geld geliehen haben.

Arthur Schopenhauer

Gran: ein wenig
Liaison: Verbindung, Beziehung
(La) Rochefoucauld: franz. Philosoph; franz. Passage: *Im Unglück unserer besten Freunde finden wir stets etwas, was uns nicht missfällt(!)*

3 Stellt euch vor, Aristoteles und Schopenhauer könnten heute in einer Fernsehdiskussion unter Vorsitz eines Moderators zum Thema Freundschaft miteinander diskutieren.
Setzt euch zu dritt zusammen, schreibt ein solches Gespräch auf und tragt es mit verteilten Rollen im Kurs vor.

4 **Moment mal, Herr Schopenhauer … !**
Schreibt dem Philosophen einen Brief, in dem ihr euch zu seinen Aussagen äußert und eigene philosophische Ansichten über die Freundschaft entwickelt.

Paulus

Das *Neue Testament* der Bibel entstand in den ersten einhundert Jahren nach Jesu Tod. Es besteht u. a. aus den vier Evangelien und den Briefen des Apostels Paulus, die oft nach den Empfängergemeinden im römischen Reich benannt sind (Brief an die Römer, Korinther usw.).
Auf einer seiner zahlreichen Missionsreisen gründete Paulus im 1. Jahrhundert n. Chr. in der griechischen Stadt Korinth eine christliche Gemeinde. Der erste Brief an die Korinther gibt Ratschläge an die Gemeinde, in der es auch Probleme gab. Er enthält das nebenstehende Loblied auf die Liebe.

Die Bibel: Das Hohelied der Liebe

Wenn ich mit Menschen- und mit Engelszungen redete und hätte die Liebe nicht, so wäre ich ein tönendes Erz oder eine klingende Schelle.
Und wenn ich prophetisch reden könnte und wüsste alle Geheimnisse und alle Erkenntnis und hätte allen Glauben, so dass ich Berge versetzen könnte, und hätte die Liebe nicht, so wäre ich nichts.
Und wenn ich alle meine Habe den Armen gäbe und ließe meinen Leib verbrennen, und hätte die Liebe nicht, so wäre mir's nichts nütze.
Die Liebe ist langmütig und freundlich, die Liebe eifert nicht, die Liebe treibt nicht Mutwillen, sie bläht sich nicht auf,
sie verhält sich nicht ungehörig, sie sucht nicht das Ihre, sie lässt sich nicht erbittern, sie rechnet das Böse nicht zu,
sie freut sich nicht über die Ungerechtigkeit, sie freut sich aber an der Wahrheit,
sie erträgt alles, sie glaubt alles, sie hofft alles, sie duldet alles.
Die Liebe hört niemals auf, wo doch das prophetische Reden aufhören wird und das Zungenreden aufhören wird und die Erkenntnis aufhören wird.
Nun aber bleiben Glaube, Hoffnung, Liebe, diese drei; aber die Liebe ist die größte unter ihnen.

1. Kor 13,1-8, 13

Aus dem Hohenlied Salomos

Lege mich wie ein Siegel auf dein Herz, wie ein Siegel auf deinen Arm. Denn Liebe ist stark wie der Tod und Leidenschaft unwiderstehlich wie das Totenreich. Ihre Glut ist feurig und eine Flamme des HERRN, so dass auch viele Wasser die Liebe nicht auslöschen und Ströme sie nicht ertränken können. Wenn einer alles Gut in seinem Hause um die Liebe geben wollte, so könnte das alles nicht genügen.

Hoheslied 8,6f.

Hoheslied: schönstes Lied, Lied aller Lieder
Salomo (965-926 v. Chr.): einer der großen Könige Israels. Die Darstellung aus einem jüdischen Gebetbuch des 13. Jahrhunderts zeigt das berühmte „salomonische Urteil" des weisen Königs: Zwei Frauen, die um ein Kind streiten, schlägt er vor, den Säugling zu halbieren. Diejenige, die aus Liebe zu ihrem Kind verzichtet, wird als wahre Mutter erkannt. Vgl. auch S. 112.

Der Mythos von den Kugelmenschen

Es hat einst die Kugelmenschen gegeben, die von Gestalt ganz rund gewesen sind. Jeder Kugelmensch hatte vier Arme und vier Beine und zwei Gesichter auf kreisrundem Hals. Dadurch stark und mächtig, kamen die Kugelmenschen auf die Idee, die Götter selbst anzugreifen. Daraufhin zerschnitt Zeus, der oberste der Götter, einen jeden in zwei Hälften, die nur noch zwei Beine und Arme hatten und so ihre Stärke verloren. Jeder von uns Menschen ist nur eine Hälfte eines solchen einstmaligen Kugelmenschen und sucht seither seine andere Hälfte. Trifft er sie wieder, so sind beide sehr entzückt und wollen ein Leben lang nicht mehr voneinander lassen. Ein solches Verlangen aber ist die Liebe.

nach Platon

■ Der griechische Philosoph **Platon** (427-347 v. Chr.) erwendet neben der argumentativen philosophischen Rede (Lógos) auch manche alte Geschichte (Mythos), um seine Lehren zu verdeutlichen. In seiner Schrift „Das Gastmahl" erzählt Platon den Mythos von den Kugelmenschen.

Ein Experiment

Eine Chronik aus dem Jahre 1268 berichtet:
Kaiser Friedrich II. von Hohenstaufen hat einmal versucht, die Ur-Sprache des Menschen herauszufinden. Dazu wollte er beobachten lassen, in welcher Sprache Kinder zu reden anfangen, mit denen niemals jemand zuvor gesprochen hat. Deshalb befahl er Ammen und Pflegerinnen, den Kindern Milch zu geben und sie zu waschen, sonst sich aber in keiner Weise mit ihnen zu beschäftigen und nicht mit ihnen zu sprechen. Aber das Experiment schlug fehl, und die Kinder starben. Denn sie konnten nicht leben ohne das Händepatschen und das fröhliche Gesichterschneiden und die Koseworte ihrer Ammen.

■ **Friedrich II.** (1194-1250) war einer der herausragenden Kaiser des Heiligen Römischen Reiches Deutscher Nation, das damals von Deutschland bis nach Süditalien reichte. Allerdings war ihm der Erzähler der Geschichte nicht gerade wohlgesonnen.

Wirkliche Freundschaft

Bei dem, was wir gewöhnlich Freunde und Freundschaft nennen, handelt es sich allenfalls um nähere Bekanntschaften, die bei gewissen Anlässen oder um irgendeines Vorteils willen geknüpft wurden und uns nur insoweit verbinden. Bei der Freundschaft hingegen, von der ich spreche, verschmelzen zwei Seelen und gehen derart ineinander auf, dass sie sogar die Naht nicht mehr finden, die sie einte.

Michel de Montaigne

■ **Michel de Montaigne** (1533-1592), französischer Philosoph

Mir träumte wieder der alte Traum

Mir träumte wieder der alte Traum:
Es war eine Nacht im Maie,
Wir saßen unter dem Lindenbaum,
Und schwuren uns ewige Treue.

Das war ein Schwören und Schwören aufs neu,
Ein Kichern, ein Kosen, ein Küssen;
Dass ich gedenk des Schwures sei,
Hast du in die Hand mich gebissen.

O Liebchen mit den Äuglein klar!
O Liebchen, schön und bissig!
Das Schwören in der Ordnung war,
Das Beißen war überflüssig.

Heinrich Heine

■ **Heinrich Heine** (1797-1856), deutscher Dichter, schrieb romantische Liebesgedichte mit oft ironischem Schluss

1 Schreibt eigene Texte: Was ist für euch *Liebe?* (Eltern-, Geschwister-Liebe, Liebe zu Freund/Freundin usw.)

Die Evolution der Liebe

Als Säugetiere und Vögel sich im Laufe der Evolution entwickelten, gehörte zu ihrer Überlebensstrategie auch eine intensive Fürsorge für die Jungtiere mit individueller Bindung zwischen Mutter und Kind. Indem das Muttertier seine Nachkommen nicht mehr sich selbst überließ, sondern im Körper austrug und die Geborenen mit Milch versorgte beziehungsweise die Eier ausbrütete und die Küken fütterte, erhöhte es die Überlebenschancen seines Nachwuchses. Entsprechend müssen bei dieser Art Individuen mit Genkombinationen, die dieses Verhalten bewirkten, sich stärker vermehrt und verbreitet haben als jene, deren Sorge um den Nachwuchs weniger stark genetisch fixiert war.
Zu solchen Verhaltensweisen gehörte auch, die Jungtiere gegen Gefahren und Räuber zu schützen. [...]
Unter manchen ökologischen Voraussetzungen wird es von Vorteil gewesen sein, wenn auch die Väter bei der Aufzucht der Jungtiere mithalfen und sich zu diesem Zweck längerfristig mit der Mutter zusammentaten. Wenn diese Kooperation erfolgreich war, konnten sich entsprechende genetische Kombinationen durchsetzen, die eine Bindung zweier erwachsener, verschiedengeschlechtlicher Individuen förderten. Eine Bindung, die über die reine Sexualität hinausging – eine Vorstufe zu dem, was wir heute Liebe nennen. [...]
Die vor Jahrmillionen entstandene Kooperation von Mann und Frau beruht allerdings auf unterschiedlichen Leistungen. Um Kinder in die Welt zu setzen, mussten Menschenfrauen sehr viel investieren: neun Monate Schwangerschaft und eine Stillperiode, die gerade in der Urzeit lange währte, viel Kraft kostete und es erschwerte, für sich selbst und das Kind Nahrung zu suchen. Ganz anders dagegen ist die Ausgangsposition der Männer: Der Zeugungsakt beanspruchte sie im Vergleich zum daraus resultierenden biologischen Erfolg herzlich wenig.
Wenn sich nun grundlegende Verhaltensmuster so vererben, wie es Genetiker heute annehmen, dann müssten sich bei Frau und Mann unterschiedliche Strategien für die Partnerwahl entwickelt haben. Die Wissenschaftler erwarten daher, dass Frauen in erster Linie ein biologisches Interesse an der Qualität des Partners haben und sich, zumindest für die Zeit, die ein Kind braucht, bis es aus dem Gröbsten heraus ist, eher an einen Mann binden. Demgegenüber bietet sich den Männern eine Doppelstrategie: Sie können entweder in einer Partnerschaft ihre Kinder gesichert und gut versorgt aufziehen oder aber in Quantität investieren, also mit vielen Frauen viele Kinder zeugen und so ihr Erbgut stärker verbreiten. [...]
Frauen prüfen ihren Partner auf Herz und Nieren, bevor sie sich emotional und vor allem sexuell einlassen. Das belegt zumindest der Tendenz nach ein amerikanisches College-Experiment aus dem Jahr 1989, bei dem Forscher attraktive männliche und weibliche Personen losgeschickt haben, um Studenten und Studentinnen [...] „anzumachen".
50 Prozent aller angesprochenen jungen Männer ließen sich zu einem Kaffee einladen. Von diesen wiederum folgten 69 Prozent dem Angebot, mit in die Wohnung der Frau zu kommen, und 75 Prozent dieser Männer-Fraktion wären noch am selben Abend zum Sex bereit gewesen. Von den Studentinnen nahm ebenfalls die Hälfte den Kaffee an, aber nur sechs Prozent davon ließen sich zu einem Hausbesuch überreden, keine indes zum Geschlechtsverkehr.

Henning Engeln

1 Erkläre, welche unterschiedlichen biologischen „Interessen" bei Mann und Frau dem Text zufolge zu welchem Partnerschaftsverhalten führen.

Liebe als Tauschgeschäft

Die meisten Menschen sehen das Problem der Liebe in erster Linie als das Problem, *selbst geliebt zu werden*, statt zu *lieben* und lieben zu können. Daher geht es für sie nur darum, wie man es erreicht, geliebt zu werden, wie man liebenswert wird. Um zu diesem Ziel zu gelangen, schlagen sie verschiedene Wege ein. Der eine, besonders von Männern verfolgte Weg ist der, so erfolgreich, so mächtig und reich zu sein, wie es die eigene gesellschaftliche Stellung möglich macht. Ein anderer, besonders von Frauen bevorzugter Weg ist der, durch Kosmetik, schöne Kleider und dergleichen möglichst attraktiv zu sein. [...]
Unsere gesamte Kultur gründet sich auf die Lust am Kaufen, auf die Idee des für beide Seiten günstigen Tauschgeschäfts. Schaufenster anzusehen und sich alles, was man sich leisten kann, gegen bares Geld oder auf Raten kaufen zu können – in diesem Nervenkitzel liegt das Glück des modernen Menschen. Er (oder sie) sieht sich die Mitmenschen auf ähnliche Weise an. Der Mann ist hinter einem attraktiven jungen Mädchen und die Frau hinter einem attraktiven Mann her. Dabei wird unter „attraktiv" ein Bündel netter Eigenschaften verstanden, die gerade beliebt und auf dem Personalmarkt gefragt sind. [...] So verlieben sich zwei Menschen ineinander, wenn sie das Gefühl haben, das beste Objekt gefunden zu haben, das für sie in Anbetracht des eigenen Tauschwertes auf dem Markt erschwinglich ist.

Erich Fromm

■ Der berühmte Psychologe **Erich Fromm** (1900-1980) zielte in seinem Kult-Buch „Die Kunst des Liebens" auf eine wirkliche Liebe, die diese Bezeichnung auch verdient. Oft genug aber, so befürchtet er, gilt die nebenstehende Regel ...

2 Männlicher Partner mit Ansehen, Prestige oder Geld – Partnerin um so hübscher ... Untersucht aus eurer Kenntnis oder anhand von Zeitungsberichten: Ist an Fromms Skepsis etwas dran?

Wann küsst man?

Unter den während des Krieges in England stationierten amerikanischen Soldaten war die Ansicht weit verbreitet, die englischen Mädchen seien sexuell überaus leicht zugänglich. Merkwürdigerweise behaupteten die Mädchen ihrerseits, die amerikanischen Soldaten seien überaus stürmisch. Eine Untersuchung [...] führte zu einer interessanten Lösung dieses Widerspruchs. Es stellte sich heraus, dass das Paarungsverhalten (courtship pattern) – vom Kennenlernen der Partner bis zum Geschlechtsverkehr – in England wie in Amerika ungefähr dreißig verschiedene Verhaltensformen durchläuft, dass aber die Reihenfolge in diesen Verhaltensformen in den beiden Kulturbereichen verschieden ist. Während z.B. das Küssen in Amerika relativ früh kommt, etwa auf Stufe 5, tritt es im typischen Paarungsverhalten der Engländer relativ spät auf, etwa auf Stufe 25. Praktisch bedeutet dies, dass eine Engländerin, die von ihrem Soldaten geküsst wurde, sich nicht nur um einen Großteil des für sie intuitiv „richtigen" Paarungsverhaltens (Stufe 5-24) betrogen fühlte, sondern zu entscheiden hatte, ob sie die Beziehung an diesem Punkt abbrechen oder sich dem Partner sexuell hingeben sollte. Entschied sie sich für die letztere Alternative, so fand sich der Amerikaner einem Verhalten gegenüber, dass für ihn durchaus nicht in dieses Frühstadium der Beziehung passte und nur als schamlos zu bezeichnen war. Die Lösung eines solchen Beziehungskonflikts durch die beiden Partner selbst ist natürlich deswegen praktisch unmöglich, weil derartige kulturbedingte Verhaltensformen und -abläufe meist völlig außerbewusst sind. Ins Bewusstsein dringt nur das undeutliche Gefühl: Der Andere benimmt sich falsch.

Paul Watzlawick

■ Der österreichisch-amerikanische Psychologe **Paul Watzlawick** (*1921) zeigt an einem Beispiel, dass auch intimste Dinge von gesellschaftlichen Üblichkeiten abhängig sind (vgl. S. 155).

3 Gibt es eine stufenweise Annäherung auch in Deutschland?

■ Der Maler **Richard Lindner** wurde 1901 in Hamburg geboren und starb 1978 in New York. Nach dem Studium an der Kunstgewerbeschule in Nürnberg und an der Kunstakademie in München wanderte er wegen des Nationalsozialismus in die USA aus. Seine Bilder werden mit der „Pop Art" und seiner Tätigkeit als Werbegrafiker in Verbindung gebracht.

1 Ein unmögliches Paar? Wie müsste ein „ideales" Paar eurer Meinung nach heute aussehen?

2 Schreibt eine Geschichte, deren Teil die nebenstehende Szenerie sein könnte.

3 Sammelt aus Zeitschriften (oder Werbung) weiteres Bildmaterial mit Abbildungen von Paaren. Nehmt Sequenzen aus Fernsehserien („Soaps"), Spielfilmen oder Werbespots auf Videokassette auf und führt sie vor. Welche Rollenbilder im Verhältnis der Geschlechter werden deutlich und wodurch?

4 Was gefällt euch an den jeweiligen Bildern/Videosequenzen? Was stört euch?

5 Teilt euch in geschlechtsgleiche Gruppen und stellt zusammen, welche Aspekte von Frau- bzw. Mann-Sein und Partnerschaft *euch* wichtig sind.

Ein Paar

Richard Lindner: Shoot, 1969.

Methodenkasten

Ein Bild betrachten

1. Was siehst du? Beschreibe das Bild genau. Achte etwa auf Komposition, Aufbau, Farbe, Hell/Dunkel, Personen, Kleidung, Haltung, Frisur, Hintergrund, Details, Gesamteindruck.
2. Formuliere: Was siehst *du* in dem Bild? Was empfindest du? Welche eigenen Erinnerungen kannst du mit dem Bild verknüpfen?
   Wichtig: In dieser Phase gibt es kein „richtig" oder „falsch". Entscheidend ist, dass *du* dich auf das Bild einlässt und dich zu ihm in eine Beziehung setzt.
3. Jetzt kann man sich näher über den Künstler, eventuell vorhandene „professionelle" Deutungen seines Werkes, seine Zeit usw. informieren.

Beziehungskisten packen

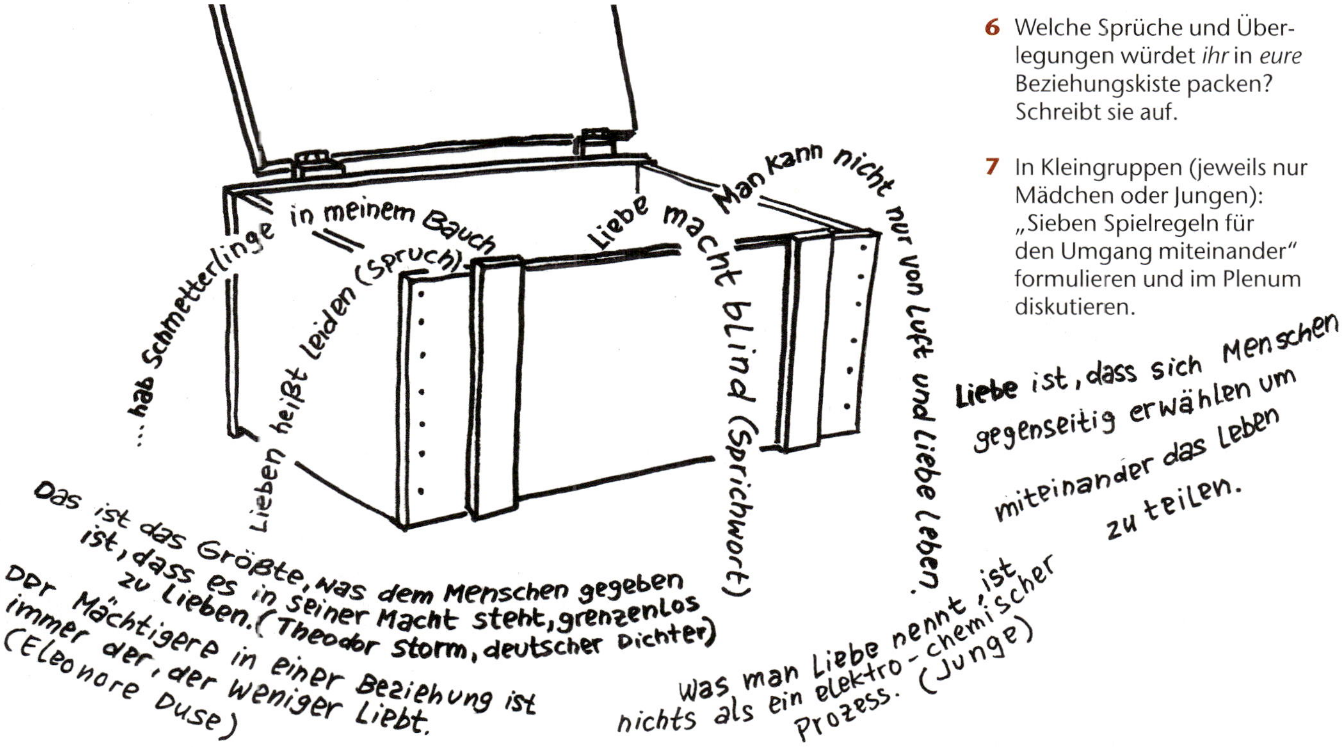

6 Welche Sprüche und Überlegungen würdet *ihr* in *eure* Beziehungskiste packen? Schreibt sie auf.

7 In Kleingruppen (jeweils nur Mädchen oder Jungen): „Sieben Spielregeln für den Umgang miteinander" formulieren und im Plenum diskutieren.

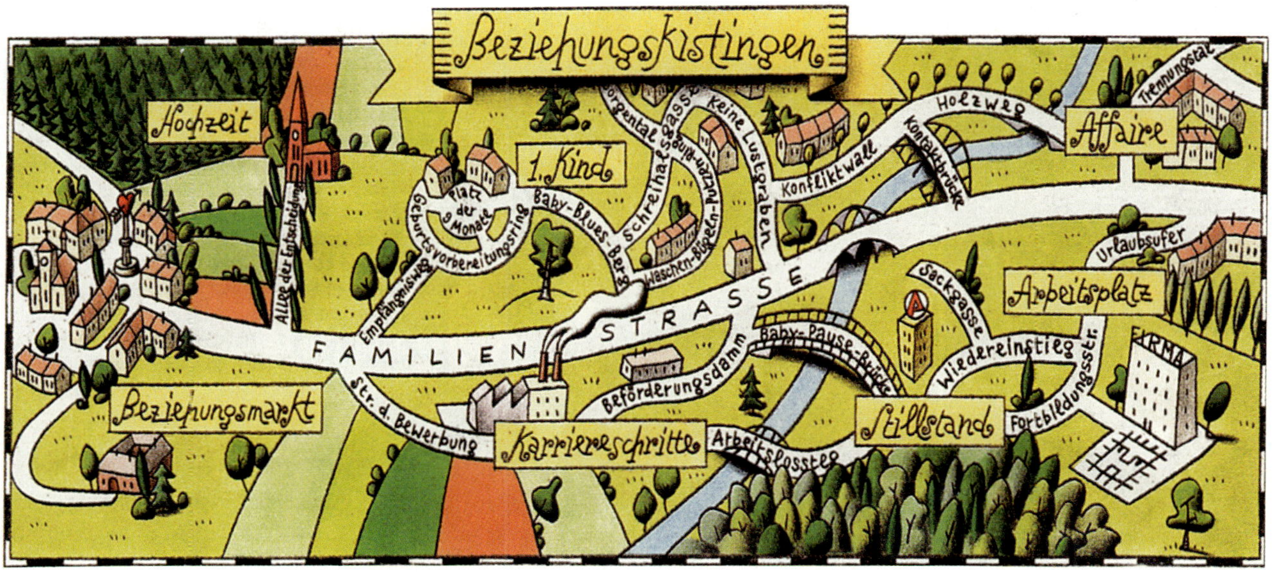

Im Wirrwarr der Lebenswege

Die von der britischen Organisation Relate entwickelte Musterstadt, „Beziehungskistingen" genannt, beschreibt den Lebensweg. Im Ortsteil „Beziehungsmarkt" lernen sich Mann und Frau kennen, sie heiraten und beschreiten gemeinsam die „Familienstraße". Hiervon zweigen kleinere Straßen ab, sie kurven im Gelände, kreisen um Hindernisse oder enden in Sackgassen. Trotz aller Gefahren und Umwege – das Paar muss immer zur Hauptstraße zurückfinden.

8 Welche Beziehungsform sieht die Darstellung als „Hauptstraße des Lebens"?

9 Findet ihr die „Hauptstraße" zeitgemäß?

Glauben Sie an die große Liebe?

Mareen Bergmann, 18, Schülerin und Sven Meyer, 22, Werbekaufmann, seit einem halben Jahr zusammen

Sven, wussten Sie sofort, dass Mareen Ihre große Liebe ist?

Ja, es war Liebe auf den ersten Blick. Das habe ich einfach gefühlt.

Wo war das?

Im Supermarkt an der Kasse, da hat sie gejobbt. Ich hatte gleich Schmetterlinge im Bauch und habe überlegt, wie ich sie am besten kennen lernen könnte. Ich bin eine Woche später wieder einkaufen gegangen, was übrigens immer eine Dreiviertelstunde Fahrt war, und habe ihr einen Zettel mit meiner Telefonnummer zugesteckt.

Und? Hat sie angerufen?

Nein. Ich habe dann zwei Tage durchgehalten und bin noch einmal hin und wieder an der Kasse vorbei. Sie meinte nur: „Kommt noch!" Ich war total verdutzt und fragte: „Was kommt noch?" Sie sagte: „Der Anruf!" Ich wollte aber nicht wieder warten und habe sie sofort gefragt, ob sie an dem Abend Zeit hätte. Wir sind dann was trinken gegangen und haben uns gleich für den nächsten Tag verabredet. Ab da waren wir zusammen.

Warum glauben Sie, dass Mareen die große Liebe ist?

Wir passen einfach super zusammen und ergänzen uns optimal. Ich bin eher aufbrausend, sie ist der Ruhepunkt.

Lilith Castorf, 23, studiert Volkswirtschaftslehre, seit drei Monaten nicht mehr Single

Wann erkennt man, dass man die große Liebe getroffen hat?

Wenn man es geschafft hat, miteinander 60 Jahre alt zu werden.

Erst nach einer so langen Zeit?

Ja, Liebe auf den ersten Blick gibt es gar nicht. Liebe ist vergänglich, man erkennt sie erst nach ein paar Jahren, denn erst dann wächst die Liebe zur wirklich großen Liebe.

Und was ist mit Ihrem neuen Freund?

Das weiß ich nicht so genau, wir sind ja noch nicht so lange zusammen.

Gutes Image in Umfrage

Hamburg (AP). Obwohl inzwischen jede dritte Ehe scheitert, sieht die überwältigende Mehrheit der Deutschen in der Heirat immer noch den Bund fürs Leben. In einer gestern veröffentlichten Umfrage vertraten 73 % der Befragten die Ansicht, die Ehe sei nach wie vor ein Lebensbund. Vor allem Männer (77 %) und Verheiratete (84 %) waren dieser Meinung. 81 % erklärten zudem, sie würden noch mal heiraten. 73 % nannten die Heirat ein Symbol für gegenseitige Liebe. 59 % der Befragten halten die Ehe der Kinder wegen für wichtig. Absicherung des Partners wären für 42 % ein Grund zum Heiraten. Nur 9 % erklärten, religiöse Normen schrieben eine Heirat vor. (4.1.2001)

1 Untersucht an Hand von Partneranzeigen (z. B. im Internet) jeweils für Männer und Frauen:
Was wird „geboten"?
Was wird gesucht?

2 Viele Paare wollen zusammenbleiben. Was „bringt" Dauer in der/ in die Beziehung?

Ein Paar bleiben?

Im neuen Jahrtausend haben, so scheint es, Ehe und Familie ihre Rolle verloren, einzig richtige Modelle des Zusammenlebens zu sein. Der Anteil der Ein-Personen-Haushalte nimmt zu, es gibt geradezu einen Single-Boom. Manchmal sucht man nur noch einen „Lebensabschnitts-Gefährten".

Interview: „Das haut uns alle um" – Der Wandel der Liebe: das Hauptthema der Regisseurin Doris Dörrie

FOCUS: Frau Dörrie, was ist los mit der großen Liebe?

Dörrie: Was mir auffällt, ist diese ständige Überforderung. Früher war zum Beispiel klar, wie Frauen leben sollten. Sie waren wirtschaftlich abhängig, es gab romantische Vorstellungen von der Liebe und die Mutterrolle. Heute können wir uns aussuchen, wie wir leben wollen.

FOCUS: Manche empfehlen statt der einen großen Liebe lieber „Teilzeitpartnerschaften". Finden Sie das richtig?

Dörrie: Nein, denn hier kann es überhaupt keine Rezepte geben. Vieles geht in die Brüche, weil dieser ökonomische Klebstoff nicht mehr hält. Wir müssen uns jetzt überlegen, was uns wirklich verbindet – und uns viel mehr lieben. Das ist Arbeit.

FOCUS: Wie machen Sie das?

Dörrie: Ich bin glücklich verheiratet. *(Seit 1988, mit Kameramann Helge Weindler. Die Red.). (Das Interview stammt von 1994. Mitte der 90er Jahre starb Doris Dörries Mann.*

FOCUS: Und wenn ein Partner geht?

Dörrie: Traurig, traurig. Doch Moral hilft nicht weiter. Die Situation ist historisch neu, und das haut uns alle um.

FOCUS: Ist Liebe ein Komödienstoff – oder etwas fürs Trauerspiel?

Dörrie: Wenn wir mehr Selbstironie hätten, wäre sie nicht so tragisch.

Stichwort: „allein erziehend" – Eine Mutter mit zwei Kindern, 8 und 10 Jahre alt, berichtet:

Als mein Mann und ich uns kennen lernten, gingen wir beide noch zur Schule und waren gerade siebzehn. Es war Liebe auf den ersten Blick, und ein halbes Jahr später wurde ich schwanger. Ich musste die Schule verlassen, da es sich um eine strenge Schule handelte, auf der eine schwangere Schülerin nicht geduldet wurde. Wir heirateten, mein Mann machte sein Abitur, begann nach dem Wehrdienst mit einem Jurastudium und jobbte nebenher. Ich hatte einigen Erfolg als freie Journalistin und konnte zu Hause arbeiten. Als ich zwanzig war, kam unser zweites Kind zur Welt.

Mein Mann beendete erfolgreich sein Studium und eröffnete mit zwei befreundeten Juristen eine Anwaltspraxis, die rasch Erfolg hatte. Nun waren wir finanziell endlich abgesichert, doch mein Mann hatte auf einmal das Gefühl, etwas „versäumt" zu haben, weil er sich zu früh eine Familie zugelegt hatte. Er kam immer seltener nach Hause, und es gab ständig Auseinandersetzungen, unter denen vor allem die Kinder zu leiden hatten. Als ich dann auch noch erfuhr, dass er eine Freundin hat, zog ich die Konsequenzen und trennte mich von ihm. Seit zwei Jahren lebe ich nun mit meinen Kindern allein in einer kleinen Wohnung und arbeite ganztägig bei einer Zeitung. Meine Mutter und die Nachbarn kümmern sich um die Kinder, solange ich nicht zu Hause bin. Sicher ist dies nicht meine Idealvorstellung von einer Familie – aber was hätte ich tun sollen?

3 Vor- und Nachteile des Zusammenlebens aus deiner Sicht heute – lege eine Liste an.

4 Welche *äußeren* Umstände und Einwirkungen können eine Partnerschaft gefährden?

5 Welche *inneren* Einstellungen und Verhaltensweisen gefährden eine Partnerschaft?

Vorab: Die mit dem Projekt beabsichtigte Herausforderung setzt darauf, sich ***ohne jemanden zu verletzen*** auf Beziehungsfragen einzulassen.
Es dürfen keine Namen aus dem Kurs vorkommen; jede(r) spielt eine Rollenfigur – nicht sich selbst!

Wir schlagen euch vor:
- Ein „Vertrauensspiel" spielen
- Standbilder formen
- Ein Rollenspiel durchführen.

Zur Ergebnispräsentation könnt ihr **Fotografie** und **Videoaufnahme** einsetzen.
- Bilder können helfen, dass wir uns darüber klar werden, wie wir miteinander umgehen (und wie wir unseren Umgang miteinander verbessern können).
- Ihr könnt einzelne Aufnahmen machen oder einen **Fotoroman** gestalten.
  Achtet darauf, dass ihr wirklich etwas zu sagen habt (und nicht bloß eine „Soap-Episode" herstellt).
- Ihr könnt eure Ergebnisse kommentieren, zum Beispiel aufschreiben, was eurer Gruppe ernsthaft wichtig im Zusammenleben ist.
- Das Projekt ist kein Wettbewerb, Preise sind nicht zu vergeben. Doch könnt ihr eure Ergebnisse an einer **Fotowand ausstellen** oder euer **Video im Kurs vorführen!**

Zusammen/er/leben

Oft sagt man: Etwas am eigenen Leibe erfahren.

Oder: Sich die Dinge vor Augen führen.

Oder: Sich ein Bild von einer Sache machen.

Das folgende Projekt will diese Redensarten wörtlich nehmen.

Erster Vorschlag: Ein Vertrauensspiel spielen

Methodenkasten

Das Spiel wird zu zweit gespielt. Jede(r) sucht sich einen Partner. Eine(r) von beiden schließt die Augen. Der Spielpartner/die Partnerin führt ihn/sie dann nur durch Berührung mit den Fingerspitzen durch den Raum. Nach einiger Zeit die Rollen wechseln! Diskutiert anschließend im Stuhlkreis über die Gefühle, mit denen ihr das Spiel gespielt habt, und welche Erfahrungen ihr dabei gemacht habt.

Zweiter Vorschlag: Ein Standbild bauen

Methodenkasten

1. Bestimmt einen Regisseur.
2. Das Bild wird nun Schritt für Schritt aufgebaut. Der Regisseur „formt" mit den Darstellern ihre Haltung, Gestik, Mimik (Gesichtsausdruck). Die Darsteller „erstarren".
3. Beobachter und Spieler beschreiben und kommentieren nun das Standbild. Sie deuten die Beziehungen zwischen den einzelnen Figuren und suchen eine „Bildunterschrift".

- Teilt euch in Gruppen auf.
- Sucht euch ein Thema. Jede Gruppe erhält den Auftrag, eine Szene aus der eigenen Fantasie oder aus Büchern, Filmen etc. zum Thema „Freunde finden – Partner sein" in einem „Standbild" zu präsentieren (15 min. Vorbereitungszeit).
  Zur Vorgehensweise konsultieren die Gruppen den *Methodenkasten: Ein Standbild bauen.*
- Bei jeder Darstellung äußert sich das Publikum dazu, welcher Aspekt der Freundschaft dargestellt ist.
- Vergleicht und diskutiert eure Lösungen.

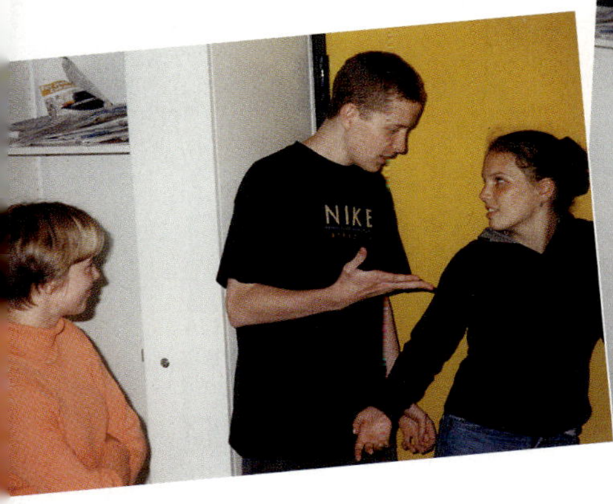

Dritter Vorschlag: Ein Rollenspiel durchführen

Methodenkasten

1. Vergebt nur wenige Rollen, damit das Spiel übersichtlich bleibt.
2. Bestimmt einen Spielleiter (Regisseur, anfangs Lehrer/Lehrerin), der zusammen mit den Teilnehmern der Rollenspiel-Gruppe den äußeren Ablauf (Szenenaufbau usw.) festlegt. Man kann die Rollenanweisungen auf Rollenkarten für die Spieler schriftlich festhalten; diese sollten hierzu vorher in der Gruppe diskutiert werden.
3. Am besten legt sich die Gruppe, die das Rollenspiel durchführt, vorher in etwa den Ablauf und einzelne Fixpunkte zurecht.
4. Wichtig für das Rollenspiel sind die Zuschauer. Sie müssen den Ablauf genau beobachten, damit eine Auswertung des Rollenspiels möglich wird. Am besten ist es, wenn sie Kurzprotokolle anfertigen! Kein Zuschauer darf sich einmischen oder Kommentare abgeben, solange das Spiel läuft.
5. Nach dem Spiel kann man sich dadurch wieder „ausklinken", dass man sich noch einmal abschließend aus der Sicht der Rollenfigur äußert. Danach schlüpfen alle wieder aus ihren Rollen heraus und werden wieder Schülerinnen und Schüler, die nun die Darstellung weiter auswerten können.
7. Beurteilungsmaßstäbe für ein Auswertungsgespräch (nicht: X hat gut, Y hat schlecht gespielt!) können sein: Haben die Spieler eine Lösung für das dargestellte Problem gefunden? Wie fühlt man sich in der einen, wie in der anderen Rolle? (Rollentausch für einen zweiten Durchgang kann hier sinnvoll sein!) Welche „Botschaft" hatte die Simulation?

- *Beispiel:* Du möchtest in einer Gruppe mitmachen. Welche Versuche unternimmst du?

Grundregel: Manchmal kann aus Spiel auch Ernst werden.
Darum: Hände weg von tatsächlich gerade anliegenden privaten oder schulischen Problemen.
Wenn ihr, ohne dafür ausgebildet und Fachleute zu sein, solche Angelegenheiten behandeln wolltet, kann viel mehr kaputt gehen, als Nutzen und Erkenntnisfortschritt erzielt werden. Keiner von euch ist des anderen Therapeut.

Handeln aus Verantwortung

TOM, 15, ... hat seinen gleichaltrigen Freund Manuel in der Pause beim Stehlen überrascht, genauer: Er hat ihn dabei beobachtet, ohne dass sein Freund etwas davon mitbekommen hätte.

Manuel war in der großen Pause unter dem Vorwand, zur Toilette zu müssen, im Schulgebäude geblieben, während alle anderen auf den Schulhof strömten. Aus irgendeinem Grund, den er mittlerweile selbst nicht mehr wusste, war Tom noch einmal zum Klassenzimmer zurückgelaufen. Als er gerade in den Flur zu seiner Klasse einbog, sah er, wie Manuel die Manteltaschen an der Garderobe davor durchwühlte und ein Portemonnaie in seiner Hosentasche verschwinden ließ. Unbemerkt konnte sich Tom in eine Ecke zurückziehen.

Jetzt lehnt er mit weichen Knien an der Wand. Das konnte doch nicht wahr sein; ausgerechnet sein bester Freund Manuel! – Und wie war das noch mit dem rätselhaften Verschwinden von Geldbeträgen aus der Klassenkasse, aus den Portemonnaies der Mitschüler und aus der Milchkasse des Hausmeisters? Manuel hatte immer viele Süßigkeiten unter seinen Freunden verteilt, es gab großzügige Einladungen zu Pommes und Cola oder ins Kino. Und die tollen Sachen, die Manuel immer anhatte! Tom hatte sich nie gefragt, wie Manuel all das hatte bezahlen können. Er hatte einfach angenommen, Manuel hätte großzügige Eltern. Kennen gelernt hatte er sie aber nie. Seine Eltern hätten es nicht so gern, dass Schulkameraden ihn besuchten, hatte Manuel gesagt. Wie wenig er doch über Manuel wusste! Und was um Himmels willen sollte er jetzt tun?

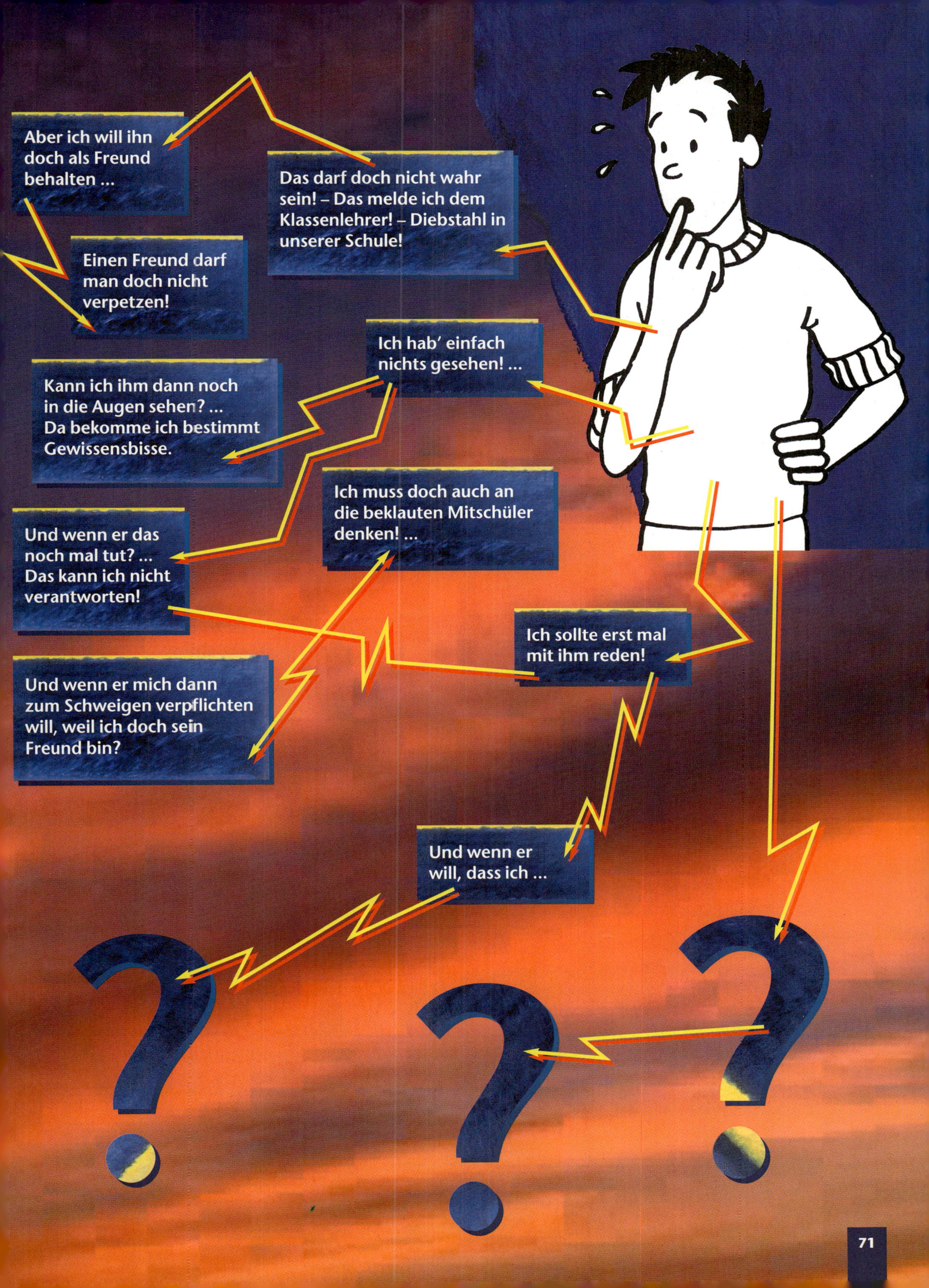
Aber ich will ihn doch als Freund behalten …
Das darf doch nicht wahr sein! – Das melde ich dem Klassenlehrer! – Diebstahl in unserer Schule!
Einen Freund darf man doch nicht verpetzen!
Ich hab' einfach nichts gesehen! …
Kann ich ihm dann noch in die Augen sehen? … Da bekomme ich bestimmt Gewissensbisse.
Ich muss doch auch an die beklauten Mitschüler denken! …
Und wenn er das noch mal tut? … Das kann ich nicht verantworten!
Ich sollte erst mal mit ihm reden!
Und wenn er mich dann zum Schweigen verpflichten will, weil ich doch sein Freund bin?
Und wenn er will, dass ich …

Viele Zwickmühlen

Tom ist verwirrt; immer mehr Möglichkeiten und Fragen schwirren ihm durch den Kopf und verknüpfen sich zu einem scheinbar unentwirrbaren Knäuel von Überlegungen.

Wie Tom geht es vielen Menschen. Man will verantwortlich handeln, weiß aber nicht, wie man sich in Situationen wie der, in der Tom gerade steckt, entscheiden soll. Man weiß nur – oder fühlt es –, dass es *die* richtige Entscheidung *nicht* gibt. Irgendwo ist immer ein Haken. In solchen Situationen hat man den Eindruck, wie in einer Zwickmühle festzusitzen. Man befindet sich – so der Fachausdruck – in einem Dilemma.

Toms Dilemma ist nur ein Beispiel für eine Vielzahl alltäglicher Zwickmühlen, durch die wir in Situationen mit Gewissensbissen geraten können. Vier der folgenden Beispiele lehnen sich an Formulierungen aus dem Gesellschaftsspiel „Skrupel" an.
Ein „scrupulus" war bei den Lateinern ein kleiner spitzer und scharfer Stein. Daraus hat sich im Deutschen die Bedeutung „stechendes, peinigendes Angstgefühl" oder „Gewissensbisse" entwickelt.

Du kommst mitten in der Nacht an eine Ampel, die auf Rot steht. Du hast es eilig, willst pünktlich zu Hause sein. Niemand beobachtet dich, weder Polizisten noch Kinder. Gehst du bei Rot rüber?

Eine ausländische Bekannte gesteht dir, dass sie unrechtmäßig nach Deutschland eingewandert ist. Nun bittet sie dich, sie in deiner Wohnung zu verstecken, weil sie sonst in ihre Heimat abgeschoben wird und dort mit politischer Verfolgung rechnen muss. Nimmst du sie auf?

Aus Unachtsamkeit ist dir der Hamster deiner Kinder entlaufen. Du besorgst einen neuen Hamster und setzt ihn in den Käfig. Deine Kinder merken nichts von dem Tausch. Sagst du ihnen, was passiert ist?

**Stell dir vor:
Du bis Gastwirtin, Mitglied im Stadtrat und zugleich in einer Umweltschutzgruppe. Der Stadtrat will mehr Arbeitsplätze schaffen und plant eine neue Straße durch ein Naturschutzgebiet. Die würde auch den Betrieb der Gastwirtschaft, die kurz vor dem Konkurs steht, neu beleben. Unterstützt du als Stadträtin die Naturschutzgruppe bei der Ablehnung des Straßenbauvorhabens?**

**Stell dir vor:
Du bist Rechtsanwalt. Ein Mann gibt zu, eine Frau brutal vergewaltigt zu haben, zeigt aber keine Spur von Reue. Übernimmst du seine Verteidigung?**

■ Welche Dilemmata in der Schule, in der Familie in der Freizeit … haben bei euch zu „Skrupeln" geführt?

öglicherweise seid ihr bei Toms Dilemma oder auch bei anderen Zwickmühlen nicht zu überzeugenden Lösungen ekommen. Vielleicht hat der eine oder die andere noch bei der einen oder anderen Frage „Skrupel“:

um Fall Tom etwa:

- Musste er sich unbedingt entscheiden?
- Ging ihn das überhaupt etwas an?
- Kann Tom, wenn er nichts tut, verantwortlich gemacht werden?
- Ist die Stimme seines Gewissens überhaupt maßgeblich?
- Woran orientiert sie sich?

Solche Fragen machen deutlich: Verantwortung ist kein Begriff mit einem von vornherein klaren Inhalt. Eine einfache Auskunft gibt es in Sachen Verantwortung in der Regel nicht.

Wer überlegt aus Verantwortung handeln will, der gleicht eher einem Menschen mit einem komplizierten Formular in der Hand. Um es auszufüllen, muss er sich wie in einer Stadtverwaltung durch mehrere Abteilungen durchfragen.

Im Haus der Verantwortung

sind dies übrigens vier.

Wenn ihr diese „Behörde“ erkunden und ihre Dienste nutzen wollt, könnt ihr durch das Treppenhaus in die vier Etagen hinaufsteigen und jeweils nachfragen. Wenn euch aber ein bestimmter Aspekt des Handelns aus Verantwortung besonders interessiert, könnt ihr auch im Erdgeschoss bleiben oder den Aufzug nehmen und eine höhere Etage gezielt ansteuern. Orientierende Hinweisschilder für die Zuständigkeiten finden sich am Eingang. –

Noch ein TIPP:
Die Normen-Abteilung im Dachgeschoss ist etwas spärlich besetzt.
Zusätzliche Auskünfte aus dem Zuständigkeitsbereich dieser Abteilung können auch in den folgenden Kapiteln „*WERT*sachen“ und „Gerechtigkeit: (k)ein Kinderspiel?“ eingeholt werden.

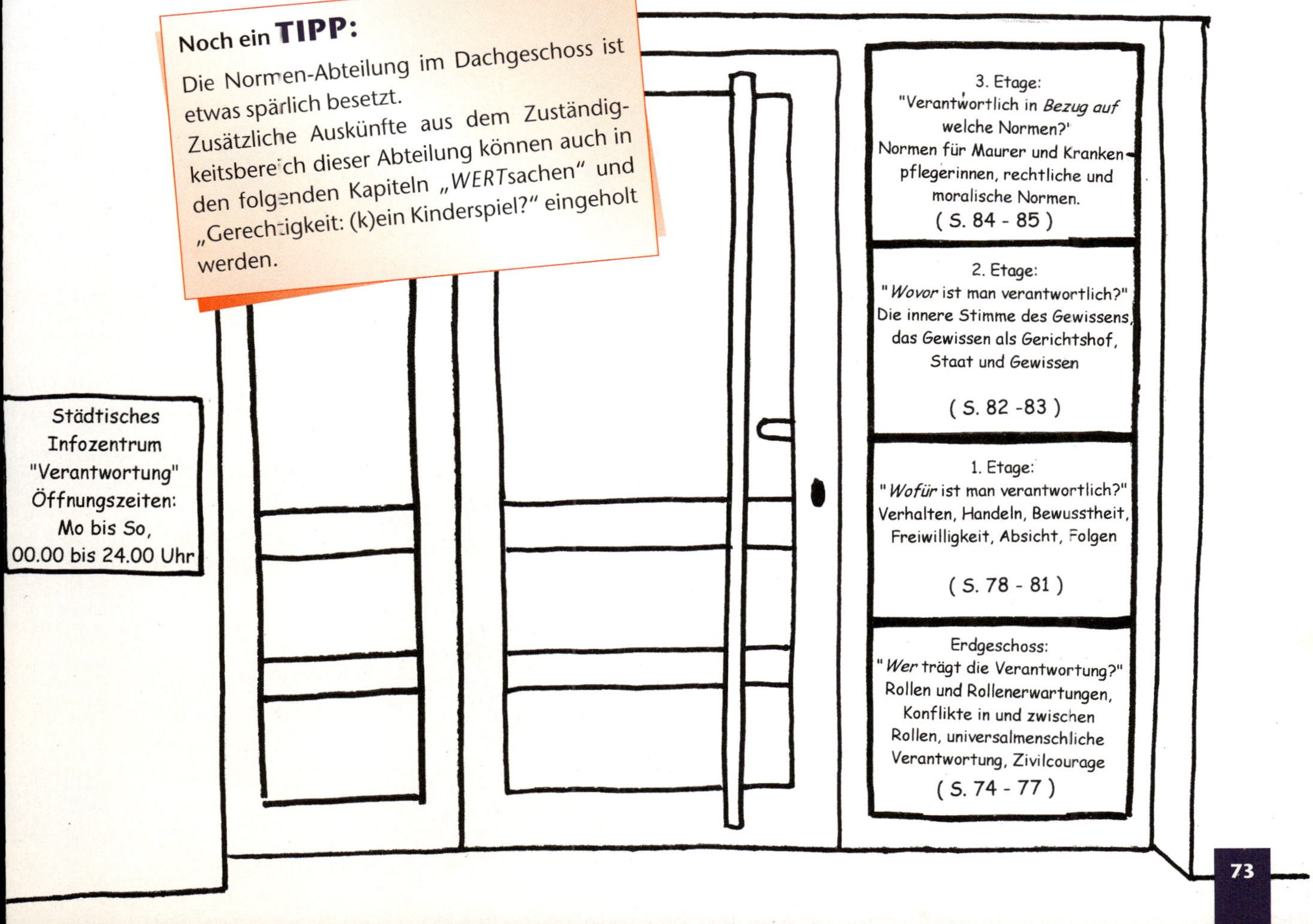

Ganz dringend ! – ?

1 Antworten auf Florians Frage „Was nun?" könnt ihr auf folgenden Wegen suchen:
- Ihr überlegt und spielt ein Telefongespräch zwischen Florian und Thomas.
- Ihr gestaltet ein „Selbstgespräch" von Florian, wobei zwei widersprüchliche Stimmen miteinander streiten.
- Ihr könnt in Kleingruppen in einem *Schreibgespräch* eine Lösung aus dem Dilemma suchen.

Florian, 14, hat die Aufgabe übernommen, den Nachmittag über auf Max, seinen kranken jüngeren Bruder, zu achten, weil die Mutter etwas Dringendes erledigen muss. Max liegt mit hohem Fieber, Husten und Kopfschmerzen im Bett. Man kann ihn nicht allein lassen, weil er immer wieder etwas zu trinken, frische Wadenwickel, Hustensaft oder nur Trost braucht. Der Mutter hat Florian ausdrücklich versprochen, sich um Max zu kümmern.
Gegen vier Uhr klingelt das Handy. Sein Freund Thomas – er wohnt zwei Straßen weiter – ist in höchsten Nöten: Eine Schnur hat sich in seiner Fahrradkette verfangen, er schafft die Reparatur nicht allein und setzt auf Florians bewährtes technisches Geschick. Ganz dringend! Denn er muss zum Nachhilfeunterricht und hat seinen berufstätigen Eltern versprochen, keine einzige Stunde zu versäumen. Mit dem kaputten Rad kann er aber nicht hinkommen, und für den Bus ist es zu spät. Was nun?

nach Brigitte Beil

Methodenkasten „Schreibgespräch"

Ein Schreibgespräch ist vor allem dann sinnvoll, wenn bei einem schwierigen Thema sorgfältige Überlegungen erwünscht sind. Anders als bei einer mündlichen Diskussion geht es beim Schreibgespräch langsamer voran; dafür aber besonnener, und nichts geht verloren.
Durch ein Schreibgespräch verwandelt sich der Klassenraum in mehrere kleine „Chatrooms": Das schriftliche Kleingruppengespräch beginnt mit einer vorgegebenen Frage oder Behauptung, die auf einem Blatt Papier (möglichst DIN A3) notiert wird. Ein Gruppenmitglied schreibt dazu mit ein bis zwei Sätzen eine erste Stellungnahme und gibt dem nächsten das Blatt usw. So kreist es langsam in der schweigsamen Gruppe. Jeder ist darauf bedacht, die notierten Gedanken sorgfältig zu lesen und sich auf sie einzulassen. Dadurch erzeugen alle gemeinsam einen stetigen Gedankenfluss. Wer gerade nicht schreibt, hat Zeit zum Nachdenken. Nach Beendigung der stillen „Chats" werden die Gesprächsblätter im Klassenraum aufgehängt. Die unterschiedlichen Verläufe und Ergebnisse können miteinander verglichen werden.

Aufgaben und Rollen

„Das ist nicht mein Bier!", so hört man häufiger von Leuten, die sagen wollen: „Dafür bin ich nicht zuständig; das ist nicht meine Aufgabe." Woher weiß man, wer zuständig und also verantwortlich ist und eine Aufgabe zu erfüllen hat?
Was ‚mein Bier', meine Aufgabe ist, ergibt sich in vielen Fällen aus dem Zusammenleben im Kreis meiner Mitmenschen. Dort habe ich eine Reihe von *Rollen* zu spielen. Rollen kennen wir aus dem Theaterspiel oder aus Filmen. Wenn ein Schauspieler eine Rolle übernimmt, so wird von ihm ein bestimmtes Verhalten erwartet: Er soll einen Text sprechen und Handlungen darstellen, die der Dichter oder der Regisseur festgelegt haben.
Ähnliches gilt auch für Rollen des Alltags: Man weiß im Allgemeinen, welches Verhalten die anderen von einem erwarten: Ich weiß im Groben, wie ich mich zu verhalten habe: als Sohn gegenüber dem Vater, als Schwester gegenüber dem Bruder, als Enkel gegenüber der Oma, als Schüler gegenüber den Mitschülern und den Lehrern, als Radfahrer im Verkehr, als Mitglied im Fußballverein, als Freund gegenüber der Freundin usw. ...
Es gibt aber wichtige Unterschiede zwischen Theater- und Alltagsrollen:

1. **Der Schauspieler kann eine Rolle immer ablehnen, weil er sie nicht spielen will oder kann. Diese Freiheit gibt es nicht für alle Alltagsrollen. Als „Tochter" wird man geboren, zur „Schülerin" macht uns der Staat mit dem Schulpflichtgesetz.**
2. **Theaterrollen sind durch die Texte weitgehend festgelegt; in Alltagsrollen gibt es Spielräume.**

Vor allem aber:

3. **Im Alltag nehmen wir gleichzeitig mehrere Rollen ein: Wir sind „Tochter" und „Schülerin" *und und und* ... und sollen die damit verbundenen Verhaltenserwartungen erfüllen.**

Rollenkonflikte durchschauen

Rollen im Alltag können uns in Dilemma-Konflikte bringen, und zwar dann, wenn die mit ihnen verbundenen Erwartungen unverträglich sind, wenn sie sich „beißen". Dafür gibt es *zwei Grundformen:*

1. **Der Konflikt *innerhalb* einer Rolle (Intra-Rollenkonflikt). Er tritt immer dann auf, wenn jemand vom Rollenträger dieses, ein anderer aber etwas ganz anderes erwartet. Der Soziologe Eberhard Hermes beschreibt einen solchen Inner-Rollenkonflikt an der Rolle des Lehrers:**

   Der Lehrer muss z. B. in seinem Verhalten zugleich den Erwartungen seiner Schüler, deren Eltern, der Kollegen, der Schulverwaltung usw. entsprechen. [...] So erwarten die Schüler vom Lehrer einen interessanten Unterricht, die Schulverwaltung die Befolgung von Richtlinien, die Eltern optimale Noten, die Kollegen solidarisches Verhalten usw. Verlangen die Eltern eines bestimmten Schülers unbedingt eine Versetzung, sind aber die Kollegen dagegen, dann befindet sich der Lehrer in einem Intra-Rollenkonflikt.

   Eberhard Hermes

2. **Der Konflikt *zwischen* zwei oder mehreren Rollen, die man gleichzeitig einnimmt *(Inter-Rollenkonflikt)*. Bleiben wir beim Beispiel des Lehrers. Er könnte etwa in Schwierigkeiten kommen, wenn Schüler und Schulleiter seine Teilnahme an einer Wanderfahrt verlangen und seine Familie gleichzeitig die Erfüllung von Aufgaben als Vater und Ehemann erwartet.**

Abstand!

Wie kann man verhindern, dass aus dem Riss in Rollenkonflikten ein Riss in der Persönlichkeit wird? – Der Schauspieler sieht sich den Text seiner Rolle an und entscheidet, ob er sie übernehmen will, ob sie zu ihm passt, und wenn ja, wie er sie ausgestalten könnte. Auch der Alltagsrollenspieler kann Ähnliches: Er kann sich die „Rollen-Texte", die einzelnen Erwartungen, vor Augen führen und sich im Abstand zu ihnen fragen: Finde ich die Erwartungen in Ordnung? Könnte ich sie nach meinen Vorstellungen erfüllen? Welche Erwartungen oder Rollen passen zu dem, wie ich sein will? – „Ich bin ja gern bereit, die Mannschaft im Turnier zu unterstützen, aber fünf Stunden Training in der Woche, das ist mir einfach zu viel!"

Manchmal führen solche Überlegungen dazu, eine Rolle vollständig abzulehnen. Es gibt beispielsweise junge Männer, die der Überzeugung sind, sie könnten nicht Soldat werden.

2 Welche Frage(n) passt/passen zu welchem Rollenkonflikt?
a) Welche Rollen spielen hier eine Rolle?
b) Welche Rolle ist für mich wichtig?
c) Will ich diese Rolle überhaupt?
d) Welche Erwartungen sind für die Rolle zentral, welche weniger?
e) Kann ich diese Rolle überhaupt aufgeben?
f) ...

3 Welche Fragen sollte Florian sorgfältig prüfen?

Der Start der „Challenger“ – eine „Herausforderung“ für die Verantwortlichen

Am 28. Januar 1986 kam es in Cape Canaveral (Florida) zu einer der größten Katastrophen der Raumfahrtgeschichte. 73 Sekunden nach dem Start explodierte der Raumgleiter Challenger. Sieben Astronauten, die gesamte Besatzung, kamen ums Leben. Der Verlauf der Katastrophe lässt sich minutiös rekonstruieren. Die unmittelbare Unglücksursache war ein spröder Gummidichtungsring an einer der Antriebsraketen. An dieser Stelle trat Treibstoff aus und entzündete sich, worauf der Raumgleiter explodierte.

Ingenieure von Morton Thiokol, der Herstellerfirma der Raketen, hielten die Dichtungsringe schon seit längerer Zeit für eine der Schwachstellen. Kritisch für deren fehlerfreies Funktionieren waren insbesondere Temperaturen unter null Grad Celsius, weil sie dann ihre Elastizität verloren. Als ideale Starttemperatur galten zehn Grad. Noch am Vorabend des geplanten Raumflugs hatten sich Ingenieure des Raketenherstellers – vor allem Allen McDonald, der Projektleiter, und Roger Boisjoly, der Experte für Raketendichtungen – gegen einen Start ausgesprochen. In einer Telefonkonferenz mit der NASA machten sie nochmals auf die Schwierigkeiten bei solch niedrigen Temperaturen aufmerksam, wie sie für den kommenden Tag, den Tag des Abflugs, zu erwarten waren. Die NASA und deren Projektmanager, Larry Mulloy, drängten aber auf einen Start. Er wies insbesondere darauf hin, dass es keine Starteinschränkungen wegen bestimmter Temperaturen gebe. Die Telefonkonferenz wurde daraufhin abgebrochen.

Die Ingenieure trugen ihre Bedenken auch Robert Lund vor, dem stellvertretenden Direktor der Ingenieurabteilung bei Morton Thiokol. Lund schloss sich den Bedenken an und erstattete seinem Vorgesetzten, dem Ingenieur Jerry Mason, Bericht. In einer internen Besprechung beim Raketenhersteller Thiokol sagte Mason dann zu Lund den entscheidenden Satz: „Take off your engineering hat and put on your management hat!“ – „Nimm deinen Ingenieurs-Hut ab und setze deinen Management-Hut auf!“ Lund kapitulierte und stimmte der Startfreigabe zu. Er teilte dies dem Projektleiter der NASA mit. Dieser wiederum meldete seinen Vorgesetzten die Startfreigabe durch den Raketenhersteller Thiokol, ohne dessen Bedenken zu erwähnen. So nahm das Unglück seinen Lauf.

1. Der Start des Raumgleiters „Challenger“ auf Cape Canaveral

2. Die „Challenger“ kurz nach der Explosion

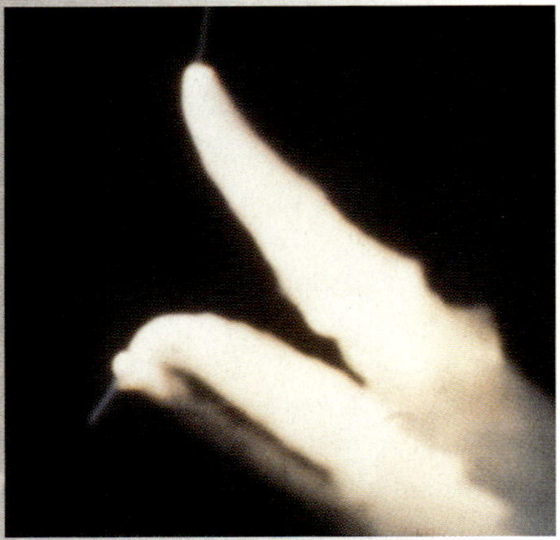

3./4. Die beiden Antriebsraketen der „Challenger“ rasen nach der Explosion ohne Hauptrakete durch die Luft

Vor allem die beiden Ingenieure McDonald und Boisjoly sprachen sich gegen einen Start aus (später sagten sie auch entsprechend vor der Kommission des US-Senats aus, die das Unglück untersuchte). Sie wurden nun aber keineswegs belobigt, sondern zunächst in eine andere Abteilung versetzt, was sie als eine Art Bestrafung ansahen.

C. Hubig/H. Lenk/M. Marin

Verantwortung als Mensch: moralische Verantwortung

Moralische Verantwortung [ist dadurch gekennzeichnet], dass sie sich an Handlungen ausrichtet, die das Wohl und Wehe anderer – aber auch die eigene Menschenwürde – betreffen. Sie ist zwar zunächst individuell, aber nicht nur auf spezifische Rollen und Bereiche eingeschränkt, sondern sie gilt grundsätzlich allgemein und universell, für jedermann in vergleichbarer Situation gleich. [...] Moralische Verantwortung hat Vorrang vor – auch beruflicher – Aufgabenverantwortung. [...]

Die moralische Verantwortung gestattet keine Auf- und Abschiebung, sie ist zunächst stets persönlich. Sie kann auch nicht delegiert werden wie die Aufgabenverantwortung (Aufgaben werden etwa in Unternehmen verteilt, für moralische Verantwortung gilt dies nicht). Begrenzte Rollenverantwortung, z. B. auch politische, wird gelegentlich als Mittel zur Abschiebung der eigentlich moralischen Verantwortung genutzt und missbraucht. [...] Wir Deutschen betonen gern den Rechtsstandpunkt. Wenn jemand verantwortlich zu machen ist, sind wir es nicht. Man könnte geradezu von einem moralischen St. Florians-Prinzip sprechen. „Mögen doch andere die Verantwortung tragen und zugeschoben erhalten", wenn rechtlich „alles geregelt" ist, glauben wir uns in Unschuld wiegen, uns nicht-verantwortlich, „unverantwortlich" fühlen zu können. Doch solch eine Strategie ist selbst unverantwortlich.

Hans Lenk

delegieren: auf andere übertragen

„Heiliger Sankt Florian, verschon mein Haus, zünd' andre an!"

Man darf niemandem seine Verantwortung abnehmen, aber man soll jedem helfen, seine Verantwortung zu tragen.

Heinrich Wolfgang Seidel (1876-1945): Pfarrer und Erzähler

„Ich scheiße jeden an, der Scheiße baut"

Am Dienstagabend [25. 07. 2000] haben Potsdamer Bürger Zivilcourage gezeigt. In einer Straßenbahn stellten sich mehrere Fahrgäste und der Fahrer schützend vor einen 13-jährigen Jungen aus dem Kongo und einen 14-jährigen Kenianer. Nach Angaben der Polizei waren die beiden Kinder von einer Gruppe alkoholisierter Männer mit den Worten „Scheiß Neger, was wollt ihr hier?" beschimpft worden. Anschließend wurde der 14-Jährige an einer Haltestelle aus der stehenden Bahn geschubst. Den 13-Jährigen attackierten die Täter mit Schlägen und Tritten. „Daraufhin", so die Polizei, „schritten 10 bis 15 der ungefähr 40 Fahrgäste in der Straßenbahn ein und schützten das Kind vor weiteren Attacken."

Der Straßenbahnfahrer Frank L. sprach zwei der Täter direkt an. Daraufhin wurde auch er beschimpft: „Du willst ein Deutscher sein und scheißt deine eigenen Landsleute zusammen." Frank L., so die Polizei, habe darauf geantwortet: „Ich scheiß jeden an, der Scheiße baut." Dank der tätigen Mithilfe des Fahrers, der dabei selbst angegriffen und verletzt wurde, konnten zwei Tatbeteiligte festgenommen werden. Ein 22-jähriger arbeitsloser Potsdamer ist in Haft.

Lukas Wallraff

1 Was genau versteht man unter „Zivilcourage"?

2 Sucht weitere Beispiele für Zivilcourage, vielleicht auch aus der Vergangenheit (z. B. Nationalsozialismus).

Schweine vor Gericht

1 Einladung zu einer gedanklichen Zeitreise: Stellt euch vor, ihr könntet mit einer Zeitmaschine in das Jahr 1379 nach Frankreich zum Strafgerichtsverfahren gegen drei Säue reisen. In der Rolle des Schweineanwalts könnt ihr nun eine flammende Verteidigungsrede halten.
Vorsicht: Den Anwesenden ist es mit der Anklage gegen die Säue durchaus ernst!

Participes criminis: am Verbrechen Beteiligte

Als am 5. September 1379 zwei Schweineherden, die eine gehörte der Gemeinde und die andere dem Kloster von Saint-Marcel-le-Jeussey, in der Nähe der Stadt gemeinsam gefüttert wurden, stürzten sich drei Mutterschweine der gemeindeeigenen Herde, aufgeschreckt und aufgebracht durch das wimmernde Kreischen eines der Ferkel, auf Perrinot Muet, den Sohn des Schweinehirten, und noch ehe sein Vater ihm zu Hilfe eilen konnte, warfen sie ihn zu Boden und verletzten ihn so schwer, dass er bald danach starb.
Die drei Säue wurden in einem angemessenen Gerichtsverfahren zum Tode verurteilt; da aber beide Herden zu dem Schauplatz des Verbrechens eilten und durch Schreie und aggressives Verhalten ihre Billigung des tätlichen Angriffs bekundeten, ja sich willens und sogar begierig zeigten, *Participes criminis* zu werden, wurden sie als Komplizen eingesperrt und durch das Gericht verurteilt, dieselbe Strafe zu erleiden.

E. P. Evans

Vielerlei Tätigkeiten

2 Nicht alle Tätigkeiten sind Handlungen, für die wir verantwortlich gemacht werden können. Untersucht, bei welchen Tätigkeiten *(kursiv)* der Täter als „Täter" bezeichnet werden kann. In welchen Fällen also könnte man sinnvoll von Schuld sprechen? Wo sind Zweifel angebracht?
Ihr könnt dabei auch die Unterscheidung zwischen „Verhalten" und „Handeln" nutzen und/oder die abgedruckten Vorschriften aus dem BGB und dem StGB zu Rate ziehen.

Tätigkeit

Verhalten — Handeln

1. **Ein vom Wind losgerissener Dachziegel *erschlägt* eine Frau.**
2. **Ein Terrorist *legt* eine Bombe.**
3. **Ein Ehemann *betrinkt* sich und *schlägt* seine Frau.**
4. **Im Mai *schlagen* die Bäume aus.**
5. **Franz *legt* sich ins Bett.**
6. **Ein Patient *tritt* den Arzt, der dessen Kniesehnenreflex ungeschickt erprobt, so kräftig vor das Schienbein, dass der Arzt einen Bluterguss bekommt.**
7. **Franz *schreibt* die Konjunktion „dass" immer noch mit „ß".**
8. **Ein unbeaufsichtigtes dreijähriges Kind *schluckt* 50 Schlaftabletten.**
9. **Eine im Baum versteckte und auf ihr Opfer wartende Schlange *erwürgt* den Urwaldforscher.**
10. **Ein Kind ertrinkt im Teich, und ein DLRG-Mitglied *sieht* tatenlos zu.**
11. **Franz *schläft.***
12. **Ein Geschäftsmann *vermutet,* dass sein Konkurrent wegen seines offensichtlichen Übergewichts einen Herzinfarkt bekommen wird.**
13. **Beim Blumengießen *fällt* einer Frau die Gießkanne vom Balkon, dadurch wird ein Kind getötet.**
14. **Ein Geschäftsmann *wünscht,* dass sein Konkurrent einen Herzinfarkt bekommt.**
15. **Ein Geschäftsmann *träumt,* dass er wünscht, sein Konkurrent möge einen Herzinfarkt bekommen.**
16. **Ein Kind ertrinkt im Teich, und ein einsamer Rollstuhlfahrer *sieht* tatenlos *zu.***
17. **...**
18. **...**

Wenn wir stolpern, so verhalten wir uns nur. Stellen wir uns nun jedoch einen Spazierstock her, um künftiges Stolpern zu vermeiden, so handeln wir.

Helmut Seiffert

Strafgesetzbuch (StGB)

§ 15. Vorsätzliches und fahrlässiges Handeln. Strafbar ist nur vorsätzliches Handeln, wenn nicht das Gesetz fahrlässiges Handeln ausdrücklich mit Strafe bedroht.

Wer eine mit Strafe bedrohte Tat begeht, ohne es zu wollen oder zu erkennen, handelt fahrlässig. Bei bewusster Fahrlässigkeit vertraut der Täter pflichtwidrig darauf, dass die Folgen seiner Tat nicht eintreten. Der unbewusst Fahrlässige sieht die Folgen seiner Tat nicht voraus, hätte sie aber eigentlich voraussehen müssen.

§ 19. Schuldunfähigkeit des Kindes. Schuldunfähig ist, wer bei Begehung der Tat noch nicht vierzehn Jahre alt ist.

§ 20. Schuldunfähigkeit wegen seelischer Störungen. Ohne Schuld handelt, wer bei Begehung der Tat wegen einer krankhaften seelischen Störung, wegen einer tief greifenden Bewusstseinsstörung oder wegen Schwachsinns oder einer schweren anderen seelischen Abartigkeit unfähig ist, das Unrecht der Tat einzusehen oder nach dieser Einsicht zu handeln.

§ 222. Fahrlässige Tötung. Wer durch Fahrlässigkeit den Tod eines Menschen verursacht, wird mit Freiheitsstrafe bis zu fünf Jahren oder mit Geldstrafe bestraft.

§ 323a. Vollrausch. (1) Wer sich vorsätzlich oder fahrlässig durch alkoholische Getränke oder andere berauschende Mittel in einen Rausch versetzt, wird mit Freiheitsstrafe bis zu fünf Jahren oder mit Geldstrafe bestraft, wenn er in diesem Zustand eine rechtswidrige Tat begeht und ihretwegen nicht bestraft werden kann, weil er infolge des Rausches schuldunfähig war oder weil dieses nicht auszuschließen ist. [...]

§ 323c. Unterlassene Hilfeleistung. Wer bei Unglücksfällen oder gemeiner Gefahr oder Not nicht Hilfe leistet, obwohl dies erforderlich und ihm den Umständen nach zuzumuten, insbesondere ohne erhebliche eigene Gefahr und ohne Verletzung anderer wichtiger Pflichten möglich ist, wird mit Freiheitsstrafe bis zu einem Jahr oder mit Geldstrafe bestraft.

Nur scheinbar ist die Unterlassung ein bloßes „Nichthandeln“. In Wahrheit handeln wir auch dann, wenn wir nichts tun. Das erkennt man schon daran, dass viele Unterlassungen bestraft oder sonst wie geahndet werden. [...]
Die Eltern eines Kindes, das die Schule schwänzt, können mit dem Schulpflichtgesetz in Konflikt kommen. Eltern, die ihr Kind vernachlässigen, können strafrechtlich zur Verantwortung gezogen werden.

Helmut Seiffert

Freiwilligkeit

[Es gibt] Lob und Tadel nur bei dem, was freiwillig geschieht, während das Unfreiwillige Nachsicht und manchmal auch Mitgefühl findet [...].
Als unfreiwillig gilt, was unter Zwang oder aus Unwissenheit geschieht. Gewaltsam ist ein Vorgang, dessen bewegendes Prinzip von außen her eingreift, und zwar so, dass bei seinem Einwirken die handelnde oder die leidende Person in keiner Weise mitwirkt: wenn z. B. jemand durch einen Sturmwind irgendwohin entführt wird oder durch Menschen, in deren Gewalt er sich befindet.
Taten aber, die aus Angst vor noch größeren Übeln oder für edle Ziele ausgeführt werden – wenn z. B. ein Tyrann jemandem ein Verbrechen zu tun befiehlt, dessen Eltern und Kinder er in seiner Gewalt hat, und wenn diesen im Falle der Ausführung der Tat das Leben geschenkt, sonst aber verwirkt wäre – lassen die Streitfrage entstehen, ob sie unfreiwillig oder freiwillig sind. [...] Solche Handlungen haben also einen Mischcharakter.

Aristoteles

■ Schon im alten Griechenland gab es Abgrenzungsschwierigkeiten zwischen verantwortlichem Handeln und nicht schuldhaftem Tun. Dies zeigt **Aristoteles** (siehe S. 57).

3 Aristoteles glaubt, dass die zuletzt geschilderte Handlung zwar „gemischt“ sei, aber doch eher einer Seite – der freiwilligen oder unfreiwilligen – zuneigt. Wie schätzt ihr das ein?

4 Welche Merkmale muss eine Tätigkeit haben, so dass sie eine Handlung aus Verantwortung ist?

1 Wie beurteilt ihr die Tat der Jugendgruppe? Ihr könnt euch dazu in vier Untergruppen aufteilen. Beurteilt
a) aus der Sicht der Jugendgruppe,
b) aus der Sicht des Höhlenforscherklubs,
c) aus der Sicht des Kultusministeriums,
d) aus der Sicht Unbeteiligter.

Wer wird jeweils als Schuldiger oder Schuldige angesehen?

Gründliche Arbeit

Der „guten Tat" einer Jugendgruppe sind in Südwestfrankreich 15 000 Jahre alte Höhlenzeichnungen zum Opfer gefallen. Zu spät erkannten die Teilnehmer einer Reinigungsaktion, dass sie nicht Graffiti von Besuchern, sondern zwei Bisonzeichnungen aus der Steinzeit mit Stahlbürsten weggescheuert hatten. Das Kultusministerium sprach am Wochenende von einem unschätzbaren Schaden und kündigte gerichtliche Schritte an. Angefangen hatte alles mit Kritik an der Untätigkeit der Behörden. Der Höhlenforscherklub in Montauban erklärte, die Jugendgruppe sei um Hilfe gebeten worden, weil die zuständigen Stellen des Departements Tarnet-Garonne auf wiederholte Hinweise nicht reagiert hätten, dass die Höhle Mayrieres bei Brunquiel seit ihrer Entdeckung 1952 mit den Kritzeleien von Besuchern verunstaltet worden sei.
Der Reinigungseifer der 70 Jugendlichen zerstörte nach Angaben des staatlichen Archäologen François Rouzaud zwei Zeichnungen: „An dem einen Bison ist der hintere Teil fast völlig verschwunden, während von dem anderen Tier nichts als der Schwanz und die Hinterbeine übrig geblieben sind."

Diese Höhlenmalerei ist erhalten …

Immanuel Kant
(1724-1804):
deutscher Philosoph

Jeremy Bentham
(1748-1832):
englischer Philosoph

Handlung & Co.

1. Aus der Einleitung zu „Der Verbrecher aus verlorener Ehre"

[...] wir müssen mit ihm [dem Helden der Erzählung] bekannt werden, eh er handelt, wir müssen ihn seine Handlung nicht bloß vollbringen, sondern auch wollen sehen. An seinen Gedanken liegt uns unendlich mehr als an seinen Taten, und noch weit mehr an den Quellen seiner Gedanken als an den Folgen jener Taten.

Friedrich Schiller

2. Aus der Vorrede zu „Die Verschwörung des Fiesco zu Genua"

Höhere Geister sehen die zarten Spinneweben einer Tat durch die ganze Dehnung des Weltsystems laufen, und vielleicht an die entlegensten Grenzen der Zukunft und Vergangenheit anhängen – wo der Mensch nichts als das in freien Lüften schwebende Faktum sieht.

Friedrich Schiller

■ **Friedrich Schiller** (1759-1805): Dichter und Philosoph, macht sich Gedanken über den inneren und äußeren Zusammenhang von Handlungen.

2 Ordnet die zentralen Begriffe Schillers (Folgen der Tat, Gedanken, Quellen der Gedanken, Tat) auf einer Zeitachse in der richtigen Reihenfolge an.

3 Versucht gemeinsam zu klären, was Schiller mit „zarten Spinneweben einer Tat" meinen könnte.
Dann könnte jeder ein Tat-Spinnennetz malen: In der Mitte eine konkrete „Tat" aus eurer Erfahrung, die Fäden werden entsprechend beschriftet.

Drei Arten ethischer Argumentation

In der *Erfolgsethik* interessiert nur das Ergebnis einer Handlung, nicht aber die Absicht, die sie bestimmt. Absicht und Handlung sind im Gesamtumfang der Tat gewissermaßen noch nicht auseinander gebrochen. In der griechisch-archaischen Zeit und im Alten Testament finden sich Beispiele für eine solche Einstellung: so etwa, wenn Ödipus bestraft wird – oder genauer: sich selbst bestraft – für Handlungen, die er ohne Wissen und Absicht, gleichsam schicksalsverblendet, vollbracht hat: nämlich die Tötung seines Vaters und die Vermählung mit seiner Mutter.

Unter *Gesinnungsethik* versteht man demgegenüber eine sittliche Position, die sich vornehmlich auf die Absicht und den guten Willen beruft, aber das Ergebnis der Handlung vergleichgültigt: Ich habe das Beste gewollt! Wenn meine Absicht scheitert, bin nicht ich, sind vielmehr die Umstände dafür verantwortlich! [...]

Als *Verantwortungsethik* bezeichnet man schließlich eine ethische Position, die beide Möglichkeiten gleichsam übergreift: Hier ist der Täter durchaus moralisch „gesonnen", aber versäumt es nicht, seine Gesinnung auch im Handeln zu bewähren, wobei er nicht nur den *Erfolg*, sondern auch die *Nebenfolgen* in seine Verantwortung mit einbezieht. Der Offizier, der seiner Truppe befiehlt, aus einem Kessel auszubrechen, um der Gefangenschaft und vielleicht dem Tod zu entgehen, muss dabei in Kauf nehmen, einige seiner Soldaten zu verlieren. Er muss dies auf seine Kappe nehmen, d. h. in seine Verantwortung mit einschließen, und verwickelt sich damit handelnd unweigerlich in Schuld. In diesem Sinne ist alles Handeln letztlich tragisch; man kann sein Herz aus einer solchen Begegnung mit der Wirklichkeit „nicht mehr ganz zurückbringen" (Goethe).

Josef Derbolav

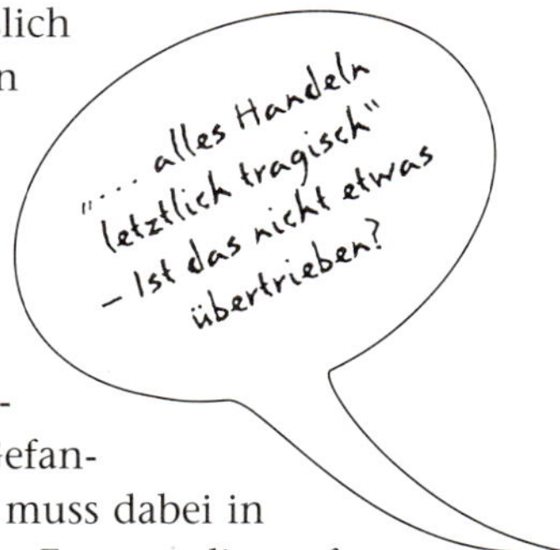

archaisch: frühzeitig

Das Gegenteil von „gut" ist „gut gemeint".

Volksmund

Zur Verantwortung für Folgen und Nebenfolgen für Natur und künftige Generationen vgl. S. 144f.

■ In der 1960 erschienenen Kurzgeschichte von **Wolfdietrich Schnurre** geht es um den Überlebenskampf eines Ehepaares mit kleinem Kind auf einer Flucht.
In einsamer Gegend bleibt die Frau mit dem Säugling erschöpft zurück. Der Mann findet nach Stunden in einem ausgestorbenen Dorf ein hartes Brot. Auf dem Rückweg zu seiner Frau wird er von einem Gewitter überrascht. In seinem Hemd versucht er das Brot vor dem Regen zu schützen ...

Auf der Flucht

[...]

Blitze zerrissen den Himmel. Es goss.

Der Mann drückte die Arme gegen das Brot. Es klebte. Der Mann fluchte. Doch der Regen nahm zu. Der Wald vorn und das Dorf hinten waren wie weggewischt. Dunstfahnen flappten über die Heide. In den Sand gruben sich Bäche.

Der Mann blieb stehen; er keuchte. Er stand vornübergebeugt. Das Brot hing ihm im Hemd, unter der Brust. Er wagte nicht es anzufassen. Es war weich; es trieb auf; es blätterte ab.

Er dachte an die Frau, an das Kind. Er knirschte mit den Zähnen. Er verkrampfte die Hände. Die Oberarme presste er eng an den Leib. So glaubte er, es besser schützen zu können.

Ich muss mich mehr über es beugen, dachte er; ich muss ihm ein Dach machen mit meiner Brust: Er darf's mir nicht schlucken, der Regen; er darf nicht. Er kniete sich hin, er neigte sich über die Knie. Der Regen rauschte; nicht zehn Schritte weit konnte man sehen.

Der Mann legte die Hände auf den Rücken. Dann beugte er die Stirn in den Sand. Er sah sich in den Halsausschnitt. Er sah das Brot. Es war fleckig; es bröckelte; es sah aus wie ein Schwamm.

Ich werde warten, dachte der Mann. So werde ich warten, bis es vorbei ist.

Er wusste: er log; keine fünf Minuten hielt das Brot mehr zusammen. Dann würde es sich auflösen, würde wegfließen; vor seinen Augen.

Er sah, wie ihm der Regen um die Rippen herumfloss. Auch unter den Achseln schossen zwei Bäche hervor. Alles spülte über das Brot hin, sickerte in es ein, nagte an ihm. Was abtropfte, war trüb, und Krümel schwammen darin.

Eben noch war es geschwollen, das Brot, jetzt nahm es ab; Stück um Stück, und zerrann.

Da begriff er: Frau hin, Frau her; er hatte die Wahl jetzt: entweder es sich auflösen lassen oder es selber zu essen.

Er dachte: „Wenn ich es nicht esse, geht es kaputt, ich bleibe schlapp, und wir gehn alle drei vor die Hunde. Ess ich es aber, bin wenigstens *ich* wieder bei Kräften."

Er sagte es laut, er *musste* es laut sagen; wegen der andern Stimme in ihm, wegen der leisen.

Er sah nicht den Himmel, der im Westen aufhellte. Er gab nicht acht auf den Regen, der nachließ. Er sah auf das Brot.

Hunger, dachte es in ihm, Hunger. Und: Brot, dachte es, Brot.

Da tat er's.

Er ergriff es mit beiden Händen. Er drückte es zu einer Kugel zusammen. Er presste das Wasser heraus. Er biss hinein; er schlang; er schluckte: kniend, würgend, ein Tier. So aß er es auf.

Seine Finger krallten sich in die Heide, in den nassen Sand. Die Augen hielt er geschlossen. Dann fiel er um. Seine Schultern zuckten. [...]

Wolfdietrich Schnurre

Die innere Stimme muss schon vorlaut werden, damit wir ihr folgen.

*H. Arndt (*1911): Schriftsteller*

Er habe nichts zu essen gefunden, lügt der Mann nach der Rückkehr zu seiner Frau. Während er schläft, stirbt das Kind.

Gewissen als Gerichtshof

Immanuel Kant (vgl. S. 80) legt in seinen ethischen Schriften dar, dass jeder Mensch in der Lage sei zu beurteilen, ob seine Handlungen richtig oder falsch sind. Dieses Vermögen nennt er „Gewissen". Die Arbeit des Gewissens vergleicht er mit einem Gericht: „Das Bewusstsein eines *inneren Gerichtshofes* im Menschen (‚vor welchem sich seine Gedanken einander verklagen oder entschuldigen') ist das *Gewissen.* [...] Es folgt ihm wie sein Schatten, wenn er zu entfliehen gedenkt."
Die Entscheidungsgrundlage für das Gewissens-Gericht sei das moralische Gesetz, das jeder in sich trage. Kant geht also davon aus, dass jeder Mensch im Grunde weiß, woran sich seine Handlungen orientieren sollten.
Damit greift Kant einen christlichen Gedanken auf, der im Brief des Apostels Paulus an die Römer (ca. 57 n. Chr.) formuliert ist. Auch die Nicht-Juden und damit alle Menschen zeigten, dass „ihnen die Forderung des Gesetzes ins Herz geschrieben ist; ihr Gewissen legt Zeugnis davon ab, ihre Gedanken klagen sich gegenseitig an und verteidigen sich" (Röm. 2,15).

1 Kant nennt das Gewissen einen „inneren Gerichtshof". In einem *Rollenspiel* könnt ihr euch die Gerichtsarbeit des Gewissens veranschaulichen: Teilt das Selbst des Mannes in der Fluchtgeschichte auf in die Rolle eines Anklägers, eines Verteidigers und eines Richters. Zieht die Entscheidung, das Brot zu essen, und/oder die Lüge nach der Rückkehr vor das Gewissensgericht des Mannes.

2 Wie könnte man „Gewissensbisse" in das Rollenspiel einbeziehen?

Der Staat und das individuelle Gewissen

Es ist eine uralte Frage: Wie soll sich der Mensch verhalten, wenn der Staat ihm Handlungen vorschreibt, die Gesellschaft von ihm eine Haltung erwartet, die das eigene Gewissen als unrecht verwirft?
Die Antwort liegt nahe: Du bist völlig abhängig von der Gesellschaft, in der du lebst. Du musst dich deshalb ihren Vorschriften unterwerfen. Du kannst nicht für solche Handlungen verantwortlich gemacht werden, die unter unwiderstehlichem Zwang zustande kommen.
Man braucht dies nur deutlich auszusprechen, um zu bemerken, wie sehr eine solche Auffassung dem normalen Rechtsgefühl widerstreitet. Äußerer Zwang kann die Verantwortung des Individuums in gewissem Sinne mildern, aber nicht aufheben.

Albert Einstein

■ **Albert Einstein** (1879-1955) war der wohl bedeutendste Physiker des 20. Jahrhunderts. Seinen Ruhm nutzte er auch zur Einflussnahme auf die Politik. Er wandte sich wie nur wenige im Ersten Weltkrieg öffentlich gegen die deutsche Kriegspolitik.
Der Text entstammt seiner Schrift „Mein Weltbild" (1932).

„Das Gewissen ist das Gesetz der Gesetze."

Alphonse de Lamartine (1790-1869): franz. Schriftsteller und Politiker

■ **Vitruv** (1. Jahrhundert v. Chr.) erwähnt in seinem Architekturhandbuch als Werkzeug die „norma", das Winkelmaß, das bei der baulichen Konstruktion rechter Winkel benutzt wird. „Rechtwinklig" ist auch die Bedeutung des Adjektivs „normalis". **Plinius** (1. Jahrhundert n. Chr.) nennt ein anderes Orientierungsinstrument für Bauberufe „norma": die Richtschnur. Mit Wasserwaage und Lot (Senkblei) dient sie dem Maurer zur Orientierung bei der Ausrichtung des Mauerwerks. Später spricht man von „norma" im übertragenen Sinne und meint Orientierungen für das menschliche Handeln.

1 Von welcher Bedeutung von „Norm" stammt unser „normal"?

2 Was unterscheidet den Menschen vom Tier, so dass er zur Orientierung Normen braucht?

StGB § 216. Tötung auf Verlangen: (1) Ist jemand durch das ausdrückliche und ernstliche Verlangen des Getöteten zur Tötung bestimmt worden, so ist auf Freiheitsstrafe von sechs Monaten bis zu fünf Jahren zu erkennen.

Euthanasie: [griechisch: „guter Tod"] aktive oder passive Sterbehilfe, auch auf Verlangen des Sterbenden
human: menschlich

3 Was könnte Renate mit „Schwierigkeiten für das Auffinden der richtigen Formen von Euthanasie" meinen?

Damit orientiert sich der Maurer

Lot

Wasserwaage

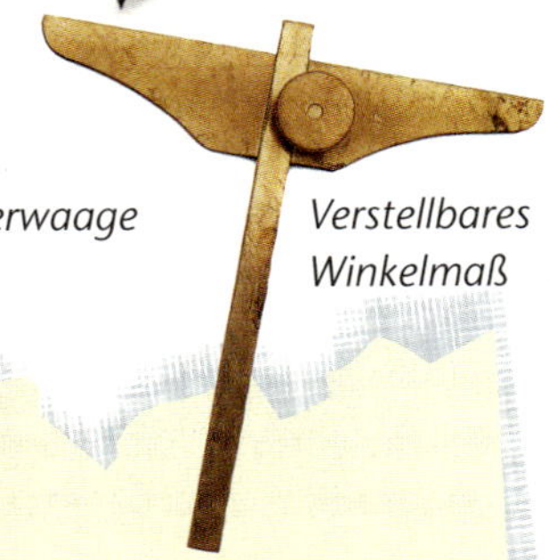

Verstellbares Winkelmaß

Norm [lateinisch „Regel, Muster, Vorschrift, leitender Grundsatz"]: Begriff mit unterschiedlicher Bedeutung: 1. fixierter, vorgegebener Maßstab, [...] z. B. DIN-Normen (Normen des „Deutschen Instituts für Normen e. V.") oder Spielregeln; 2. empirisch ermittelter Durchschnittswert, zu dem Eigenschaften von Gegenständen und Personen in Relation gesetzt werden, z. B. [...] „Jemand mit einem Intelligenzquotienten von 100 ist durchschnittlich intelligent"; [...] 4. genereller Imperativ, der Menschen zu bestimmten Handlungen auffordert. Solche Normen sind v. a. in der Ethik und im Recht von großer Bedeutung, spielen aber auch beim Denken und Reden eine Rolle, da ohne Einhaltung bestimmter logischer Regeln keine Erkenntnis und kein folgerichtiges und kein widerspruchsfreies Reden möglich sind. [...] – Da menschliches Verhalten im Gegensatz zu dem des Tieres nicht vollständig biologisch festgelegt ist, bedarf der Mensch Orientierungshilfen, nach denen er sein Verhalten ausrichtet [...]. Ziel eines solchen Orientierungssystems ist, ein gewaltfreies Zusammenleben zu ermöglichen, einen Bewertungsmaßstab für Handlungen zu geben, aus einer Menge von Handlungsalternativen die beste auszuwählen. Normen, die dem Menschen ein bestimmtes Verhalten vorschreiben, können diese Hilfe geben.

Schülerduden Philosophie

Woran orientiert sich Renate Becker, 18 Jahre?

„Ich absolviere zur Zeit mein Krankenpflegepraktikum für das Medizinstudium. Als ich auf die chirurgische Station kam, lag Frau X bereits seit einigen Wochen dort. Frau X war etwas über 70. Sie hatte Krebs, eine Darmoperation war nötig gewesen, man hatte einen künstlichen Ausgang legen müssen.

Als ich sie kennen lernte, lag sie bereits auf einem Einzelzimmer. Ein etwa zwanzig Zentimeter langer Schnitt ging quer über ihren Unterleib, doch die Wunde heilte nicht. Die Ränder waren schwarz, angefault, klafften täglich weiter auseinander.

Drehte man die Frau zum Betten auf die Seite, lief eine braune, penetrant riechende Flüssigkeit heraus. Die Glieder waren kalt. Der offene Mund war trocken, Lippen und Zunge waren aufgerissen und blutig. So lag sie da mit starrem Blick, leise vor sich hin stöhnend, Tag um Tag bei vollem Bewusstsein. Unaufhörlich liefen die Infusionen, Herzmittel, Kreislaufmittel, Aufbaustoffe, Nährstoffe ... So etwas ist Brutalität. Ich will die Schwierigkeiten für das Auffinden der richtigen Formen von Euthanasie in keiner Weise bagatellisieren, aber ich will auch behaupten, dass wir bald nicht mehr den Namen einer nur einigermaßen humanen Gesellschaft verdienen, wenn wir bei den sich täglich verbessernden wissenschaftlichen Möglichkeiten nicht den Mut haben, Mittel und Wege zu finden, dem Menschen auch ein Recht auf den Tod zu garantieren."

4 Wie steht sie zu § 216 StGB?

5 Seht ihr Möglichkeiten, im Sinne von Renate zu einer „humanen Gesellschaft" zu finden?

■ Der Philosoph **Günther Patzig** stellt seinem Vorschlag für eine Ethik (1971) zunächst einige Begriffsklärungen voran.

Normen der Moral und des Rechts

Moralische Regeln und Rechtsregeln beziehen sich beide auf menschliches Verhalten. Das ist ihr gemeinsamer Boden. Aber sie beziehen sich auf dies Verhalten in verschiedener Weise: Rechtsregeln werden zu bestimmter Zeit in einer konkreten Gesellschaft erlassen, Rechtssatzungen sind etwas Positives und Dokumentierbares. Über die Interpretation eines Rechtssatzes und seine Anwendung auf einen vorliegenden Fall kann man wohl streiten. Darüber, ob es einen solchen Rechtssatz gibt oder nicht gibt, ist eigentlich kein Streit möglich. Die Positivität der Rechtsnormen kommt auch darin zum Ausdruck, dass Normen von einem bestimmten Tag an in Kraft treten, andere Normen mit Wirkung eines bestimmten Tages abgeschafft werden können. Vom 1. September 1939 an war es in Deutschland ein Verbrechen, feindliche Sender abzuhören. Eine entsprechende Terminierung wäre bei moralischen Regeln unsinnig. Man kann nicht sinnvoll sagen, von einem bestimmten Tag an sei es moralisch verwerflich, Kinder durch Schläge zu bestrafen, oder moralisch erlaubt, sich das Leben zu nehmen.

Rechtsnormen sind einklagbar und erzwingbar; bei moralischen Regeln können als Sanktion nur Ermahnung, Missbilligung und schließlich Abbruch des Umgangs auftreten. Eine Rechtsnorm, die fast jeder übertritt, ist ausgehöhlt und kann aufgehoben werden. Dagegen bleiben moralische Regeln auch dann in Kraft, wenn sie generell missachtet werden. Wenn die christliche Forderung „Liebe deinen Nächsten wie dich selbst" eine berechtigte moralische Forderung ist, so bleibt sie bestehen, auch wenn nur wenige Menschen immer und viele Menschen überhaupt nicht nach ihr leben können oder wollen.

Ein weiterer Unterschied zwischen Rechtsregel und moralischer Norm liegt darin, dass Rechtsregeln sich vor allem auf das *äußere Verhalten* der Menschen beziehen und keine Gesinnung vorschreiben. [...]

Das Strafrecht [betrachtet] Verhaltensweisen mit Gleichgültigkeit, die wir moralisch scharf verurteilen. Jeder kennt genügend Beispiele davon, wie – streng innerhalb der Legalität – Menschen einander das Leben zur Hölle machen können. Da wird Vertrauen untergraben, da werden Versprechen, auf die jemand seinen Lebensplan gegründet hatte, plötzlich als nichtig behandelt. Es gibt rechtlich unangreifbaren psychischen Sadismus, hämische Schadenfreude, es gibt die Ausnützung elementarer Gefühlsbindungen bis hin zur menschlichen Erniedrigung eines Partners – der Katalog menschlicher Bosheit ließe sich lange fortsetzen.

Günther Patzig

Positives: *hier nicht* das Gegenteil von „Negatives", sondern: Festgesetztes (von lat. ponere: „setzen, stellen, legen")

6 Stellt euch den Bereich der Normen des Rechts und der Moral als Mengenkreise vor. Wie könnte man ihre Beziehung zueinander malen? Ineinander liegend? Sich überschneidend? Oder?

lex (lat. Gesetz)

Legalität	**Legitimität**
= Übereinstimmung mit Normen des **Rechts;** wichtig vor allem für äußere Richter	= Übereinstimmung mit Normen der **Moral;** wichtig auch für innere Richter

7 Veranschaulicht euch das Wissen „innerer" und „äußerer" Richter; sucht Beispiele für
a) Handlungen, die sowohl legal als auch legitim sind,
b) Handlungen, die weder legal noch legitim sind,
c) Handlungen, die zwar legal, aber nicht legitim sind,
d) Handlungen, die nicht legal, aber legitim sind.

WERTsachen

Menschen auf der Flucht. – Sie müssen fast alles hinter sich lassen: Häuser und Wohnungen, Möbel, Gärten, Tiere, Verwandte und Freunde, Nachbarn, Arbeitsplätze, die vertraute Umgebung, Heimat ...

Menschen auf der Flucht. – Das ist eine Erfahrung, die Millionen von Menschen im letzten Jahrhundert machen mussten, vielleicht auch deine Eltern oder Großeltern, vielleicht du selbst. Auch heute ist Flüchtlingsschicksal alles andere als eine Ausnahme in dieser Welt.

Menschen auf der Flucht. – Das heißt, möglicherweise ganz schnell entscheiden: Was nehme ich mit in meine ungewisse Zukunft? Welche Dinge sind für mich so wichtig, dass ich sie auf keinen Fall zurücklassen kann? Muss ich bestimmte Kleidung mitnehmen? Soll ich meinen Schmuck einpacken? Was ist mit den Fotoalben? Und die Puppen und der Teddybär unserer kleinen Miriam?

Menschen auf der Flucht. – Sie sind *gezwungen*, für sich zu klären, was ihre persönlichen Wertsachen sind. Sie *müssen* die Frage beantworten:

■ Welche Sachen sind für mich als Person von entscheidendem Wert?
Diese Frage *ohne Zwang* zu beantworten, kann auch für uns wertvoll sein, wenn wir wissen wollen, was uns wichtig ist, und wenn wir uns selbst besser verstehen wollen.
- Stell dir vor, du müsstest dich für sechs wertvolle Sachen entscheiden. Wie sähe deine Liste aus?
- Unterscheidet sich deine Liste deutlich von der deiner Mitschülerin/deines Mitschülers (Partnerdiskussion)?
- Wie erklärt ihr euch eure unterschiedlichen und gemeinsamen Wertschätzungen?

Menschen auf der Flucht. – Manchmal müssen sie im Laufe der Flucht alle Sachen zurücklassen oder sie werden ihnen geraubt. Sie verlieren alles – wirklich alles?

Aussiedlung, Auswanderung, Umzug von einem Land in ein anderes oder auch nur von einer Stadt in eine andere. – Dabei spielen außer den wertvollen Sachen noch andere „Wert-Sachen“ eine Rolle. Es sind solche, die man nicht „anfassen“ kann:

Werte.

Warum verlassen Menschen ihre Heimat, ihren Wohnort?

- Sind sie dazu gezwungen, um zu *überleben*?
- Ist es die Hoffnung auf *menschenwürdiges Leben*?
- Ist es die Sehnsucht nach *Freiheit*?
- Ist es der *Wohlstand* im anderen Land, der anziehend wirkt?
- Ist es die Lust auf *Abenteuer,* die Freude, etwas *Neues zu wagen*?
- …

Was steht im Vordergrund, wenn Menschen umziehen?

- Ist es die *Arbeit*, die den Wohnungswechsel erfordert?
- Ist es die *Schönheit der Natur,* die für den Umzug spricht?
- Ist das *Freizeitangebot* in der neuen Stadt attraktiver?
- Macht die *Liebe* zu meinem Partner alle Bedenken gegen den Umzug wertlos?
- Bietet mir das Zusammenleben mit meinem Vater, der von meiner Mutter getrennt lebt, mehr *Abwechslung* oder *Geborgenheit*?
- …

- Welche Werte sind dir so wichtig, dass du sie aus der Jugend in deine Zukunft mitnehmen möchtest?
- An welchen Werten möchtest du unbedingt festhalten?

Auf den vorangehenden beiden Seiten sind Beispiele für Wertsachen und Werte genannt. Sind damit schon alle ‚wertvollen Sachen' (= *WERT*sachen) berücksichtigt? – Wertvolles interessiert; daher finden wir es auch in Schlagzeilen von Tagszeitungen:

Euro verliert weiter an Wert

Was nichts kostet, ist nichts wert

Krankenhaus-Praktikanten müssen für Arbeit bezahlen

■ **Diebesgut im Wert von 70 000 Euro gefunden**

Sich dem schleichenden Verfall der Werte widersetzen

DGB-Vorsitzender Hareter und SPD-Bundestagsabgeordneter Reuter gegen eine Änderung der Ladenschlusszeiten

Wegweiser für kleine Werte

• Deutsche Börse startet Smax Ende April/ Neue Aktienindizes

■ *Der unschätzbare Wert des Privaten*

Wählen ist ein Wert an sich

Hamburgs Europaabgeordnete werben gemeinsam für den Urnengang

„Wir glauben an dieselben Werte"

Rumäniens Innenminister über Nato, EU und Kosovo

■ **Gefährliche Chemie in jedem zehnten Brunnen**

Grundwasser-Analyse ergibt vor allem für Südhessen bedenkliche Werte/Studie der HLFU

Wertvolle Werte

Aber wozu taugen sie bei der Beschäftigung mit sich selbst?

Ulrich Kowalski spricht von Werten. „Das Leben besteht nicht nur aus Geldverdienen", sagt der Geschäftsführer der Südsalz GmbH. „Wir brauchen tiefere Werte."

Biedermann mit inneren Werten

Neuer Dotson Nimera mit mehr Platz und Ausstattung/ Stufenlose Automatik

Keine Identität, keine Seele

Berliner Diskussion über Europas Werte

Auf Pflichterfüllung legt er Wert

Dieter Wolf ist seit 20 Jahren Bürgermeister in Flörsheim

• **Zooschule:** Schüler lernen hautnah die Werte der Natur

Die eigenen vier Wände sind im Alter Gold wert

Erneut Hühnchenfleisch mit überhöhtem Wert

WIESBADEN. Die hessische Lebensmittelaufsicht hat am Dienstag erneut Hühnchenfleisch mit überhöhtem Dioxin-Wert entdeckt.

- Welche *WERT*sachen werfen Fragen auf und sollten im Unterricht näher untersucht werden? Welche können hier unberücksichtigt bleiben?
- Versucht gemeinsam (vorläufig) zu umschreiben, was ihr zusammenfassend unter den *WERT*sachen versteht, die ihr untersuchen wollt.

Das folgende Kapitel enthält gleichsam Schließfächer für *WERT*sachen. Wenn ihr sie öffnet[1], findet ihr (hoffentlich) Wertvolles zu folgenden Fragen und Themen:

Wertvoll für mich persönlich:	→ 01, 02, 04, 08
Wertvolles für größere Gruppen:	→ 01, 03, 04, 07
Wie funktionieren Werte, die man nicht anfassen kann?	→ 02, 03, 06
Veränderungen bei Werten?	→ 01, 04, 05
Welche Werte sind wirklich wichtig?	→ 05, 06, 08

- Welche Frage, welches Thema möchtet ihr aufschließen?
- Welche Schließfachbeschriftung macht euch neugierig?

[1] Codes sind leicht zu knacken. Es sind die Seitenzahlen: 01 → Seite 90/91
02 → Seite 92/93

Weißes Gold: Salz

„Totis corporibus nihil esse utilius sale et sole – Sonne und Salz sind unentbehrlich für alles Leben" (Plinius, 1. Jahrhundert n. Chr.). Chemisch ist Salz ein recht einfacher Stoff: Natriumchlorid (NaCl), auch Kochsalz genannt. Seit alters ist er als Würz- und Konservierungsmittel unentbehrlicher Bestandteil der menschlichen Ernährung.

In vergangenen Zeiten, vor allem im Mittelalter, verehrten die Menschen Salz als „weißes Gold". Es zu gewinnen, war nämlich technisch aufwändig und arbeitsintensiv. Städte, die an Salzstraßen gelegen waren, wurden reich. Leid und Tod waren die Folge von Kriegen, die um Besitz und Lagerstätten des wertvollen Stoffs geführt wurden. Salz diente auch als Tauschmittel; es war also eine Art Geld. Und heute?

Flüssiges Gold: Wasser

Süßwasser ist auf der Erde ein kostbarer Rohstoff, der nicht für alle Menschen gleichmäßig verfügbar ist. Zwei Drittel der Menschheit leben in Gebieten, auf die nur ein Viertel der globalen Niederschläge herabregnet. Schon heute leiden etwa drei Prozent der Weltbevölkerung (170 Millionen Menschen) an Wassermangel und weitere fünf Prozent an Wasserknappheit. Wassermangel herrscht, wenn weniger als 1000 Kubikmeter Frischwasser je Einwohner zur Verfügung stehen; Wasserknappheit besteht, wenn das verfügbare Frischwasser je Einwohner 1000 bis 1700 Kubikmeter beträgt. […]

Globus

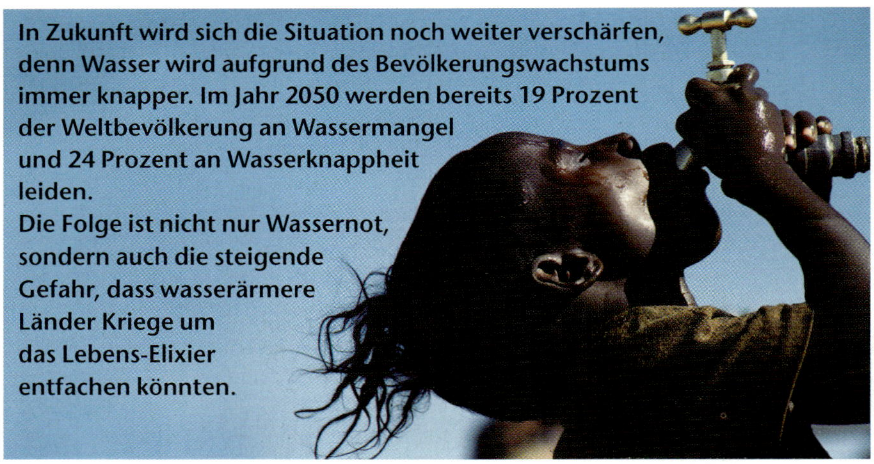

Einladung zu einer „Schatzsuche" **im Internet:** „grünes Gold", „schwarzes Gold", „… Gold".

Projektvorschlag (in Verbindung mit dem Geschichtsunterricht): „Salz als ‚weißes Gold' im Mittelalter". *Tipp:* Auch heute noch zeugen viele Namen von Städten und in Städten von der überragenden Bedeutung von Salz. Auch in eurer näheren Umgebung?

Projektvorschlag (in Verbindung mit dem Politik- oder Erdkundeunterricht): Die 47. Vollversammlung der Vereinten Nationen (UNO) hat 1992 beschlossen, den 22. März jeden Jahres zum „Tag des Wassers" zu erklären. Wie könnte man einen solchen Tag in der Schule gestalten?

Gebrauchswert und/oder Tauschwert

Während der Gebrauchswert einer Ware deren nützliche Eigenschaften bezeichnet, die sich aus ihrer stofflichen Natur ergeben, ist der Wert einer Ware durch die Menge an gesellschaftlich durchschnittlich notwendiger Arbeit bestimmt, die zur Herstellung der Ware verausgabt werden muss. Der Tauschwert bringt diesen „inneren" Wert der Ware nach außen in Geldform zum Ausdruck.

nach Karl Marx

■ Der Philosoph **Karl Marx** (1818-1883) hat für seine Theorie über Zusammenhänge von Politik und Wirtschaft zwei Arten von Werten unterschieden.

1 Versucht mit den Begriffen von Marx Wert und Wertwandel von Salz, Wasser und anderem „Gold" zu erklären.

Was ist für Beat wertvoll, was sind seine Bedürfnisse?

Beat erreicht durstig und hungrig das Etappenziel seiner Bergtour. Er trinkt aus seiner Feldflasche, und er verzehrt das im Rucksack mitgebrachte Essen. Er stellt das Zelt auf, und da es möglicherweise in der Nacht regnen wird, hebt er einen Graben um das Zelt aus. Dann greift er zum Handy und telefoniert mit seiner Freundin und auch mit seinen Eltern. Er erzählt ihnen ausführlich von seiner sportlichen Tagesleistung. Bevor er sich im Zelt zum Schlafen niederlegt, spielt er noch einige Melodien auf seiner Panflöte.

Rolf Furrer

Erst kommt das Fressen, dann kommt die Moral.

Bertolt Brecht

2 Welche Bedürfnisse hat Beat? Versucht sie in die Bedürfnispyramide von Maslow einzuordnen.

3 Veranschaulicht euch die Bedürfnispyramide genauer, indem ihr die alphabetisch geordneten Bedürfnisse den Pyramidenstufen von Maslow zuweist:

Wo ist eine eindeutige Zuordnung nicht möglich? Welche Bedürfnisse passen nicht in die fünfstufige Pyramide?

Bedürfnispyramide von Maslow

Der amerikanische Psychologe Abraham Harold Maslow (1908-1970) fasste die für Menschen wichtigen Bedürfnisse zunächst in fünf Stufen einer Pyramide zusammen. Er ging davon aus, dass jeder Mensch zunächst die unterste Stufe, die körperlichen (physiologischen) [A] Grundbedürfnisse befriedigen muss:

1. Anerkennung
2. Ansehen
3. Arbeitsplatz
4. Atmung
5. Beachtung
6. Bewegung
7. Freiheit
8. Freundschaft
9. Geborgenheit
10. Gemeinschaft
11. Individualität
12. Liebe
13. Macht
14. Ordnung
15. Religiosität
16. Schutz
17. Selbstständigkeit
18. Vermögen
19. Wahrheit

Er muss essen, trinken, schlafen; er möchte seine sexuellen Bedürfnisse befriedigen. Im nächsten Schritt sucht er nach Erfüllung von [B] Sicherheitsbedürfnissen. Erst wenn diese weitgehend erfüllt sind, folgen [C] soziale Bedürfnisse, Bedürfnisse der [D] Wertschätzung (Ich-Bedürfnisse) und schließlich der [E] Selbstverwirklichung.
In späteren Überlegungen hat Maslow noch weitere Bedürfnisse herausgestellt: Suche nach Wissen, nach dem Schönen und nach Erfahrung dessen, was über unsere Erscheinungswelt hinausgeht (Transzendenz).

4 Der junge Teppichknüpfer im indische Agra ist eines von ca. 100 bis 200 Millionen Kindern und Jugendlichen, die wie Erwachsene hart arbeiten müssen. Versetze dich in Gedanken in seine Lage und frage dich dann, welche Bedürfnisse du an seiner Stelle in welcher Reihenfolge erfüllt haben möchtest.

■ In seiner weltberühmten Erzählung „Der Kleine Prinz" lässt **Antoine de Saint-Exupéry** (1900-1944) seinen Titelhelden u. a. Erfahrungen damit machen, wie etwas für ihn an Wert gewinnt.

1 Auf welche Weise hat die Rose des „kleinen Prinzen" ihren besonderen Wert erhalten?

2 Überlege, ob etwas, was für dich wertvoll *ist*, in ähnlicher Weise wertvoll *geworden* ist.

Eine Rose wie jede andere – und keine andere

Der kleine Prinz ging, die Rosen wiederzusehen:
„Ihr gleicht meiner Rose gar nicht, ihr seid noch nichts", sagte er zu ihnen. „Niemand hat sich euch vertraut gemacht, und auch ihr habt euch niemandem vertraut gemacht. [...]"
„Ihr seid schön, aber ihr seid leer", sagte er noch. „Man kann für euch nicht sterben. Gewiss, ein Irgendwer, der vorübergeht, könnte glauben, meine Rose ähnle euch. Aber in sich selbst ist sie wichtiger als ihr alle, da sie es ist, die ich begossen habe. Da sie es ist, die ich unter den Glassturz gestellt habe. Da sie es ist, die ich mit dem Wandschirm geschützt habe. Da sie es ist, deren Raupen ich getötet habe (außer den zwei oder drei um der Schmetterlinge willen). Da sie es ist, die ich klagen oder sich rühmen gehört habe oder auch manchmal schweigen. Da es meine Rose ist."

Antoine de Saint-Exupéry

■ Um die Bedeutung des Wertempfindens herauszustellen, lädt der amerikanische Philosoph **William James** (1842-1910) den Leser zu einem Gedankenexperiment ein: Eine Welt ohne wertende Gefühle .

Wertgefühl als wichtige Zu-Gabe des Geistes

Stellen Sie sich vor, wenn es Ihnen möglich ist, Sie seien plötzlich aller ihrer Gefühle entkleidet, die Ihre gegenwärtige Welt in Ihnen auslöst, und versuchen Sie sich vorzustellen, wie diese Welt nun ganz für sich allein existiert, ohne Ihre positive oder negative, zuversichtliche oder besorgte Deutung. Es wird Ihnen kaum möglich sein, sich einen derartigen Zustand von Negativität und Totsein realistisch vorzustellen. Kein Teil des Universums wäre dann wichtiger als ein anderer; und die ganze Ansammlung seiner Dinge und die gesamte Folge seiner Ereignisse wäre ohne Bedeutung, ohne Eigenheit, Ausdruck oder Perspektive. Jeder Wert, jedes Interesse und jede Bedeutung, mit der unsere jeweilige Welt ausgestattet zu sein scheint, sind somit reine Gaben des anschauenden Geistes. Die Leidenschaft der Liebe ist das bekannteste und extremste Beispiel dieses Sachverhaltes. Wenn sie kommt, kommt sie; wenn sie nicht kommt, kann kein Denkprozess sie erzwingen. Dennoch verändert sie den Wert des geliebten Geschöpfes so grundlegend, wie der Sonnenaufgang den Mont Blanc aus einem leichenhaften Grau in ein zauberhaftes Rosenrot verwandelt; und für den Liebenden versetzt sie die ganze Welt in eine neue Stimmung und versieht sein Leben mit einer neuen Aufgabe. [...]
Unterdessen ist die praktisch-reale Welt, die effektive Welt des Individuums für jeden von uns die komplexe Welt; die physikalischen Tatsachen und emotionalen Werte sind ununterscheidbar miteinander verbunden.

William James

Orientierung durch gesellschaftliche Werte

Faktenerkenntnisse machen überhaupt nur Sinn, wenn sie im Rahmen sozialer und kultureller Leitbilder *zurechenbar* sind. Ohne die Symbiose mit gesellschaftlichen Werten und Zielvorstellungen bleiben sie ortlos: geistig und sozial nicht zu verorten. Ob eine noch so exakte Geschwindigkeitsangabe von 52,7 km/h schnell oder langsam ist, hängt vom Ort des Geschehens ab: Was in der viel begangenen Fußgängerzone mörderische Raserei ist, grenzt auf dem Hochgeschwindigkeitskurs von Indianapolis an unerlaubtes Parken.
[...]
Werte und Normen sind Längen- und Breitengrade, über die wir unseren Ort im Mare magnum möglicher Moralstandpunkte definieren. Sie leisten ein Dreifaches. Sie ermöglichen erstens *Selbstverständigung:* Wo bin *ich?* Von wo nach wo bewege *ich* mich?; zweitens *Kommunikation:* Wo bist *Du?* Was müssen *wir* tun, um uns zu *treffen* oder um eine drohende Kollision zu *vermeiden?;* drittens *kollektives Handeln:* Wohin soll die *gemeinsame* Reise gehen?

Bernd Guggenberger

- In seinem Buch „Das Menschenrecht auf Irrtum" (1987) macht der Philosoph **Bernd Guggenberger** auf aktuelle Probleme mit dem reinen (Fakten-)Wissen aufmerksam.

Symbiose: enges Zusammenleben
„im Mare magnum": (lat.) im großen Meer

3 Das Internet bietet eine ständig zunehmende Fülle von Fakten. Wie ist das zu bewerten?

Orientierung im „Atlas der Erlebniswelten"?

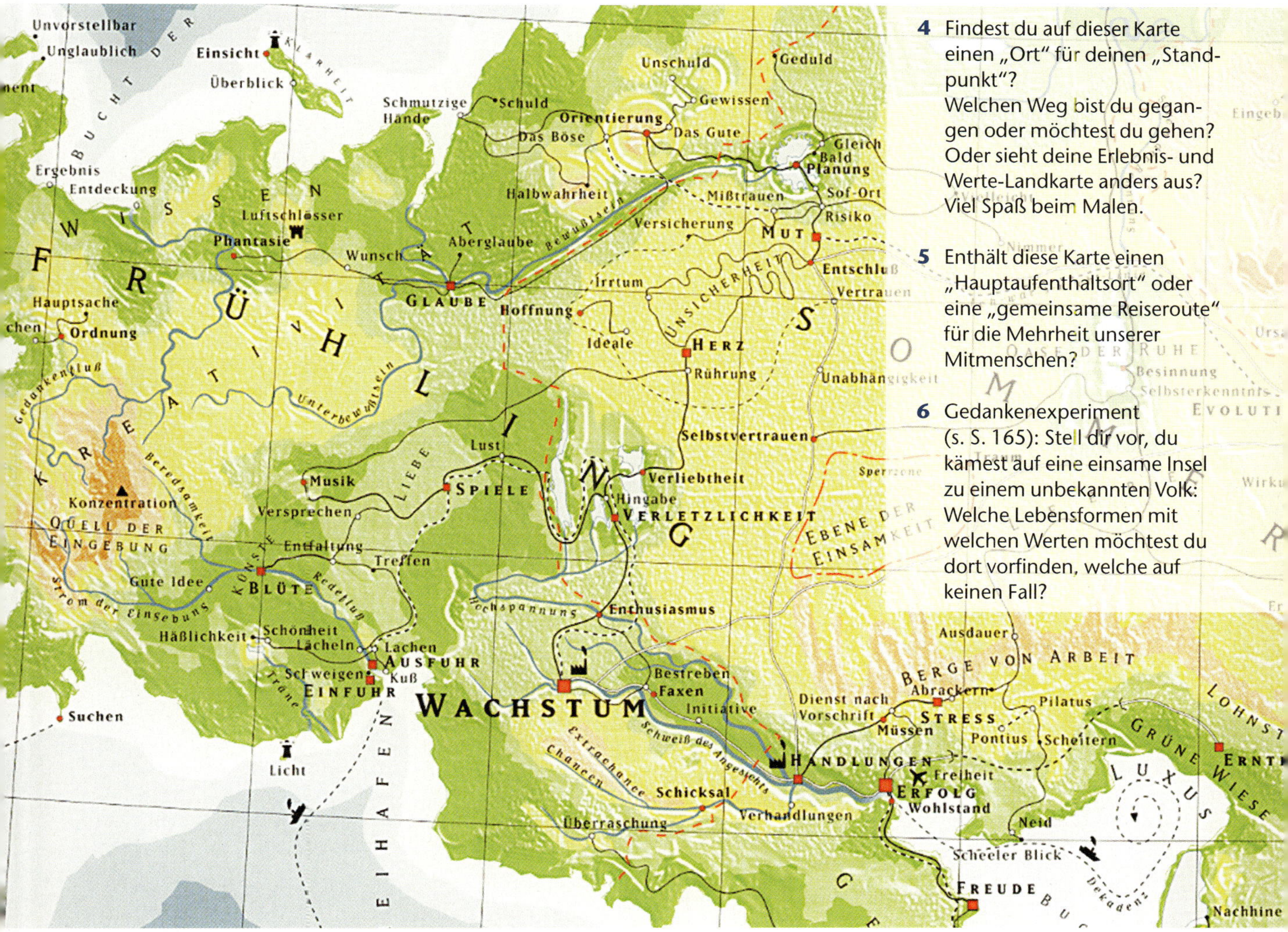

4 Findest du auf dieser Karte einen „Ort" für deinen „Standpunkt"?
Welchen Weg bist du gegangen oder möchtest du gehen? Oder sieht deine Erlebnis- und Werte-Landkarte anders aus? Viel Spaß beim Malen.

5 Enthält diese Karte einen „Hauptaufenthaltsort" oder eine „gemeinsame Reiseroute" für die Mehrheit unserer Mitmenschen?

6 Gedankenexperiment (s. S. 165): Stell dir vor, du kämest auf eine einsame Insel zu einem unbekannten Volk: Welche Lebensformen mit welchen Werten möchtest du dort vorfinden, welche auf keinen Fall?

Verbindliche Norm für Lehrer und Lehrerinnen

In den Schulen des Landes Nordrhein-Westfalen gibt es eine Vorschrift, die in drei Gesetzen ausdrücklich genannt wird:

„In Erziehung und Unterricht ist alles zu vermeiden, was die Empfindungen Andersdenkender verletzen könnte (§ 6 Abs. 2 ADO; § 1 Abs. 5 SchOG; § 35 Abs. 4 ASchO).

Zur Erläuterung heißt es:

„Sowohl bei der Auswahl von Unterrichtsstoffen als auch bei der Erarbeitung und Darstellung von Sachverhalten ist auf die jeweilige Zusammensetzung der Klasse/Lerngruppe Rücksicht zu nehmen.

Ist erkennbar, dass bestimmte Themen die Empfindungen Andersdenkender verletzten könnten, sollten Ersatzthemen gewählt werden."

1 Welche Verhaltensweisen verbietet diese Norm bzw. welche schreibt sie vor?

2 Was könnten sich die Politiker überlegt haben, als sie diese Norm zum Gesetz gemacht haben? Welche Idealvorstellungen, welche Werte möchten sie wohl mit dieser Norm verwirklicht sehen?

Werte und Normen

Werte und Normen liegen auf verschiedenen Ebenen. Letztere haben die Funktion, die allgemeinen Werte konkret umzusetzen. Die Normen sind gewissermaßen die Werte in „kleiner Münze". Das Verhalten nach gleichen Normen bestätigt das Vorhandensein gemeinsamer Werte. Normen und Werte bestätigen und verstärken sich wechselseitig.

Beispiele:

Wert (= allgemeine Zielorientierung) [...]	**Norm** (= konkrete Handlungsorientierung)
Ehrlichkeit	Du sollst nicht lügen! Du sollst Kranke über ihren Zustand aufklären!
Leben	Du sollst nicht töten!
Lebenserhaltung	Du sollst keine Sterbehilfe leisten!
Hilfsbereitschaft	Du sollst helfen! Du sollst eine Niere spenden!
Freiheit	Niemand darf in der Selbstbestimmung, der persönlichen Lebensführung und in seinen Entfaltungsmöglichkeiten beschränkt werden.
Wahrheit	Niemand darf betrügen und seine gegebenen Versprechen brechen.

Volker Pfeifer

3 Wie sieht die „kleine Münze" für andere Werte aus, z. B. „Naturliebe", „Toleranz", ... ?

4 Seht euch die Norm „Du sollst helfen!" genauer an: Welche Normformulierung würde den Wert „Hilfsbereitschaft" am besten verstärken:
a) „Du sollst jedem helfen, der dich um Hilfe bittet."
b) „Du sollst jedem helfen, auch wenn er nicht um Hilfe bittet."
c) „Du sollst jedem helfen, der auch dir hilft."

Ein Wert, mehrere Normen; eine Norm, mehrere Werte

Es ist nun möglich, dass ein und derselbe Grundwert eine große Anzahl aktueller Verhaltensnormen speist und mit Kraft erfüllt. [...]
Gleichheit zwischen Mann und Frau kann sich in täglicher Partnerschaft ausdrücken; Gleichheit unter Brüdern kann z. B. darin deutlich werden, dass dem Erstgeborenen der gleiche Erbteil zukommt wie dem Nachgeborenen. Wie Gleichheit zwischen Lehrer und Schüler ausschauen sollte, kann sich jeder ausmalen, der sich von seinem Lehrer ungerecht behandelt fühlte und dem nur die grollende und resignierende Feststellung blieb: „Da kann man nichts machen; der Lehrer hat immer recht." Es ist eine objektive Schiedsstelle denkbar, vor der die Stimme des Schülers genau das gleiche Gewicht hat wie die des Lehrers. Andererseits gibt es [...] auch normative Vorschriften, die aus einer ganzen Fülle von Werten ihre Kraft schöpfen. Die Norm zum Beispiel, dass „ein Lehrer keinen Schüler bevorzugen darf", kann sehr verschiedene Werte als Quelle haben.

Julius Morel

■ Seiner Untersuchung über den Wandel von Werten (1975) stellte der Soziologe **Julius Morel** eine Begriffsklärung zu Wert und Norm voran.

5 Erkundigt euch, wer bei euch eine Schiedsstelle für die Gleichheit zwischen Lehrer und Schüler ausfüllt.

Gleichheitsprinzip: s. S. 115

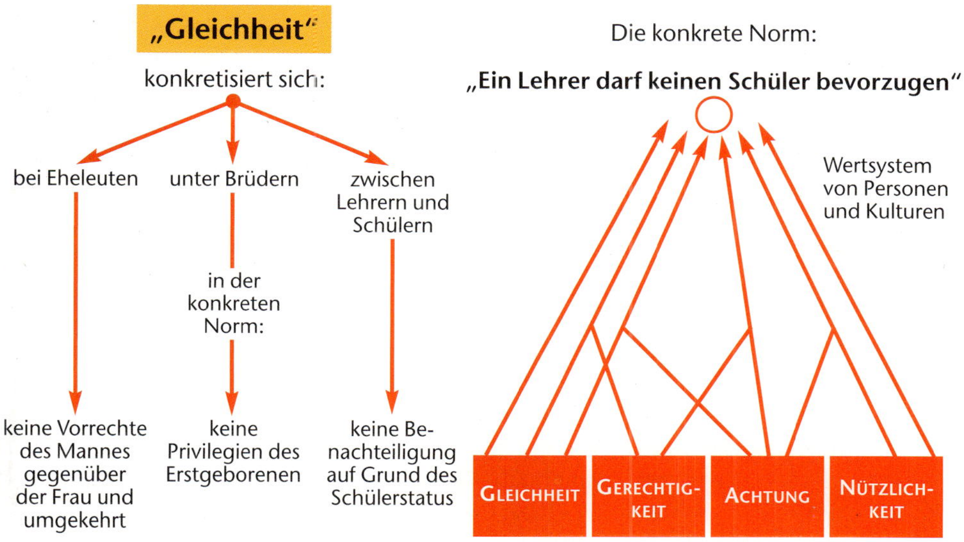

6 Macht an konkreten Beispielen deutlich, inwiefern sich die genannten *vier* Werte in der *einen* Norm verwirklichen.

Ein Wert, gegensätzliche Normen?

Es gibt z. B. bei mehreren Stämmen die Vorschrift, dass erwachsene Kinder ihre Eltern, wenn sie alt und schwach werden, töten sollen. Bei den *Eskimos* hat dieses Verfahren eine [...] Begründung, dass nämlich unter den harten Bedingungen des Existenzkampfes in den Gegenden, die von den Eskimos bewohnt werden, der Untergang eines altersschwachen Individuums qualvoll sein muss, verglichen mit einem schnellen Tod [...]. Bei anderen Stämmen, z. B. den *Tschuktschen* [...], sind gewisse religiöse Vorstellungen wirksam, z. B. die, dass jedermann im Totenreich in dem Zustand fortleben werde, in dem er aus diesem Leben abgeschieden ist. Auch hier besteht eine Pflicht der Kinder, dafür zu sorgen, dass ihre Eltern nicht krank und schwach sterben [...]. Wir sehen also, dass hier ein moralisches Prinzip, das auch bei uns gilt, zu ganz abweichenden konkreten Regeln führt.

Günther Patzig

■ **Günther Patzig** (vgl. S. 85) untersucht verschiedene Normen zum Wert „Liebe zu den Eltern".

7 Liebe der Eltern zu ihren Kindern ist bei uns ein unstrittiger Wert. Wie sieht es mit den konkreten Normen zu Erziehungsmaßnahmen aus?

Tschuktschen: Volk im Nordosten Sibiriens

§ 1631 Abs. 2 BGB: Kinder haben ein Recht auf gewaltfreie Erziehung. Körperliche Bestrafungen, seelische Verletzungen und andere entwürdigende Maßnahmen sind unzulässig.

Dies ist eine Karikatur aus der Zeit (1981), als deine Eltern vermutlich in etwa so alt waren wie du. Heute noch aktuell?

■ Ihrem Zeitungsbeitrag „Über den Verlust der Werte und die Konkurrenz der Wertungen" stellt die Journalistin **Jutta Roitsch** (1999) eine Geschichte voran, die wie ein modernes Märchen klingt, aber wahr ist.

Der geliehene Tisch

Es war einmal eine englische Familie, die lebte in einem kleinen Backsteinhaus mit weißen Fensterrahmen und Fensterläden. Von der Straße aus konnte jeder durch das große Wohnzimmerfenster mit der Rüschengardine hindurch sehen und sah Vater und Mutter, Maggie und John vor dem Fernseher. Jeder hatte ein Tablett auf den Knien und aß vor sich hin. Keiner blickte den anderen an, und keiner redete mit dem anderen, denn es gab eine beliebte Serie. Auf dem Tablett hatten Vater und Mutter, Maggie und John allerhand bunte Sachen aus dem Kühlschrank. Damit es keinen Streit gab und der eine dem anderen sein Sandwich oder seinen Joghurt aufaß, schuf die Familie im „Fridge" vier verschiedene Boxen: Maggies und Johns, Vaters und Mutters.

Eines Tages geschah es, dass ein Brief von Grandma und Grandpa kam. Sie wollten zu Weihnachten in das kleine Backsteinhaus mit den weißen Fensterläden kommen und mit allen gemeinsam einen Truthahn essen. Da war der Schreck unter Mutter und Vater, Maggie und John groß. Wo sollte man den Festbraten gemeinsam verspeisen? Den großen runden Esstisch hatte die Familie längst zum Sperrmüll gegeben, weil niemand ihn mehr benötigte und das Möbel beim Fernsehen die Sicht versperrte. Doch bei Grandma und Grandpa war alles noch anders. Und so zogen Vater und Mutter, Maggie und John in ein Möbelhaus und liehen sich einen runden Esstisch. Für zwei Tage zu Weihnachten. Sie rückten den Fernseher und die vielen Tabletts in die Ecke und den Tisch in die Mitte des Zimmers, schmückten ihn mit Misteln und Tannengrün. Dann aßen alle vom Truthahn [...].

Jutta Roitsch

1 Fantasie ist gefragt: Wie könnte oder sollte das „Märchen" weitergehen?

2 Versucht die Aussage der Karikatur in Worte zu fassen. Ist sie zutreffend? – Wenn nicht: Zeichnet eine bessere.

Mein/unser „Wertetyp"?

Für mich ist die Bedeutung von …

- Disziplin,
- Gehorsam,
- Leistung,
- Ordnung,
- Pflichterfüllung,
- Treue,
- Unterordnung,
- Fleiß,
- Bescheidenheit,
- Selbstbeherrschung, Pünktlichkeit,
- Anpassungsbereitschaft, Fügsamkeit,
- Enthaltsamkeit

- Genuss,
- Abenteuer,
- Spannung,
- Abwechslung und Ausleben emotionaler Bedürfnisse,
- hohes Einkommen,
- materieller Wohlstand

- Loslösung von Autoritäten,
- Gleichbehandlung,
- Gleichheit,
- Demokratie,
- Teilhabe und Selbstbestimmung des Gesellschaftsmitglieds,
- Kreativität,
- Spontaneität,
- Selbstverwirklichung,
- Ungebundenheit,
- Eigenständigkeit

			… dann gehöre ich zum Wertetyp
hoch	**niedrig**	**niedrig**	1. Ordnungsliebender Konventionalist
niedrig	**niedrig**	**niedrig**	2. Perspektivlos Resignierter
hoch	**hoch**	**hoch**	3. Aktiver Realist
niedrig	**hoch**	**niedrig**	4. Hedonistischer Materialist
niedrig	**niedrig**	**hoch**	5. Nonkonformer Idealist

3 Gehe diese „Wertetyp-Berechnungstabelle" von oben nach unten und dann nach rechts durch und bestimme deinen Wertetyp.

4 Wie würdest du deine Eltern einschätzen? (Vielleicht verraten sie dir auch, wie sie sich selbst einschätzen.)

5 Wie könnte der Tagesablauf für einen Menschen aussehen, der einem der fünf Typen entspricht?

Wertetypen in Westdeutschland (18- bis 30-Jährige)

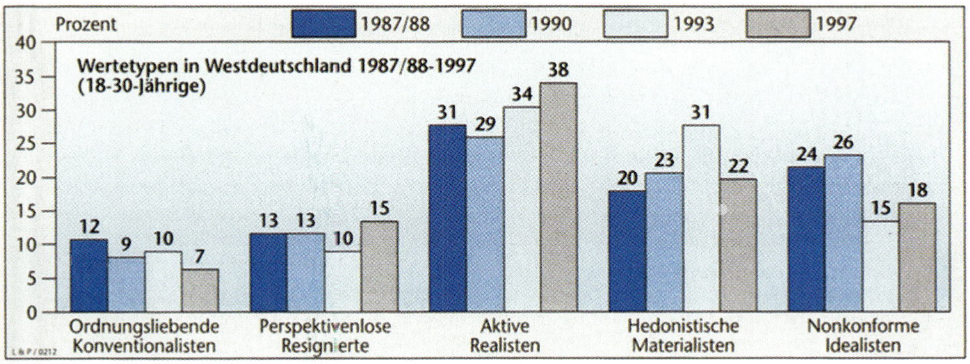

hedonistisch: Freude und Genuss suchend
nonkonform: nicht mit der Gesellschaft übereinstimmend

6 Untersucht (anonym) die Verteilung der Wertetypen in eurer Klasse. Vergleicht sie mit der Entwicklung in Westdeutschland. Seid ihr „im Trend"?

7 Beschreibt die Veränderung der Wertorientierungen in Westdeutschland. Welche Gefahren, welche Chancen seht ihr in den Veränderungen?

Sieben Todsünden im Christentum

Wichtiger Ausdruck der jüdisch/christlichen Werte sind die **Zehn Gebote** (Altes Testament, Exodus 20,2-17)

1. Ich bin der Herr, dein Gott, der ich dich aus Ägyptenland, aus der Knechtschaft geführt habe. Du sollst keine anderen Götter haben neben mir. [...]
2. Du sollst den Namen des Herrn, deines Gottes, nicht missbrauchen; denn der Herr wird den nicht ungestraft lassen, der seinen Namen missbraucht.
3. Gedenke des Sabbats, dass du ihn heiligest. Sechs Tage sollst du arbeiten und alle deine Werke tun. Aber am siebenten Tage ist der Sabbat des Herrn, deines Gottes. Da sollst du keine Arbeit tun [...].
4. Du sollst deinen Vater und deine Mutter ehren, auf dass du lange lebest in dem Lande, das dir der Herr, dein Gott, geben wird.
5. Du sollst nicht töten.
6. Du sollst nicht ehebrechen.
7. Du sollst nicht stehlen.
8. Du sollst nicht falsch Zeugnis reden wider deinen Nächsten.
9. Du sollst nicht begehren deines Nächsten Haus.
10. Du sollst nicht begehren deines Nächsten Weib, Knecht, Magd, Rind, Esel noch alles, was dein Nächster hat.

„Todsünden" nannte man im christlichen Mittelalter besonders schwere Verfehlungen. Seit dem 12. Jahrhundert gelten üblicherweise *Hochmut (= Hoffart), Geiz, Wollust, Zorn, Völlerei, Neid und Trägheit* als die sieben Todsünden:

Otto Dix: Die sieben Todsünden, 1933

Todsünden im Nationalsozialismus

1 Vergleicht die „Zehn Gebote" mit den „Sieben Todsünden". Wo lassen sich Beziehungen finden, wo nicht?

Der Maler Otto Dix hat 1933 das Bild „Die sieben Todsünden" gemalt. Von hinten nach vorn sind die Personifikationen der Völlerei, des Hochmuts, der Wollust, des Zorns, der Trägheit, des Neids und des Geizes zu erkennen. 1945 hat Dix den Neid mit einem Hitlerbärtchen versehen. „Somit erscheint der Nationalsozialismus als eine Sammelbewegung von Neidern, in deren Schlepptau alle Laster entfesselt werden."

nach R. Haubl

Zweimal sieben Todsünden in der Gegenwart

Der klassische Sündenkatalog hat sich in unserem Jahrhundert in sein Gegenteil, in sieben Tugenden verkehrt: Aus Hochmut wurde gesundes Selbstbewusstsein, der Geiz wird als berechtigte Wahrung eigener Interessen verstanden, Wollust als natürliche und deshalb für das seelische Gleichgewicht unerlässliche Triebérfüllung, Zorn als notwendige Entlastung, als Instrument seelisch-geistiger Hygiene. Auch die Völlerei hat nichts Anrüchiges mehr [...]. Selbst der Neid, das Laster der Minderbemittelten, gilt nicht mehr als Sünde, sondern als wichtiger Antrieb, der das Wirtschaftswachstum und den Wohlstand für alle fördert. [...]

[Wir beginnen] auch zu begreifen was wir alles bereits verloren haben – im Zusammenleben mit den anderen, vor allem aber auch auf diesem empfindlichen kleinen Planeten, der uns durch den Kosmos trägt.

Unter diesem Aspekt lohnt sich ein zweiter Blick auf die alten Sünden, die so, wie man sie einst verstand, gewiss nicht mehr in unsere Zeit passen. Sieht man sie weniger als individuelles denn als kollektives Fehlverhalten, steckt in manch einer Todsünde noch immer mehr, als es zunächst den Anschein hat:

Die Hoffart des Menschen gegenüber Gott beurteilt sich noch immer nach dem, was ihm das Gegenüber bedeutet. Der unsägliche Wahn des „Machers", alles zu machen, was er kann, ist allein schon deshalb eine neue Art von Todsünde, weil er damit durchaus den Tod der Gattung riskiert. Mehr denn je gilt also der alte Spruch, wonach Hochmut vor dem Fall kommt.

Auch die aus Neid und Geiz bestehende Habgier hat den Menschen weit gebracht [...].

Auch die Völlerei hat ihre Tücken [...]. Es ist an der Zeit, uns die Frage zu stellen, wie viel Hochmut, Habgier, Neid, Völlerei und Zorn wir uns auf unserer gefährdeten Erde noch leisten können ...

Toni Meissner

■ Der Radioredakteur **Toni Meissner** hat 1998 unter dem Titel „Die sieben Todsünden. Über die wunderbare Wandlung ethischer Normen" sowohl eine Umwertung wie eine Aktualisierung der sieben Todsünden herausgearbeitet.

2 Im abgedruckten Text sind Erläuterungen zur modernen „Habgier" und „Völlerei" ausgespart. Selber denken: Welche kollektiven (gemeinschaftlichen) Handlungen, die die Erde gefährden, könnten damit gemeint sein?

Zehn Gebote für das 21. Jahrhundert

1. Bleib nicht dauernd dran; schalt doch mal ab.
2. Jag nicht ständig schnelllebigen Trends hinterher.
3. Kauf nur das, was du wirklich willst, und mach dein persönliches Wohlergehen zum wichtigsten Kaufkriterium.
4. Versuche nicht, permanent deinen Lebensstandard zu verbessern oder ihn gar mit Lebensqualität zu verwechseln.
5. Lerne – zu lassen, also Überflüssiges wegzulassen: Lieber einmal etwas verpassen, als immer dabei sein.
6. Entdecke die Hängematte wieder. Lerne wieder, „eine Sache zu einer Zeit" zu tun.
7. Genieße nach Maß, damit du länger genießen kannst.
8. Mach nicht alle deine Träume wahr; heb' dir noch unerfüllte Wünsche auf.
9. Tu nichts auf Kosten anderer oder zu Lasten nachwachsender Generationen: Sorge nachhaltig dafür, dass das Leben kommender Generationen lebenswert bleibt.
10. Verdien dir deine Lebensqualität – durch Arbeit oder gute Werke: Es gibt nichts Gutes; es sei denn, man tut es.

Horst W. Opaschowski

■ Der Hamburger Freizeitforscher **H. W. Opaschowski** nannte am 7. November 2000 in einem Vortrag vor Schülerinnen und Schülern des Clemens-Brentano-Gymnasiums in Dülmen seine „ganz persönlich gemeinten Zehn Gebote für das 21. Jahrhundert".

3 Versucht zwischen den Zeilen zu lesen: Wo greift Opaschowski versteckt auf die alten Werte der 10 Gebote zurück? Vor welchen „Sünden" möchte er warnen? Welche Gebote sind neu?

4 Wie könnten eure „ganz persönlich gemeinten Zehn Gebote für das 21. Jahrhundert" lauten?

■ In seiner Geschichte zur volkstümlichen Ethik (1962) erzählt **Albrecht Dihle** eine kleine Begebenheit aus einer alten Schrift des Judentums.

Rabbi: jüdischer Schrift- bzw. Gesetzesgelehrter
Schammai: Rabbi, 50 v. bis 30 n. Chr.
Tora: zusammenfassende Bezeichnung für die ersten fünf Bücher des Alten Testaments; als Offenbarung Gottes an Mose gilt die Tora als zentraler Text des jüdischen Glaubens.
Hillel: Rabbi, 60 v. bis 10 n. Chr.

... präzise auf den Punkt gebracht

Es war einmal ein vorwitziger junger Mann. Der kam in die Tischlerwerkstatt des großen Rabbi Schammai und fragte den berühmten Gesetzeslehrer, ob er ihm den Inhalt der Tora in so kurzen Worten vorzutragen vermöchte, dass man auf einem Beine stehend seine Lehre anhören könnte [...]. Schammai war ein herber Mann. Er machte nicht viel Federlesens mit dem übermütigen Frager, sondern griff nach einem Zollstock und vertrieb ihn aus dem Hause. Der also Gezüchtigte gab sich indessen nicht zufrieden. Vielmehr stellte er dieselbe Frage dem anderen, ebenso berühmten Gesetzeslehrer jener Generation, dem Rabbi Hillel. Während sich die Umstehenden nur entsetzen konnten, lächelte Hillel – er war ein milder Mann und kein militanter Gelehrter – und sprach: „Tue niemandem etwas an, von dem du nicht willst, dass es dir geschehe. Das ist die Summe des Gesetzes."

Albrecht Dihle

Die „Goldene Regel" – global

„Was du nicht willst, dass man dir tu, das füg auch keinem andern zu!"

Unser bekanntes Sprichwort findet sich nahezu überall auf der Welt und zu allen Zeiten. Am 4. September 1993 haben sich Vertreter der verschiedensten Religionen auf eine gemeinsame Erklärung für eine weltumspannende Ethik verständigt. Im Zentrum steht diese **Goldene Regel**.
Die Darstellung der Formulierungen aus unterschiedlichen Religionen stammt aus Materialien der Tübinger Stiftung „Weltethos".

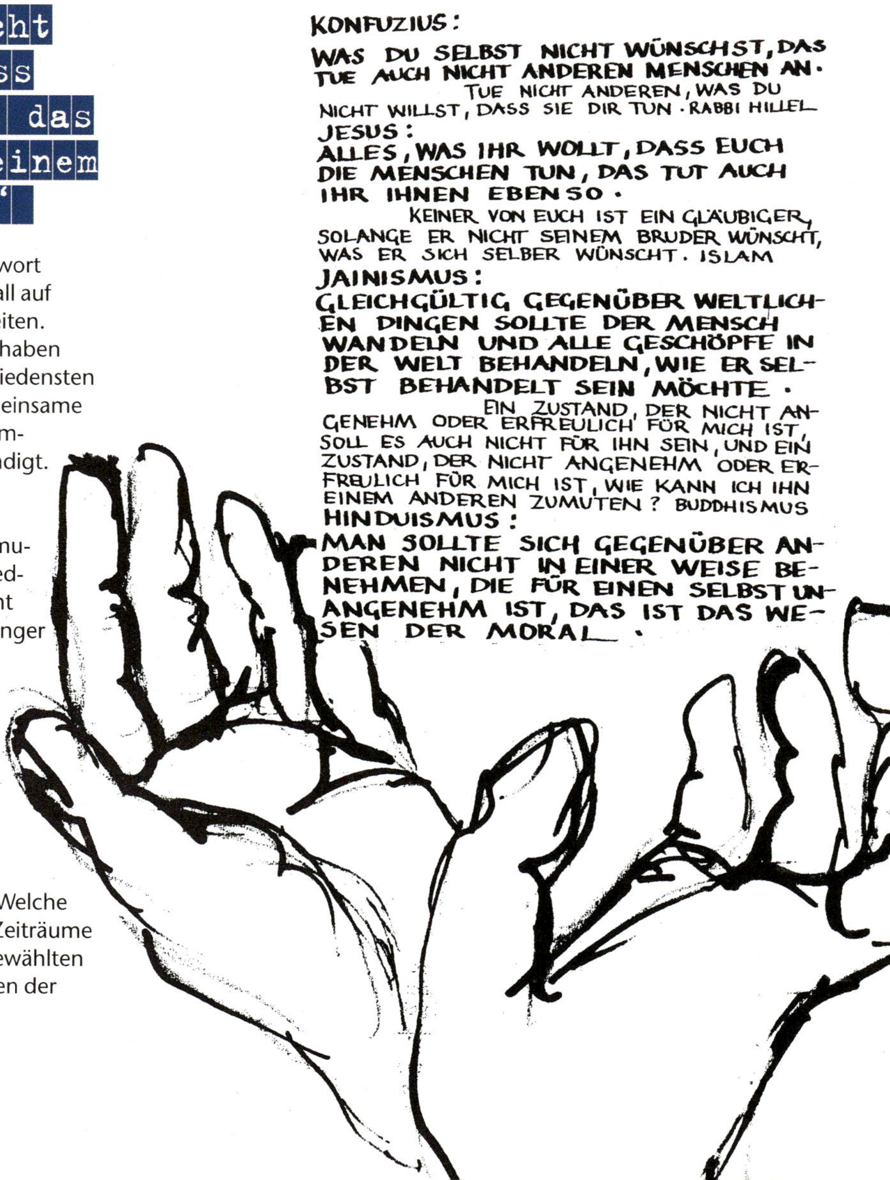

1 Macht euch kundig: Welche Erdteile und welche Zeiträume decken die hier ausgewählten sieben Formulierungen der Goldenen Regel ab?

Eine Regel, zwei Varianten

Noch mehr als für dieses Sprichwort [„Was du nicht willst, ...“] wird die Bezeichnung goldene Regel gebraucht für die gleichartige Aufforderung, die bereits in der Bibel ausgesprochen ist. Hier finden wir diese in zweierlei Form. Das Alte Testament bringt sie – im Buch Tobit (Tobias) 4,15 (16) – in einer unserem Sprichwort ähnlichen Fassung: „Was du nicht leiden magst (wenn es dir von einem anderen geschieht), das tu auch keinem andern an!“ Im Neuen Testament tritt uns die Regel als Forderung Jesu in einer weitergehenden, positiven Fassung entgegen: „(Alles) was ihr wollt, dass euch die Leute tun, also tuet ihr auch ihnen!“ (Mt 7,12; Lk 6,31). Der Matthäus-Bericht fügt dabei noch die Erklärung Jesu hinzu: „Dies ist das Gesetz und die Propheten.“

Hans Reiner

■ Der Philosoph **Hans Reiner** stellt in einem Aufsatz über die Bedeutung der Goldenen Regel für die Menschheit (1948) zunächst seine zweifache Ausformulierung im Abendland dar.

2 Untersucht den Unterschied zwischen der negativen und der positiven Variante der Goldenen Regel: Welche stellt an den Menschen höhere Ansprüche? Bei welcher ist die Einhaltung der Regel leichter zu kontrollieren?

Die Goldene Regel in Kneipen von Bochum

Wenn wir nun herausfinden wollen, wie wir uns als Gastgeber zu verhalten haben, wenn einer unserer Auto fahrenden Gäste sich gründlich hat voll laufen lassen, dann müssen wir uns gemäß der Goldenen Regel fragen, wie wir selber in einer solchen Situation behandelt zu werden wünschten. Diese Frage ist aber offenbar noch nicht eindeutig [...]. In der ersten möglichen Ausarbeitung könnte die Frage lauten:

„Angenommen, ich würde selber betrunken in meinen Wagen einzusteigen versuchen, um am eigenen Steuer nach Hause zu fahren: Wie möchte ich da behandelt werden? Würde ich in einer solchen Situation wirklich wollen, dass mir jemand den Schlüssel abnimmt, mir ein Taxi bestellt und mich solcherart zwingt, mein Auto am nächsten Tag irgendwo wieder abzuholen?“ – „Ganz bestimmt nicht!“, kann hierauf die Antwort nur heißen, „und ich sage das nicht aus bloßer Erfahrung; denn es lässt sich ja ohne Widerspruch nicht einmal denken, ich wolle [...] sowohl selber fahren wie auch daran gehindert werden.“ Wenn dies die richtige Frage wäre [...], dann müsste ich aus der logisch notwendigen Antwort im Sinne der Goldenen Regel schließen, dass es mir trotz der hier zu Lande entgegenstehenden *rechtlichen* Bestimmungen *moralisch* nicht einmal freistünde, einen noch so betrunkenen Menschen am Autofahren zu hindern. Dieses Ergebnis entspricht nun genau einer Haltung, die sich [...] zumindest unter den Gastwirten Bochums einer großen Beliebtheit erfreut. Doch [...] sollten wir überlegen, ob die zweite mögliche Ausarbeitung der entscheidenden Frage nicht vielleicht doch zu einem überzeugenderen Ergebnis führt [...]:

„Angenommen, ich würde selber betrunken in meinen Wagen einzusteigen versuchen, um am eigenen Steuer nach Hause zu fahren: Wie möchte ich jetzt, da ich mir diese Frage nüchtern und klaren Kopfs stelle, dass mich andere in einer solchen hypothetischen Situation behandeln?“ – Und *hierauf* wird man wohl ohne Zögern antworten: „Ich kann nur hoffen, dass jemand den Mut dazu aufbringen würde, mich notfalls gewaltsam aus meinem Auto zu zerren, und wenn ich noch so herumtoben sollte.“

Hans-Ulrich Hoche

■ Ist die Goldene Regel direkt alltagstauglich?
Der Bochumer Philosoph **Hans-Ulrich Hoche** hat in einer Zeitung die Einstellung Bochumer Gastwirte zur Frage gelesen, ob sie sich verpflichtet fühlen, betrunkenen Autofahrern den Schlüssel abzunehmen. Das Ergebnis stimmt ihn nachdenklich.

3 Warum hält Hoche die zweite Frage für überzeugender?

Anfang Dezember 2000, Ahlen in Westfalen, Fußgängerzone: „Weißt du, was das sein soll?", fragt eine Passantin ihre Begleiterin und weist auf ein kleines Ladenlokal, das kurz zuvor noch leer gestanden hatte. Eine erste Antwort hätte sie einige Tage zuvor in der Lokalzeitung finden können.

Das Geschäft mit Werten

Künstlergruppe „ephemer" lädt Interessierte ein zur Ladeneröffnung

Ahlen. Morgen um 18 Uhr ist es so weit: Der Werteladen in der Weststraße 85, gegenüber der Volksbank, wird eröffnet. Geladen sind alle Interessierten, die diese Bereicherung der Ahlener Geschäftswelt unterstützen möchten oder einfach neugierig sind auf die Güter, die es im Werteladen geben wird.

Der Werteladen verkauft keine Produkte und macht keinen Gewinn, sondern stellt Fragen und Werte subjektiv in den Raum. Er will mit der Kundschaft arbeiten und die Kunden einladen, mit ihm die Auseinandersetzung zu suchen. „Gehandelt" wird mit Ideen, Fantasien, Hoffnungen und Ängsten der Menschen. Der Laden wurde notwendig, weil es mit den vielfältigen Veränderungen der Gesellschaft zu Fragen in Bezug auf Arbeit und Freizeit gekommen ist. Betreiber ist die Künstlergruppe „ephemer" aus Münster, die vom Bürgerzentrum Schuhfabrik eingeladen wurde, ihren Beitrag zum Projekt „Krisis" zu gestalten. „ephemer" hat sich die Förderung der flüchtigen Kunst, der Performance und ihrer Variationen auf die Fahnen geschrieben und wird an vier Öffnungstagen bis Sonntag, 3. Dezember, mit verschiedenen Aktionen fragen, welche Werte eigentlich wichtig sind, wenn die bezahlte Arbeit für immer weniger Menschen lebensprägend ist.

Die erste Aktion ist die Eröffnung, bei der alle gebeten werden, mit einem Mitbringsel zu erscheinen, das für sie eine Bedeutung hat für das Arbeits- oder Freizeitleben. Die Symbole können an den folgenden Tagen besichtigt werden.

ephemer [griech.: ephemer(i)os]: nur für einen Tag, vergänglich, flüchtig; aber auch: täglich, Tag für Tag
Performance: Aktionskunst mit einer Mischung aus Theater, Tanz, Musik und anderen Darstellungsformen

1 Wie versteht ihr die Schlagzeile des Zeitungsartikels?

Was tut man in einem *WERTE*laden?

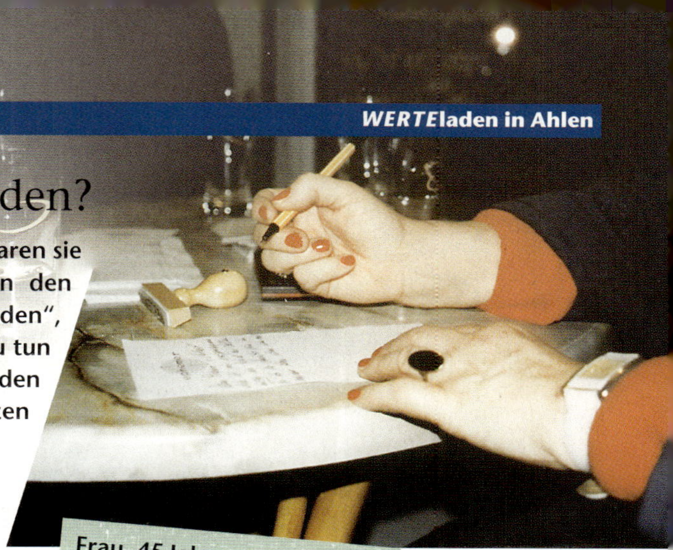

Zwei Regale standen im Ahlener *WERTE*laden. Anfangs waren sie leer. Erst allmählich wurden sie gefüllt, und zwar von den „Kunden". Die Besucher waren eingeladen etwas „abzuladen", was irgendwie mit „*WERT*Arbeit" oder „FreizeitWERT" zu tun hatte. Welche persönlichen Wertvorstellungen sie mit den Gegenständen verbanden, das konnten sie in kleinen Notizen anderen Besuchern mitteilen.

Beispiele:

Regal: *WERT*Arbeit

„In diesem System wird jeder so lange befördert, bis er seine Unfähigkeit absolut bewiesen hat. Dann geht es nicht mehr die Karriereleiter herauf, aber auch nicht mehr herunter. Diese ‚Bonzen' beißen sich dann fest und blockieren vielen anderen fähigen Menschen den Weg."

Frau, 45 Jahre

Gegenstand: **alte lederne Bürotasche**

„... für mich hat es großen Wert, auch zuzugeben, wenn ich etwas nicht weiß. An dieser Stelle kann sich Lernen eröffnen."

Frau, 40 Jahre

Gegenstand: **Zettel mit Text „Das weiß ich nicht!"**

Regal: Freizeit WERT

„Was ist ‚WERT'? Was hat ‚WERT'? Mir fiel zunächst nichts ein. Dann kamen mir tausend Dinge in den Sinn. Aber was ist wirklich von Wert (für mich)? So entschloss ich mich, ganz spontan zu entscheiden. Und da fiel mir das Metronom in die Finger. Darum geht es! Deinen ganz persönlichen Takt für das eigene Leben zu finden! Sowohl im Arbeits- als auch im Freizeitleben. Und es muss nicht zwingend ein ‚Gleichtakt' sein."

Frau, 39 Jahre

Gegenstand: **Metronom**

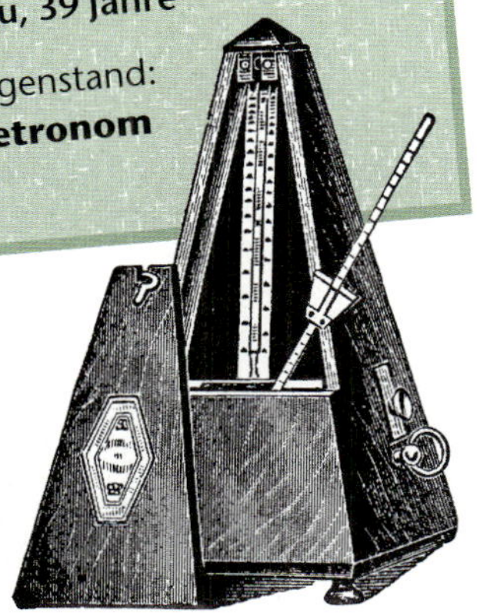

„Geld bedeutet (alles) beides (leider!!!)."

Junge, 12 Jahre

Gegenstand: **ein Pfennig** (lag zwischen beiden Regalen)

Manche Besucherinnen und Besucher kamen „nur" aus Neugier, zum Gespräch, zum Nachdenken – zum *WERTE*laden. Stephan US, Künstler von „ephemer" und Mitinitiator der Aktion, wurde vom Bürgermeister gefragt, wie denn der *WERTE*laden bei den Ahlenern ankomme.

US: „Durchaus positiv; viele Menschen scheinen heute das Bedürfnis nach einem solchen Ort zu haben. Er ist eine Kapelle der Neuzeit, ein Ort der Kommunikation und Kontemplation."

2. Wert-Sachen im *WERTE*laden: Worin unterscheiden sie sich von jenen Wertsachen, die Flüchtlinge mitnehmen (vgl. S. 84/85)?

3. Versucht zwischen den Zeilen der Notizen zu lesen: Welche Werte waren für die Besucher besonders wichtig? Welche Werte sahen sie bedroht?

Kontemplation: stille Betrachtung, Versenkung

„Ideenklau“ erwünscht: Projekt *WERTE*-laden in der Schule

Was braucht man dafür?
- *einen* Raum, den man zumindest zeitweilig abschließen kann (wegen der WERTsachen)
- *etwas* Holz und Kleinteile für Regale
- *ganz viel* philosophische Fantasie!

Die Gruppe „ephemer“ möchte ihr Experiment „*WERTE*laden“ auch an anderen Orten gern wiederholen. Denn der Bedarf, über Werte nachzudenken, sei noch lange nicht gestillt. Gilt das auch für euch? – Wenn ihr die Idee der Münsteraner Künstler gut findet und „klauen“ wollt, so wäre das ganz in ihrem Sinne!

Wie könnte ein *WERTE laden* in der Schule aussehen?

- **Ihr könntet zum Beispiel die Ahlener Idee direkt übernehmen. Das Ergebnis wird in jedem Fall anders aussehen als dort. Denn es hängt davon ab, wer welche Gegenstände in die Regale stellt und kommentiert. Außer euch könnten dies sein: eure Mitschüler aus anderen Klassen, die Lehrerinnen und Lehrer, eure Eltern, der Hausmeister, die Putzfrauen, die Schulleiterin ...**
- **Neben oder anstelle der Regale „*WERT*Arbeit“ und „Freizeit*WERT*“ wären noch andere denkbar, z. B. „Schul*WERT*“, „*WERT*schule“, „liebe(n)s*WERT*“, „Familien*WERT*“, ...**
- **Der *WERTE*laden könnte zusätzlich ein Ausstellungsraum für eure *WERT*sachen sein, z. B. für die Ergebnisse des Projektes „Salz als ‚weißes Gold‘ im Mittelalter“ oder „Tag des Wassers“ oder für die von euch gemalten „Werte-Landkarten“ oder ...**
- **Der *WERTE*laden könnte für eine einmalige Veranstaltung wie Projekttage oder einen „Tag der offenen Tür“ eingerichtet werden, oder er ist eine Dauereinrichtung für euer Fach oder gar für eure Schule („Öffnungszeiten: Dienstags, 1. große Pause“ ...).**

Methodenkasten: Projekt

Das Lernen in Projekten bietet mehr Möglichkeiten, selbstbestimmt und selbstständig zu arbeiten. Hier können auch besondere persönliche Fähigkeiten und Kenntnisse zum Tragen kommen.
Es verlangt aber auch ein höheres Maß an Verantwortungsbewusstsein für das eigene Lernen und das erfolgreiche Zusammenarbeiten mit anderen.
Typischer Ablauf:

1. **Einstiegs- und Planungsphase:** Gemeinsame Verständigung über das angestrebte Ziel/Ergebnis des Projektes, den Zeitpunkt der Präsentation und im Groben über die notwendigen Materialien. Aufteilung in Untergruppen. Für die Gruppenbesetzung ist zu klären: *Welche* besonderen Fähigkeiten sind gefordert? *Wer* kann gut zeichnen, schreiben, basteln, mit dem Computer umgehen, organisieren, fotografieren ...?
2. **Erarbeitungsphase:** Zur Orientierung im Arbeitsprozess: Sammlung von Teilergebnissen in einer *Gruppenmappe;* darin auch reihum erstellte *Stichwortprotokolle* über Verlauf, Ergebnisse und Schwierigkeiten der Arbeit, Vereinbarungen von Einzel-/Gruppenarbeiten innerhalb und außerhalb des Unterrichts.
3. **Wechselseitige Information** der Untergruppen, letzte Klärungen für die Präsentation.
4. **Präsentation der Ergebnisse:** eventuell öffentlich.
5. **Reflexion = kritischer Rückblick,** damit es beim nächsten Mal noch besser klappt.

Achtung: Wer gerade für die Gruppenmappe **verantwortlich** ist und plötzlich erkrankt, muss möglichst dafür sorgen, dass die Mappe oder wichtige Informationen an die anderen weitergeleitet werden (SMS, E-Mail, ...).

WERTE laden im Kaufhaus?

AMSTERDAM, 26. November. Das Amsterdamer Luxuswarenhaus Bijenkorf hat seinen Kunden weggeworfenen Abfall verkauft. Künstler des „Instituts für Ökonomische Disharmonisierung“ gaben am Freitag zu, 207 Gegenstände aus dem Müll in die Regale geschmuggelt zu haben. Die Waren wie alte Schals, Teller und eine Bettdecke wurden ordentlich mit kopierten Preisschildern im Gesamtwert von umgerechnet rund 1350 Euro ausgezeichnet. Einige Artikel seien bereits verkauft worden.

Die Müll-Schmuggler wollten mit ihrer Aktion zeigen, dass [...]. Die Kaufhaus-Verantwortlichen erklärten, dass eine Kontrolle aller Artikel leider nicht möglich sei. Der Müll sei kaum vom normalen Angebot zu unterscheiden. Daher sei auch unbekannt, wie viel Abfall noch in den Regalen liege.

27. 11. 1999 (epd)

Diese Künstleraktion ist zum Nach*denken*, *nicht* aber zur Nach*ahmung* empfohlen!

1 Wie versteht ihr die Herkunftsbezeichnung der Künstlergruppe „Institut für ökonomische Disharmonisierung“?

2 Wer sucht, der findet viel: Welche Wertsachen, Werte und Normen sind auf diesem Foto abgebildet oder angedeutet?

3 Der Fotograf hielt das Foto für so wertvoll, dass er es in einem Kalender veröffentlichte. Welche Wertvorstellungen könnten ihn dazu bewogen haben?

„Heute schon gelebt?“

Gerechtigkeit – (k)ein Kinderspiel?

Teenager als Richter

Nervös malmen die Kieferknochen des Angeklagten. Unerbittlich prasseln die Fragen des Staatsanwalts auf ihn herab. „Was hattest du mit dem Messer vor?“, will er jetzt wissen. – „Nichts, ich wollte niemanden verletzen“, flüstert Marcus, der junge Schwarze. Dann erzählt er leise, wie die Waffe in seinem Schließfach in der Schule entdeckt wurde.

Mit undurchdringlichen Mienen verfolgen die Geschworenen das Kreuzverhör. Sie tragen Blümchenkleider oder Latzhosen und haben lila Fingernägel, gelegentlich ist eine Zahnspange zu sehen. Der knallharte Staatsanwalt heißt Matt, ist vierzehn Jahre und leidet unter leichter Akne. Die bunte Versammlung nimmt sich merkwürdig aus im ehrwürdigen Verhandlungssaal des Glen-Burnie-Bezirksgerichts im US-Bundesstaat Maryland. [...]

Teenager als Richter sind Amerikas neueste Hoffnung im Kampf gegen die Jugendkriminalität. [...] Immer mehr Gemeinden [...] schwören auf die neue Strategie. Sie stellen Straftäter im Alter zwischen sieben und neunzehn Jahren nicht mehr automatisch vor ein Jugendgericht, sondern lassen ihnen die Wahl, sich dem Urteil von Altersgenossen zu unterwerfen. Voraussetzung ist, dass es sich um Ersttäter handelt, deren Vergehen nicht zu schwer wiegt und die geständig sind. Dann werden sie von „Staatsanwälten“ angeklagt, die selber noch zur High School gehen, und ebenso junge „Verteidiger“ treten für sie ein. Eine Jury von Jugendlichen entscheidet über die angemessene Strafe.

Die Idee scheint bestechend: Teenager lassen sich am ehesten von Teenagern beeinflussen. Sie sprühen Graffiti, weil ihre Freunde sie dazu anstiften, sie stehlen, um der Clique ihren Mut zu beweisen. Das machen sich Teen-Gerichte zunutze.

„Wenn ein normaler Richter sagt: ‚Was du da gemacht hast, war nicht lustig‘, hält ein Jugendlicher dem oft entgegen: ‚Ach, was wissen Erwachsene schon!‘“, sagt Peter E. Leone, Professor an der Universität von Maryland und Leiter eines Zentrums für das Studium von problematischem Verhalten. „Wenn Gleichaltrige so etwas sagen, wirkt das anders. Jugendliche wollen dazugehören.“

[...] Auf den ersten Blick überrascht es, dass Teen-Gerichte so erfolgreich sein sollen. „Manchen Jugendlichen mag es leichter erscheinen, vor Altersgenossen zu stehen als vor einem erwachsenen Richter", sagt Godwin [ein Vertreter der Organisation, die sich um das Thema Bewährung kümmert], „aber da irren sie sich." Cathy, eine Schülerin mit langen blonden Haaren, gehört offenbar zu dieser Gruppe. Als sie in den Zeugenstand des Teen-Gerichts in Clearfield County, Pennsylvania, tritt, unterdrückt sie ein Gähnen; sie war von der Polizei erwischt worden, als sie ein Footballspiel ihrer Schule mit einem Umtrunk feierte. Minderjährige dürfen aber laut Gesetz keinen Alkohol trinken. „Ich habe doch nur ein- oder zweimal genippt", erklärte das Mädchen der Jury forsch.
Eine halbe Stunde später verlässt sie weinend das Gebäude. Die Geschworenen verurteilen sie zu vierzig Stunden gemeinnütziger Arbeit – fast viermal soviel, wie die Verteidigung für gerechtfertigt gehalten hatte. Außerdem muss sie einen Entschuldigungsbrief an ihre Eltern schreiben sowie einen langen Aufsatz über die Gefahren von Alkohol und Gruppenzwang. Und zweimal muss sie demnächst im Teen-Gericht als Geschworene mitwirken.

Die Bandbreite der Strafen legen die Organisatoren des jeweiligen Teen-Gerichts fest. Üblich sind neben der Verpflichtung zum Schreiben von Briefen, Aufsätzen und zu gemeinnütziger Arbeit wie Aushilfe im Altersheim oder Saubermachen im Park oft auch Besuche in Jugendstraflagern, zur Abschreckung. In einigen Städten können die Schülergerichte Hausarrest verhängen oder den Führerschein auf Zeit sperren lassen. [...] Die Strafen sind oft höher, als ein Jugendrichter sie für das gleiche Vergehen verhängen würde. „Jugendliche durchschauen die Ausreden ihrer Altersgenossen", sagt Godwin. Manchmal sind sie aber auch sensibler für ihre Ängste.

Marcus, der wegen seines Messers bereits ein halbes Jahr von der Schule suspendiert war, findet eine nachsichtige Jury. Er wird zu 32 Stunden gemeinnütziger Arbeit, zwei Verpflichtungen als Geschworener und einem Aufsatz über Verantwortung verurteilt. Der „Staatsanwalt" hatte eine Abschreckungstour in der Krankenhausnotaufnahme gefordert, „damit er sieht, was Waffen anrichten". Die Jury entschied sich dagegen. „Er ist erst vierzehn. Er flippt aus, wenn er das sieht", sagte die sechzehnjährige Alice, und ihre Geschworenenkollegen nickten.

Damit nicht „gute Kids" über „schlechte Kids" richten, gehört es in den meisten Schülergerichten zum Pflichtteil der Strafe, die Täter auch als Geschworene hinzuzuziehen. „Dadurch sehen sie das Gesetz auch einmal von der anderen Seite. Oft verstehen sie erst dann den Sinn der Strafe. Und es gibt ihnen Selbstwertgefühl, das sie häufig dringend brauchen", sagt Tammy Hawkins vom Teen-Gericht in Odessa, Texas.

Ute Eberle

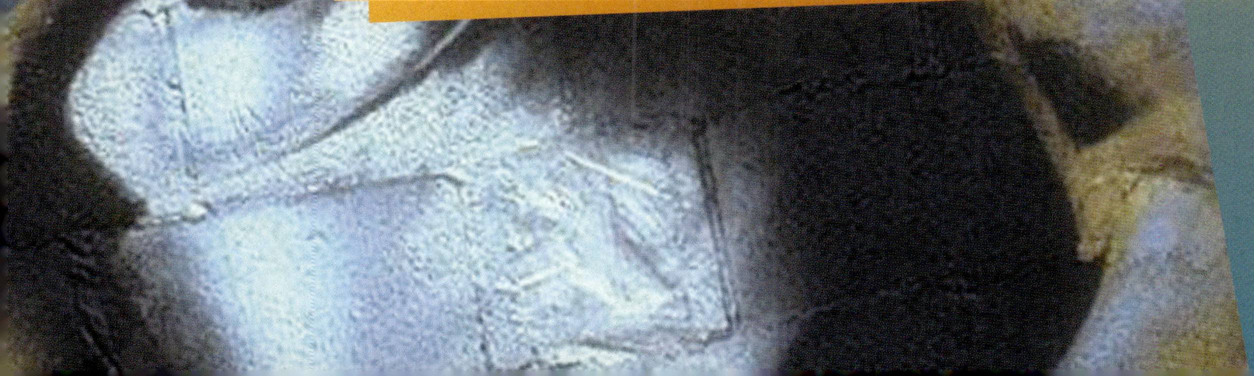

Gerechtigkeit – (k)ein Kinderspiel?

Die Frage nach der Gerechtigkeit gehört sicherlich zu den ganz wichtigen Fragen des Lebens, denn kein Mensch möchte ungerecht behandelt werden, und jeder sollte gerecht handeln. Das Kapitel gibt Anregungen, sich mit dieser Frage auseinander zu setzen. Es besteht aus drei Teilen.
Es empfiehlt sich, die Teile nacheinander zu erarbeiten. Aber es ist auch möglich, sich nur einen Teil vorzunehmen. Auch so könnt ihr zu wichtigen Erkenntnissen kommen.

Teil 1

In Teil 1 geht es um **Richter und Täter.** Er beginnt auf den ***Seiten 106/107*** mit einem Bericht über etwas Besonderes, das bei uns nicht bekannt ist, nämlich mit dem Bericht über ein **Teen-Gericht in den USA.** Warum diese Einleitung mit dem Teen-Gericht? Wenn man über ganz wichtige Fragen nachdenkt, dann ist es sinnvoll, sich ein konkretes Beispiel vorzunehmen und dort mit dem Nachdenken zu beginnen.

Also: Lest zunächst den Zeitungsbericht (die etwas kindliche Originalüberschrift lautet übersetzt: „Die kleinen Richter") und tauscht eure Meinungen über das Gelesene aus:

- Was haltet ihr für merkwürdig, was überzeugt euch nicht ganz, was findet ihr gut?
- Versetzt euch in die Lage der Schüler, die ein Gericht bilden, und in die der Schüler, die verurteilt werden: Was empfindet ihr?
- Falls es bei uns ein solches Gericht gäbe: Wärst du lieber Schöffe, Staatsanwalt, Verteidiger oder Richter? Warum?

Und nun die Hauptfrage:

- Haltet ihr ein solches Teen-Gericht für sinnvoll?
- Wärt ihr dafür, dass auch bei uns solche Gerichte eingeführt werden?

Vom Text weg: Unabhängig von eurer Meinung hierzu könntet ihr selbst in einem ***Rollenspiel*** (siehe Seite 69) ein Teen-Gericht bilden und über Fälle verhandeln, die ihr kennt: Vergehen von Kindern und Jugendlichen, von denen ihr gelesen oder im Fernsehen erfahren habt.
Wenn euch hierzu nichts Passendes einfällt oder ihr über das euch Bekannte nicht sprechen möchtet, dann könnt ihr euch die ***vier Beispiele*** vornehmen, die ihr ***auf den Seiten 110/111*** unter dem Thema „Zur Beurteilung vorgelegt" findet.
Es geht bei euren Gerichtsverhandlungen nicht nur um „schuldig" oder „unschuldig". Es geht auch darum, möglichst gerechte Maßnahmen ausfindig zu machen. Ihr werdet merken, dass dies gar nicht so einfach ist und ihr sicher unterschiedlicher Meinung seid.

Nachdem ihr zu Ergebnissen gekommen seid: Fragt euch selbst nach den Gründen für eure Entscheidung und überlegt, was Entscheidungen so schwer macht.

Da ihr euch mit einigen schwierigen Fällen beschäftigt habt, könnt ihr auch die ***Richter*** beurteilen, die ***auf den Seiten 112/113*** vorgestellt werden. Finden alle euren Beifall?
Wahrscheinlich tauchen bei all euren Überlegungen mehr oder minder bewusst die folgenden Fragen auf:

- Was muss man alles bedenken, wenn man gerecht urteilen und handeln will?
- Gibt es hier bestimmte Regeln, die man beachten muss?

Teil 2

geht über den Bereich der Rechtsprechung hinaus, er befasst sich mit **Gerechtigkeit im Allgemeinen** *(Seite 114-119).*

Folgende ***Fragen*** stellen sich hier:

- Wo und bei welchen Gelegenheiten spielt Gerechtigkeit auch außerhalb der Rechtsprechung eine Rolle?
- Gibt es je nach Situation unterschiedliche Arten von Gerechtigkeit?
- Was ist Gerechtigkeit überhaupt?
- Reicht Gerechtigkeit für das gute Handeln?

Tipps für die Beantwortung dieser und anderer Fragen, die sich euch im Zusammenhang mit Gerechtigkeit stellen, bekommt ihr (falls ihr sie überhaupt braucht!) auf den weiteren Seiten. Da findet ihr:

1. Texte über das Problem der ***Gleichbehandlung*** ***(Seiten 114/115),***
2. ***Denkanstöße*** zum Thema ***Gerechtigkeit (Seite116),***
3. eine lange ***Liste von Fällen,*** deren Beurteilung nicht immer leicht ist ***(Seite 117),***
4. eine ***Expertenbefragung*** zur Gerechtigkeit ***(Seite 118/119).***

Ihr könnt die Themen in dieser Reihenfolge bearbeiten. Sinnvoll wäre es auch, mit der ***Liste von Fällen*** zu beginnen und Strittiges durch die Erörterung der übrigen Tipps zu klären. Allerdings wäre es wahrscheinlich schade, wenn ihr die Expertenbefragung an den Anfang stelltet, bevor ihr selbst etwas herausgefunden habt. Noch ein **Vorschlag:** Vor der kritischen Lektüre der Expertenbefragung könntet ihr selbst einen Text schreiben mit dem Titel „Überlegungen zur Gerechtigkeit" (es gibt immer einige, denen es Spaß macht zu schreiben).

Teil 3

ist den **Menschenrechten** gewidmet ***(Seite 120-127).***

Die Menschenrechte sind 1948 von den Vereinten Nationen ausdrücklich formuliert worden, um weltweit für mehr Recht und Gerechtigkeit zu sorgen.

Zuerst könnt ihr die Auswahl einiger ***Artikel der Erklärung der Menschenrechte*** lesen und euch mit ihnen auseinander setzen ***(Seite 120/121).***

Es folgen Schilderungen von schlimmen ***Menschenrechtsverletzungen;*** aber ihr könnt auch sehen, dass man gegen schreckliche Dinge etwas unternehmen kann ***(Seite 122-127).***

In der Zeitung oder im Fernsehen erfährt man fast täglich etwas zu diesem Thema: Schreckliches *und* Tröstliches. Tragt zusammen, was euch hier auffällt.
Falls ihr mehr über die konkrete Arbeit für die weltweite Durchsetzung der Menschenrechte erfahren wollt, so findet ihr auf ***Seite 127*** Namen von ***Nichtregierungsorganisationen,*** deren Adressen ihr leicht herausfinden könnt.

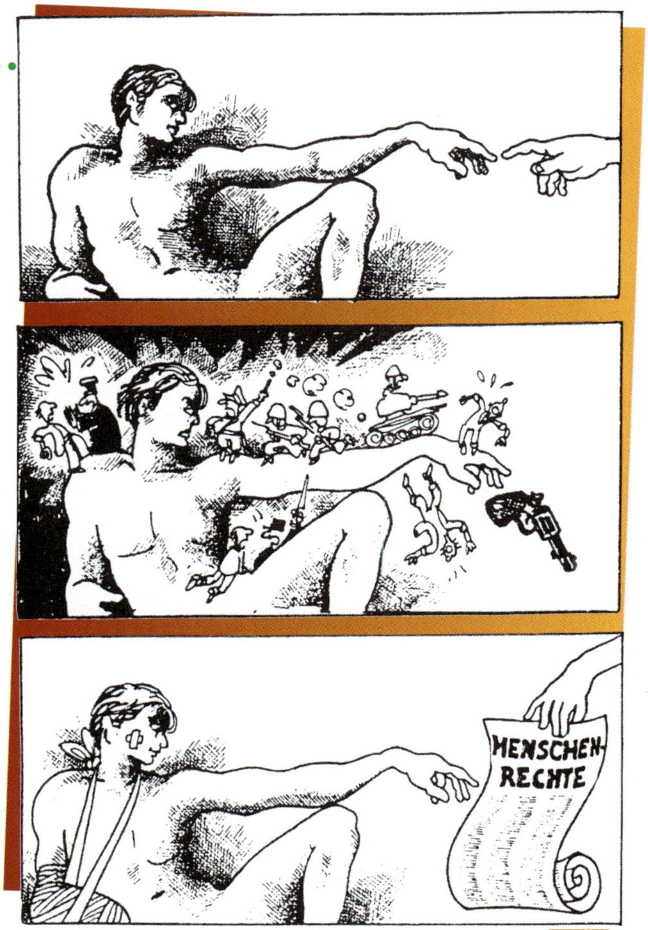

A

1 Bildet ein *Teen-Gericht* und beurteilt die vier Fälle, die hier aufgeführt werden

A B C D.

Damit man ein sicheres Urteil fällen kann, muss man sehr genau über Einzelheiten Bescheid wissen: Alter, Geschlecht, Familie, Lebenslauf, soziales Umfeld, Motive usw. der „Täter".
Ihr könnt wie bei einem Gedankenexperiment euch selbst all das ausdenken und festlegen, was für die Beurteilung wichtig ist. Vielleicht machen das die, die nicht zum Teen-Gericht gehören.

2 Begründet euer Urteil.

Zwei 13-jährige Rheinländer auf großer Fahrt

Im Sattelschlepper quer durch Europa

DÜSSELDORF. In drei Tagen von Düsseldorf über die Niederlande, Belgien und Nordfrankreich bis an die spanische Grenze und wieder zurück zu fahren, ist im Grunde nichts Besonderes. Wenn es sich bei den Reisenden aber um zwei 13-jährige Jungen aus Düsseldorf und Monheim handelt und bei den Fahrzeugen um gestohlene Autos, verdient die Sache doch nähere Betrachtung.

Ausgangspunkt der Tournee war der Bahnhof in Düsseldorf-Derendorf. Dort war der Treffpunkt des 13-jährigen Monheimers Benedikt und seines Düsseldorfer Freundes Daniel, und gleich nebenan liegt das Gelände eines Abschlepp-Unternehmens. Dort sahen die beiden, dass in den Sattelschleppern die Zündschlüssel steckten – so setzten sie sich in einen orangefarbenen Laster und fuhren über die Autobahn nach Venlo und Antwerpen und schließlich ins französische Örtchen Royen nördlich von Paris. Dabei überstanden sie sogar eine Straßenkontrolle der belgischen Polizei: Die Beamten quittierten Benedikts Frage „Wo geht's denn hier nach Germany?" mit einem Lachen und überprüften lieber die Papiere eines anderen Lkw.

Nachdem sie zuvor auf schlitzohrige Weise „steuerfrei getankt" (also Diesel gestohlen) hatten, wie es Benedikt in seiner Aussage ausdrückte, wurde ihnen ein weiterer Tankstellen-Stopp zum Verhängnis: Die Jungen wurden erwischt, als sie Getränke stehlen wollten.

Das Gefängnis von Amiens konnte Benedikt freilich nicht lange halten. Er schlüpfte durch ein Loch im Zaun und rannte zur nächsten Tankstelle. Als er dort eine Frau sah, die an ihrem Renault 5 den Luftdruck der Reifen prüfte, ergriff Benedikt seine Chance. [...] Nach 2000 Kilometern Fahrt und mehreren „steuerfreien" Tankeinlagen kam Benedikt am Sonntag bei Verwandten in Dormagen an, die die Polizei informierten.

Im Verhör nahm der führerscheinlose Fernfahrer kein Blatt vor den Mund und erzählte keck seine Geschichte. Der Grund: „Ich weiß ja genau, dass ihr mich noch nicht bestrafen könnt, weil ich noch nicht 14 bin." Der Düsseldorfer Polizei zufolge muss er aber ebenso wie sein Freund Daniel, der noch immer in Frankreich ist, mit der Einweisung in ein Heim rechnen.

Bernd Jolitz

B

*Jugendliche wenden immer hemmungsloser **Gewalt** an: Wenn einer am Boden liegt, wird noch einmal nachgetreten.*

„Korrekter Abzug"

C

In der Kriminalstatistik taucht seit einiger Zeit ein merkwürdiger Begriff auf: „korrektes Abziehen". Er wird unter Raub aufgeführt. Was bedeutet dieser aus der Jugendsprache stammende Begriff?

Ein typischer Fall:

Ein Jugendlicher trägt teure und gerade angesagte Markenkleidung, die Grundausstattung von Buffalo Boots bis zur Baby-G-Shock-Uhr kostet immerhin rund 400 Euro. Er wird von einer Clique umstellt. Und dann lautet das Kommando: „Abzug!" Oft weiß das Opfer Bescheid und trennt sich „freiwillig" von seiner Uhr. Andernfalls wird es mit Gewalt dazu gebracht. Der „Abzug" gilt als „korrekt", wenn er erfolgreich war. Dazu gehört auch, dass der Täter vor der Clique nicht als Schlappschwanz dasteht.

„Korrekter Abzug": Faustrecht pur – ausgeübt von Jugendlichen an Jugendlichen.

3 Kennt ihr andere Begriffe, die eine Straftat verschleiern oder verharmlosen sollen?

D

Ladendiebstahl ist das häufigste von Kindern unter 14 Jahren verübte Delikt. Dabei spielen persönliche Motive und gesellschaftliche Faktoren eine Rolle: Geltungsbedürfnis, Gruppenzwang, Konsumdruck, Erlebnisorientierung u. a.

Typisches Beispiel:

eine Zwölfjährige, die Schminkutensilien haben will, aber von den Eltern kein Geld bekommt – entweder weil es an Geld mangelt oder weil die Eltern nicht wollen, dass sich die Tochter schminkt. Aber da es die Freundinnen ja auch tun …

■ **Salomo** war König von Israel (etwa 965-926 v. Chr.). Er wurde von seinem Vater David noch zu Lebzeiten als Nachfolger eingesetzt. Die Geschichte des Urteils findet ihr im 1. Buch der Könige im Alten Testament. (*Siehe Abbildung S. 60*)

Das salomonische Urteil

Damals kamen zwei Dirnen und traten vor den König. Die eine sagte: Bitte, Herr, ich und diese Frau wohnen im gleichen Haus, und ich habe dort in ihrem Beisein geboren. Am dritten Tag nach meiner Niederkunft gebar auch diese Frau. Wir waren beisammen; kein Fremder war mit uns im Haus, nur wir beide waren dort. Nun starb der Sohn dieser Frau während der Nacht; denn sie hatte ihn im Schlaf erdrückt. Sie stand mitten in der Nacht auf, nahm mir mein Kind weg, während deine Magd schlief, und legte es an ihre Seite. Ihr totes Kind aber legte sie an meine Seite. Als ich am Morgen aufstand, um mein Kind zu stillen, war es tot. Als ich es aber am Morgen genau ansah, war es nicht mein Kind, das ich geboren hatte. Da rief die andere Frau: Nein, mein Kind lebt, und dein Kind ist tot. Doch die erste entgegnete: Nein, dein Kind ist tot, und mein Kind lebt. So stritten sie vor dem König. Da begann der König: Diese sagt: Mein Kind lebt, und dein Kind ist tot! und jene sagt: Nein, dein Kind ist tot, und mein Kind lebt. Und der König fuhr fort: Holt mir ein Schwert! Man brachte es vor den König. Nun entschied er: Schneidet das lebende Kind entzwei, und gebt eine Hälfte der einen und eine Hälfte der anderen! Doch nun bat die Mutter des lebenden Kindes den König – es regte sich nämlich in ihr die mütterliche Liebe zu ihrem Kind: Bitte, Herr, gebt ihr das lebende Kind, und tötet es nicht! Doch die andere rief: Es soll weder mir noch dir gehören. Zerteilt es! Da befahl der König: Gebt jener das lebende Kind, und tötet es nicht; denn sie ist seine Mutter. Ganz Israel hörte von dem Urteil, das der König gefällt hatte, und sie schauten mit Ehrfurcht zu ihm auf; denn sie erkannten, dass die Weisheit Gottes in ihm war, wenn er Recht sprach.

1 Könige 3,16-28

1 Worin genau liegt die Weisheit Salomos?

Die andere Mutter

Zwei Frauen streiten vor Gericht um das Sorgerecht für einen kleinen Jungen

■ **20.15 Pro 7** Zwei charismatische Darstellerinnen in Hochform und einen tieferen Einblick in das US-Rechtssystem bietet dieser Film von '95.

O: Losing Isaiah, USA 1995 **R:** Stephen Gyllenhaal **D:** Jessica Lange, Halle Berry **FSK:** ab 12

Zwei Mütter sind eine zuviel: Halle Berry, Jessica Lange

2 Habt ihr von ähnlichen Fällen gehört?

3 Fragt eure/n Deutschlehrer/in, wie der Dichter Bertolt Brecht das Thema des salomonischen Urteils gestaltet hat.

In dem Film „Die andere Mutter" streiten zwei Frauen vor Gericht um das Sorgerecht für einen kleinen Jungen. Die engagierte Sozialarbeiterin Margaret Lewin hat mit ihrem Mann ein schwarzes Baby adoptiert, das im Müll gefunden worden war. Dorthin hatte es die leibliche Mutter im Crack-Rausch geworfen. Die junge Frau namens Khaila Richards kommt aber allmählich wieder auf die Beine und fordert das Kind zurück. Die Sozialarbeiterin, deren Familienleben keineswegs problemfrei ist, möchte das Kind behalten. Man sieht: Das uralte Thema des Streits um ein Kind ist immer noch aktuell.

Ein schöner Einfall

Von dem ehemaligen New Yorker Bürgermeister La Guardia erzählt man sich folgende großartige Geschichte:
Eines Tages fungierte er, wie er zuweilen tat, als Polizeirichter. Es war ein eisig kalter Wintertag. Man führte ihm einen zitternden alten Mann vor. Anklage: Entwendung eines Laibes Brot aus einer Bäckerei.
Der Angeklagte entschuldigte sich damit, dass seine Familie am Verhungern sei.
„Ich muss Sie bestrafen", erklärte La Guardia. „Das Gesetz duldet keine Ausnahme. Ich kann nichts tun, als Sie zur Zahlung von zehn Dollar zu verurteilen."
Dann aber griff er in die Tasche und setzte hinzu: „Well, hier sind die zehn Dollars, um Ihre Strafe zu bezahlen. – Und nun erlasse ich Ihnen die Strafe."
Hierbei warf La Guardia die Zehndollarnote in seinen grauen Filzhut.
„Und nun", setzte er mit erhobener Stimme fort, „bestrafe ich jeden Anwesenden in diesem Gerichtssaal mit einer Buße von fünfzig Cent – und zwar dafür, dass er in einer Stadt lebt, wo ein Mensch Brot stehlen muss, um essen zu können! – Herr Gerichtsdiener, kassieren Sie die Geldstrafen sogleich ein und übergeben Sie sie dem Angeklagten."
Der Hut machte die Runde. Und ein noch halb ungläubiger alter Mann verließ den Saal mit siebenundvierzig Dollar fünfzig Cent in der Tasche.

Sigismund von Radecki

Weises Urteil

Drei Jungen, die beschuldigt wurden, Wassermelonen gestohlen zu haben, wurden vor Gericht gebracht und schauten in schlimmer Erwartung unruhig auf den Richter, der als strenger Mann bekannt war.
Doch war er auch ein kluger Pädagoge. Er klopfte mit seinem Hammer auf den Tisch und sagte: „Jeder hier Anwesende, der als Junge nie eine Wassermelone gestohlen hat, möge bitte die Hand heben." Er wartete. Die Gerichtsbeamten, die Polizisten, die Zuschauer und der Richter selbst ließen ihre Hände vor sich auf den Bänken liegen.
Nachdem er sich überzeugt hatte, dass sich nicht eine einzige Hand erhoben hatte, sagte der Richter: „Fall abgewiesen."

Anthony de Mello

4 Ihr kennt die Worte „Das machen doch alle!".
In welchen Situationen sind sie euch begegnet? Würdet ihr als Richter so vorgehen, wie jener „kluge Pädagoge"?

Keine Verwirrung

Als Neu-Mexiko Teil der Vereinigten Staaten wurde, so wird erzählt, und der Gerichtshof des neuen Staates zum ersten Mal zusammentraf, amtierte als Vorsitzender Richter ein hartgesottener ehemaliger Cowboy, der gegen die Indianer gekämpft hatte.
Er nahm seinen Platz ein, und das Verfahren wurde eröffnet. Ein Mann wurde des Pferdediebstahls bezichtigt.
Die Anklagevertretung trug den Fall vor, der Kläger und seine Zeugen wurden gehört.
Darauf erhob sich der Anwalt des Angeklagten und sagte: „Und nun, Euer Ehren, möchte ich vortragen, wie mein Mandant den Fall sieht."
Sagte der Richter: „Setzen Sie sich. Das ist nicht nötig. Es würde nur die Jury verwirren."

Anthony de Mello

5 Welchen Grundsatz, der für die Rechtsprechung wichtig ist, scheint der Richter nicht zu kennen?

Die Zeitschrift „Psychologie heute" (PH) interviewte den Gerechtigkeitsforscher **Leo Montada.**

Prinzip: Grundsatz; hier aber eher Gesichtspunkt, Kriterium, nach dem geurteilt wird
Priorität: Vorrang
präferieren: bevorzugen

1 Welche weiteren Entscheidungskriterien können hier eine Rolle spielen?

2 Gestaltet das Beispiel mit Details aus und trefft eine begründete Entscheidung.

3 Erinnert ihr euch an Fälle, in denen eine Art Ungleichbehandlung (zu Recht?) akzeptiert wurde? Erzählt davon.

Entscheidungsgrundsätze

Montada: Unter bestimmten Umständen werden Entscheidungen als gerecht akzeptiert, selbst von denen, die persönlich gar nicht so gut dabei wegkommen. Das ist dann der Fall, wenn das Entscheidungsverfahren als fair erlebt wurde, vor allem wenn alle Beteiligten ihre Sichtweisen darlegen und zur Geltung bringen können, das heißt, wenn das Entscheidungsgremium unparteiisch operiert. Faktisch hilfreich ist, wenn nicht nach einem einzigen Prinzip entschieden wird, sondern eine Mixtur der konkurrierenden Prinzipien der Entscheidung zugrunde gelegt wird. [...]
Über Prioritäten bei Organtransplantationen wird bei gleicher Erfolgserwartung nicht nur die Position auf der Warteliste berücksichtigt, sondern auch das Alter, die familiäre Situation und die Lebenserwartung. So dürfte nicht dem 85-Jährigen die Niere zugesprochen werden, der vielleicht nur noch eine Lebenserwartung von einem Jahr hat, sondern dem 65-Jährigen, der vielleicht nicht der Bedürftigste ist, aber eine höhere Lebenserwartung hat.

PH: Das würde aber der 85-Jährige sicher als ungerecht bezeichnen.

Montada: Sicher ist das nicht, wenn sich der 85-Jährige in die Position des Entscheidungsgremiums versetzt. Wenn es eine solche Mixtur von Prinzipien gibt, und wenn diese Mixtur auch den Betroffenen mitgeteilt wird, dann ist die Wahrscheinlichkeit groß, dass auf dieser Basis gefällte Entscheidungen auf eine breite Akzeptanz stoßen. Empörung über eine Entscheidung ist viel häufiger zu erwarten, wenn diese nur nach einem einzigen Prinzip gefällt worden ist, weil in diesem Falle viel mehr Menschen die von ihnen präferierten Prinzipien als verletzt ansehen.

Das Spenderorgan in der Kühlbox: Nachdem entschieden ist, wer das menschliche Ersatzteil bekommt, setzt ein gut organisierter Transport ein. Nach oft jahrelangem Warten kommt es nun auf Minuten an.

PH: Empörung müsste man eigentlich auch erwarten, wenn es in einer Gesellschaft große soziale Ungleichheiten gibt. In der Bundesrepublik wächst die Kluft zwischen Arm und Reich, Sozialleistungen werden gekürzt, Arbeitnehmerrechte gekappt – und dennoch bleibt der Protest weitgehend aus. Warum wehren sich Menschen kaum gegen ungerechte Verteilungen?

Montada: Das ist die klassische Frage nach Sozialneid und nach den Gründen der – viele überraschenden – verbreiteten Akzeptanz gesellschaftlicher Ungleichheit. In vielen gewachsenen Gesellschaften, die große soziale Unterschiede schon seit Generationen und Dekaden kennen, werden diese selten heftig angeprangert. Protest ist nach dem amerikanischen Soziologen Moore eher zu erwarten, wenn die eigene Lebenslage sich plötzlich verschlechtert, wenn Verluste am „Besitzstand" eintreten.

4 Wo wird soziale Ungleichheit akzeptiert
a) im eigenen Land,
b) auf der ganzen Welt?

5 Habt ihr eine Erklärung für dieses merkwürdige Phänomen?

Was das Gleichheitsprinzip bedeutet und was nicht

Helmut F. Kaplan ist ein österreichischer Philosoph. Er setzt sich auch für Tierrechte ein.

extrovertiert: nach außen gekehrt
introvertiert: nach innen gekehrt

– Das Gleichheitsprinzip behauptet nicht, dass die Menschen gleich sind: Angesichts der vielfältigen und augenfälligen Unterschiede zwischen den Menschen wäre es auch völlig absurd, eine solche Behauptung aufzustellen. Natürlich sind die Menschen *nicht* gleich. Es gibt alte und junge, gesunde und kranke, extrovertierte und introvertierte Menschen und so weiter und so fort.

– Das Gleichheitsprinzip fordert nicht, dass die Menschen gleich behandelt werden: Da die Menschen nicht gleich sind, brauchen sie auch nicht gleich behandelt zu werden. Alte und junge, gesunde und kranke, extrovertierte und introvertierte Menschen usw. haben jeweils *unterschiedliche Interessen,* die eine *unterschiedliche Behandlung* erfordern und rechtfertigen. So brauchen etwa Altersheiminsassen keine Sandkiste zum Spielen, während andererseits Kinder keinen Fahrstuhl in den ersten Stock brauchen, Gesunde brauchen keinen Rollstuhl, während Gehbehinderte keine Joggingausrüstung benötigen usw.

6 Überlegt: Ist ein Mensch schon gerecht, wenn er die anderen alle gleich behandelt?

– Was das Gleichheitsprinzip hingegen fordert, ist dies: Wo verschiedene Menschen ähnliche Interessen haben, da müssen wir diese ähnlichen Interessen auch gleich berücksichtigen, das heißt, ihnen das gleiche moralische Gewicht verleihen.

Helmut F. Kaplan

Aufgelesenes zur Gerechtigkeit

Wenn mein Fall im Wesentlichen deinem Fall gleicht, aber anders behandelt wird, so hat einer von uns Grund zur Klage über die begangene Ungerechtigkeit, wie jedes Kind instinktiv zu erkennen scheint.

William K. Frankena

Gerechtigkeit entspringt dem Neide; denn ihr oberster Grundsatz ist: allen das Gleiche.

Walther Rathenau

Die majestätische Gleichheit der Gesetze untersagt es dem Reichen ebenso wie dem Armen, unter Brücken zu schlafen, auf den Straßen zu betteln und Brot zu stehlen.

Anatole France

relativieren: etwas mit etwas anderem in eine Beziehung bringen und dadurch in seiner Gültigkeit einschränken

Wir sprechen zwar auch von gerechten Zuständen, gerechten Verteilungsschlüsseln usw. Aber zuerst und vor allem ist Gerechtigkeit eine Tugend. Das heißt: eine Haltung von Menschen. Gerechtigkeit kann jedem jederzeit und gegenüber jedermann abverlangt werden; denn die Forderung der Gerechtigkeit verlangt nichts anderes als die Relativierung der eigenen Sympathien, Wünsche, Vorlieben und Interessen. Es ist kein hinreichender Rechtfertigungsgrund für mein Handeln, dass es meinen Interessen dient – wenn nämlich auch die Interessen anderer von ihm betroffen sind.

Robert Spaemann

Das Recht des Stärkeren ist das stärkste Unrecht.

Marie von Ebner-Eschenbach

Ein Unrecht hinnehmen zieht ein anderes nach sich.

aus Spanien

Wer oder was jedem das Seine gibt, der oder das ist gerecht; ein Verhalten, eine Ordnung, ein Gesetz, ein Verhältnis, in dem jedem das Seine gegeben wird, ist gerecht. Damit ist die Gerechtigkeit eindeutig von der Liebe unterschieden. Die Liebe fragt nicht nach dem, was mir und was dem Anderen gehört; sie gibt nicht dem Anderen, was ihm gehört, was ihm „von Rechts wegen" zukommt, sondern sie gibt ihm vom Eigenen, sie gibt das, worauf der andere gerade keinen Anspruch hat.

Emil Brunner

Kein Mensch steht so hoch, dass er anderen gegenüber nur gerecht sein dürfte.

Marie von Ebner-Eschenbach

Gerecht – ungerecht – weder gerecht noch ungerecht?

- Kevin hat nur eine halbe Stunde für eine Klassenarbeit geübt, Marcus aber zwei Nachmittage lang. Kevin bekommt in der Arbeit eine Zwei, Marcus eine Vier.
- Im Supermarkt schlängelt sich ein junger Mann von der Seite her in eine lange Warteschlange vor der Kasse.
- Janine darf nur bis 22.00 Uhr auf Fêten, die gleichaltrige Anja bis 23.00 Uhr.
- Eva hat die Schule – nicht die Schulform – gewechselt und bekommt endlich die guten Noten, die sie sich immer gewünscht hat.
- Auf dem Weg zu einem Eishockey-Spiel kauft ein Fan einem an der Straße hockenden, betrunkenen Stadtstreicher eine Flasche Bier für 0,25 Euro ab.
- Sener hat einen eigenen Fernseher, Meltem nicht, obwohl ihre Eltern nicht weniger verdienen als die von Sener.
- Walter fährt regelmäßig schwarz mit der U-Bahn.
- Ein wohlhabender Mann verkauft einem begabten Musiker seine teure Stradivari-Geige zu einem günstigen Preis, obwohl er von einem begüterten Instrumentenliebhaber das Dreifache bekommen könnte.
- Der Vater von Jan muss doppelt so viele Steuern bezahlen wie der von Tim.
- Es gibt Völker, in denen Jungen und Mädchen von ihren Eltern verheiratet werden, ohne dass sie gefragt werden.
- In manchen Parkhäusern gibt es bequem erreichbare und hell erleuchtete Frauenparkplätze.
- Tobi ist durch seine schwere Geburt geistig behindert, seine Geschwister sind „normal".
- Jungen müssen zur Bundeswehr oder Zivildienst ableisten, Mädchen haben keine entsprechende Verpflichtung.
- Ein Hurrikan vernichtet zwei Drittel der Straßen, Brücken, Eisenbahnlinien eines ohnehin schon armen Landes.

- Herr Müller, 45, der ein anständiger Mann ist und stets solide gelebt hat, bekommt eine schwere Krankheit, die mit großer Wahrscheinlichkeit zum Tode führt.
- Frauen machen über die Hälfte der Weltbevölkerung aus, leisten zwei Drittel der anfallenden Arbeitsstunden, verdienen ein Zehntel des Welteinkommens und kontrollieren nur ein Prozent des Privatbesitzes.

1 Vorschlag: Beurteilt die genannten Fälle entsprechend der Überschrift.

2 Schreibt einzeln oder in Gruppen die Gründe für eure Entscheidung auf. Vergleicht die Ergebnisse.

3 Dort, wo ihr Ungerechtigkeit feststellt: Wer könnte erste Schritte zur Veränderung einleiten?

4 Nennt weitere Fälle, über die man streiten könnte.

Expertenbefragung zur Gerechtigkeit

Ein Schüler (**S**) wendet sich an einen (recht wortkargen) Experten (**E**) und möchte einiges über Gerechtigkeit erfahren.

Ihr könnt nun das, was ihr selbst über Gerechtigkeit herausgefunden habt, mit den Antworten des Experten vergleichen. Gibt es Gemeinsamkeiten, gibt es Unterschiede?
Falls Fragen und Probleme übrig geblieben sind: Versucht *gemeinsam* Antworten und Lösungen zu finden; eine Klasse ist (fast) immer klüger als jeder Einzelne für sich.

S: Ich habe über Gerechtigkeit nachgedacht, bin mir aber nicht sicher, ob meine Überlegungen richtig sind. Daher habe ich einige Fragen an Sie. Zunächst möchte ich wissen, woran ich erkenne, ob eine Handlung gerecht ist.

E: Gerechtigkeit besteht in der Gleichbehandlung. Damit ist jedoch nicht gemeint, dass alle ganz und gar gleich behandelt werden sollen (sonst müsste ein Schüler mit 20 Fehlern in der Klassenarbeit dieselbe Note bekommen wie der, der keine Fehler gemacht hat). Gleichbehandlung ist nur dann gerecht, wenn auch gleiche Voraussetzungen gegeben sind.

S: Bedeutet Gleichbehandlung bei gleichen Voraussetzungen automatisch Gerechtigkeit?

E: Keineswegs! Denn es kann sein, dass alle, die bei gleichen Bedingungen gleich behandelt werden, in gleicher Weise ungerecht behandelt werden.

S: Dann müssen Sie mir also genauer sagen, worin Gerechtigkeit besteht!

E: Stimmt! Allgemein gesprochen, besteht Gerechtigkeit darin, dass jeder das bekommt, was er verdient oder was ihm zusteht. Es gibt den aus der Antike stammenden Satz „Suum cuique“, also: „Einem jeden das Seine“.

S: Einverstanden! Aber ich würde doch gern wissen, wodurch einem überhaupt etwas zusteht.

E: Es steht einem Menschen etwas zu aufgrund eines Tuns, genauer aufgrund einer Leistung, eines Versprechens, eines Vertrags oder auch aufgrund einer Verfehlung.

S: Reicht das denn?

E: Nein! Denn es steht einem Menschen auch etwas zu aufgrund bestimmter Eigenschaften. Mit den Eigenschaften können hier Alter, Bedürftigkeit, Krankheit oder das Geschlecht gemeint sein oder auch das Menschsein selbst. Denn als Mensch hat jeder beispielsweise ein Anrecht auf Leben, auf Sicherheit und auf Freiheit.

S: Das leuchtet mir ein. Ich habe aber noch eine weitere Frage, nämlich: Wer oder was kann überhaupt gerecht sein?

E: Hier muss ich wieder eine doppelte Antwort geben: Gerecht sein können Regeln, Gesetze, Vorschriften, Ordnungen; hier spricht man von objektiver Gerechtigkeit. Gerecht sind aber vor allem Menschen. Ihre Gerechtigkeit kann man als Tugend oder subjektive Gerechtigkeit bezeichnen.

S: Und wem gegenüber kann man gerecht oder ungerecht sein?

E: Manchmal haben wir es nur mit einem einzelnen Menschen zu tun, etwa bei einem Tausch: Jemand gräbt für mich den Garten um, und ich muss ihm dann den entsprechenden Lohn geben oder für ihn eine gleichwertige Arbeit verrichten. Hier spricht man von *Tauschgerechtigkeit*.

S: Und wenn man mit mehreren Menschen zu tun hat?

E: Auch das gibt es. Bei der austeilenden Gerechtigkeit bekommen viele Menschen etwas. Hierbei muss man immer darauf sehen, was und wie viel überhaupt verteilt werden kann, und man muss darauf achten, ob die Voraussetzungen bei denen, die etwas bekommen sollen, gleich oder ungleich sind. Wenn in einer Notsituation Nahrung verteilt wird, dann bekommen nicht alle gleich viel, sondern entsprechend ihrem Alter, ihrem körperlichen Zustand oder auch entsprechend der Schwere ihrer Arbeit.

S: Eine vielleicht merkwürdige Frage: Kann man auch gegenüber der Gemeinschaft, zu der man gehört, gerecht oder ungerecht sein, z. B. gegenüber der Familie, der Klasse, dem Sportverein?

E: Allerdings! Ist es etwa gerecht, wenn sich einer immer drückt und die anderen die Dreckarbeit machen lässt? Die Gerechtigkeit der Gemeinschaft gegenüber nennt man allgemeine Gerechtigkeit.

S: Ich merke schon: Gerecht zu handeln ist oft schwer. Was muss ich eigentlich alles können, um gerecht zu handeln?

E: Es gehören auch andere Tugenden dazu: die Klugheit, die Besonnenheit und die Tapferkeit.

S: Wieso das?

E: Klugheit ist nötig, damit wir erkennen, was wirklich der Fall ist (ein Richter muss genau die Sachlage erkennen). Zum rechten Abwägen dessen, was genau zusteht, braucht man Besonnenheit: Man darf sich nicht von Vorurteilen und Gefühlen leiten lassen. Und oft müssen wir auch tapfer sein, nämlich dann, wenn das gerechte Handeln unangenehme Folgen nach sich ziehen kann: berufliche Schwierigkeiten, Druck von „oben", Verlust des Ansehens und Ähnliches.

S: Eine letzte Frage, die mich interessiert: Wie stehen eigentlich Gerechtigkeit und Liebe zueinander?

E: Vergleicht man Gerechtigkeit mit Liebe, so wird man wohl die Liebe für wertvoller halten. Der Gerechte gibt dem Anderen genau das, was ihm zusteht, nicht weniger, aber auch nicht mehr. Gerechtigkeit ist also objektiv und neutral. Wer liebt, gibt dem Anderen aber mehr, als dieser verdient. Liebe schenkt, sie ist nicht sachlich, sondern geht aus der persönlichen Beziehung zu dem Anderen hervor.

S: Vielen Dank für Ihre Auskunft. Ich habe etwas dazugelernt.

1 Mit wem teilen sich die Menschen das aus dem Müll, was noch verwertbar ist? Schaut mindestens zweimal hin.

In Brasilien überleben Menschen, indem sie Essensreste auf Müllkippen sammeln.

Die „Allgemeine Erklärung der Menschenrechte" wurde 1948 von den Vereinten Nationen verkündet. Fast alle Staaten der Welt haben sie inzwischen anerkannt.

Aus der **Präambel:**
Da die Anerkennung der allen Mitgliedern der menschlichen Familie innewohnenden Würde und ihrer gleichen und unveräußerlichen Rechte die Grundlage der Freiheit, der Gerechtigkeit und des Friedens in der Welt bildet [...], verkündet die Generalversammlung die vorliegende Allgemeine Erklärung der Menschenrechte.

1 Ist einer der Artikel für dich besonders wichtig?

2 Gilt Artikel 16 überall auf der Welt?

Allgemeine Erklärung der Menschenrechte

Artikel 1
Alle Menschen sind frei und gleich an Würde und Rechten geboren. Sie sind mit Vernunft und Gewissen begabt und sollen einander im Geiste der Brüderlichkeit begegnen.

Artikel 2
Jeder Mensch hat Anspruch auf die in dieser Erklärung verkündeten Rechte und Freiheiten ohne irgendeine Unterscheidung, wie etwa nach Rasse, Farbe, Geschlecht, Sprache, Religion, politischer oder sonstiger Überzeugung, nationaler oder sozialer Herkunft, nach Eigentum, Geburt oder sonstigen Umständen.

Artikel 3
Jeder Mensch hat das Recht auf Leben, Freiheit und Sicherheit der Person.

Artikel 4
Niemand darf in Sklaverei oder Leibeigenschaft gehalten werden; Sklaverei und Sklavenhandel sind in allen Formen verboten.

Artikel 5
Niemand darf der Folter oder grausamer, unmenschlicher oder erniedrigender Behandlung oder Strafe unterworfen werden.

Artikel 16
(1) Heiratsfähige Männer und Frauen haben ohne Beschränkung durch Rasse, Staatsbürgerschaft oder Religion das Recht, eine Ehe zu schließen und eine Familie zu gründen. Sie haben bei der Eheschließung, während der Ehe und bei deren Auflösung gleiche Rechte.
(2) Die Ehe darf nur auf Grund der freien und vollen Willenseinigung der zukünftigen Ehegatten geschlossen werden.
(3) Die Familie ist die natürliche und grundlegende Einheit der Gesellschaft und hat Anspruch auf Schutz durch Gesellschaft und Staat.

Artikel 19
Jeder Mensch hat das Recht auf freie Meinungsäußerung; dieses Recht umfasst die Freiheit, Meinungen unangefochten anzuhängen und Informationen und Ideen mit allen Verständigungsmitteln ohne Rücksicht auf Grenzen zu suchen, zu empfangen und zu verbreiten.

Artikel 25
(1) Jeder Mensch hat Anspruch auf eine Lebenshaltung, die seine und seiner Familie Gesundheit und Wohlbefinden, einschließlich Nahrung, Kleidung, Wohnung, ärztliche Betreuung und der notwendigen Leistungen der sozialen Fürsorge, gewährleistet; er hat das Recht auf Sicherheit im Falle von Arbeitslosigkeit, Krankheit, Invalidität, Verwitwung, Alter oder von anderweitigem Verlust seiner Unterhaltsmittel durch unverschuldete Umstände.

... in einfacheren Worten

Artikel 1
Wenn die Menschen zur Welt kommen, sind sie frei und müssen in allem gleich behandelt werden (gerecht und anständig).

Artikel 2
Für jeden gilt das, was hier gesagt wird, auch wenn er nicht deine Sprache spricht, auch wenn er nicht deine Hautfarbe hat, auch wenn er nicht so denkt wie du, auch wenn er eine andere Religion hat als du, auch wenn er reicher oder ärmer ist als du, auch wenn er aus einem anderen Land stammt als du.

Artikel 3
Du hast das Recht auf dein Leben und das Recht, frei und sicher zu leben.

Demonstrationsrecht

Recht auf Familiengründung

Recht auf Gleichberechtigung

Recht auf Wohnraum

3 Vergleicht die beiden Fassungen. Wird in der vereinfachten Fassung letztlich dasselbe ausgedrückt wie im Original?

4 Welche Formulierung gefällt dir besser?

5 Art. 2 sagt, welche Unterschiede bei der Anwendung der Menschenrechte nicht gemacht werden dürfen. Nennt Beispiele für die Nichtbeachtung dieses Artikels.

6 Formuliert auch die übrigen Artikel (S. 120) mit einfacheren Worten.

7 Entwerfe eigene Logos.

Straßenkinder als Freiwild
Wenn Kinder aus Gründen der Armut auf der Straße leben müssen, leben sie in vielen Ländern Lateinamerikas gefährlich. Aus Brasilien und Kolumbien erfährt amnesty international jedes Jahr von Hunderten ermordeter Kinder.
Dahinter stecken zumeist Geschäftsleute und Ladenbesitzer, für die Straßenkinder lediglich „unerwünschte Elemente" und eine Störung ihrer Geschäftsinteressen darstellen. Ihre Mordbefehle führen zumeist Todeskommandos aus, die sich – dafür gibt es Beweise – in der Regel aus Polizisten zusammensetzen. [...]
Beispielsweise wurden am 13. Februar 1994 Javier Gonzáles, Jairo Murcio und ein weiteres, unter dem Namen „Asprilla" bekanntes Kind durch Kopfschüsse getötet, als sie die Nacht schlafend vor einem Kaufhaus verbrachten. Ort des Verbrechens war Timiza, ein Bezirk der kolumbianischen Hauptstadt (Bogota).

ai-Info

Hoffnung für Jungen und Mädchen in La Paz

Kaum ein Spaziergang, von dem Padre José allein heimkehrt: Der große Mann mit dem Andenhut sammelt Kinder. In La Paz, der bolivianischen Hauptstadt, findet er sie an jeder Straßenecke: kleine, verwahrloste Waisen, vom Hunger zum Stehlen verurteilt, oft ohne Schlafplatz. Die Straßenkinder von La Paz lieben den deutschen Pater, gibt er ihnen doch zu essen und Zuneigung, das lange vermisste Gefühl von Geborgenheit.

Vater und Mutter zugleich ist Padre José, Pfarrer Josef Neuenhofer, für die 150 Jungen und Mädchen, die in seinem Kinderdorf Arco Iris („Regenbogen") einen Platz zum Überleben gefunden haben. Sie haben ein Bett, Freunde, Zukunft. Sie bekommen Unterricht, können Gärtner, Schreiner, Bäcker, Küchenhilfe oder Schneiderin werden. Unter dem Zeichen des Regenbogens keimt Hoffnung für bald 400 Straßenkinder. Denn Pfarrer Neuenhofer will weiteren Kindern ein Dach über dem Kopf schaffen. Ob das gelingt, hängt nicht zuletzt von Spenden ab – aus seiner niederrheinischen Heimat erwartet der aus Mönchengladbach stammende Pastor Schützenhilfe [...].

Es sind vor allem die Mädchen, die Neuenhofer aus der Gosse holen will. Sie leben gefährlich in einem Umfeld, das Kinderprostitution fördert. Sich selbst zu verkaufen, ist für sie oft die einzige Möglichkeit, an Geld zu kommen. Als Neuenhofer 1992 nach Bolivien kam, übernahm er in La Paz die Seelsorge im Stadtteil Alto Obrajes und die Aufgabe des kirchlichen Betreuers aller Straßenkinder in der Stadt. Das sind mehr als 4000. Eine schier unlösbare Aufgabe. Und doch hat der heute 60-jährige Pfarrer viel erreicht. Insgesamt vier Einrichtungen für Straßenkinder, vom Heim über die Werkstätten bis zu Kinderküche (600 Essen täglich) und Schlafhaus, werden von seiner Stiftung betreut.
Gewiss eine Investition in die Zukunft, sagt Padre José.

Horst Thoren

1 Habt ihr von anderen Menschen gehört, die Ähnliches leisten wie Padre José?

In Indien müssen Eltern für ihre Töchter eine extrem hohe Mitgift, den Dowry, zahlen, wenn sie die Mädchen verheiraten wollen. Bei der ärmsten Bevölkerungsschicht, den Harijans, werden daher häufig kleine Mädchen gleich nach der Geburt umgebracht und in Gruben verscharrt. Sie werden daher Grubenbabys genannt.
Der folgende Text ist ein Ausschnitt aus dem Zeitungsartikel „Stelle dir vor, ich hätte ein Mädchen, das wäre der Ruin". Er berichtet von dem Kampf gegen das Morden.

Ein Mädchen wäre der Ruin

James Kimpton kämpft um das Leben der Mädchen, manchmal wie ein Rufer in der Wüste, manchmal mit Erfolg. Der Brite, Angehöriger des christlichen De-la-Salle-Ordens, leitet die Hilfsorganisation „Reaching the Unreached" (RTU). In Kallupatti, einer Siedlung im Distrikt Madurai, hat Kimpton vor acht Jahren ein Kinderdorf gegründet: Anbu Illam, Heim der Liebe. Unterstützt wird er von der Deutschen Welthungerhilfe.

In Anbu Illam nimmt der Ordensbruder gerettete Grubenbabys auf. Aber auch Kinder, die von ihren Vätern verstoßen wurden, nachdem diese ihre Frauen mit Kerosin übergossen und dann angezündet hatten. Kinder, deren Eltern sich erhängten, weil ihnen der Schuldenberg über den Kopf gewachsen war. Kinder, die zu Hause halb totgeprügelt wurden. 144 Kinder, zumeist Mädchen und zumeist Harijans. Jeweils fünf oder sechs von ihnen leben zusammen mit einer Ersatzmutter. Die Mädchen dürfen bis zur Hochzeit in Anbu Illam bleiben, und auch danach können sie jederzeit wiederkommen. Für jede von ihnen spart RTU 20 000 Rupien auf der Bank, damit die Bräute den Dowry bezahlen können, ohne sich gleich hoch zu verschulden.

Unermüdlich fährt Kimpton in die Siedlungen rings um Kallupatti, um den Unberührbaren ins Gewissen zu reden, damit sie ihre Babys ins Kinderdorf geben, statt sie zu vergiften. „Ein zäher Kampf gegen das Misstrauen", sagte der 69-Jährige. Die meisten Harijans wollten „die Sache" ein- für allemal beenden. „Wenn ihre Töchter in Anbu Illam sind, glauben die Eltern dass sie eines Tages doch noch den Dowry bezahlen müssen."

Außerdem regiert der Aberglaube. Wenn ein Mädchen sterbe, reden sich die Leute ein, werde das nächste Kind ein Junge sein.

[...] Einmal hat Kimpton ein weggeworfenes Baby im Müll aufgelesen. „Die schwarzen Schweine waren schon drumherum. Wir hatten riesiges Glück, dass es noch atmete."

Um über Glücksfälle hinaus den Durchbruch zu schaffen, sagt der Engländer, müsse er die Verzweifelten „rausholen aus ihrem Dreck". Nur wenn die Not nicht mehr so krass sei wie jetzt, würden die Harijans ihre Töchter nicht mehr töten. Deswegen lässt der Geistliche von Spendengeld aus Europa Häuser für die Armen bauen, Brunnen bohren und Schulen einrichten. [...] Seinen Leitspruch hat Kimpton auf ein großes Plakat in seinem Kinderdorf gemalt: „Oft pflanzen wir Bäume, unter denen wir niemals sitzen werden. Aber pflanzen müssen wir."

Frank Herrmann

2 Könnt ihr Verständnis für die Harijans aufbringen?

3 Stellt eine Liste von Änderungen auf, die durchgeführt werden müssten, damit Babys nicht mehr umgebracht werden.

„Reporter ohne Grenzen", eine Menschenrechtsorganisation, berichtet:

1 Weshalb sind bestimmte Journalisten in bestimmten Teilen der Welt so verhasst, dass sie um ihr Leben bangen müssen?

2 Welche Journalisten dürften bei den Machthabern beliebt sein?

Kollusion: geheime Verabredung

Headline = Deadline? Die Pressefreiheit ist weltweit noch unter Druck

In Kuba müssen Schreibmaschinen angemeldet werden. Der Besitz eines nicht genehmigten Fax- oder Kopiergeräts kann einen ins Gefängnis bringen. Regimekritische Berichte dürfen nicht in Umlauf gebracht werden. [...] Allein im Jahr 1997 haben nicht weniger als dreißig Journalisten die Gefängnisse von Havanna kennen gelernt.

Dies ist leider keine Besonderheit des Fidel-Castro-Regimes. Journalisten, die in Mauretanien die Korruption oder in China die fehlende Freiheit anprangern, landen im Kerker, ihre Texte in den Papierkörben der Zensoren. Tabus und Verbote sind in allzu vielen Ländern gang und gäbe. Noch tritt fast die Hälfte der 185 Staaten, die einen Sitz in den Vereinten Nationen haben, die Pressefreiheit mit Füßen. Weltweit wurden in den letzten zehn Jahren mehr als 600 Journalisten getötet.

Militärputsch in Santiago de Chile, 1973: Der schwedische Fotograf Leonardo Henricksen steht vor dem Präsidentenpalast, als Rebellen mit Lastwagen vorfahren. Unbeirrt richtet er seine Kamera auf die Putschisten – und wird von einem Offizier niedergeschossen.

Auf allen Kontinenten und unter allen Regimen gelten bestimmte Journalisten als Störenfriede, ihre Ermittlungen und Stellungnahmen sind lästig, ihre Unabhängigkeit erregt Ärger. Guerilleros oder paramilitärische Gruppen, Drogenhändler oder Mafia-Organisationen – sie alle schrecken nicht davor zurück, jeden, der ihre Machenschaften anprangert, physisch zu eliminieren und so zum Schweigen zu bringen.

Allen diesen Morden ist eins gemeinsam: Die Mörder laufen, bis auf seltene Ausnahmen, immer noch frei herum, und die meisten dieser Verbrechen bleiben wohl für immer ungesühnt. In den meisten Fällen führt die Polizei nicht einmal ernsthafte Ermittlungen durch, als fürchte sie, dabei auf unerwartete Verflechtungen, auf wirtschaftliche oder politische Kollusion zu stoßen. Mangelnde Unabhängigkeit der Justiz, allenthalben herrschende Korruption, Unfähigkeit der Polizei, mächtige finanzielle Interessen – all diese Faktoren wirken zusammen, um die Schuldigen straflos ausgehen zu lassen. [...]

Zum Glück sind viele demokratisch gesinnte Männer und Frauen auf allen Kontinenten bereit, jenen Journalisten Unterstützung zu gewähren, die fest entschlossen sind, um keinen Preis aufzugeben.

„Reporter ohne Grenzen" leistet seinen bescheidenen, aber hartnäckigen Beitrag zu diesem unablässigen Kampf. Wir tun dies möglichst im Einvernehmen mit anderen Organisationen, die in verschiedenen Ländern das gleiche Ziel verfolgen, und in Koordination mit etwa 110 Korrespondenten, Journalisten und/oder Menschenrechtskämpfern, die ein nahezu weltumspannendes Netz bilden. [...]
An Erfolgen mangelt es nicht. „Reporter ohne Grenzen" sorgt dafür, dass Medien, die das Glück haben, ungehindert arbeiten zu können, „Patenschaften" für inhaftierte Journalisten übernehmen. In den letzten fünf Jahren konnten auf diese Weise über hundert Journalisten und Korrespondenten von einer Redaktion „adoptiert" werden. Mehr als die Hälfte kam frei [...].

Robert Minard

Aus einem Gedicht des deutschen Liedermachers Wolf Biermann zu diesem Foto:

Die Kugel kam aus der Knarre,
Die kam aus der Kamera nicht,
Und unser Kampf geht weiter,
Wo dieser Film abbricht.

Heute noch Sklaverei? Und was tun?

Diskussion von Sklavenhändlern mit Vertretern von CSW

The Sunday Times Magazine vom 22. 08. 1999 berichtet:

Tausende von Menschen im Südsudan sind von Milizen verschleppt und als Sklaven verkauft worden. Die britische Organisation Christian Solitary Worldwide (CSW) befreit Sklaven, indem sie sie ihren Besitzern abkauft. Werden dadurch Probleme gelöst oder sogar verschärft?
Der Fotograf Sam Faulkner war Zeuge eines solchen Handels.

1 Worauf schauen die Sklavenhändler?

Sklaven beobachten die Verhandlung über den Preis ihrer Freiheit

Urgent Action: Eilaktion

Der Anrufer ist aufgeregt, und das überrascht nicht. Denn soeben ist sein Bruder, ein nigerianischer Rechtsanwalt, in Lagos von Polizisten festgenommen worden. Es lag kein Haftbefehl gegen den 40-Jährigen vor, der schon mehrfach Oppositionelle vor Gericht vertreten hat. Sein Bruder sorgt sich um ihn, hat Angst, dass er gefoltert, zu einem Geständnis gezwungen und dann für Jahre ins Gefängnis gesperrt werden könnte, so, wie es so manchem anderen in Nigeria in den vergangenen Jahren ergangen ist. Die Zuhörerin auf der anderen Seite der Leitung – es handelt sich um die Nigeria-Expertin im Internationalen Sekretariat von *amnesty international* **(ai)** in London – hört aufmerksam zu, fragt nach, erforscht genaue Uhrzeiten und fragt nach Zeugen. Sie kennt nicht nur die Lage im Land genau, sondern hat den Festgenommenen sogar vor einigen Monaten selbst gesprochen, als sie im Land Menschenrechtsverletzungen recherchierte.

Es gibt viele Leute, die sagen, man könne bei all dem Unrecht in der Welt ja doch nichts ausrichten. Kann man wirklich nicht?
Wie **ai** hilft, erfahrt ihr aus dem Text.

Nachdem das Gespräch beendet ist, greift die ai-Mitarbeiterin erneut zum Hörer. Sie ruft einen ihr bekannten Journalisten in Nigeria an, bei dem sie das soeben Erfahrene gegenrecherchieren möchte. Dieser kann die Festnahme bestätigen. Ein Kollege sitzt sogar gerade an einem Artikel über den Vorfall. Sobald der Text geschrieben ist, will der Journalist ihn nach London faxen. So lange wartet die ai-Mitarbeiterin nicht: Umgehend setzt sie sich mit der „Urgent Action"-Abteilung im Haus in Verbindung und kündigt an, dass zu dem gefährdeten Rechtsanwalt aus Lagos noch eine Urgent Action (Eilaktion) herausgegeben werden muss. Nur zwei Stunden später ist es soweit: „Fear for safety" – Sorge um Sicherheit – ist der zweiseitige Text betitelt, in dem seine Festnahme geschildert und zu Appellen an die nigerianischen Machthaber aufgefordert wird. Der Text ist von mehreren Experten und einem Juristen gegengelesen worden, und inzwischen ist auch das Fax aus der Redaktion in Lagos mit dem bereits gesetzten Artikel über die Festnahme für die morgendliche Ausgabe eingetroffen.

1 Erkundigt euch bei der nächsten ai-Gruppe, wie ihr helfen könnt, z. B. im Hinblick auf die „Gefangenen des Monats".

Sofort machen sich die Kollegen in der Urgent-Action-Abteilung nun daran, die neueste Eilaktion elektronisch zu verschicken. Nur wenige Augenblicke später melden die Computer in mehreren Dutzend ai-Sektionen die Ankunft einer E-Mail-Nachricht aus der Urgent-Action-Abteilung des Internationalen ai-Sekretariats. Kurze Zeit später werden die Informationen bereits erneut weiter verbreitet. Andere ai-Sektionen erhalten den Text per Fax, per Telex oder, wo auch das nicht möglich ist, per Kurier oder mit der Post.

Nur zehn Stunden nach dem Anruf des Bruders aus Lagos werden aus den USA die ersten Protestschreiben an den nigerianischen Regierungschef gefaxt, in denen nach den Gründen für die Festnahme des 40-jährigen Anwalts gefragt und seine sofortige und bedingungslose Freilassung gefordert wird, sollte er nicht umgehend einer erkennbaren strafbaren Handlung angeklagt werden.

Wenn die Kanadier und die US-Amerikaner schlafen gehen, sind die ersten Appellschreiber in Europa bereits aktiv. In vielen Sektionen, so auch in der deutschen Geschäftsstelle in Bonn, sind Übersetzer dabei, eine Fassung der Eilaktion in der jeweiligen Landessprache zu erstellen. In den vier offiziellen ai-Sprachen –

neben Englisch sind das Französisch, Spanisch und Arabisch – werden die Texte zentral übersetzt; in viele andere Sprachen, zum Beispiel Japanisch, Deutsch oder Italienisch, wird sie in den jeweiligen Sektionen übertragen.

24 Stunden nach der Festnahme stehen in Nigeria die Faxe nicht mehr still, und das nicht nur bei den Machthabern. Auch an die Vereinigung der Rechtsanwälte in Lagos, die zahlreiche Kopien von Appellen erhält, geht der Protest nicht vorbei. Wenn es in Europa dunkel wird, haben längst die ersten Appelle aus Asien eingesetzt. Neben Japanern setzen sich auch ai-Aktive aus Hongkong, Seoul oder Bangkok für den Nigerianer ein. Schon bald erreichen auch die ersten Protestschreiben aus Afrika den Präsidentenpalast: Aus Algier, Accra, Kapstadt und zahlreichen anderen Städten des Schwarzen Kontinents werden Forderungen nach der Freilassung laut. Schließlich mit Erfolg: Ohne Anklage und Verfahren wird der Jurist nach acht Tagen im Polizeigewahrsam wieder auf freien Fuß gesetzt. Bei den ersten Verhören hatte man ihm noch Folter und Misshandlung angedroht; offenbar unter Einfluss des geballten Protestes wurde die Behandlung schnell besser.

Die Erfolgsgeschichte einer „Urgent Action", wie sie fast täglich bei *amnesty international* geschrieben wird. In 160 Ländern ist die größte Menschenrechtsorganisation mit etwa einer Million Mitgliedern und Förderern vertreten. In 55 Ländern sind die ai-Strukturen so stabil, dass sie als Sektion anerkannt wurden; das heißt, dass kontinuierliche Arbeit garantiert ist. In Deutschland verfügt ai über etwa 16 000 Mitglieder und 570 lokale Gruppen.

Begonnen hatte alles 1961: Peter Benenson, ein Rechtsanwalt aus London, las in der Zeitung, dass man in Portugal zwei Studenten festgenommen hatte, weil sie auf die Freiheit angestoßen hatten. Daraufhin startete er einen Aufruf unter dem Titel „The forgotten prisoners" – ein Motto, das die ursprünglichen Ansätze von *amnesty international* charakterisierte und bis heute wichtige Teile der ai-Arbeit skizziert. Mit den Jahren entwickelte sich ai von der Gefangenenhilfsorganisation, die sich für die Freilassung „vergessener" gewaltloser politischer Gefangener einsetzte, zu einer Menschenrechtsorganisation, die schrittweise auch das Engagement für faire politische Prozesse sowie den bedingungslosen Kampf gegen Folter und Todesstrafe ins Mandat aufnahm.

Harald Gesterkamp

2 Welche Gefühle weckte dieser Bericht in euch?

Weitere Organisationen, die sich um die Verwirklichung der Menschenrechte kümmern:
- Gesellschaft für bedrohte Völker,
- Komitee für Grundrechte und Demokratie,
- Pro Asyl,
- Reporter ohne Grenzen,
- Terre des Femmes,
- Terre des Hommes,
- Food First, Informations- & Aktions-Netzwerk (FIAN),
- Human Rights Watch.

Eine Übersicht über die Internet-Angebote deutscher Menschenrechtsorganisationen bietet: **www.web.de/Organisationen/Menschenrechte**

Mit Technik leben

Einige Beispiele: ein Jahrhundert technischer Erfindungen

1900 – ***Rudolf Diesel*** beschreibt auf der Weltausstellung in Paris die aktuelle Version seines Motors (Deutschland)

1901 – ***Hubert Booth*** – Staubsauger (England)

1903 – Flugzeug der ***Gebrüder Wright*** (USA)

1906 – ***Alva Fisher*** – Elektrische Waschmaschine (USA)

1909 – Elektrischer Toaster

1913 – ***Henry Ford*** – Fließbandproduktion des ersten Massenautos „Tin Lizzys“ (USA)

Henry Ford

1927 – Musikbox (USA)

1928 – Fernsehapparat

1931 – Elektrische Gitarre

1934 – Nylonstoff (USA)

1936 – ***Konrad Zuse*** – Erste elektromechanische Rechenmaschi

1938 – Kernspaltung (Deutschland)

1943 – Kugelschreiber

1944 – Hubschrauber – ***Igor Sikorsky***

1945 – Atombombe (USA)

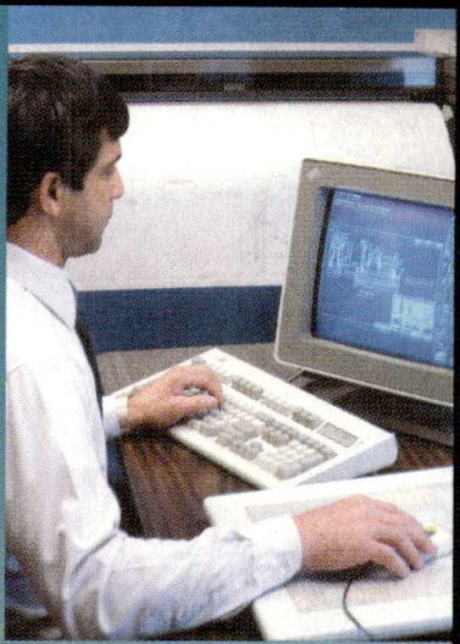

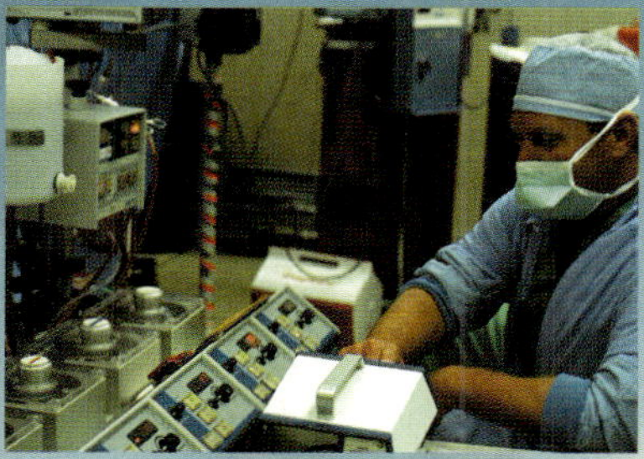

1948 Langspielplatte mit 33 Umdrehungen/Minute

1956 Erster Videorekorder

1961 ***Juri Gagarin*** als erster Mensch im All (UdSSR)

1968 Boeing 747 Jumbo-Jet (USA)

1971 Mikroprozessor von Intel (USA)

1972 Erstes Videospiel

1975 Erster Personal Computer

1977 Erster Commodore-Heimcomputer

1979 Erster Sony-Walkman (Japan)

1982 Musik-CDs von Philips (Niederlande) und Sony (Japan)

1983 Erstes Handy-Netz (USA)

1989 World-Wide-Web, ***T. Berners-Lee*** (USA)

1994 Bankgeschäfte und Einkaufen im Internet

1999 179 Millionen Internet-Nutzer weltweit

2010 ???

2020 ???

... ???

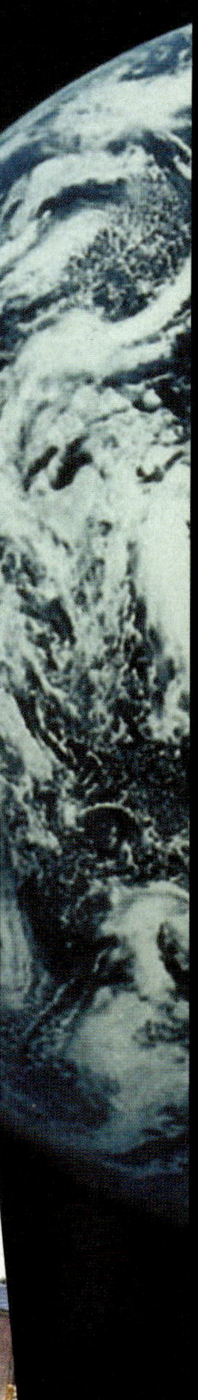

Mit Technik leben

- Jeden Tag sind wir von Technik umgeben. Technik hat besonders in den letzten 200 Jahren das Leben der Menschen tief greifend verändert.
- Heute werden vor allem Chancen und Gefahren von Atomenergie, Computertechnologie und Gentechnologie diskutiert.
- Jeder Bildschirm zeigt eine Untersuchungsmöglichkeit zum Thema „Natur und Technik".

Wie die Technik unser Erleben verändert

Die Technik ist uns zur zweiten Natur geworden. Wir können gar nicht leben ohne Technik. Was würde der Philosoph Sokrates heute dazu sagen?

Seiten 134-135

Ein Blick in die Geschichte

Dieses Kapitel erklärt euch zunächst, wie die modernen Naturwissenschaften und mit ihnen die Technik in Gang gekommen sind und wie es kommt, dass wir in die uns umgebende Natur immer mehr eingreifen und sie verändern.

Seiten 132-133

Die Informationstechnologie wird untersucht im Kapitel:

Die neuen Medien: künstliche Paradiese?

Seite 162

Menschen nach Maß? Zum Beispiel: Gentechnologie

Dieses Unterkapitel macht folgendes Angebot: Ihr könnt das Beispiel: *Menschen nach Maß?/ Gentechnik* untersuchen, um euch über *eine* heute viel diskutierte Technikrichtung zu informieren.

Seiten 138-140

Mit Technik überleben!

Technik im Krankenhaus

Seiten 136-137

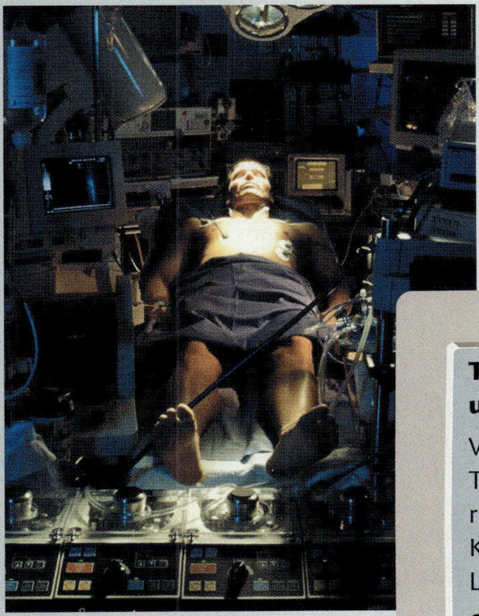

Treiben Wissenschaft und Technik uns in den Tod?

Vielfach wird behauptet, unsere Technik könne uns auch zugrunde richten. Andere halten das für bloßes Katastrophengerede.
Lernt diese Debatte kennen!

Seiten 142-143

Sanfte Technik – eine Forderung der Vernunft?

Was sagen Philosophen zu Fluch und Segen der Technik?
Was sollte man anders machen?

Beispiele findet ihr auf den Seiten 144-147.

Sich informieren – etwas tun!

Was kann man tun? Wie soll man sich verhalten?

Seiten 146-147

Die modernen Naturwissenschaften und die Technik entstehen

Die Menschen sind mit der Natur nicht immer gleich umgegangen. Für die alten Griechen war die Natur (phýsis) nicht nur ein bloßer Gegenstand. Sie fühlten sich vielmehr geborgen in einer lebendigen und heiligen Ordnung, dem „Kosmos". Die antike und mittelalterliche Naturwissenschaft bestand vor allem in einem beschreibenden Nachvollzug der Naturerscheinungen. Aristoteles zwang die Natur nicht unter die Bedingungen des Experiments.

Eine entscheidende Veränderung trat mit dem Beginn der Neuzeit ein.

***Aristoteles** (384-322 v. Chr.), Vater aller Wissenschaften*

1 Beschreibe die Einrichtung des Raumes. Wo liegt die Kugel? Wozu könnte der Wassereimer gedient haben?

Der italienische Physiker Galileo Galilei (1564-1642) nahm für das neue Weltbild des Nikolaus Kopernikus (1473-1543) Partei, demzufolge die Sonne und nicht die Erde im Mittelpunkt des Alls steht. Vor allem aber steht Galileis Name für den Einsatz des *Experiments* an der so genannten „Schiefen Ebene". Jetzt blieb die Natur bei wissenschaftlichen Untersuchungen nicht mehr sich selbst überlassen, sondern wurde aktiv verändert!

Galileis Arbeitszimmer. Rekonstruktion im Deutschen Museum München. Man sieht scheinbar nichts als allerlei Geräte und eine schiefe Rinne ...

Was ist denn so aufregend an Galilei, Herr Kant?

■ **Immanuel Kant** (1724-1804), berühmter Philosoph und Galilei-Fan, erklärt uns das bahnbrechend Neue und Folgenschwere an Galileis Vorgehensweise.

Galilei ist einer der Väter unserer modernen Welt geworden. Die neue Naturwissenschaft machte die großen Erfolge der Technik möglich. Der Engländer Francis Bacon (1561-1626) sagte: „Wissen ist Macht." Die neue Vorgehensweise brachte all die Dinge hervor, ohne die unser heutiges Leben gar nicht vorstellbar wäre (s. S. 128/129) und von denen wir alle jeden Tag profitieren, z. B. in der Medizin im Kampf gegen Krankheiten. Sie ist in manchen ihrer Auswirkungen aber zugleich bis heute auch umstritten. Heute werden zum Beispiel die Experimente in den Genlabors kritisiert. Für Erfolge und Vorteile, aber auch Probleme und Gefahren der modernen Naturwissenschaften und der Technik bieten die folgenden Seiten Beispiele.

2 Fragt den Physiklehrer/die Physiklehrerin: Wie sieht das Experiment an der schiefen Ebene genau aus? Baut es im Unterricht nach.

3 Mit welchen *Begriffen* schildert Kant das Vorgehen Galileis? Wie würdet ihr es schildern?

4 Wo wird heute experimentell gearbeitet? Nennt berühmte Experimente und Alltagsbeispiele.

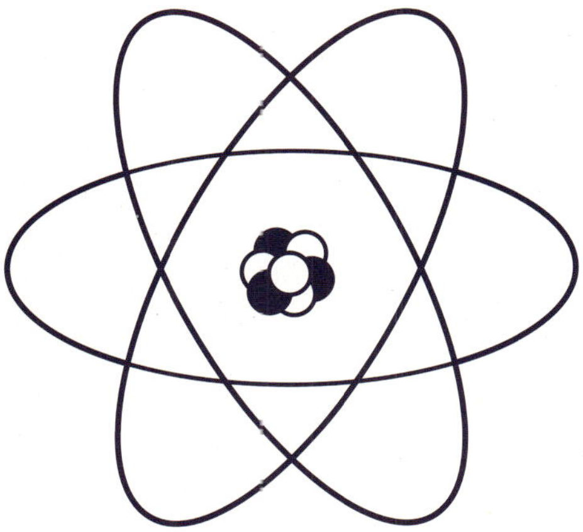

Atom-Symbol

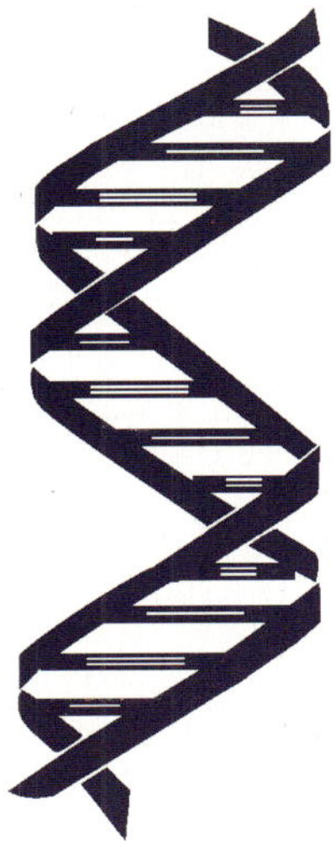

DNA-Symbol

Sokrates und der Gebrauchtwagen

Es treten auf: *Sokrates* (passionierter Fußgänger), *Phaidros* (zukünftiger Gebrauchtwageneigentümer)

Sokrates: Lieber Phaidros! Woher kommst du und wohin führt dich dein Weg?

Phaidros: Ich komme von Lysias, dem Sohn des Kephalos, o Sokrates. Jetzt verlasse ich die Mauern unserer schönen Stadt, denn um mir ein gebrauchtes Auto zu kaufen, möchte ich einen Gebrauchtwagenmarkt besuchen, der, wie man mir sagte, vor kurzem an der Straße nach Eleusis eröffnet wurde.

Sokrates: Da du entschlossen bist, ein Auto zu kaufen, wartest du nicht, bis du genug Geld hast, um einen Neuwagen zu erwerben?

Phaidros: Da ich noch nicht über ausreichende Fahrpraxis verfüge, möchte ich lieber auf einem gebrauchten üben. Warum aber hast du, o Sokrates, obgleich du über die nötigen Mittel verfügst, nie ein Auto gekauft?

Sokrates: Wozu?

Phaidros: Um damit zu fahren, wohin es dir beliebt.

Sokrates: Und wohin sollte ich fahren?

Phaidros: Na, ich weiß nicht … zur Agora zum Beispiel, da du doch im Demos Alopeke wohnst und gezwungen bist, jeden Morgen mehr als eine halbe Stunde zu Fuß zu gehen …

Sokrates: Und du meinst, es würde mir missfallen, zu Fuß zu gehen?

Phaidros: Das glaube ich, o Sokrates.

Sokrates: Ganz im Gegenteil, lieber Phaidros. Ich habe so viel Freude am Spazierengehen, dass ich, wenn ich reich wäre und einen Wagen besäße, nur, um meinen Chauffeur nicht entlassen zu müssen, diesem das Auto anvertraute und ihn im Schritttempo hinter mir herfahren ließe. Und meinst du nicht auch, ich verlöre, wenn ich mich nur noch im Auto fortbewegte, jede Möglichkeit, meine Freunde zu treffen, ein wenig zu verweilen und mit ihnen zu sprechen?

Phaidros: Du magst recht haben, was kurze Entfernungen angeht, für lange Strecken gilt das nicht. […]

Sokrates: Ich glaube, dass Autofahrer in der Regel Menschen sind, die für die Schönheiten der Natur nicht sonderlich empfänglich sind. So habe ich nicht ein einziges Mal einen von ihnen längs des Weges anhalten sehen, um die Landschaft zu bewundern. Das einzige Ziel, das sie ihr Leben lang verfolgen, scheint es zu sein, auf der Autobahn von Ausfahrt zu Ausfahrt dahinzujagen, eine bestimmte Entfernung in einer genau festgelegten Zeit zurückzulegen.

Phaidros: Du hast Recht, o Sokrates. […]

Sokrates: Ich glaube, dass all das, was dieser neue Gott, den du Fortschritt nennst, uns gebracht hat, nur eine Reihe von künstlichen „Körperfortsätzen" ist. Das Automobil ist ein Fortsatz der Füße, das Telefon ein Fortsatz der Ohren, das Fernsehen ein Fortsatz für das Auge, und der Computer für das Gehirn; aber keinem dieser Ergebnisse verbissener Tüftelei ist es meines Wissens gelungen, den Menschen in seinem Innersten zu verändern.

Luciano de Crescenzo

■ Der italienische Computertechniker und Philosoph **Luciano de Crescenzo** hat den berühmten antiken Philosophen *Sokrates* (470-399 v. Chr.) über eines der wichtigsten Produkte der Technik überhaupt sprechen lassen: über das Auto. Die Gespräche des antiken Philosophen sind in Dialogen aufgeschrieben. Was würde Sokrates heute zur Technik sagen?

Agorá: Marktplatz
Demos: Stadtteil

1 Was ist Technik nach Aussage des Sokrates?

2 Findet zehn weitere Beispiele zusätzlich zu den Dingen, die Sokrates als Errungenschaften des Fortschritts bezeichnet.

3 Was mag die abschließende These des Sokrates genau meinen? Stimmt ihr zu? Sammelt Argumente Pro und Kontra.

4 Sammle aus Zeitschriften Bilder zum Stichwort „Natur". Warum hast du gerade *diese* Bilder ausgesucht? Erkläre, was in deinen Augen „Natur" ist.

5 Erarbeite eine *Collage*: Wunderbare Technikwelt. Sammle Abbildungen technischer Geräte aus Magazinen und Illustrierten. Beklebe 1-2 DIN A4-Seiten so, dass sie zuerst auf eine Wandzeitungspappe geheftet werden und später in dein Heft oder deine Mappe geklebt werden können.

6 Ohne Technik leben? Führe folgendes *Gedankenexperiment* (Partnerarbeit) durch: Stelle dir vor, es gäbe keinen Strom mehr. Was alles würde in deinem Alltag nicht mehr funktionieren? Liste in fünf Minuten möglichst viele Geräte und Funktionen auf.

7 Was würdest du am meisten vermissen? Wie sähe unter dieser Annahme dein Tagesablauf aus?

Jean-Jaques Sempé

„Und jetzt ein Chanson gegen diese Zivilisation der Technik und der Maschine, die alles auffrisst und nur darauf abzielt, den Menschen zu zermalmen …"

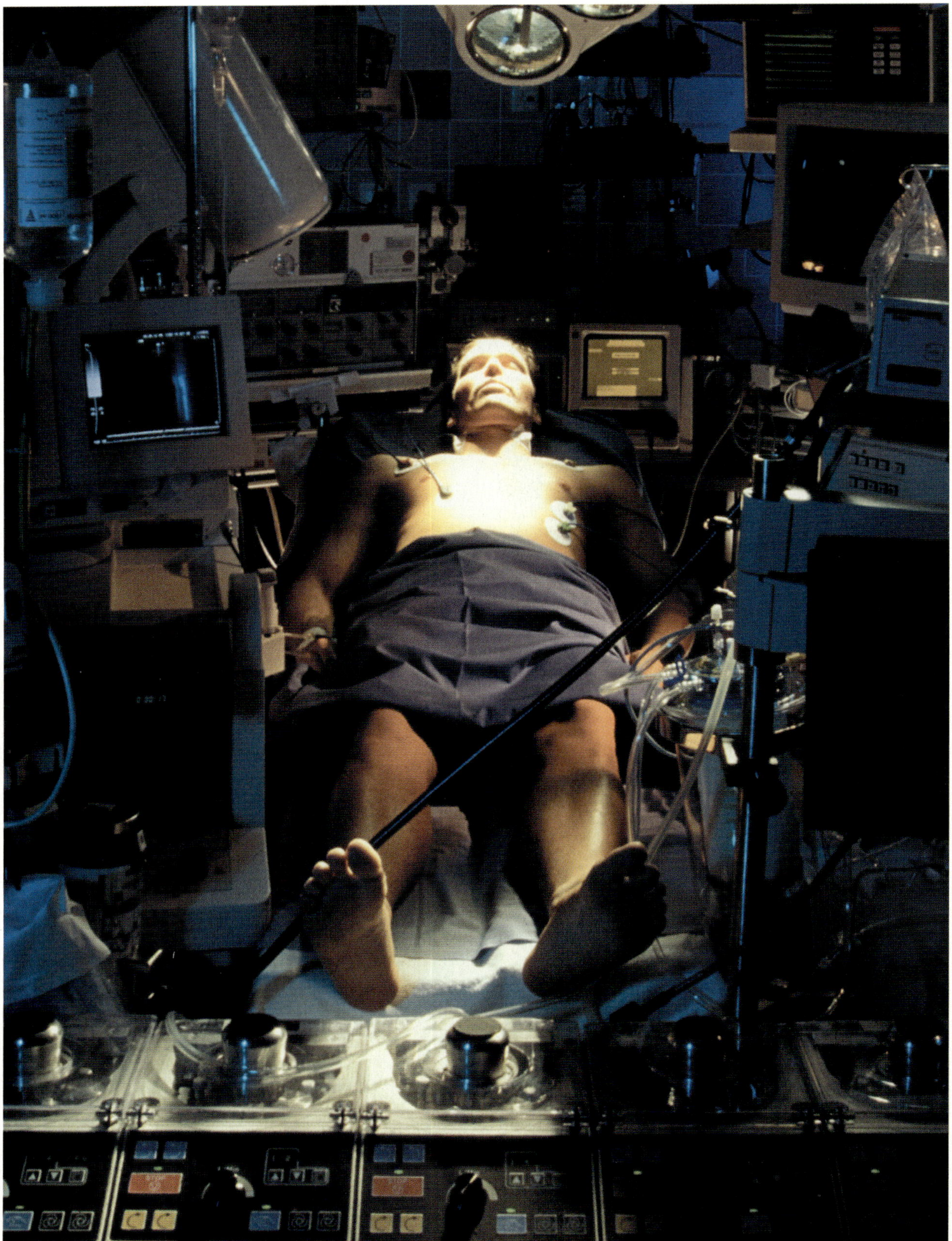

Intensivstation: High-Tech für oder gegen den Menschen?

Zuckendes Blaulicht. Zwei Sanitäter, eine Trage. Rotblonde Haare zwischen weißen Laken. Ein blasses Gesicht. Die Augen geschlossen, Schläuche in Mund und Nase. Die Trage klinkt auf einem hochbeinigen Metallwägelchen ein. Am Fußende flimmern grüne Zacken auf dem EKG-Monitor. Quietschend rollt der Wagen über den Flur. Mit hohen Tönen registriert das akustische Signal den Puls. „Scheiße", flucht der Arzt, „schnell, der Blutdruck sackt." Der Aufzug kriecht nach oben. Grell strahlt das Neonlicht von der Decke – das Gesicht auf der Trage erscheint noch blasser. Bläulich schimmern die Lippen. „Septischer Schock", sagt der Sanitäter, „Elisabeth Plenter, 29 Jahre."

„Kundschaft" für die Intensivtherapiestation II der Klinik für Anästhesiologie und operative Intensivmedizin am Klinikum Münster. Die junge Frau wird in Zimmer 1 geschoben. In dem engen Raum stehen vier Betten. Rechts und links an den Kopfenden Apparate, Infusionen, Flaschen, Schläuche, Monitore. Regelmäßig zischen die Beatmungsmaschinen. Auf dem Flur mischt sich der würzige Duft von Eukalyptusöl mit dem abgestandenen Geruch von gekochtem Fleisch. Elisabeth Plenter ist eine von etwa 1,2 Millionen Patienten, die hier zu Lande pro Jahr in eine Intensivstation eingeliefert werden. Krankenhausabteilungen, die sich in der Öffentlichkeit mit Begriffen wie „Horrorkabinett", „Todesstation" oder „Folterkammer" verbinden, mit Hilflosigkeit und Ohnmacht derjenigen, die dort Ärzten und Apparaten ausgeliefert sind.

Sowie die neue Patientin ins Zimmer gerollt wird, eilen Gerd Schepers und Susanne Weiß, die zuständigen „Pflegekräfte", in den schmalen Gängen zwischen den Betten hin und her, stöpseln Stecker ineinander, ziehen großkalibrige Spritzen auf, drücken Knöpfe an Apparaten, hängen Flaschen an fahrbare Galgen unter der Decke, tragen Zahlen in Kurven ein. Gerd Schepers zieht sich Gummihandschuhe an, reißt aus einem steril verschweißten Kunststoffbeutel einen dünnen Schlauch, schiebt ihn in Elisabeth Plenters Mund und saugt mit gurgelnd-röchelndem Geräusch gelblich-braunen Schleim ab. [...] Ein Arzt greift zu Mundschutz und Haube, er will einen Venen-Katheter legen. Gerd Schepers reicht ihm einen sterilen grasgrünen Umhang und murmelt nur: „Neuer Kittel, neues Spiel, neues Glück." [...]

Solange auch nur ein Funke Hoffnung besteht, Menschenleben retten zu können, bieten die Ärzte hier alle Finessen moderner Medizin auf, ziehen sie alle Register intensivmedizinischer Behandlungskunst. [...]

Fritz Hollmann allerdings geht es schlecht. „Multiple Organ Failure" sagt [der Arzt] Ulrich Hartenauer nur, als er sich die neuesten Laborwerte und die Tageskurve ansieht. Fast drei Wochen liegt Hollmann jetzt auf „Intensiv II". Seit zehn Tagen ersetzt eine Maschine die Nieren, der Kreislauf benötigt immer höhere Dosen an stützenden Medikamenten, und die quittegelb gefärbte Haut zeigt an, dass nun auch die Leber streikt. Mehrfach mussten die Ärzte die Bronchien des linken Lungenflügels von Blut und Eiter befreien. Zweimal halfen nur einige kräftige Stromstöße aus dem „Defibrillator" dem unregelmäßig schlagenden Herz wieder auf die Sprünge. Jetzt droht trotz der Behandlung mit hoch wirksamen Antibiotika auch noch eine Blutvergiftung. Das seit zwei Tagen steigende Fieber wertet Hartenauer bereits als deutliches Indiz. Fritz Hollmanns ehemals mächtiger Rumpf ist zusammengesunken, die Muskulatur an Armen und Beinen schrumpft zusehends. Der Organismus verzehrt sich selbst.

Annette Bopp

Das helle Neon-Licht in den obersten Stockwerken des Münsteraner Zentralklinikums markiert: Hier sind die Intensivstationen, wo unablässig zu tun ist.

Septischer Schock: Zustand mit vielen Krankheitserregern im Blut
Anästhesiologie: Betäubungslehre
Multiple Organ Failure: umfassendes Organversagen

Hinweis: Alle Namen wurden verändert.

1 Die 29-jährige Elisabeth Plenter wird gerettet und kann zu ihrer Familie zurückkehren. Die Intensiv-Technik hat ihr das Leben wiedergeschenkt. Zählt aus eigener Erfahrung oder allgemeinem Wissen weitere Vorteile und Erfolge medizinischer Technik auf.

2 Fritz Hollmann stirbt. Umstritten ist ein langer Einsatz aller Mittel zur Lebensverlängerung. Welche Gefahren und Nachteile können sich aus der Intensivtechnik ergeben? Stelle dir vor, Herr Hollmann wäre dein Vater. Welche Gefühle hättest du? Schreibe einen Brief an den Arzt.

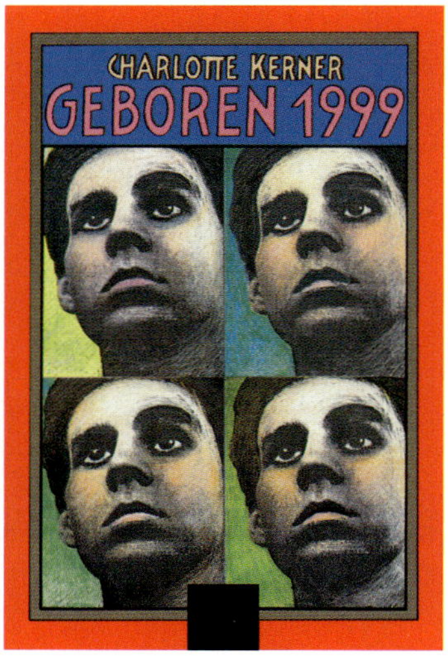

Karl Meiberg, geboren 1999, wurde als Baby adoptiert. Siebzehn Jahre später sucht er seine leiblichen Eltern. Am Ende dieser Suche erwartet ihn eine unglaubliche Überraschung …

1 Welche Funktionen einer Mutter erfüllt die Maschine? Liste auf.

2 Karl hat Probleme mit seiner Herkunft. Versuche schriftlich zu formulieren, was ihm fehlt.

3 Angenommen, ihr müsstet Karl einen Rat geben und ihm helfen – was würdet ihr ihm sagen?

Weitere Literaturtipps:

Aldous Huxley:
Schöne neue Welt. Frankfurt/M.: Fischer-TB 57. Aufl. 2000. Berühmte Vision einer Welt, in der verschiedene Menschenklassen in Reagenzgläsern gezüchtet werden. *Referatthema!*

Birgit Rabisch:
Duplik Jonas 7. München: dtv 1997. In nicht allzu ferner Zukunft werden „Dupliks" gehalten, genetische Zwillinge, um Menschen als Organ-Ersatzteillager zur Verfügung zu stehen.

Geboren 1999

Das Wichtigste an ihr ist natürlich der Bauch, gefertigt aus stufenlos dehnbarem Kunststoffmaterial. Er hat die Form eines eiförmigen Balles, länglich und rund zugleich. Als er als Achtzeller hineinkam, hatte der künstliche Uterus, so hatte Karl gelesen, gerade einen Umfang von fünfzehn Zentimetern. Als er nach neun Monaten herauskam, war die elastische Kugel auf einen Umfang von neunzig Zentimetern angewachsen.

Die Bauchwand ist nicht dünn und glasklar, eher trübe und dick, aber trotzdem durchsichtig. Karl sieht – wie in einem Aquarium leicht vergrößert und etwas verzerrt – ein kleines Kind darin schwimmen. Es füllt den Plastikbauch ganz aus, seine Arme, Beine und der Kopf sind gut zu erkennen. […]

Der Anblick des Fötus überwältigt Karl und macht ihn ruhiger. Hier wächst ein neuer Mensch, und das ist auch etwas Schönes, etwas Großartiges.

Der Fötus, der etwa fünfzehn Zentimeter misst, ist ein Junge, Karl hat den kleinen Penis entdeckt. Und dann sieht er sich selbst, wie er mit angewinkelten Armen und Beinen in diesem Bauch kauert. Dort ist auch er herangewachsen, hat zum ersten Mal getastet und gerochen, gestrampelt und getrunken, gefühlt und gedacht.

Ein seltsames Gefühl steigt in ihm hoch. Empfindet er so etwas wie Dankbarkeit und Zuneigung sogar zu dieser Mutter?

Er schüttelt den Kopf, schüttelt dieses abstruse Gefühl ab. Wie hat er nur vergessen können, was sie ist. Dafür sieht er sie jetzt um so klarer, eine bittere Einsicht. Sie ist eine seelenlose Maschine.

Und niemand kann eine Maschine lieben.

Aus dem Maschinenbauch heraus wie in das durchsichtige Gehäuse hinein führen zahlreiche Kabel und Schläuche. Sie führen zu Apparaten, die aussehen wie Computer. Diese überwachen die Versorgung des Kindes über die Nabelschnur und messen die Temperatur und analysieren die Zusammensetzung des Fruchtwassers, von dem das Kind ab und zu kleine Schlückchen trinkt. Werden Grenzwerte unterschritten, geben automatische Spritzen die fehlenden Nährstoffe hinzu. Bei Bedarf wärmen kleine, hoch spezialisierte Tauchsieder die Flüssigkeit nach, so dass die Temperatur immer konstant 37 Grad beträgt. Ohne die richtige Temperatur funktioniert die Maschine nicht, aber ohne menschliche Wärme schon.

Der Bauch, der ganz mit Flüssigkeit gefüllt ist, hängt in einem wannenförmigen ausgepolsterten Gestell. Diese High-Tech-Wiege umschließt den unteren Teil des Bauches. Auf Knopfdruck führt das Gestell verschiedene programmierte Bewegungen aus: Der Bauch, der an zwei Aufhängepunkten befestigt ist, kann hin und her schaukeln oder nur auf einer Seite aufgerichtet werden.

Alle natürlich mit unterschiedlichen Geschwindigkeiten und in unterschiedlichem Rhythmus. Die Kleinen brauchen schließlich Bewegungsanreize, damit sich ihr Gleichgewichtsorgan richtig entwickelt.

Die Bewegungsprogramme für Mutter und Kind sind vielfältig, stand in der Akte. Angeboten werden zum Beispiel die Programme Mutter-steigt-Treppe-hinunter, Schlendern-bis-laufen und Im-Kreis-drehen-und-bücken. Ein Programm hätten sie noch erfinden und bei ihm ablaufen lassen sollen: Rennen-bis-zum-Abort. Dann wäre er rechtzeitig ausgestoßen und nicht geboren worden, dann hätte er sie nie kennen lernen müssen, dann stünde er jetzt nicht hier.

Charlotte Kerner

Sind wir auf dem Weg zum Menschen nach Maß?

Analysen des Erbguts können Leiden lindern, aber auch eine Diskriminierung fördern

»...wir haben uns bei dieser Neuentwicklung speziell an den Erfordernissen der Bildschirmarbeit orientiert.«

Vincent, noch natürlich gezeugt, lebt in einer Welt, in der nur „Designer-Menschen“ aus der Retorte das Sagen haben: schlau, athletisch, körperlich perfekt.

Die Struktur der Erbanlagen bestimmt die Zukunft des Einzelnen. Als „Invalide“ mit nicht perfekten Genen, einem Seh- und Herzfehler würde Vincent nur ein Platz am Rande bleiben. Er möchte aber beim gigantischen Konzern Gattaca Raumfahrer werden.

Für seinen Traum nimmt Vincent die Identität eines Retortenmenschen an, der durch einen Unfall behindert ist. Dieser gibt seinen Urin und sein Blut, die Vincent für tägliche Überprüfungen an seinem Körper versteckt. Das ist auch nötig, denn Gattaca kontrolliert seine Mitarbeiter bis ins Kleinste. So ist zur morgendlichen Identifizierung beim Betreten des Firmengeländes die Abgabe einer Blutprobe obligatorisch ...

Dieses Zukunftsszenario stammt aus dem bemerkenswerten – und in Deutschland kaum beachteten – Film „Gattaca“ aus dem Jahre 1997. Als Columbia Tristar dazu unter der Überschrift „Kinder zu bestellen“ eine Anzeige schaltete, wurden Proteste laut. Die Filmwerbung wirkte mit den Angaben der zu wählenden Eigenschaften, einer gebührenfreien Telefonnummer und einer Webseite auch zu echt. Ein kürzlich im Internet erschienenes Angebot von Eizellen begehrter Models löste (real oder PR-Gag sei dahingestellt) ebenfalls eine Protestflut aus. Allerdings zeigten auch erstaunlich viele „Kunden“ ein lebhaftes Interesse an der „Ware“.

Eine weit reichende vorgeburtliche Diagnostik von Erbanlagen kann Folgen haben, die heute (noch) als negativ eingeschätzt werden. So entscheiden sich Mütter möglicherweise nicht nur im Fall von schweren Erbschäden für eine Abtreibung, sondern auch bei einem Kind, das nicht ihren Wünschen entspricht (etwa im Geschlecht, der Haar- oder Augenfarbe). [...]

Genetische Informationen sind auch sehr interessant für Versicherungen oder Arbeitgeber, um eine Anfälligkeit für Krankheiten oder das Leistungsvermögen vorherzusagen. Bei diesen Szenarien handelt es sich keineswegs um Sciencefiction. In den USA gab es schon Diskriminierungen, die auf genetischen Informationen basierten. [...]

Neben Gefahren des Missbrauchs gibt es aber auch viele Argumente für die neuen Verfahren: Patienten mit speziellen Genfehlern könnten durch Hemmstoffe vor einem Herzinfarkt bewahrt werden.

Dirk Förger

Die Entwicklung der Genetik ist eine rasant sich steigernde Erfolgsgeschichte. 1854 begann der Augustinermönch Gregor Mendel mit Kreuzungsversuchen an Pflanzen, vor allem Gartenerbsen. Etwa 100 Jahre später, 1953, entdeckten die Engländer James D. Watson und Francis Crick die „Doppelhelix“ der „Desoxyribonukleinsäure“ (DNS) als Träger der Erbinformationen in den so genannten *Genen* in unseren Zellen. Damit begann die Anwendung der Gentechnik. 1978-1982 entwickelte die erste „Genfirma“ in den USA ein Verfahren, den Bauplan für menschliches Insulin in Bakterien zu übertragen und diese dadurch Insulin herstellen zu lassen: Das erste gentechnisch hergestellte Medikament hilft seither vielen Diabetikern.
Ab 1994 kamen in den USA, ab 1998 in Deutschland die ersten gentechnisch veränderten Lebensmittel auf den Markt. 1997 wurde in Schottland das Schaf „Dolly“ *geklont*, d. h. aus der Zelle eines erwachsenen Tiers wurde ein mit diesem genetisch identisches Exemplar erzeugt. Mittlerweile ist das Erbgut des Menschen komplett entschlüsselt. Die bloße Entzifferung der Gene bedeutet allerdings noch keine Kenntnis über das Zusammenwirken aller Erbanlagen.

Retortenmensch: künstlich im Reagenzglas erzeugter Mensch
PR-Gag: Public-Relations-Idee, Werbe-Einfall
Diskriminierung: Benachteiligung

4 Welche positiven und negativen Möglichkeiten der Gentechnologie werden in dem Zeitungsartikel genannt?

5 Schreibe einen Leserbrief, in dem du deine Meinung zur geschilderten Entwicklung der Gentechnologie zum Ausdruck bringst.

Was erreicht werden könnte

Die so genannte *Keimbahntherapie* könnte genetisch bedingte Erkrankungen von vornherein vermeiden.
Eine so genannte *Somatische Therapie* könnte bei bereits erkrankten Personen die Erkrankung stoppen oder zumindest Symptome lindern.
So würde man zum Beispiel bei jemandem, der an Blutkrebs erkrankt ist, die Knochenmarkszellen verändern, die dann wieder normales Blut produzieren könnten.
Auch Mukoviszidose oder Krebs könnten wirksam bekämpft werden. Es gibt freilich bis jetzt noch keine Nachweise von Erfolgen auf diesem Gebiet.
Eine genetische Analyse, so genanntes *Genscreening,* bei Embryonen oder bei Erwachsenen als Voraussetzung für Zugänge zu Berufen oder Krankenversicherungen ist in Deutschland verboten.

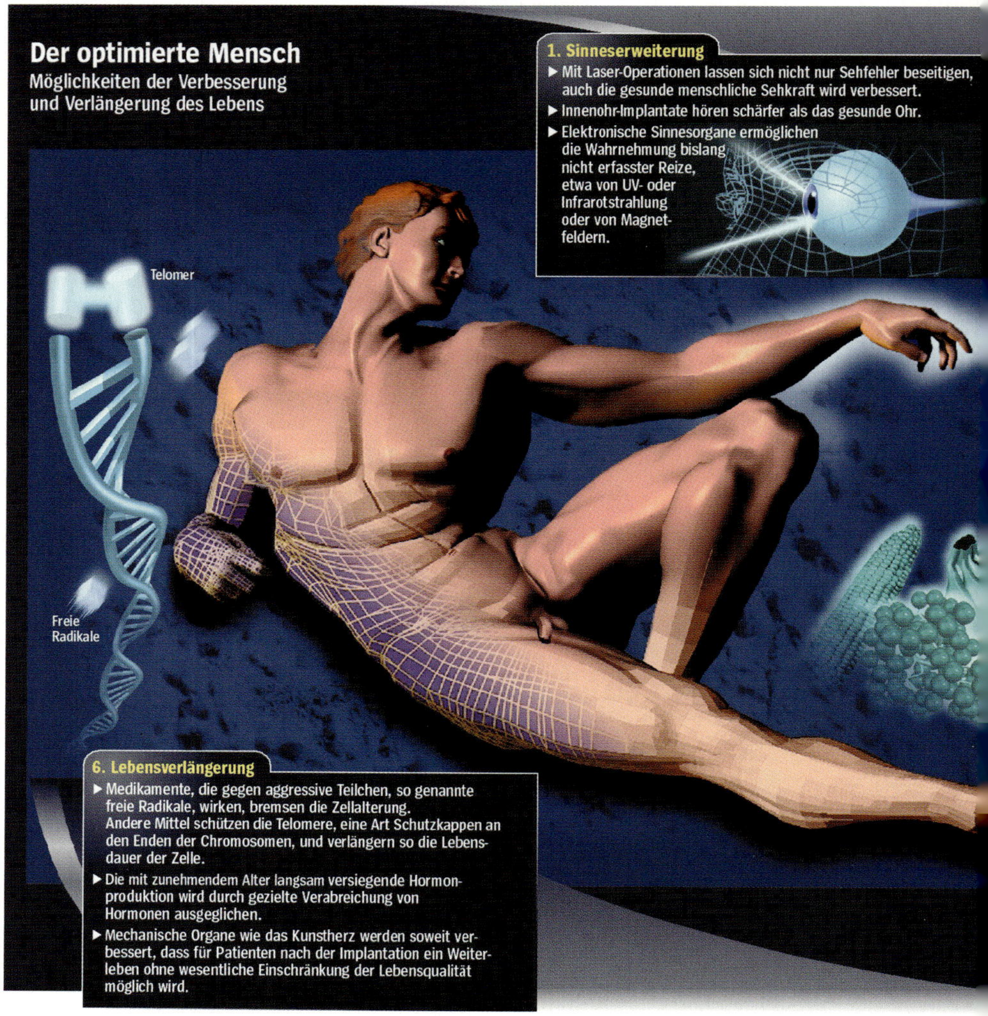

Spielen die Menschen Gott?

Gentechnik Pro und Kontra

Was die Befürworter erhoffen:

- Fortschritte im Kampf gegen Aids, Krebs und Erbkrankheiten; eine Zukunft ohne Krankheiten.
- Preiswerte Arzneimittelproduktion.
- Ertragssteigerung bei Nutzpflanzen ohne vermehrten Düngemittel- und Pestizid-Einsatz.
- Gentechnisch veränderte Lebewesen können bei Umweltschäden helfen, z. B. indem sie Gifte „auffressen".
- Die Risiken sind beherrschbar. Verschiedene Sicherheitsstufen schützen in Labors vor dem Entkommen genmanipulierter Organismen.

Was die Kritiker befürchten:

- Die Folgen der Manipulation sind unübersehbar. Gentechnisch veränderte Organismen können z. B. in die Umwelt gelangen und großen Schaden anrichten.
- Durch Erbgutanalysen könnten Versicherungen oder Arbeitgeber „unerwünschte" Bürger aussortieren.
- Kinder mit gentechnisch festgestellten unerwünschten Eigenschaften könnten generell abgetrieben, angeblich „unwertes Leben" könnte aussortiert werden.
- Eltern könnten eine „Bestellliste" von Eigenschaften für Kinder abgeben.
- Kopien von Menschen könnten hergestellt werden.
- Forscher und Diktatoren könnten sich anmaßen, einen künstlichen Menschen zu schaffen.

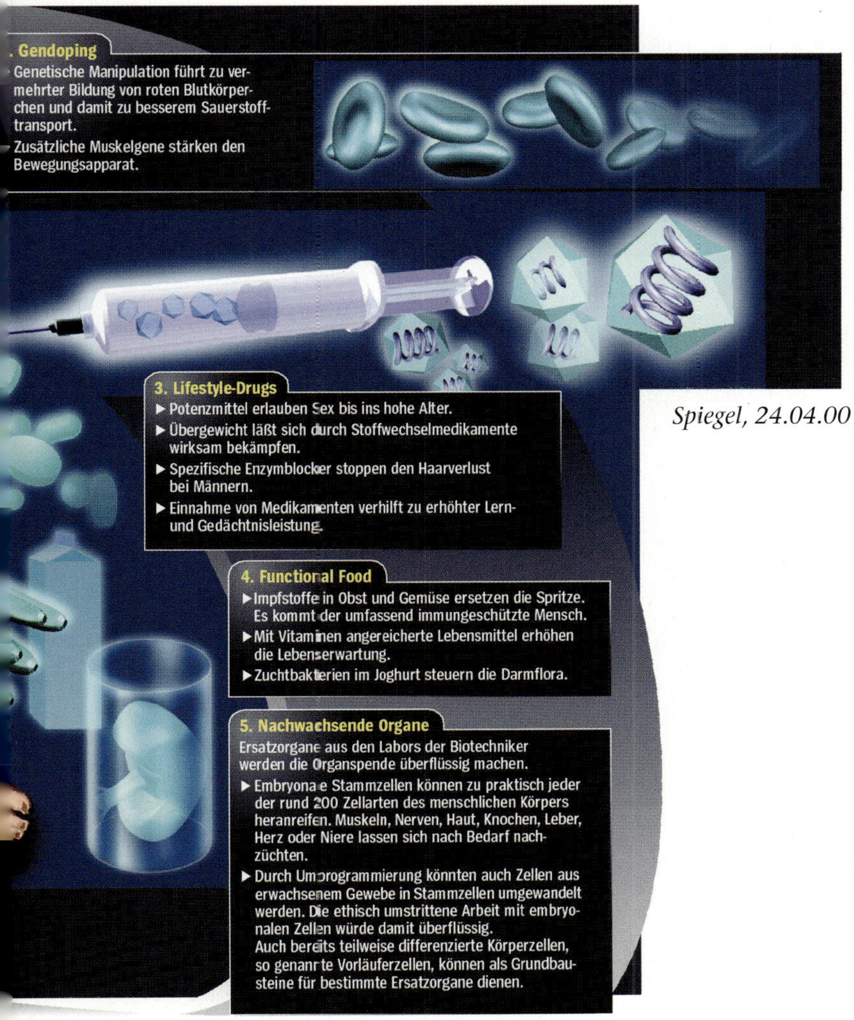

Spiegel, 24.04.00

1 Versetzt euch in die Lage einer Schülerin mit unheilbarer Krankheit, die sagt: Ich hoffe sehr, dass die Fortschritte machen! (Vgl. S. 191)

Der englische Forscher **James Watson,** der berühmte Entdecker der Doppelhelix (der chemischen Struktur der Gene), sagt:
„Ich meine, wenn wir bessere menschliche Wesen machen können, dadurch dass wir wissen, wie man Gene hinzufügt, warum sollten wir das nicht tun?"

Verbesserung des Menschen – oder seine Vernichtung bei Nichtgefallen?

Chancen und Gefahren der Gentechnologie

Beurteilt die Möglichkeiten der Gentechnologie. Bildet mehrere „Gen-Ethik-Kommissionen", die eine Erklärung zu den verschiedenen Möglichkeiten der Gentechnologie vorbereiten sollen. Jede Gruppe bekommt ein konkretes Problemfeld. Sie kann dazu Pro- und Kontra-Argumente auflisten und am Ende abwägen und als Jury eine Entscheidung treffen. Stellt eure Entscheidungen im Plenum zur Diskussion.

Mögliche Themen:

1. Vor einiger Zeit erregte der erste mit gentechnisch erzeugten Grundstoffen hergestellte Schokoriegel Aufsehen. Chips und Gebäck sollen aus gentechnisch verändertem Mais und Soja entstehen. Auf dem Wege über das Tierfutter könnte Gentechnik auch in Milch, Wurst und Hamburger geraten. Gesundheitliche Folgen wie Allergien sind nicht abzusehen. Würdest du „Gen-Food" essen?
2. Klonen, die Herstellung genetisch identischer Doppelgänger, hat man bei Tieren bereits erfolgreich durchgeführt (Klonschaf „Dolly"). Eine Gruppe von Wissenschaftlern sucht Freiwillige für ein Klon-Projekt. Würdet ihr euch klonen lassen?
3. Sollten eure Kinder als „Menschen nach Maß" konstruiert werden? Oder darf man der Natur nicht ins Handwerk pfuschen? Wägt Risiken und Vorteile ab.

Eigene Punkte ...

Nach den Ergebnissen eurer Diskussion: Welche Absprachen sollte unsere Gesellschaft darüber treffen, ob und wie die neuen technologischen Errungenschaften in die Realität umgesetzt werden?

■ **Günther Anders** (*1902 in Breslau, †1992 Wien): Schriftsteller , schrieb vor allem über den Zustand unserer von Technik geprägten Welt. Den Abwurf der ersten Atombomben auf Hiroshima und Nagasaki erlebte er als ein Signal für den drohenden Untergang der Menschheit.

Atomkraft – nein danke? Eine der meist diskutierten Technologien ist seit Jahrzehnten die Atomtechnologie.

Gemeint ist ein Gedicht von **Johann Wolfgang von Goethe** (1749-1832), in dem ein Zauberlehrling einen verzauberten Besen für sich Wasser holen lässt. Der überflutet aber das ganze Haus, bis der Meister endlich kommt, der den Spruch zur Beendigung des Zaubers kennt.

Die Welt: ein Wald von Besenstielen

Nun, als wir vor einem halben Jahrhundert auf der Quarta den „Zauberlehrling" auswendig lernten, da ahnten wir natürlich nicht, dass Texte wahrer werden können, als sie am Tage ihrer Abfassung gewesen waren; dass Goethes Ballade bereits sehr viel realistischer war als zu dessen Zeiten und dass sich in den knappen hundertfünfzig Jahren die gesamte Menschheit in ein Milliardenheer von „Zauberlehrlingen" und die Welt selbst in ein Milliardenheer von „Geistern" verwandelt hatte. [...]

Was unsere Zeit abenteuerlich macht, das ist ja [...], dass die mit Autonomie ausgestatteten „Besenstiele", also die Apparate [...]: die Kraftwerke, die atomaren Raketen, die Weltraumgeräte, die industriellen Großanlagen, die für deren Herstellung benötigt werden, zusammen unsere *alltägliche* Welt ausmachen. Millionen leben davon, dass die Produktion dieser Geräte autonom geworden ist; die Ökonomie ganzer Kontinente würde zusammenbrechen, wenn die Erzeugung dieser Objekte plötzlich ein Ende fände [...].

Glückliche Zeiten waren es also, in denen man, wie Goethe, das Roboterereignis als einen haarsträubenden Sonderfall darstellen durfte, [...] es sich noch [...] erlauben durfte, die Figur eines *Meisters* einzuführen, eines Mannes also, der den Gegenzauber beherrscht und der nur seine Lippen zu öffnen brauchte, um das happy ending doch noch zustande zu bringen.

Günther Anders

Ökonomie: Wirtschaft

1 Was bedeutet in diesem Zusammenhang „autonom"?

2 Welche Parallelen und welche Unterschiede gibt es nach Anders zwischen dem Zauberlehrling und uns?

Interview mit Dennis Meadows über die Gefährdung des Planeten

SPIEGEL: Als Sie 1972 die Studie „Grenzen des Wachstums", eine Auftragsarbeit des Club of Rome, veröffentlichten, sorgte das zwar für Aufsehen, wurde aber nur von wenigen ernst genommen. Jetzt reden manche Regierungschefs so, als ob sie bei Ihnen abgeschrieben hätten. Stimmt Sie das nicht optimistisch?

Meadows: In gewisser Weise ja. In der Frage des drohenden Klimawandels arbeiten Regierungen erstmals zusammen, um ein zukünftiges Umweltproblem zu vermeiden. Normalerweise werden sie ja erst aktiv, wenn der tatsächliche Schaden bereits so groß ist, dass er nicht mehr ignoriert werden kann. Aber grundsätzlich bin ich nicht optimistisch, denn auch in den laufenden Diskussionen bemüht man sich nicht um grundlegende Veränderungen, um die Wachstumsdynamik in unserer endlichen Welt zu begrenzen.

SPIEGEL: Wie viel Zeit bleibt denn Ihrer Meinung noch, das Steuer herumzureißen?

Meadows: Jetzt ist es bereits zu spät. Die Umweltbedingungen haben sich schon so verschlechtert, dass wir bald nicht einmal die gegenwärtige Weltbevölkerung ernähren und unseren angenehmen Lebensstandard halten können.

SPIEGEL: Was aber, wenn sich die grünen Lippenbekenntnisse der Politiker nun sehr rasch in konkretes Handeln verwandeln sollten?

Meadows: Unser Gesellschaftssystem verfügt über eine Dynamik, die sich nicht so einfach stoppen lässt. Die Welt rast wie ein Auto auf einen Wald zu. Auch, wenn wir jetzt sofort versuchten, stehen zu bleiben, wäre der Bremsweg zu lang. Ein Aufprall lässt sich nicht mehr vermeiden.

SPIEGEL: Auf welchen Baum werden wir denn knallen?

Meadows: Die Fahrgeschwindigkeit des Autos ist entscheidend, nicht die Frage, welcher Baum es denn sein wird. Solange wir weiter auf das Gaspedal treten, könnte es das Ozonloch, die Bodenerosion oder das Verseuchen der Trinkwasserreserven sein, und wenn es gelingen sollte, mit Hilfe modernster Technologien eines dieser Probleme zu vermeiden, wird uns ein anderes einholen.

SPIEGEL: Wäre das dann das Ende der Menschheit?

Meadows: Als Gattung werden wir das wohl überleben, aber nicht die ressourcenintensive Zivilisation, wie wir sie heute kennen.

SPIEGEL: Halten Sie in der Zukunft Umweltkriege für unvermeidlich?

Meadows: Überbevölkerung, die zwangsläufig zu Armut und Spannungen führt, verschärft heute schon viele Konfliktherde in der Welt.

■ Wie die Titanic fährt die gesamte Menschheit in die Katastrophe, angetrieben von Technik, Bevölkerungswachstum, Rohstoffverbrauch.
Dies ist der Inhalt des Buches: „Die Grenzen des Wachstums", mit dem ein Team um **Dennis Meadows** 1972 die Welt alarmierte. Bis heute sieht Meadows keinerlei Anlass, seinen Befund zurückzunehmen. Das Interview stammt von 1988.

3 Die Rede ist von der globalen Krise – was ist gemeint?
- Eine Abnahme der Waldbestände, vor allem des lateinamerikanischen Regenwaldes, führt zu Wüstungen und verändert das Klima.
- Umweltverschmutzung und Treibhauseffekt führen zur Erwärmung der Erde.
- Tierarten werden ausgerottet, Fischbestände der Ozeane werden leer gefischt.
- Am 12. Oktober 1999 wurde der sechsmilliardenste Erdenbürger geboren. 1960 waren wir erst drei Milliarden. Im Jahre 2050 sollen es bereits 10 Milliarden sein. Alle wollen wir leben, Rohstoffe verbrauchen, Auto fahren. Menschen in den armen Ländern verlangen ihren Anteil an den Ressourcen der Erde. All dies entfaltet eine gewaltige Sprengkraft.
- Wissenschaftler befürchten Verteilungskriege um Rohstoffe und Trinkwasser (vgl. S. 90).
- … (ergänzt selbst.)

4 Wie wirken Meadows' Thesen auf dich? Schreibe einen Leserbrief an den SPIEGEL.

■ **Hans Jonas** (1903-1993) musste als Jude Deutschland verlassen; seine Mutter wurde in Auschwitz ermordet. Jonas lehrte nach dem Zweiten Weltkrieg in Israel und den USA. Im Alter erlangte Jonas großen Einfluss durch sein Buch: „Das Prinzip Verantwortung. Versuch einer Ethik für die technologische Zivilisation" (Frankfurt/M. 1980). Jonas erhielt den Friedenspreis des deutschen Buchhandels.

■ **Klaus Michael Meyer-Abich** (*1936): Studium der Mathematik, Physik und Philosophie, ist Philosophieprofessor. Wichtiges Buch: „Wege zum Frieden mit der Natur. Praktische Naturphilosophie für die Umweltpolitik" (München 1984). Meyer-Abich sagt: Wir haben viel zu viel „Zyklopen-Technik" – die ist a) gewaltsam und b) einäugig!

1 Welche Argumente lassen sich dafür finden, dass Pflanzen und Tiere eigene Rechte haben? Sucht euch bestimmte Tiere (Küchenschaben, Vögel, Hunde, Pferde) aus und diskutiert diesen Punkt.

2 Glaubt ihr, dass die Natur insgesamt Rechte hat, wie Meyer-Abich sagt? Tauscht eure Argumente in einer Pro und Kontra-Diskussion aus. Eine Partei versetzt sich in die Lage „der Natur". Eine zweite vertritt die Interessen des Menschen, der die Natur für seine Zwecke nutzt. Stimmt am Ende ab, welche Argumente am überzeugendsten waren.

Die Forderung nach einer ökologischen Ethik

Seit den 1980er Jahren sind vor allem zwei Philosophen für die These bekannt geworden, dass sich unser Umgang mit der Natur grundlegend ändern muss. „Ökologische Ethik" bedeutet, Regeln für eine solche neue Sicht und einen besseren Umgang mit der Natur aufzustellen. Beide Philosophen fordern uns zur Umkehr auf. Sie sagen: Wir dürfen die Natur nicht mehr als auszubeutendes Objekt sehen, sondern müssen ihr mit Ehrfurcht begegnen.

Hans Jonas sagt: Wir vergiften die Natur auf das Fürchterlichste und sind der Natur gefährlicher geworden, als je die Natur für den Menschen war. Zur Lösung dieses Problems formuliert Jonas als *Prinzip Verantwortung:* „Handle so, dass die Folgen deines Tuns mit einem künftigen menschenwürdigen Dasein vereinbar sind, d. h. mit dem Anspruch der Menschheit, auf unbeschränkte Zeit zu überleben."

Klaus Michael Meyer-Abich spricht von einem Eigenwert der Natur, die Rechte wie ein Mensch haben soll. Nur dann werden wir in Zukunft auch besser mit der Natur umgehen. Meyer-Abich fordert ein gewaltloses Verhältnis zur natürlichen Mitwelt, zu Pflanzen und Tieren, weil auch wir nur ein Teil der Natur sind. Auch Pflanzen und Tiere haben ihre Rechte. Weil sie nicht selbst sprechen können, müssen wir ihre Anwälte werden. Wir müssen mit der Natur Frieden schließen!

Praktisches Handeln statt Technikfeindschaft!

Wissenschafts- und Technikfeindschaft – so lautet die Kennzeichnung einer neuen Befindlichkeit, die die Beobachter kultureller Entwicklungen in der modernen Industriegesellschaft ausgemacht haben. [...] Der Ruf nach Verantwortung ist unabweisbar, aber er klingt unüberhörbar hohl, solange an ihn die Antwort auf solche Fragen nicht anschließbar ist. In vielen ökologisch sehr bedeutsamen Details hat es mit der Beantwortung solcher Fragen nicht die geringste Schwierigkeit. Jeder Schüler, der die ausgebrannten Batterien seines portablen Radios nicht dem Müll übergibt, sondern bei den längst eingerichteten Sammelstellen abliefert, nimmt ja, anstatt Verantwortungsgesinnung zu demonstrieren, höchst pragmatisch seine Verantwortung wahr.

Hermann Lübbe

■ **Hermann Lübbe** (*1926) ist einer der bekanntesten deutschen Philosophen der Gegenwart. In seinem Buch „Der Lebenssinn der Industriegesellschaft" verweist er auf die Leistungen der modernen Technik: Die Befreiung des Menschen vom niederdrückenden Zwang schwerer Arbeit, wie er die Geschichte Jahrhunderte lang beherrscht hat. Lübbe sagt: Hinter den Stand der modernen Technik können und wollen wir nicht zurück. Technisches Können muss auch mit den Folgen der Technik fertig werden.

Irren ist menschlich ...

Der Philosoph Bernd Guggenberger sagt: Fast alles, was er geworden ist, verdankt der Mensch der Irrtumsfähigkeit, dem Prinzip von Versuch und Irrtum. Schlecht ist eine Großtechnik, die Irrtümer nicht zulässt. Wenn Fehler zu großen Unfällen wie der Explosion des Reaktors von Tschernobyl führen, spricht man häufig von „menschlichem Versagen". Dies zeige die Probleme einer Technik, die mit dem Menschen als einem Wesen, das immer auch Fehler macht, nicht rechnet. Dies könnte ein Beurteilungskriterium sein, wenn wir überlegen, welche Technik wir haben wollen. Bei der so genannten *Technikfolgenabschätzung* könnte man fragen: „Ist so etwas fehlerfreundlich?"

3 Haltet Gemeinsamkeiten und Unterschiede der Positionen von Jonas, Meyer-Abich und Lübbe in einer Tabelle fest. Analysiert dafür auch genau die Buchtitel.

4 Du bist Herausgeber(in) einer Schülerzeitschrift, die sich in ihrer aktuellen Ausgabe mit möglichen Reaktionsweisen auf die Umweltkrise beschäftigt. Zum Zeitpunkt der letzten Redaktionssitzung ist nur noch Platz frei für *einen* der beiden Texte: für den Bericht über die *ökologische Ethik* von Jonas und Meyer-Abich oder für den Text von Lübbe. Für welchen entscheidest du dich? Begründe.

5 Bei welchen Techniken (Beispiele auf den vorigen Seiten) wirken sich Fehler besonders schwer wiegend aus, bei welchen nicht? Sucht im Alltag Technik, die mit menschlichen Fehlern rechnet (Airbag, ABS-Bremsen, ...).

Zum Beispiel: Betriebe achten auf Umweltschutz. Erkundung bei einer Chemiefabrik in der Nachbarschaft

1 Stellt eine Checkliste zur Informationsbeschaffung und zur Expertenbefragung auf. Ein Tipp zur Informationsbeschaffung im Internet: **www.learnline.de**

Schülerinnen und Schüler lassen sich vom Umweltbeauftragten erklären: Wie werden die Abfälle der Lackproduktion aus dem Abwasser herausgefiltert?

Erst wenn …
Wenn ihr den letzten Fluss
verdorben habt
und den letzten Fisch gefangen
und den letzten Baum
geschlagen –
erst dann (und das ist schlimm)
werdet ihr merken, dass man
Geld nicht essen kann.

Greenpeace-Aufkleber

Erst wenn die letzte Bohrinsel
versenkt,
die letzte Ölquelle versiegt,
die letzte Tankstelle geschlossen
ist,
werdet ihr merken, dass Greenpeace nachts kein Bier verkauft.

Autoaufkleber

2 Wie denkt der Verfasser des oberen, wie der des unteren Textes über Umweltfragen?

Zum Beispiel: Agenda 21

„Agenda" heißt: Das, was zu tun ist. „Agenda 21" bedeutet: „Handlungsprogramm für das 21. Jahrhundert".
Die Agenda 21 wurde 1992 auf der Weltumwelt-Konferenz von Rio von 178 Teilnehmerstaaten als Handlungsprogramm verabschiedet.
Weil manche Schädigungen der Natur, z. B. Brandrodungen, aus Armut erfolgen, müssen dabei ökologische, wirtschaftliche und soziale Aspekte auf dem ganzen Planeten zusammen gesehen werden.
Der Auftrag von Rio muss aber auch umgesetzt werden. Weil nun viele der Umweltprobleme und ihre Lösungen auf örtlicher Ebene liegen, beteiligen sich weltweit wie in Europa und Deutschland zahlreiche Städte und Gemeinden an diesem Programm. Fragt bei euch nach!
Weitere Adressen und Informationen bei:
Bundesministerium für Umwelt, Naturschutz und Reaktorsicherheit, Internet-Adresse: **www.bmu.de**

Zum Beispiel: Greenpeace

Informationsadresse: Greenpeace
Vorsetzen 53
20459 Hamburg
Tel.: 040/311 860
Internet: **www. greenpeace.de**

Informiert euch anhand des übersandten Materials über Ziele, Methoden und Aktionen. Ladet einen Vertreter aus eurem Ort zu euch ein!

Zum Beispiel: Was die Schule tun kann

Was unternimmt das Kant-Gymnasium beim Öko-Audit, Herr Huys?

Wir versuchen unsere Grünflächen zu schützen. Wir achten auf Müllsortierung in den Klassenräumen. Schließlich führen wir Luxmessungen durch, um zu sehen, wie viel Licht ein Klassenraum überhaupt braucht. Da zeigt sich: Viele Lampen kann man tagsüber ausschalten oder gleich Energie sparende Röhren und Birnen einsetzen. Da kommt in einem ganzen Jahr ganz schön was zusammen.

Lohnt sich das Öko-Audit nur für die Umwelt oder auch für die Schüler?

Die Hälfte des eingesparten Geldes kommt der Schule wieder zugute, das waren im letzten Jahr 4500 Euro. Davon wieder die Hälfte geht direkt an die Schüler, zum Beispiel zur Ausgestaltung des SV-Raums. Die andere Hälfte wird für weitere Umweltschutzmaßnahmen verwendet. Unsere Photovoltaik-Anlage gewinnt Strom aus der Sonnenkraft!

■ Herr **Huys** ist Beauftragter der Schule für das so genannte Öko-Audit. Das Öko-Audit ist eine bundesweite Intiative, an der in der Stadt Münster insgesamt 13 Schulen teilnehmen.

Alle bepflanzten Flächen bedürfen der besonderen Schonung.

Mülltrennung in den entsprechend vorgesehenen Tonnen ist ökologisches Gebot.

Zum Beispiel: Was ich unmittelbar für das Klima tun kann

Das so genannte „Treibhausgas" Kohlendioxid (CO_2) stammt vor allem von Kraftwerken, Autoabgasen und Heizungen. Es wird für Klimaveränderungen wie Erderwärmung und zunehmende Wetterextreme (Dürren, Überflutungen) verantwortlich gemacht.

Was ich unmittelbar für das Klima tun kann	
	Einsparung CO_2
Stand-by-Geräte abschalten (Fernseher, Drucker etc.)	263 kg
Raumtemperatur 20° statt 22°C	226 kg
Fahrrad statt Auto (4 km zur Schule)	224 kg
Duschen statt baden (2/3 weniger Energie und Wasser)	157 kg
Einsparung:	**870 kg CO_2**

3 Wie steht es mit solchen Maßnahmen in eurer Schule? Untersucht die einzelnen auf diesen beiden Seiten genannten Möglichkeiten auf ihre Durchführbarkeit hin. Welches Projekt könnte man sich am ehesten vornehmen?

4 Wie mag unsere von der Technik bestimmte Welt sich entwickeln?
- Schreibe eine „Optimal-version": „Mein Tagesablauf in der Welt in 50 Jahren."
- Schreibe eine „Negativ-Version": „Mein Tagesablauf in der Welt in 50 Jahren."

Alles nur Ansichtssache?

Alles nur Ansichtssache?

Schaut euch in aller Ruhe die vorigen beiden Seiten an.

- Haltet ihr für möglich, dass sich die einzelnen Bilder bestimmten Betrachtern zuordnen lassen?
- Kann es sein, dass ein und dieselbe Szene

von einem **VERLIEBTEN** anders gesehen wird als
von einem **EIFERSÜCHTIGEN**,
einem **ALKOHOLIKER**,
einem **FARBENBLINDEN** oder
einem **MALER**?

Probiert es mit allen Bildern aus.

Wenn es euch tatsächlich mühelos gelänge, alle Abbildungen verschiedenen Betrachtern zuzuordnen, dann stimmt ihr wahrscheinlich auch den folgenden Sätzen zu, die man hier und da hört:

- Jeder nimmt die Welt durch eine andere Brille wahr.
- Es kommt alles nur auf den Standpunkt an.
- Alles ist relativ.
- Man sieht nur, wofür man sich interessiert.
- Je nach Blickwinkel erscheinen uns die Dinge anders.
- Wie wir die Welt sehen, hängt doch nur von der Erziehung ab.

- Habt ihr Einwände? Es gibt doch auch ganz andere Auffassungen. Da heißt es beispielsweise:
  - Das musst du objektiv sehen!
  - Sei doch nicht so unsachlich!
  - Es kommt darauf an, die Dinge so zu sehen, wie sie sind.
  - Man muss die Wirklichkeit nüchtern betrachten und darf sich nichts vormachen.

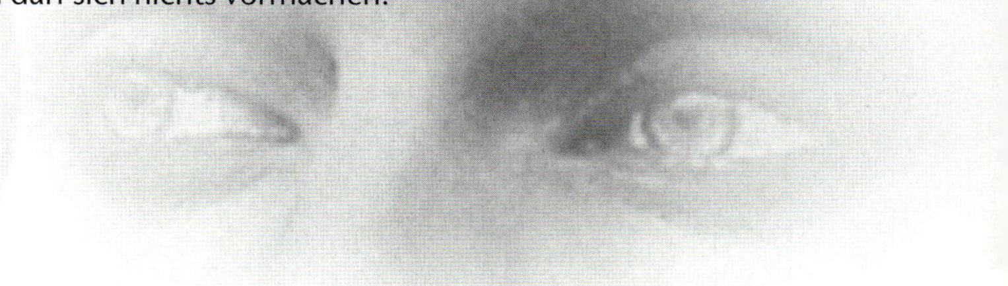

Hier wird vorausgesetzt:
Wenn wir uns nur Mühe geben, können wir die Wirklichkeit so erkennen, wie sie ist.

Es gibt also zwei entgegengesetzte Auffassungen.
Nach der ersten hängt unser

WAHRNEHMEN, DENKEN, FÜHLEN, URTEILEN und WERTEN

vom jeweiligen Standpunkt ab – alles sei relativ –, und nach der zweiten Auffassung gibt es durchaus die Möglichkeit, die Wirklichkeit objektiv zu erfassen.

- Liegt hier ein Widerspruch vor? (Zum Begriff „Widerspruch“: 6. Brief des Kapitels „Ist doch logisch, oder?“, S. 238)

Das **Kapitel** bietet mehrere Möglichkeiten, dieser Frage nachzugehen.

1. Für die, die gern selbst Erfahrungen machen möchten, halten die ***Seiten 152/153*** unterschiedliche Aufgaben bereit.
2. Wer sich lieber kundig macht, indem er kleine Texte von Wissenschaftlern, Philosophen und Dichtern liest und sich mit ihnen auseinander setzt, der findet auf den ***Seiten 154-157*** eine kleine Auswahl interessanter Texte.
3. Um herauszukriegen, ob ein Widerspruch zwischen den oben genannten Auffassungen besteht, muss man zunächst eine weitere Frage klären, nämlich die Frage, was überhaupt Wahrheit ist. Und genau darüber sprechen Hanns und Miriam miteinander. Lest den Dialog mit verteilten Rollen, unterhaltet euch darüber, wie überzeugend das ist, was die beiden sagen, und versucht ihn weiterzuschreiben ***(S. 158-160).***
4. Wer meint, man müsse versuchen, die Welt mit verschiedenen Augen zu sehen, um der Wahrheit näher zu kommen, und wer zugleich der Meinung ist, so etwas müsse geübt werden, dem kann mit der ***Seite 161*** geholfen werden. Sie hält eine Reihe interessanter Übungen bereit, die ihr natürlich noch erweitern könnt (und sollt).

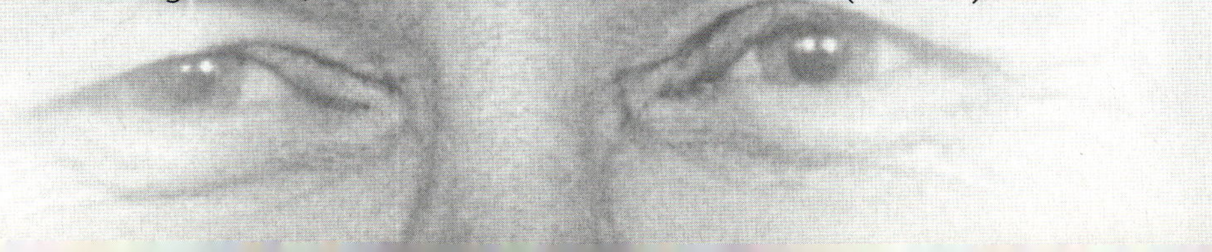

Methodenkasten

Eine unerlässliche Methode, zu neuen Erkenntnissen zu kommen oder zu überprüfen, ob die Aussagen anderer richtig sind, ist die **SELBSTBEOBACHTUNG.**
Gemeint ist dies: Du führst eine bestimmte Handlung aus oder begibst dich in eine bestimmte Situation, spaltest dich in den Handelnden und den Beobachter und beobachtest, wie es dir dabei oder hinterher ergeht.
Drei Beispiele:

1. Du schaust eine Minute lang auf einen bestimmten Punkt einer farbigen Landkarte und blickst dann einige Zeit auf einen bestimmten Punkt einer weißen Wand. Wenn du dies, ohne mit den Augen abzuschweifen, korrekt durchführst, wirst du bestimmt etwas entdecken, und du wirst etwas erfahren über den Wahrnehmungsvorgang.
2. Du nimmst in einer Diskussion ganz bewusst den gegenteiligen Standpunkt ein zu dem, was du eigentlich meinst. Beobachte, ob sich durch dieses Vorgehen deine Einstellung in die eine oder andere Richtung verändert oder gleich bleibt. Denkbar ist, dass sich die Einstellung tatsächlich ändert, aber: Genau das muss überprüft werden.
3. Du versuchst, im Gespräch andere ausreden zu lassen und das, was sie gesagt haben, mit eigenen Worten zu wiederholen, bevor du auf sie eingehst. Ändert sich dadurch etwas in dir oder in der Wahrnehmung der Gesprächspartner?

Die im Methodenkasten vorgeschlagenen Beispiele für eine Selbstbeobachtung passen gut zu dem Thema dieses Kapitels „Alles nur Ansichtssache?". Das gilt auch für den folgenden Versuch. Er kann dir deutlich machen, was unser Wahrnehmungsapparat selbstständig unternimmt, ohne dass uns dies bewusst wird.

Anleitung:
Nimm das Buch in die rechte Hand und halte es so, dass du möglichst senkrecht darauf schaust. Schließe das linke Auge mit der freien Hand und fixiere mit dem rechten Auge genau den Stern in der Abbildung. Bewege das Buch auf dein Gesicht zu oder von ihm weg. In einer Entfernung von 30-35 cm geschieht etwas Merkwürdiges: Der Kreis verschwindet. Er bleibt auch verschwunden, wenn du – indem du den Stern weiter fixierst – das Buch nach hinten kippst.

Kurzfassung für die, die besser mit dem linken Auge sehen:
Buch in die linke Hand – das rechte Auge schließen – mit linkem Auge Kreis fixieren – das Buch in einem Abstand von etwa 30-35 cm langsam vor- und zurückbewegen. Behauptung: Stern verschwindet.

- Was geschieht mit der Stelle, auf der zuvor der Kreis oder der Stern zu sehen war?
- Welche Farbe erhält sie?

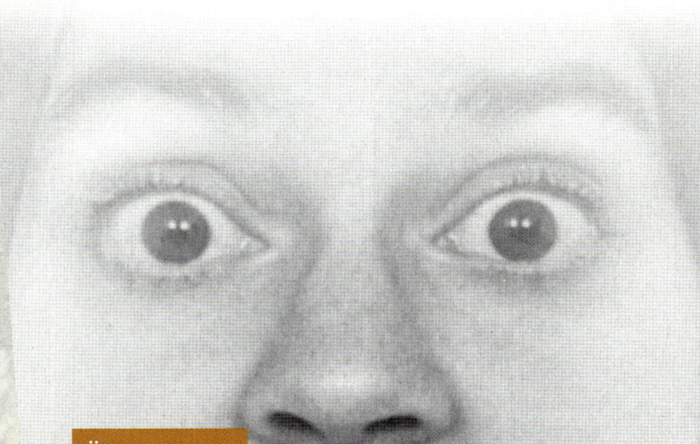

Überlegung:

- Ist es denkbar, dass nicht nur unsere Sinneswahrnehmung einen blinden Fleck hat, sondern auch unser Denken über die Welt?
- Wie kann man etwas gegen ihn tun, wenn er doch unbewusst ist?
- Kannst du „blinde Flecken" in den Geschichten und Berichten der folgenden Seiten entdecken?

Selbstbeobachtung gefordert!

1 Wenn du dir die nebenstehenden Figuren anschaust, wirst du Erfahrungen unterschiedlicher Art machen.
Du wirst merken, dass deine Wahrnehmung unabhängig von deinem Wollen die Figuren auf bestimmte Weise interpretiert.
Dabei dürfte die Deutung der oberen Figur bei allen gleich sein: Man sieht etwas, was nicht vorhanden ist.
Oder ergeht es dir anders?

2 Die zweite Figur musst du dir mindestens eine Minute oder auch länger anschauen. Vielleicht verblüfft dich das Ergebnis. Mit großer Wahrscheinlichkeit sehen nicht alle dasselbe, aber es kann auch sein, dass alle das Gleiche erleben. Sprecht über eure persönliche Erfahrung miteinander.

3 Man kann behaupten, dass unser Denken, Urteilen und Werten oft ähnlich funktioniert wie die Wahrnehmung der nebenstehenden Figuren. Welche Konsequenzen müsste man daraus ziehen (abgesehen davon, dass man Geduld aufbringen muss)?
Schaut euch die Übungen auf Seite 161 an.

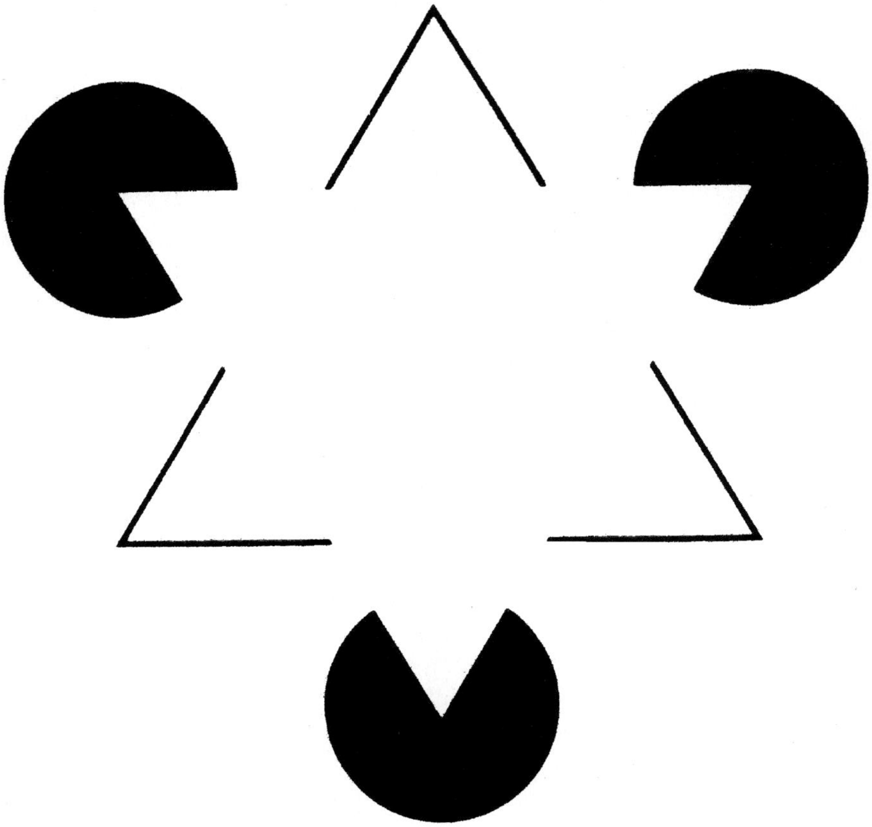

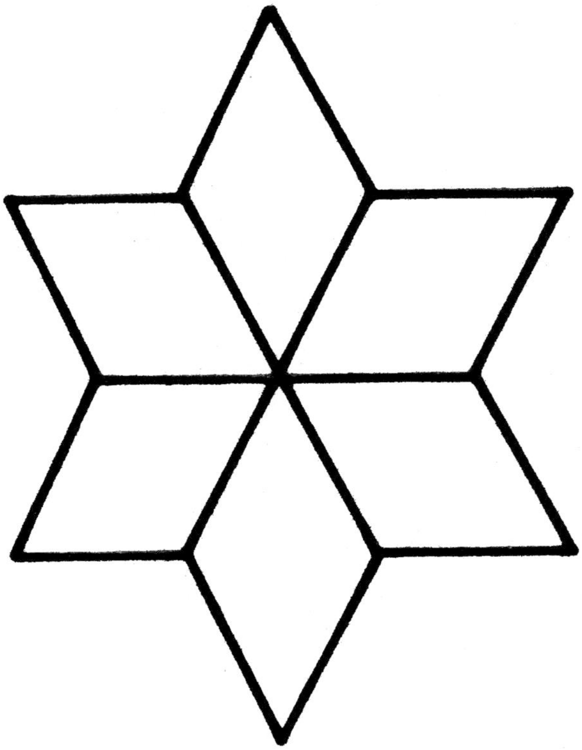

Weitere Erfahrungsmöglichkeiten

- **Welche konkreten Vorstellungen tauchen in dir auf, wenn du die Begriffe „Quadrat", „Freiheit", „Struktur", „Emanzipation" oder „nichts" hörst? Vergleicht eure Vorstellungen. – Dasselbe lässt sich auch mit bekannten Sprichwörtern durchführen, wie „Lügen haben kurze Beine", „Jeder ist seines Glückes Schmied" und „Wer andern eine Grube gräbt, fällt selbst hinein".**
- **Einer aus der Gruppe stellt ein Fleckenbild, z. B. eine Frottage, her, das an eine alte Mauer, an Wolken, an rissige Erde oder an einen verschmutzten Bodenbelag erinnert (es soll nichts Konkretes darstellen). Jeder bekommt eine Kopie dieses Bildes und versucht, mit Bleistift oder Kugelschreiber das deutlich nachzuzeichnen, was er in diesem Bild nach langem Hinschauen erkennt. Auch wieder: Vergleich der Ergebnisse.**
- **Was könnte mit diesen beiden kleinen Zeichnungen gemeint sein? Jeder schreibe zehn Möglichkeiten auf. Unterschiede und Ähnlichkeiten?**

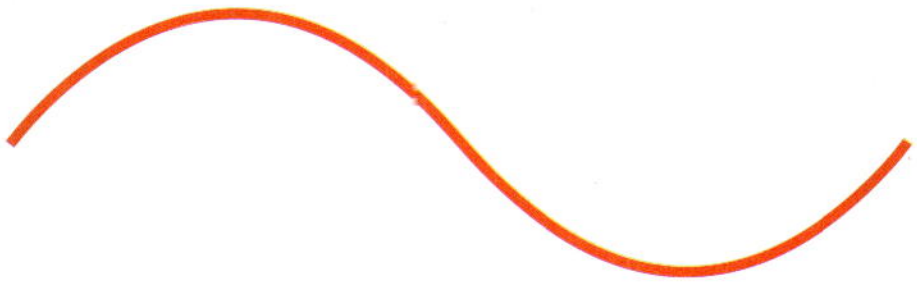

- **Eine Geschichte oder deren Anfang wird vorgelesen, in der die Personen und die Umgebung nicht genauer beschrieben werden (bei Märchen ist dies oft der Fall). Wie stark weichen eure Vorstellungen voneinander ab?**
- **Ein Musikstück ohne Text wird vorgespielt. Habt ihr bildliche Vorstellungen dabei und, wenn ja, welche? Schildert sie und vergleicht.**
- **Auf jedem Tisch stehen drei Klötzchen in gleicher Anordnung. Zeichnet sie (es kommt nicht auf das Können an). Eure Zeichnungen sagen vielleicht etwas darüber, wie ihr die Wirklichkeit wahrnehmt.**
- **Schaut euch das Bild an. Wie empfindet ihr die dargestellte Atmosphäre? Vielleicht denkt ihr euch eine Geschichte dazu aus. Sie könnte mit den Worten beginnen: „Eine unglaubliche Finsternis ..."**

4 Es gibt die Auffassung, dass all unser Wahrnehmen, Denken, Deuten und Urteilen von der jeweiligen Person (oder Gruppe) abhänge. Anhand der Aufgaben auf dieser Seite könnt ihr überprüfen, ob diese Auffassung der Erfahrung eurer Gruppe entspricht (oder auch nicht). Entscheidet darüber, was denn nun stimmt.

Frottage: Durchreibung (s. Münzen)

5 Fallen euch ähnliche Experimente ein?

Die Pygmäen

1 Warum muss sich der Pygmäe den Kopf zerbrechen? Könnt ihr einen Bezug zu den folgenden Geschichten und Berichten herstellen?

Der Anthropologe Colin Turnbull hat sich im Kongo mit Pygmäen befasst, die ihr Leben im Urwald verbringen und deshalb nicht gelernt haben, die Größe weit entfernter Objekte zu beurteilen. Turnbull brachte seinen Pygmäenführer Kenge dazu, gemeinsam mit ihm den Wald zu verlassen. Sie kamen auf eine Steppe und sahen in der Ferne eine Herde Büffel.

[Kenge] fragte mich, was für Insekten das seien, und ich sagte ihm, es seien Büffel, doppelt so groß wie die Waldbüffel, die er kannte. Er lachte laut und meinte, ich solle ihm nicht so dumme Geschichten erzählen ... Wir setzten uns ins Auto und fuhren auf die weidenden Büffel zu. Er beobachtete, wie sie immer größer wurden, und obwohl er ein sehr mutiger Pygmäe war, rutschte er zu mir herüber, saß dicht bei mir und murmelte etwas von Hexerei ... Als er erkannte, dass es wirkliche Büffel seien, hatte er keine Angst mehr, aber er zerbrach sich den Kopf, warum sie so klein gewesen wären und ob sie wirklich so klein gewesen und plötzlich gewachsen wären oder ob es ein Trick gewesen sei.

Tor Nørretranders

- **Mark Twain,** eigentlich Samuel Langhorne Clemens (1835-1910): amerikanischer Schriftsteller, bekannt durch seine Mississippi-Romane „Huckleberry Finn" und „Tom Sawyer".

2 Woran mag es liegen, dass der Mississippi dem Autor so ganz und gar unterschiedlich erscheint? Gibt es hier „richtig" und „falsch"?

3 Schildert, wie ihr als Kinder einen Wald, ein Maisfeld, ein Dünengelände erlebt habt und wie ihr das jetzt wahrnehmt.

Der Mississippi

Als junger Mann, für den die Dampfschifffahrt noch neu war, erlebte der berühmte Schriftsteller Mark Twain den Mississippi so:

An einer Stelle glitzerte ein langer schräger Streifen auf dem Wasser, an einer anderen brodelte die Oberfläche von sich überstürzenden, sich ewig erneuernden Kreisen, die in allen Farben des Opals spielten. Wo die rötliche Glut am schwächsten war, glättete sich das Wasser in sanften Kringeln und ganz zart ausstrahlenden Linien. Das Ufer zur Linken bedeckte dichter Wald, dessen düsterer Schatten von einem langen gekräuselten Schweif unterbrochen wurde, der wie Silber glänzte, und hoch über der Waldwand ließ ein abgeschälter toter Baum seinen einzigen belaubten Ast hineinlodern in den ungehemmten Glanz der Sonnenflut. Dann die sanften Kurven, die Widerspiegelungen im Wasser, die bewaldeten Höhen und die weich umrissenen Fernen, und so weit das Auge reichte, tanzten unentwegt die sich auflösenden Lichter darüber hin, jeden Augenblick neue Farbwunder hervorrufend.

Ich stand wie verzaubert, trank das sprachlos entzückt in mich hinein. Die Welt erschien mir neu; zu Hause hatte ich so etwas nie gesehen.

Als er Lotse auf dem Mississippi geworden war, sah Mark Twain den Strom so:

Bald hatte ich für den Glanz und Zauber, den Mond und Sonne und Zwielicht über das Antlitz des Flusses legten, kein waches Auge mehr, und es kam schließlich die Zeit, wo ich dafür überhaupt kein Auge mehr hatte. Hätte sich jener Sonnenuntergang jetzt wiederholt, würde ich ihn ohne jedes Entzücken betrachtet und in Gedanken etwa folgenden Kommentar dazu gemacht haben: „Dieser Sonne nach gibt es morgen Wind; der treibende Baumstamm da beweist, dass der Fluss ansteigt; der Querstreifen deutet auf ein Steilriff, und wenn sich das weiter so breitmacht, wird in einer der nächsten Nächte hier jemand mal sein Dampfschiff begraben; diese brodelnden Kreise zeigen, wie sich darunter eine Sandbank auflöst und die Fahrrinne verändert; die Linien und Kringel drüben im ölig glatten Wasser sind eine Warnung, dass diese unangenehme Stelle gefährlich seicht wird; der silbrige Strich im Schatten vom Wald ist der Strudel von einem neuen Snag, der sich den allerbesten Platz ausgesucht hat, der zum Dampferangeln zu finden war; der schlanke abgestorbene Baum mit dem einen lebenden Ast wird es nicht mehr lange machen, und wie soll man sich ohne den freundlichen alten Wegweiser dann nachts hier noch zurechtfinden?“

Mark Twain

Medizinische Bildbetrachtung

Ein großer Maler lud seinen Arztfreund ein, damit dieser sich sein, wie der Maler meinte, schönstes Bild ansehe.
Der Arzt unterzog das Gemälde einer strengen Prüfung und betrachtete jede Einzelheit genau. Zehn Minuten vergingen, und der Künstler wurde etwas ängstlich. „Also, was hältst du davon?“, fragte er.
Der Arzt sagte: „Es scheint eine doppelte Lungenentzündung zu sein.“

Anthony de Mello

Der richtige Abstand

In jeder Kultur gibt es eine Regel über den „richtigen“ Abstand, den man einem Fremden gegenüber *en face* einzunehmen hat. In Westeuropa und in Nordamerika ist dieser Abstand die sprichwörtliche Armeslänge. Im Mittelmeerraum und in Lateinamerika ist dieser Abstand wesentlich anders: Zwei aufeinander zugehende Personen bleiben auf viel kürzerer Distanz voneinander stehen. Wie Hunderte anderer, ähnlicher Regeln für „richtiges“ Verhalten in einem bestimmten Wirklichkeitsrahmen sind auch diese Abstände rein außerbewusst, und solange sie von allen Kommunikationsteilnehmern befolgt werden, kann zwischen diesen kein Konflikt entstehen. Wenn sich nun aber ein Nordamerikaner und ein Südamerikaner in dieser Situation befinden, wird sich unweigerlich ein typischer Verhaltensablauf ergeben: Der Südamerikaner wird den für ihn als richtig empfundenen Abstand einnehmen, der Nordamerikaner dagegen wird die Situation undeutlich als unangenehm empfinden und durch Zurücktreten die für ihn „richtige“ Distanz herstellen. Nun ist die Reihe am Südamerikaner, das vage Gefühl zu haben, dass etwas nicht stimmt, und *er* wird aufrücken usw. – bis der Nordamerikaner schließlich mit dem Rücken gegen eine Wand stoßen (und eventuell in eine homosexuelle Panik geraten) wird. Auf jeden Fall werden beide das undeutliche Gefühl haben, dass sich der *andere* falsch benimmt, und beide werden versuchen, die Situation zu korrigieren.

Paul Watzlawick

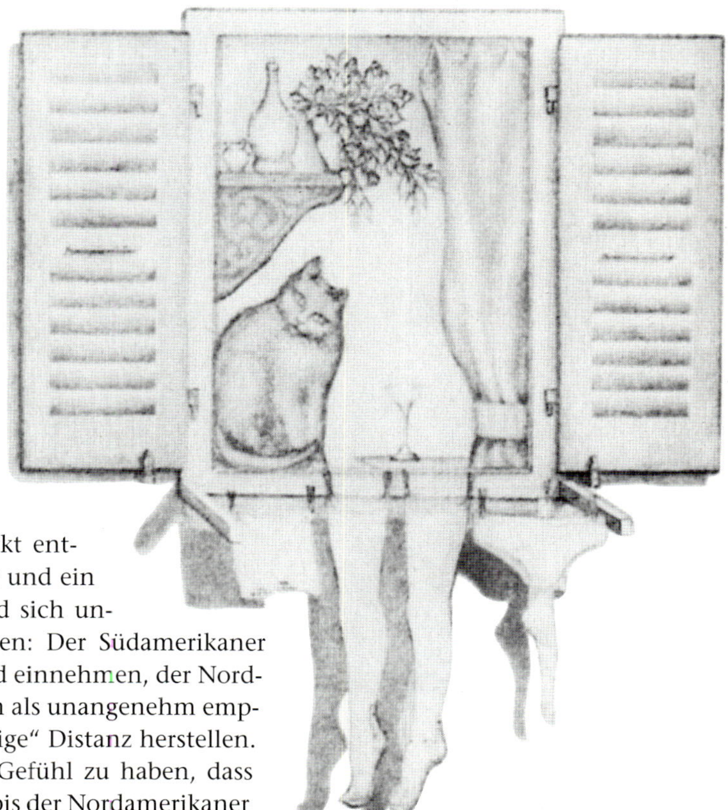

4 Kennt ihr Verhaltensregeln, die aus der Sicht einer anderen Kultur als falsch angesehen werden?

selektiv: auswählend (die Selektion beim Wahrnehmen geschieht oft unbewusst)
Hypothese: Annahme, Voraussetzung

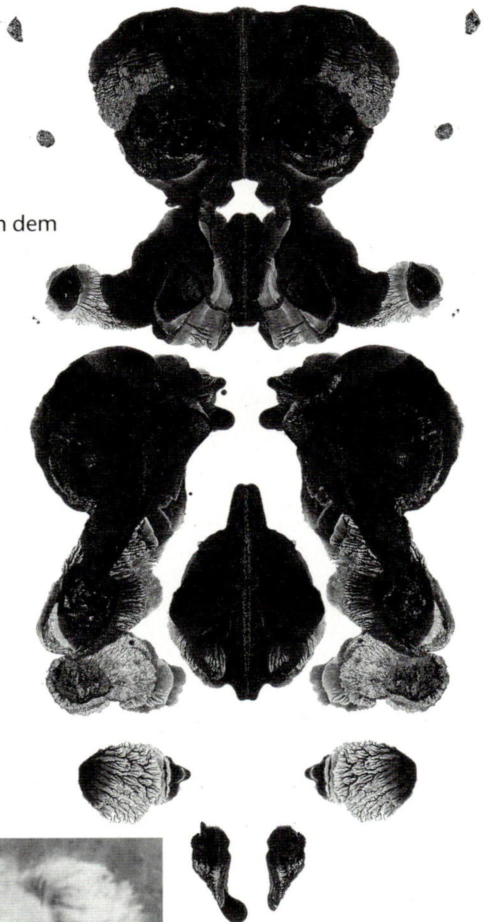

1 Was siehst du in dem Klecksbild?

Die Polizisten

Eine der berühmtesten Untersuchungen über das Gerücht ist in Amerika von Gordon Allport gemacht worden, und zwar im Auftrag der Polizei. Allport hat die Polizisten, die er belehren sollte, in einer Art Amphitheater versammelt; dort konnten sie alle ein Bild sehen, auf dem ein Polizist einen Neger ermordet. Draußen warteten ungefähr zwanzig weitere Polizisten. Einer davon wurde herangeholt; ihm wurde das Bild gezeigt. Er schaute es an, machte sich mit allen Einzelheiten vertraut und drehte sich dann mit dem Rücken zu diesem Bild gegen seine Kollegen, die im Amphitheater saßen. Und dann sagte man ihm: So, jetzt werden wir einen anderen hereinführen, und du erzählst ihm, was das Bild darstellt. –
Der andere wurde hereingeführt, durfte aber das Bild nicht sehen und bekam vom ersten erzählt, was auf dem Bild war. Dann wurde der erste gebeten, abzutreten, und der zweite, der nun mit dem Rücken zum Bild stand und das Bild gar nicht gesehen hatte, gebeten, einem dritten zu erzählen, was auf dem Bild war. Interessant waren die Änderungen, die da vorgingen. Als der zwölfte auf diese Weise an die Reihe kam, hatte bereits der Neger den Polizisten ermordet. Damit entsprach das Produkt der Überlieferung den gewohnten Vorstellungen der Polizei, die mit dem Mörder immer als Gegner zu tun hat; nie ihn in den eigenen Reihen vermutet. Diese Mentalität hatte durch selektives Wahrnehmen und Weitergeben den geschilderten Vorgang umgewandelt.

Max Horkheimer

Arthur Schopenhauer, *1788-1860*

2 Es dürfte euch nicht schwer fallen, weitere Faktoren zu nennen, durch die unser Urteil verfälscht wird.

3 Kennt ihr Fälle von Vorurteilen von Lehrern gegenüber Schülern und umgekehrt?

Vorurteile

Liebe und Hass verfälschen unser Urteil gänzlich: An unsern Feinden sehn wir nichts, als Fehler, an unsern Lieblingen lauter Vorzüge, und selbst ihre Fehler scheinen uns liebenswürdig. Eine ähnliche geheime Macht übt unser Vorteil, welcher Art er auch sei, über unser Urteil aus: was ihm gemäß ist, erscheint uns alsbald billig, gerecht, vernünftig; was ihm zuwider läuft, stellt sich uns, im vollen Ernst, als ungerecht und abscheulich, oder zweckwidrig und absurd dar. Daher so viele Vorurteile des Standes, des Gewerbes, der Nation, der Sekte, der Religion. Eine gefasste Hypothese giebt uns Luchsaugen für alles sie Bestätigende, und macht uns blind für alles ihr Widersprechende. [...] Was dem Herzen widerstrebt, lässt der Kopf nicht ein.

Arthur Schopenhauer

„Man sieht nur, was man weiß"

Zu diesem Satz schreibt die Schriftstellerin Luise Rinser:
Wir sehen [...] nicht, was IST, sondern was WIR SIND. Wir erschaffen uns UNSERE Wirklichkeit.

Lord Krishna und die zwei Könige

Lord Krishna wollte die Weisheit seiner Könige testen. Er ließ den König Duryodana, der für seine Grausamkeit, Gier und Habsucht bekannt war, zu sich rufen und sagte ihm: „Ich möchte, dass du dich auf die Reise machst und einen wahrhaft guten Menschen findest. Bitte bringe ihn zu mir."
Nach Jahren der Wanderschaft kam er zurück zu Gott Krishna und berichtete: „Ich habe die ganze Welt bereist und überall nach einem wahrhaft guten Menschen gesucht, aber ich konnte ihn nicht finden. Alle Menschen sind grausam, gierig, habsüchtig und böse."
Daraufhin ließ der göttliche Krishna den König Dhammaraja rufen, der für seine Güte und Selbstlosigkeit bekannt war, und befahl ihm: „Ich möchte, dass du dich auf die Reise machst und einen wahrhaft bösen und grausamen Menschen suchst. Wenn du ihn gefunden hast, bringe ihn bitte zu mir."
Also machte sich Dhammaraja auf die Reise. Auch er war jahrelang unterwegs – überall nach bösen Menschen suchend. Schließlich kehrte er zu Lord Krishna zurück und berichtete: „Ich konnte nicht finden, was ich suchen sollte. Es mag Leute geben, die Fehler machen – vielleicht weil sie misshandelt oder unterdrückt oder irregeleitet wurden, aber ich konnte niemanden finden, der böse ist. In ihrem Herzen sind alle Menschen gut."

Unbekannter Verfasser

Krishna: ein mythischer indischer König, irdische Erscheinungsform eines Gottes

Hören worauf?

Ein Indianer und ein Weißer gehen durch eine Stadt. Ringsum rauscht der Großstadtverkehr. Plötzlich hält der Indianer den Weißen an: „Hörst du, da zirpt eine Grille." Der Weiße: „Hier gibt's keine Grillen. Alles, was ich höre, sind Autos, LKWs, Motorräder." Während die beiden weitergehen, lässt der Indianer unauffällig eine Cent-Münze fallen. Sie rollt ein kleines Stück auf dem Asphalt und bleibt liegen. Zwei, drei der vorüberhastenden Menschen hören: Da ist ein Geldstück gefallen, bleiben stehen und beginnen zu suchen. Einer nimmt die Münze auf, steckt sie ein. Indianer und weißer Mann beobachten dies und gehen weiter.

Nach wenigen Schritten schiebt der Indianer einige Pflanzenblätter vor einer Hausmauer zusammen und – da sitzt eine Grille.
Der Weiße: „Kein Wunder, ihr Indianer hört eben besser."
Der Indianer: „Die Münze, die gerade gefallen ist, war viel leiser als die Grille. Ihr Weißen hört auf das Geld, ich höre auf die Grille."

Unbekannter Verfasser

4 Schreibe eine ähnliche Geschichte mit zwei anderen Personen, deren Einstellung unterschiedlich ist. Du kannst auch Personen aus den vorigen Texten aussuchen.

5 Gibt es persönliche Erfahrungen, die du nach dem Lesen der bisherigen Texte besser verstehen und erklären kannst? Schreibe sie auf.

Der Journalist Hanns ist der jüngere Bruder von Miriams Mutter. Das Mädchen versteht sich gut mit ihrem Onkel (der allerdings nicht so genannt werden möchte), weil er sie ernst nimmt und auf all ihre Sorgen und Freuden eingeht. Hanns unterhält sich gern mit Miriam, weil ihm ihre Neugier und ihre Offenheit gefallen und er mitbekommt, was Jugendliche bewegt. Die beiden gehen schon mal miteinander spazieren und wälzen dabei oft – aber nicht immer – Probleme. Ihr erlebt sie hier bei einem Spaziergang, bekommt aber nur einen kleinen Teil ihres viel längeren Gespräches mit.

1 Lest das Gespräch mit verteilten Rollen. Besser: Spielt die Szene, achtet dabei auf Mimik und Gestik. Hanns müsste dabei auch ein Blatt vom Boden aufnehmen ...

Eine fundamentale Frage: Was ist Wahrheit?

Miriam: **Sag mal, Hanns, was ist eigentlich Wahrheit? Als Journalist musst du das doch wissen.**

Hanns: **Das weiß doch jedes Kind, auch du – auch wenn du kein Kind mehr bist.**

Miriam: **Wenn ich das wüsste, würde ich nicht fragen.**

Hanns: **Ich werde dir beweisen, dass du das auch weißt. Reden wir aber zunächst lieber von dem Wörtchen „wahr", nicht von „Wahrheit", das ist einfacher. Also: Was bedeutet das Adjektiv „wahr"?**

Miriam: **Das bedeutet „wirklich". Was wahr ist, muss auch wirklich sein.**

Hanns: **Irgendwie hast du recht, aber nicht so ganz.** (Hanns hebt ein schönes Blatt vom Boden auf und hält es Miriam vor die Augen) **Ist das Blatt wahr?**

Miriam: **Nein. Jedenfalls klingt es in meinen Ohren falsch, zu sagen „Das Blatt ist wahr".**

Hanns: **Aber wirklich ist es?**

Miriam: **Klar, ich sehe doch, dass du es in der Hand hältst. Und ich sehe auch, dass es gelbgrün ist und dass es fünf Spitzen hat.**

Hanns: **Wenn das Blatt wirklich, aber nicht wahr ist, was ist hier denn wahr?**

Miriam: **Wahr ist, dass du es in der Hand hältst, wahr ist, dass es gelbgrün ist, und wahr ist auch, dass es fünf Spitzen hat.**

Hanns: **Was ist hier also wahr?**

Miriam: **Wahr ist, dass du es in der Hand hältst ...**

Hanns: (unterbricht): **Ich weiß, was du weiter sagen willst. Meine Frage war nicht genau genug. Ich meine: Was – ganz allgemein – nennst du denn hier wahr?**

Miriam: **Ich verstehe dich nicht, ich habe doch alles gesagt.**

Hanns: **Ja, du hast gesprochen, du hast etwas gesagt. Aber beantworte noch einmal meine Frage, was hier wahr ist, ohne das Wort „dass" zu benutzen.**

Miriam: Ich versuch's. Wahr ist: Du hältst das Blatt in der Hand. Wahr ist: Das Blatt hat fünf Spitzen ...

Hanns: Und so weiter. Was ist also wahr, allgemein gesprochen?

Miriam: Ich hab's: Die Sätze, die ich gesagt habe, sind wahr.

Hanns: Stimmt. Und wenn du gesagt hättest: „Das Blatt hier hat sechs Spitzen", dann wäre der Satz nicht wahr, sondern falsch. Man nennt solche Sätze im Unterschied zu Fragesätzen oder Befehlen Behauptungen, oder genauer: Aussagen. Du hast richtig herausgefunden, dass Aussagen wahr (oder auch falsch) sind. Also: Nicht das Blatt ist wahr, sondern bestimmte Aussagen über das Blatt sind wahr. Zufrieden?

Miriam: Ja und nein. Ich weiß jetzt, dass Aussagen wahr sind, aber du musst mir noch sagen, wann Aussagen wahr sind oder falsch.

Hanns: Dafür hast du selbst eine Reihe von Ausdrücken. Wenn du etwas gesagt hast und der andere antwortet: „Das ist falsch!", was sagst du dann?

Miriam: Ich sage: „Das ist doch richtig." Oder: „Ich habe aber recht." Oder: „Das stimmt wohl."

Hanns: Kannst du mal erklären, was du meinst mit „Das stimmt"?

Miriam: Das, was ich gesagt habe, also meine Aussage, stimmt, wenn es wirklich so ist, wie ich das sage.

Hanns: Gut, welches Verhältnis hat also deine Aussage zur Wirklichkeit?

Miriam: Meine Aussage trifft auf die Wirklichkeit zu. Dann ist sie wahr. Ich könnte auch sagen: Meine Aussage stimmt mit der Wirklichkeit überein. (Miriam spreizt ihre Hände und bewegt sie aufeinander zu, bis ihre Innenflächen sich berühren. Dabei sagt sie, während sie die Hände kurz auseinander nimmt und wieder zusammenpresst:) Siehst du, so!

Den beiden begegnet ihr wieder in dem Kapitel „Ist doch logisch, oder?" Dort findet ihr einen Briefwechsel zwischen Miriam und Hanns.

2 Formuliert an dieser Stelle Miriams Aussage über Wahrheit so, dass Hanns zufrieden wäre.

Hanns: Toll, dann weißt du also, was Wahrheit ist!

Miriam: Nein, ich weiß nur, wann eine Aussage wahr ist.

Hanns: Doch! Du musst dich nur ein wenig anders ausdrücken. Du musst mit „Wahrheit ist …" anfangen.

Miriam: O.K.! Ich versuch's. Wahrheit ist die Übereinstimmung mit der Wirklichkeit.

Hanns: Knapp daneben. Du hast was vergessen.

Miriam: Keine Ahnung!

Hanns: Denk daran, wovon du die ganze Zeit gesprochen hast!

Miriam: Ach ja, ich habe gesagt, dass Aussagen wahr sind.

Hanns: Ein neuer Anlauf. Wahrheit ist …?

Miriam: Wahrheit ist die Übereinstimmung einer Aussage mit der Wirklichkeit. Eine Aussage ist wahr, wenn sie mit dem, was wirklich ist, übereinstimmt. Klar. Das weiß doch jedes Kind! Denn sonst könnten Kinder nicht sagen: „Das ist gelogen." Oder: „Das stimmt nicht." Oder: „Das ist nicht wahr."

Hanns: Du hast recht: Jedes Kind weiß, was unter „Wahrheit" zu verstehen ist. Ich hab's dir schon zu Anfang gesagt.

Miriam: Stimmt. Ich wusste nur nicht, dass ich das schon wusste. Merkwürdig. Aber ganz zufrieden bin ich noch nicht. Woher weiß ich denn, ob ein Satz wahr ist oder nicht. Man kann sich doch irren, oder ein anderer belügt mich.

Hanns: Tja, die Schwierigkeiten fangen jetzt erst an. Wie erkennen oder überprüfen wir, ob eine Behauptung wahr ist, ob sie also der Wirklichkeit entspricht? Wir brauchen dafür Anhaltspunkte – Kriterien –, nach denen wir uns richten können, um dies zu entscheiden. Aber die haben wir auch. Denk mal nach: Wann nimmst du an, dass wahr ist, was einer sagt oder was du liest?

Miriam: Wenn du etwas sagst, dann glaube ich dir. Denn du hast mich bis jetzt noch nicht angeschwindelt.

Hanns: Aha, dein Anhaltspunkt ist also die Glaubwürdigkeit oder Zuverlässigkeit. Nicht schlecht. Aber Vorsicht: Ich könnte mich irren oder doch mal Lust haben, dir etwas zu sagen, was nicht stimmt. Aber weiter!

Miriam: Wenn ich misstrauisch, aber neugierig bin, dann schaue ich mir die Sache mit meinen eigenen Augen an. Dann sehe ich ja, ob's stimmt.

Hanns: Gut, in diesem Fall ist also die sinnliche Wahrnehmung dein Kriterium. Aber was, wenn das nicht möglich ist?

Miriam: Keine Ahnung.

Hanns: Doch! Nehmen wir an, jemand sagt, deine beste Freundin hätte in einem Supermarkt einen Lippenstift mitgehen lassen.

Miriam: Ich würde das nicht glauben. Denn das passt nicht zu ihr, weder das Stehlen noch der Lippenstift.

Hanns: Du vergleichst also das, was einer sagt, mit dem, was du schon weißt.

(und so weiter … … …)

Es lohnt sich, sich diese Definition zu merken! (Was eine Definition ist, erfahrt ihr im Kapitel „Ist doch logisch, oder?")

1 Miriam fragt (mit anderen Worten) nach Kriterien für Wahrheit, und sie kriegt auch selbst was raus. Schreibt den Dialog weiter.

Kriterium: Prüfstein, unterscheidendes Merkmal, Kennzeichen

Ratschläge

Wie kann ich verhindern, dass ich mich bei meinen Aussagen über komplizierte Sachverhalte irre? Kant rät, „sich an der Stelle eines anderen zu denken", d. h. die Dinge aus der Sicht anderer Menschen zu betrachten.

Ähnliches sagt Nietzsche, nämlich:

„Es gibt *nur* ein perspektivisches Sehen, *nur* ein perspektivisches ‚Erkennen'; und *je mehr* Affekte wir über eine Sache zu Worte kommen lassen, *je mehr* Augen, verschiedene Augen wir uns für dieselbe Sache einzusetzen wissen, umso vollständiger wird unser ‚Begriff' dieser Sache, unsre ‚Objektivität' sein."

Friedrich Nietzsche (1844-1900), deutscher Philosoph

Übungen

Wir können uns darin üben, verschiedene Standpunkte einzunehmen und die Wirklichkeit unter verschiedenen Blickwinkeln zu betrachten, damit wir uns nicht irren oder die Dinge nur einseitig beurteilen.
Einige Vorschläge:

- **Schildere die negativen Seiten von dem, was zunächst als gut, und die positiven Seiten von dem, was zunächst als negativ erscheint (Freiheit, Gerechtigkeit, Fürsorglichkeit; Unordnung, Krankheit, Armut, Wut, Angst).**
- **Überlege, zu welch unüblichen Zwecken man einen Gegenstand, z. B. einen Tennisschläger, eine Kreditkarte, einen Blumentopf oder einen Hartgummiball, benutzen kann.**
- **Gib Gründe dafür oder dagegen an, dass staatlich verordnet wird, alle Autos gelb anzustreichen. Vertrete die Position, die du eigentlich ablehnst.**
- **Überlege dir bei der Betrachtung eines geschmacklosen Vorgartens, eines „unmöglichen Outfits", eines kitschigen Bildes, was der Besitzer daran wohl gut finden mag.**
- **Nenne viele Möglichkeiten, als was man einen Baum, einen Pudel, Schweigen oder Krankheit betrachten kann (ein kleiner roter Kubus kann ein Bauklötzchen, ein mathematisches Anschauungsmittel, ein Briefbeschwerer oder ein Talisman sein).**
- **Schildere mündlich oder noch besser schriftlich, wie ein Junge und wie ein Mädchen ein und dieselbe Situation erleben, denke etwa an einen Gang durch eine nächtliche Straße.**
- **Geh mit einem Kleinkind an der Hand einen vertrauten Weg oder zeige einem Fremden deine Heimatstadt.**

Perspektive: Blick von einem bestimmten Standpunkt aus in eine bestimmte Richtung. Je nach Standpunkt und Blickrichtung bekommt man anderes zu Gesicht. Das gilt auch im übertragenen Sinne.

Dieser Anzug vermittelt das Gefühl, das ein 70-Jähriger am Steuer eines Autos hat.

2 Fallen euch weitere Übungen zum Perspektivwechsel ein?

Die neuen Medien: künstliche Paradiese?

Kyoko Date ist Japans neuer Superstar: jung, sexy und perfekt – aber nicht von dieser Welt

Zu schön, um wahr zu sein

Sie ist jung wie ein Frühlingsmorgen, singt wie eine Nachtigall, hat eine Haut aus Tautropfen und bewegt sich grazil wie ein Schmetterling. Kyoko Date aus Tokio, Japan, ist siebzehn, liebt Fastfood, Handys und Manga-Comics und versteht sich prima mit ihren Eltern, die eine kleine Sushi-Bar am Stadtrand Tokios besitzen. Kyoko ist in Tokio ein großer Star. Es vergeht keine Woche, in der sie nicht in Videoclips auftritt oder im Radio zu hören ist. Kyoko hat niemals Schnupfen, und sie wird, im Gegensatz zu ihren gleichaltrigen Kollegen aus Japans Musikbranche, des Medienrummels um sie nie überdrüssig. Kyoko ist ein Cybergirl, ein Mädchen aus dem Computer. Sie raucht nicht, sie trinkt nicht, sie ist perfekt und sie ist immer verfügbar.

Ausgedacht hat sich diese neue Form des Startums die japanische Künstleragentur Hori Pro. Zwei Jahre arbeiteten sechzehn kreative Köpfe der japanischen Computer- und Künstlerszene an Kyokos Mimik und Maßen (83-56-82). Kyoko hat nie Pickel, dafür besteht ihr Gesicht aus 40 000 Pixeln, und die Animationen sind so perfekt, dass sie fast menschlich wirkt. [...]

Kyoko verkörpert nicht nur eine neue Form der Unterhaltungsindustrie, ganz nebenbei bringt sie mit ihrer frechen, forschen Art das traditionelle Frauenbild in Japan durcheinander. [...]

Dabei löst weniger ihr Image als ihr künstlicher Körper Diskussionen aus: ein Star aus Bits und Bytes, da ist Japan geteilter Meinung. Junge Menschen, in deren Leben Elektronik wie die Luft zum Atmen dazugehört, finden Kyoko Klasse; ältere erregen sich über die Perversion, künstliches Leben zu erschaffen und wie einen echten Menschen zu präsentieren.

„Die Amerikaner finden Kyoko irgendwie unmoralisch", sagt Kyokos „Manager" Yoshitaka Hori, „aber die Franzosen sind von ihr begeistert." Neben dem urmenschlichen Wunsch, alles auszuprobieren, was auszuprobieren geht, trieben Yoshitaka Hori vor allem praktische Gründe zur Generierung des Cybergirls: Echte Jungstars seien ihrem Beruf physisch und psychisch oft nicht gewachsen, erklärt der Künstleragent. „Selten sprechen sie eine Fremdsprache, meist können sie entweder nicht singen oder nicht tanzen. Kyoko lässt sich viel ökonomischer vermarkten als Talente, die man mit Mühe finden und ausbilden muss", behauptet Hori. [...]

Die japanische Schlagersängerin Kyoko Date, ein computererzeugtes Fabelwesen der Popkultur

Als ich zum ersten Mal von Kyoko Date erfuhr (etwa vor einem halben Jahr) dachte ich: „Wow, was für eine Animation.“ Anschließend vergaß ich sie, doch dann fand ich sie in einem Computerserveforum wieder. Ich war begeistert!!!

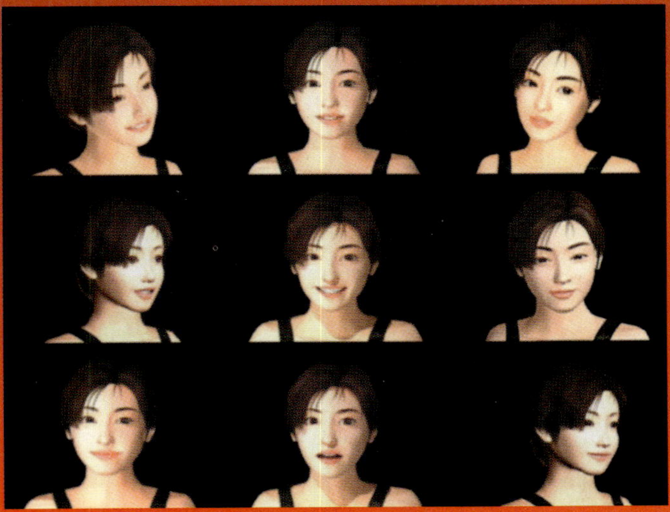

Die neuen Medien – künstliche Paradiese?

Über Kyoko Date sind die Menschen offenbar unterschiedlicher Ansicht. Warum wohl? Hier zeigt sich an einem einzigen Beispiel, wie problematisch eine solche technische Errungenschaft ist. Fragen und Probleme, die die modernen Medien überhaupt aufwerfen, werden in den folgenden Texten und Bildern deutlich.

Der **Text** auf SEITE 166/167 stammt von einem Philosophen, der das vor über 2000 Jahren geschriebene **Höhlengleichnis** von Platon nacherzählt und interpretiert. Es ist offensichtlich immer noch aktuell. Ihr könnt mit der Lektüre dieses Textes beginnen. Vielleicht ist es aber sinnvoller, diesen Text am Ende des Kapitels zu besprechen.

Es folgen Berichte, Kommentare und Bilder zu den modernen Medien. Manchmal gehen Bericht und Kommentar ineinander über. *Vorsicht also!*

Ihr könnt einfach ein wenig herumstöbern und schauen, was euch interessiert. Lasst euch zu Fragen und Vermutungen, zum Weiterdenken und Bewerten anregen.

Wenn ihr selbst nicht den rechten Zugang findet, dann könnt ihr folgende FRAGEN stellen:

- *Über welche technischen Möglichkeiten verfügen heute die Medien?*
- *Wie wird in den Medien die Wirklichkeit dargestellt?*
- *Welche Konsequenzen aus dem in diesem Kapitel Dargestellten wären sinnvoll?*
- *Gibt es eine Entsprechung zu eigenen Erfahrungen und Beobachtungen?*
- *Welche Wirkung haben die Medien auf uns, auf andere Menschen, auf unsere Gesellschaft (oder sogar auf die Menschheit)?*

VORSCHLAG

Führt eine **Umfrage** an der Schule durch:

- Wie viele Jungen und Mädchen besitzen einen eigenen Fernseher, ein eigenes Videogerät, einen eigenen Computer, eine Playstation, einen Game-Boy?
- Welche Fernsehsendungen schauen Jungen und/oder Mädchen regelmäßig an? Ihre Begründung?
- Welche Fernsehsendungen oder welche Spiele empfehlen die Mitschüler(innen) für welches Alter, wovon raten sie ab?

VORSCHLAG

Weil die modernen Medien so fantastische Möglichkeiten bieten und erst recht noch bieten werden, können wir in Gedanken vorwegnehmen, was in Zukunft alles möglich ist. Zu überlegen wäre, ob das Mögliche und zu Erwartende auch wünschenswert ist.

Geschichten, die darstellen, „was wäre, wenn?“, kann man als Gedankenexperimente bezeichnen.

Gedankenexperiment

Das Gedankenexperiment ist ein erstaunliches Verfahren, um zu neuen Erkenntnissen zu kommen oder um sich etwas bewusst zu machen. Es hat in der Geschichte der Naturwissenschaften und der Philosophie eine große Rolle gespielt. Sein Aufbau:

1. Gedankenexperimente beginnen stets mit einer Annahme. Diese kann völlig irreal sein: „Nehmen wir an, es wäre eine Pille erfunden worden, die Unsterblichkeit verleiht.“
2. Es folgt eine Frage, die sich auf diese Annahme bezieht. In unserem Fall: „Würdest du diese Pille einnehmen?“
3. Das eigentliche Gedankenexperiment besteht aus den Überlegungen, die zur Beantwortung der Frage führen.
4. Die Antwort wird möglichst ausführlich begründet.
5. Gefragt wird, zu welcher Erkenntnis das Gedankenexperiment geführt hat. Im vorliegenden Falle kann dabei herauskommen, wie wichtig für unser Leben der Tod ist.

pag↓ Siehe auch das Kapitel „Tod und Sterben gehören zum Leben“.

Mögliche Themen, über die ihr im Zusammenhang mit den Medien sprechen oder schreiben könnt:

- Nehmen wir an, ein Kind hat bis zum 10. Lebensjahr nur mit Tieren aus den Medien zu tun gehabt. Und nun begegnet es einem echten Tier.
  Welche Erfahrungen muss es machen?
- Nehmen wir an, der Kontakt zwischen Menschen fände fast nur noch über Medien statt. Wie ergeht es ihnen wohl bei Realbegegnungen?
- Nehmen wir an, die Schule würde ganz und gar durch den Computer ersetzt, so dass die Schüler ihre Wohnung nicht mehr verlassen müssten. Welche Folgen ergäben sich?

Euch fallen mit Sicherheit noch weitere Gedankenexperimente ein, die sich auf unsere mediale Zukunft beziehen.

Platon

■ Der Schweizer Philosoph **Raffael Ferber** hat in seinem Buch „Philosophische Stichworte" Platons Höhlengleichnis, einen der berühmtesten Texte der Philosophiegeschichte, aktualisiert.

1 Stellt die Situation der Gefesselten im verdunkelten Klassenzimmer nach. Zur Not reicht schon eine starke Taschenlampe, um deutlich zu machen, was Platon meint.

2 Notiere die Fragen, die der Text für dich aufwirft. Du wirst sie brauchen.

In der Höhle

Sie haben wahrscheinlich schon vor dem Fernsehapparat gesessen und auf den Bildschirm geschaut. Sie sahen Landschaften, Tiere, Menschen und Konsumgüter. Sie hörten Nachrichten, Berichte und Werbeslogans. Und meist gingen Sie davon aus, dass das, was Sie sahen und hörten, wirklich sei. Doch ist das, was Sie sahen und hörten, wirklich? Wenn ja, ist es die ganze Wirklichkeit? Schließlich, was ist überhaupt wirklich?

Zur Einführung möchte ich mit Ihnen ein Gleichnis lesen. Es stammt von dem griechischen Philosophen Plato (427-347 v. Chr.). Es lässt uns fragwürdig erscheinen, ob das, was wir sehen und hören, schon wirklich ist. Nach diesem Gleichnis wohnen wir Menschen in einer Höhle. Von Kindheit an sind wir gefesselt an Nacken und Schenkeln. Wir müssen so auf demselben Fleck bleiben und können nur in eine Richtung schauen. Zwischen uns und einem Feuer, das hinter uns brennt, verläuft ein Weg. Längs diesem ist eine Mauer aufgeführt. Sie gleicht den Schranken, welche sich die Gaukler vor den Zuschauern erbauen, über die herüber sie ihre Kunststücke zeigen. Dieser Mauer entlang tragen Gaukler allerlei Geräte, Bildsäulen sowie andere steinerne und hölzerne Bilder, die über die Mauer ragen. Einige reden dabei, andere schweigen. Wir Gefangene aber sehen von uns selbst, voneinander und von dem, was hinter uns vorübergetragen wird, nichts anderes als die Schatten, welche das Feuer auf die uns gegenüberliegende Wand der Höhle wirft. Diese Schatten nun halten wir für wirklich. Auch die Stimmen, die wir von den Vorübergehenden hören, schreiben wir den Schatten zu. Wir sehen also nicht nur nichts von der Sonne Erleuchtetes, sondern auch kein Licht, weder das des Feuers noch das der Sonne.

Das Gleichnis handelt offenbar von uns. Plato bedient sich einer Verfremdung unserer menschlichen Situation, damit wir uns über sie wundern. Denn meistens leben wir nicht nur in einer falschen Vertrautheit mit der Welt, sondern auch mit uns. Wir wundern uns vielleicht über außergewöhnliche menschliche Situationen. Wir wundern uns aber nicht über unsere gewöhnliche menschliche Situation; sie fällt uns nicht mehr auf. Insofern sind wir uns nicht die Nächsten, sondern die Fernsten. Die Verfremdung durch dieses befremdliche Bild unserer menschlichen Lage bricht nun diese aus unserer langen Gewöhnung entstandene Vertrautheit und lässt uns uns dort wiederfinden, wo wir uns nie vermutet hätten, in einer Höhle. Und die fällt uns auf. Damit uns das Gewöhnliche unserer menschlichen Lage bewusst wird, brauchen wir eine außergewöhnliche.

An ihr möchte ich jetzt dreierlei hervorheben:

a) Wir sind Gefangene von Bildern, die uns von Gauklern vorgeführt werden. Mit den Gauklern können die Dichter und Sophisten gemeint sein. Heute könnte man sagen: die Meinungsmacher. Deren Ansichten sind für uns die Wirklichkeit.

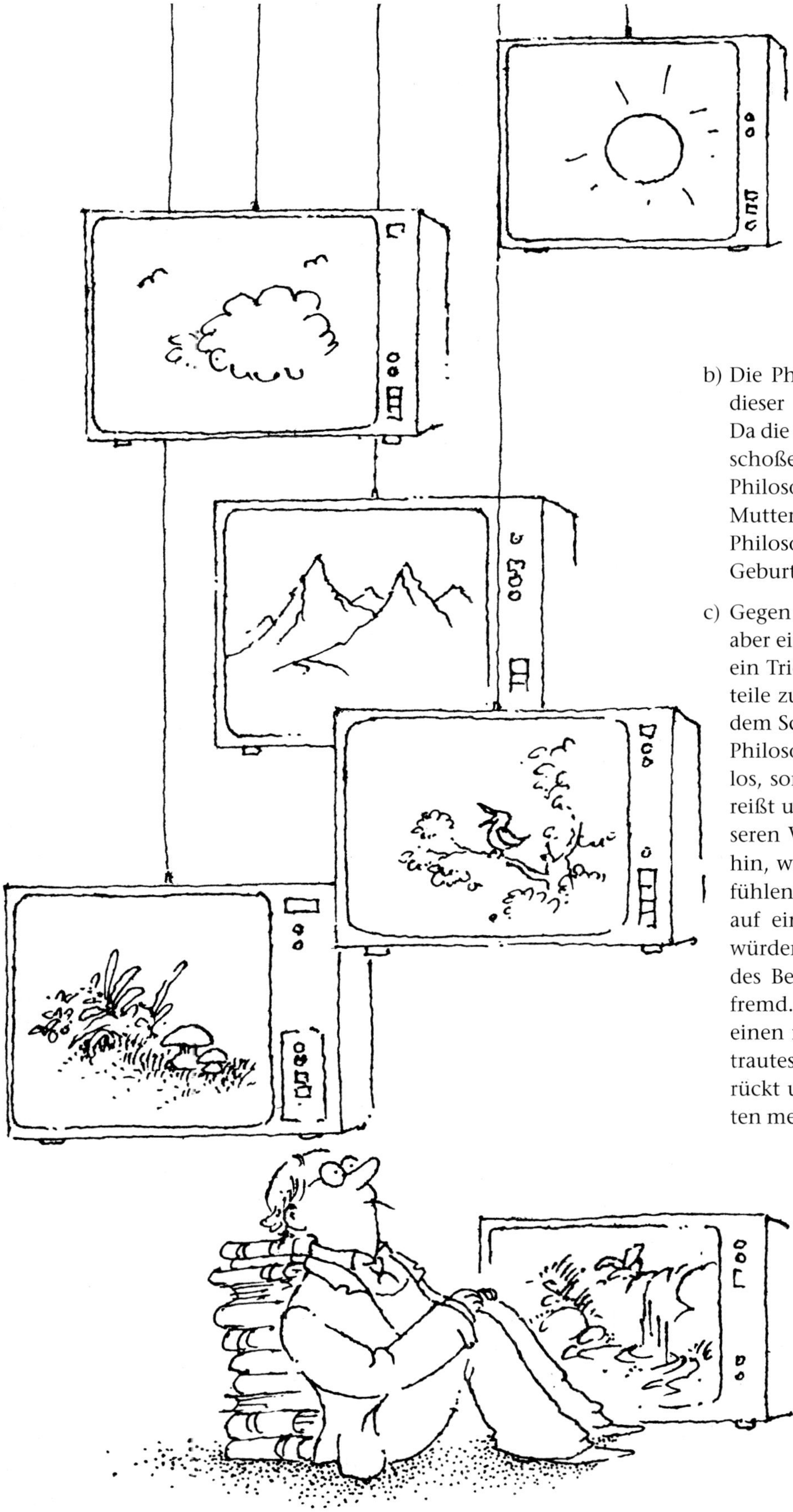

b) Die Philosophie ist die Befreiung aus dieser Gefangenschaft in Meinungen. Da die Höhle auch ein Bild des Mutterschoßes ist, so lässt sich sagen: Die Philosophie ist die Befreiung aus dem Mutterschoß unserer Vorurteile. Die Philosophie ist so eine Art von zweiter Geburt.

c) Gegen diese Befreiung regt sich in uns aber ein Widerstand. Es besteht in uns ein Trieb, in der Höhle unserer Vorurteile zu bleiben. Wir haben Angst vor dem Schmerz der zweiten Geburt. Die Philosophie ist nämlich nicht harmlos, sondern tut gelegentlich weh. Sie reißt uns aus der Geborgenheit in unseren Vorurteilen und führt uns dorthin, wo wir uns nicht mehr zu Hause fühlen. Das ist fast so, wie wenn wir auf einen anderen Planeten versetzt würden. Freilich ist dann aus der Sicht des Befreiten die Erde – die Höhle – fremd. Die Befreiung erlaubt nämlich einen fremden Blick. Er lässt uns Vertrautes wie zum ersten Mal sehen. Er rückt uns dafür aber aus der gewohnten menschlichen Ordnung.

Raffael Ferber

■ Die Texte auf diesen beiden Seite sind dem Buch „True Stories" von **Monika Pelz** entnommen. Die Autorin hat ihren Sciencefiction-Roman teilweise wie ein Mosaik aus Erfundenem und Gefundenem zusammengesetzt. Einige Fundstücke sind hier mit Originaltitel wiedergegeben. Sie haben alle mit den neuen Medien zu tun.

Virtual Realities

Wann ich zum letzten Mal wirklich ehrlich geweint habe? He, das weiß ich genau! Das war, als Snoopy und Woodstock beschlossen auszuwandern. Und als sie dann an dieser Wegbiegung saßen. Abendsonne, weißt du? Und auf einmal so entsetzlich Heimweh hatten.

Gyula Horn, Schlagersänger

Virtual Realities

Also, ich kann mich an manche Wicki-Folgen besser erinnern als an Ereignisse aus meinem Leben!

Rudi Möllemann

Der britische Wissenschaftsminister Lord Sainsbury hat Lara Croft als Botschafterin für das innovationsfreudige GB vorgeschlagen.

(Rheinische Post, 19. 12. 1998)

Virtual Realities

Sie ist ein Star der Pop-Kultur: Lara Croft, die Action-Heldin mit dem großen Busen, zierte die Titel des britischen Magazins „The Face" und der französischen Zeitung „Libération". Lara Croft ist die erste virtuelle Heldin dieses Jahrhunderts. Und jeden Tag wird die Hauptfigur aus dem Computerspiel „Tomb Raider" ein Stück realer.

Virtual Realities

Immer mehr hinterbliebene PC-User wollen ihren verstorbenen Angehörigen ein Denkmal im World Wide Web setzen. Der morbide Trend kommt aus den USA, und mittlerweile gibt es ein gutes Dutzend Friedhöfe im Netz. Net-Surfer sind eingeladen, die aufwändig gestalteten Gedenkstätten zu besuchen. Anteilnahme wird allerdings erwartet. So sollen „Friedhofsbesucher" per Mausklick Kondolenzwünsche oder Blumenkränze übermitteln und Kerzen entzünden.

Modern Times

Der elektronische Amor sendet keine Pfeile, sondern piepst. Offenbar, um einem dringenden Bedürfnis abzuhelfen, wurde in Japan das „Lovegety" entwickelt: Lautes Piepsen ertönt, wenn zwei Menschen einander begegnen, die auf der „gleichen Wellenlänge" sind (und ein Lovegety bei sich tragen). Das kleine elektronische Funkgerät zeigt mit einem grünen Lichtlein an, wenn *beide* in „Liebesstimmung" sind.

Realitätsverlust oder Schonung der Umwelt: Virtual Car Racing

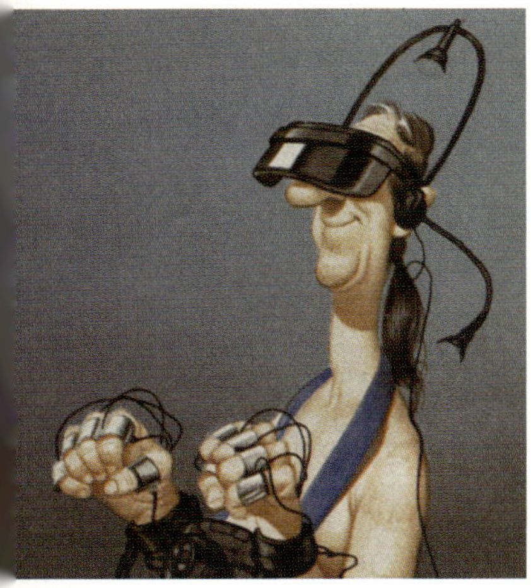

Virtual Realities

„Cruis'n USA" gehört zu den Klassikern der Autorennen per Computer. Man fährt in einem tollen Schlitten von der Ost- zur Westküste, jeder Bundesstaat bietet eine Vielzahl an anspruchsvollen und adrenalinfördernden Strecken, die Fahrer und Wagen alles abverlangen. „Cruis'n USA" zeichnet sich vor allem durch die benutzerfreundliche Oberfläche aus. Als besonderes Zuckerl gibt es versteckte Strecken durch wunderschöne Landschaften. Man fühlt sich wie im Urlaub.

Glück und Ekstase

Im „Meer der Gefühle". In den USA gibt es Leute, die haben den Film „Titanic" bereits vierzigmal gesehen, und jeder fünfte sieht ihn sich mindestens zweimal an – das erste Mal aus Neugier, das zweite Mal aus Sehnsucht. Sehnsucht nach den großen Gefühlen, die da von der Leinwand schwappen.

1 Gibt es auch bei euch einige, die diesen oder einen anderen Film mehrmals gesehen haben? Was könnte sie dazu veranlasst haben?

Virtual Realities

Seegang vom Computer. Synthetische Wellen im „Titanic"-Film. James Cameron glaubte seinen Augen nicht zu trauen. „Niemals", schrie der Titanic-Regisseur seinen Stab an, „niemals können diese Meeresaufnahmen aus dem PC stammen!" Cameron irrte. Die Bilder waren tatsächlich CGs – computer generated, per Software erstellt.
Wellenkämme und Gischtkronen, selbst Wolken und dicke Nebelschwaden waren im kleinen Büro von Dave Wasson im San Fernando Valley aus komplizierten Berechnungen geschaffen worden. „Ohne dieses Programm wäre ‚Titanic' nicht möglich gewesen", sagt Robert Legato, zuständig für visuelle Effekte im 200 Millionen Dollar teuren Kassenknüller mit Leonardo Di Caprio.

Virtual Realities

An Frau Beimer, Lindenstraße
Liebe Frau Beimer! Ich sehe die Sendung „Lindenstraße" nun schon so lang, dass Sie für mich wie eine gute Bekannte sind. Deshalb wage ich, Sie um etwas zu bitten. In der Folge von vergangenem Sonntag haben Sie gesagt, dass Sie für Ihr Reisebüro eine Arbeitskraft suchen. Ich habe Computererfahrung und wäre sehr erfreut, bei Ihnen eine neue Tätigkeit zu finden.

Herzliche Grüße, Anne Würer

■ Eines Tages brachte der Münchner Journalist **Christian Nürnberger**, 46, für seine Kinder, 7 und 4, eine Spiele-Konsole von Nintendo und das Videospiel „Super Mario" heim – mit schwer wiegenden Folgen für den Familienfrieden. Es kam zum Krach mit seiner Frau, der ZDF-Moderatorin **Petra Gerster.**

1 Nennt er zehn Gründe?

Süchtig nach Mario

Ehestreit um ein Videospiel

Gerster: Dieses Spiel kommt aus dem Haus.

Nürnberger: Dieses Spiel bleibt.

Gerster: Dieses Spiel zerstört unser Familienleben. Ich komme nach Hause und werde von allen ignoriert, weil die Kinder wie gebannt auf diesen blöden Bildschirm glotzen, und der Vater, dieser Kindskopf, hockt genauso dabei.

Nürnberger: Das Tolle ist ja gerade, dass hier zwischen Erwachsenen und Kindern Chancengleichheit herrscht. Ich kann und weiß nicht mehr als die Kinder, deshalb spielen sie so gern mit mir.

Gerster: Sag mir einen vernünftigen Grund, warum sich unsere Kinder mit so einem Schund abgeben sollen.

Nürnberger: Mario ist kein Schund. Es ist ein Videospiel, und zwar eines der besten. Und ich kann dir mindestens zehn Gründe nennen.

Gerster: Ich höre.

Nürnberger: Mario ist nicht nur ein Spiel, sondern auch ein Märchen.

Gerster: Wieso soll Mario ein Märchen sein?

Nürnberger: Mario ist zwar Klempner von Beruf, aber in Wahrheit hat er die klassische Prinzen-Rolle zu erfüllen. Er erfährt, dass seine Freundin, die Prinzessin Toadstool, von einem Ungeheuer gefangen gehalten wird. Also versucht er sie zu befreien. Bis dahin ist es ein weiter Weg, auf dem mit Geschick, Fantasie und Intelligenz unzählige Abenteuer zu bestehen sind. Zum Schluss muss das Ungeheuer besiegt werden. Also, wenn das kein Märchen ist ...

Gerster: ... aber ein primitives. In guten Märchen hat das Kind es mit Charakteren zu tun, die gutmütig, ängstlich, neidisch, tapfer, hinterlistig, einfältig oder schlau sind. Mario dagegen ist ein Maschinchen in Menschengestalt, das keinerlei Regung zeigt, und alle anderen Figuren reagieren auf die gleiche programmierte Weise.

Nürnberger: Auch das Verhaltensrepertoire klassischer Märchenfiguren ist begrenzt.

Gerster: Aber diese begrenzten Figuren haben Gefühle, und vor allem: Sie sprechen. Mario agiert nur, rennt herum wie von der Tarantel gestochen und jagt Pilze in die Luft. Ich glaube kaum, dass das die Form von Märchen ist, die Kinder brauchen, um etwas über die Welt zu lernen.

Nürnberger: Dafür bietet dieses Spiel etwas, was kein normales Märchen hat und was die Hauptfaszination von Videospielen ist: Das Kind kann in das Märchen eingreifen und bestimmen, was der Held tut. Von Geschick, Aufmerksamkeit und Findigkeit des Kindes hängt ab, ob Mario zum Ziel kommt. Ein Eigenleben der Figur würde bloß stören. Mario ist eben auch wie Schach. Da sind König und Dame ebenfalls stumme Figuren ohne Gefühle.

Gerster: Ich würde mich ja gar nicht so aufregen, wenn Mario nicht dieses Suchtpotenzial hätte. Ich erlebe doch, dass die Kinder überhaupt nicht mehr aufhören können. Das kann einfach nicht gut sein.

Nürnberger: Wenn sich Kinder stundenlang mit einem einzigen Spiel beschäftigen, kann das Spiel nicht schlecht sein. Davon abgesehen, spricht aus dir eine typisch deutsche Vorstellung von Pädagogik. Legen Kinder stundenlang hölzerne Klötzchen aneinander, gilt das im anthroposophisch angemuckerten Deutschland als pädagogisch wertvoll. Spielen sie Mario, geht das Abendland unter.

Gerster: Kein Kind legt stundenlang Klötzchen, sondern nur eine bestimmte Zeit, danach macht es wieder etwas anderes, und das erscheint mir gesünder und normaler als dieses obsessive Videospielen, bei dem die ganze Aktivität im Drücken von ein paar Knöpfen besteht. Du kannst doch nicht bestreiten, dass es für unsere Kinder gesünder wäre, sich draußen auszutoben, statt passiv vor der Glotze zu hocken.

Nürnberger: Du sitzt oder liegst doch auch stundenlang passiv herum und liest. Deine ganze Aktivität besteht im gelegentlichen Umblättern von Seiten. Auch das ist Suchtverhalten.

Gerster: Absurder Vergleich! Erstens gehört das Lesen zu meinem Beruf, zweitens müssen meine Knochen nicht mehr wachsen, und drittens weißt du selbst, dass sich beim Lesen die Aktivität im Kopf abspielt.

Nürnberger: Genau wie bei Mario.

Gerster: Jetzt hör mal. Ich komme nach Hause, freue mich auf die Kinder, und die nehmen von mir einfach keine Notiz, sagen nicht mal guten Abend. Das mache ich nicht mehr mit.

[... Nach einem Gespräch über das Verhalten ihres Hundes kommen die Eltern zu folgendem Ergebnis:]

Nürnberger: Vielleicht sollten wir unseren Kindern auch so viel Intelligenz zutrauen, dass sie ihr Spielverhalten selbst in den Griff kriegen.

Gerster: Ein guter Vorschlag. Ich gebe euch vier Wochen.

Aufgezeichnet von Christian Nürnberger

Anthroposophie: eine von Rudolf Steiner begründete Lehre vom Menschen, die vor allem seelische Fähigkeiten fördern will
obsessiv: besessen

Shadowman

2 Überzeugen euch die vorgetragenen Argumente?

3 Was meint ihr: Klappt das?

4 Schreibt eine ähnliche Diskussion über ein weniger harmloses Spiel für ältere Kinder oder Jugendliche.

■ STERN-Redakteurin **Luise Wagner** interviewt den Hirnforscher und Psychiater Professor **Hinderk Emrich**.

Simulation: wirklichkeitsgetreue Nachahmung
Medienethik: moralische Regeln für die Gestaltung der Medien

Über das Lebensgefühl in der medialen Gesellschaft

STERN: Liebe machen scheint im wirklichen Leben aus der Mode zu kommen, sagen die Sexualforscher. Dafür suchen immer mehr Männer und Frauen den erotischen Kick im Online-Flirt, befriedigen ihre sexuellen Fantasien im Internet. Ist das nicht ein Widerspruch?

Emrich: Menschen haben vielleicht weniger Sex, weil sie die reale Intimität nicht mehr ertragen können. Einem virtuellen Partner braucht man sich nicht wirklich hinzugeben. Man kann seine Persönlichkeit hinter einer gespielten Fassade verbergen, muss sich weniger offenbaren.

STERN: Warum meidet der normale Mensch die Nähe?

Emrich: Unsere Welt wird immer abstrakter. Wir benutzen heute Computernetze, um Informationen auszutauschen. Die Stimme, die Mimik des Gesprächspartners bleibt dabei verborgen. Selbst Kindern werden die ersten Erfahrungen durch Simulation vermittelt. Statt Lieder zu singen, spielen Mütter bereits Säuglingen Musik aus dem Kassettenrecorder. Videos ersetzen die Märchenstunde. Die Frage ist, inwieweit die mediengeprägte Generation noch das Bedürfnis nach echter Nähe hat.

STERN: Ist nicht die Sehnsucht nach Intimität ein menschlicher Urtrieb?

Emrich: Ja, aber heute suchen wir vermehrt die virtuelle Nähe. Die US-Psychologin Sherry Turkle hat Jugendliche untersucht, die sich nach der Schule elektronische Liebesbriefe schicken, sich mit Worten küssen und sich im Cyberspace sexuell berühren. Das sind echte Romanzen. Ein schüchterner 14-jähriger Teenager beschreibt, dass er oft den ganzen Nachmittag mit einem Mädchen flirtet und sich dabei Schritt für Schritt an sie herantasten kann. Auf Partys hingegen fühlt er sich dem Druck ausgesetzt, sie wirklich zu küssen und anzufassen – Erlebnisse, die er, wie er sagt, gleichzeitig herbeisehnt und fürchtet. [...]

STERN: Wirklichkeit und Simulation sind oft nur schwer voneinander zu trennen. Männer und Frauen haben im Internet Kinder zu sexuellem Missbrauch angeboten – angeblich nur ein perverses Spiel.

Emrich: Selbst wenn es sich oft nur um grausame Fantasien handeln sollte, wird man es eines Tages als absoluten Wahnsinnszustand unserer Zeit entlarven, dass im Fernsehen alle paar Minuten ein Mord oder Totschlag passiert. Man wird sich fragen, woran sich die Menschen des ausgehenden 20. Jahrhunderts orientiert haben. Es ist nicht wahr, dass diese ständigen Gewaltszenarien ohne Folgen bleiben. Simulationen, die öffentlich gezeigt werden, sollten der eigentlichen Natur des Menschen entsprechen, damit sie nicht schaden. Dafür brauchen wir eine neue Medienethik.

STERN: Psychologen sehen die seelische Gesundheit unserer Kinder jetzt sogar durch Tamagotchis gefährdet.

Emrich: Diese Ängste halte ich für überzogen. Ich könnte die Aufregung verstehen, wenn die Kinder tatsächlich verlernen würden, mit echten Lebewesen umzugehen. Aber das sind doch keine rivalisierenden Systeme. Ein Tier hat echte Emotionen, echten Schmerz, echte Bedürfnisse, und ein Tamagotchi ist eben ein Spielzeug. Das können Kinder durchaus unterscheiden. Allerdings muss man sich überlegen, wie man die Dinger programmiert, und in welcher Entwicklungsphase die Kinder lernen sollten, damit umzugehen.

Die heutigen Möglichkeiten der Simulation sind eine ungeheure Kostbarkeit. Doch sie werden – vor allem im Fernsehen – dazu benutzt, Müll in Kinderhirne zu implantieren, und das finde ich schrecklich. [...]

STERN: Bewirkt Simulation, dass die Natur uns gleichgültig wird?

Emrich: Gleichgültiger und kostbarer zugleich. Die Kultur der Zukunft wird auch die Natur der Zukunft sein, bis hin zum künstlichen Lebewesen vom Reißbrett der Gen-Ingenieure. Ich halte es für dummes Zeug, immer zu sagen, das ist kein reales Grün, kein „echtes" Chlorophyll, das ist kein „richtiges" Tier. Wir kommen zu einer zweiten, zum Teil auch simulierten Natur, und darin liegt allerdings eine gewisse Verachtung unserer jetzigen Umwelt. Was von der Natur übrig bleibt, werden wir indessen feiern wie heute schon die Sonne in Regionen der Erde, in denen man sich nicht mit tausend Filtern schützen muss.

Digitaler Hausfreund Fin-Fin: Singen, flüstern, locken

STERN: Exzessive Net-Surfer berichten von Gefühlen wie im Drogenrausch. Droht Suchtgefahr aus dem Netz?

Emrich: Das ist nicht leicht zu beantworten, weil wir bislang nicht wissen, was genau dabei im Gehirn passiert. Es ist aber vorstellbar, dass einzelne Personen in psychische Abhängigkeit geraten, vor allem, wenn damit eine Wirklichkeitsflucht verbunden ist. Wenn jemand in einer Welt mit vielen Sorgen, Krankheiten und finanziellen Nöten lebt und dann völlige Freiheit im Netz erlebt, muss er danach eigentlich süchtig werden. Er kann sich im Cyberspace eine neue Identität aneignen, und der Kontrast zum Alltag wird mit der Zeit immer größer. [...]

STERN: Werden unsere Sinne in der Welt der Simulation abstumpfen?

Emrich: Da bin ich ganz unbesorgt. Dann müsste man uns erst einmal das Träumen verbieten. Träume haben eine so unglaubliche Lebendigkeit und Wahrheit und sind soviel stärker als alle virtuellen Welten, die wir uns geschaffen haben. Sie haben uns doch nicht die Sinnlichkeit geraubt. Im Gegenteil: Die perfekte Mind-Maschine ist der Traum.

1. Kann man sich eine neue Identität aneignen?

> **Identität:** alles, was in einem Steckbrief steht, und alle übrigen persönlichen Eigenschaften (vgl. das Kapitel „Wer bin ich – und wenn ja, wie viele?")

Second-Hand-Life

Wir leben in einer Welt, in der das Leben nur noch aus zweiter Hand stattfindet, ein Leben, das nur dann ist, wenn es sich in den Medien widerspiegelt. In dieser Scheinwelt verwischen die Grenzen zwischen Wahrheit und Unwahrheit, zwischen Information und Desinformation; „Realität" wird zur medialen Konstruktion.

Frank A. Morath

Die stählernen Muskelpakete sind die beliebtesten Vorbilder

Ein Gespräch mit Kommunikationsforscher **Jo Groebel**

Die stählernen Muskelpakete sind die Helden der Kinder. Ob im Langhaus auf Borneo, der Favela in Rio, dem schicken Villenviertel in London, den Kinderzimmern in Frankfurt, Paris oder Tokio: Weltweit bewundern Jugendliche rücksichtslose Gewaltprotze wie Rambo oder den Terminator. Eine Studie der UN-Organisation für Erziehung, Wissenschaft und Kultur (Unesco) zufolge sind gewalttätige Actionhelden mit Abstand die beliebtesten Vorbilder von Jugendlichen vor Popstars, religiösen Führern, Militärs, Wissenschaftlern, Journalisten und Politikern. Die „Allgegenwart von Mediengewalt" trage dazu bei, dass Jugendliche aggressives Rollenverhalten entwickelten, warnt die Studie: „Statt gewaltfreie Problemlösungen wird Gewalt als erfolgreiche Strategie systematisch in den Medien gefördert." [...]

5000 Kinder aus 23 Ländern in Alter von zwölf Jahren ließ die Unesco für die bisher größte interkulturelle Studie zur Wirkung von Mediengewalt auf Kinder befragen. Zu den erfassten Ländern zählten solche mit Bürgerkriegserfahrungen wie Angola oder Kroatien, Staaten mit sozialen Problemen wie Indien, Peru oder Brasilien und Industriestaaten mit einem relativ niedrigen Gewaltpegel wie die Niederlande, Deutschland, Kanada oder Japan. Rund ein Drittel der befragten Schüler seien aus Ländern mit einem von Gewalt oder sozialen Problemen geprägten Alltag, erläutert Groebel.

Terminator

Über alle kulturellen, religiösen und materiellen Grenzen hinweg scheint der Flimmerkasten in dem Leben fast aller Kinder eine wichtige Rolle zu spielen. Weltweit haben der Studie zufolge 93 Prozent einen Zugang zu einem TV-Gerät, selbst in Afrika können vier von fünf Kindern hin und wieder Fernsehen schauen. Das Fernsehen sei für Jugendliche vor Büchern und dem Radio die wichtigste Informations- und Unterhaltungsquelle, mit ihm verbringen sie mehr Zeit als für das Spielen mit Freunden, so die Unesco-Studie: „Rund um den Globus dominiert der Fernseher das Leben von Kindern."

Bei Kindern in asiatischen Staaten sind Actionhelden besonders populär: Mehr als ein Drittel sieht in ihnen „Vorbilder", in Afrika hingegen sind es nur 18 Prozent. Jungen sind für Actionfilme dabei wesentlich empfänglicher als Mädchen. „Erstaunlich" ist für die Verfasser der Studie, dass Actionhelden ein kulturübergreifendes Phänomen sind. Weltweit kennen beispielsweise neun von zehn Jugendlichen den von Arnold Schwarzenegger gemimten „Terminator". Vor allem bei Kindern aus einer „aggressiven" Umgebung genießt der Muskelmann hohes Ansehen. Mehr als die Hälfte dieser Kinder würde gern so sein wie er: Aber auch Rambo oder dessen lokale Entsprechungen sind ähnlich populär.

Die Studie zeigt, dass Kinder aus einem von Gewalt geprägten Milieu eine wesentlich pessimistischere Weltsicht und häufiger „Spaß an Gewalt" haben als Kinder in „gewaltarmen" Gegenden. „Kinder suchen in Medienvorbildern mentale Lösungen für Probleme, die sie kennen", erklärt Groebel dieses Phänomen: „Für diese Kinder ist Gewalt normal – und wird scheinbar auch noch belohnt." Medien können der Untersuchung zufolge zu einer „aggressiveren Kultur" beitragen: „Menschen, die zu Aggressionen neigen, werden durch die Medien darin bestärkt."

Fast die Hälfte der befragten Kinder glaubt, dass die gewalttätige Medienerfahrung ein Abbild des Alltags ist. „Kinder können durchaus unterscheiden, ob es sich um einen Spielfilm oder um eine Dokumentation handelt", erläutert Groebel: „Aber der Medienkonsum verändert bei ihnen genauso wie bei den Erwachsenen die Optik: Die Kriminalität als Bedrohung wird völlig überschätzt."

Die Verfasser der Studie betonen, dass für die Entstehung von Gewalt an sich weniger die Medien als wirtschaftliche und soziale Bedingungen verantwortlich sind. Doch „mediale Gewalterfahrungen" verstärken nach Ansicht von Groebel das Empfinden, dass Gewalt ein akzeptables Mittel zur Problemlösung sei. Die Studie rät von einer „Zensur" indes ab, sondern plädiert für eine weltweite Förderung von „Medienerziehung", öffentliche Debatten über Mediengewalt und ethische Selbstkontrollmechanismen. [...]

Thomas Roser

1 Welches Lebensgefühl wird so erzeugt?

Kann Gewaltverherrlichung gefährlich sein?

Auch auf Seiten des Zuschauers gibt es viele Variablen: das *Alter* – erwachsene Menschen mit einer gewissen Reife sind nicht mehr so anfällig wie Kinder; das *Geschlecht* – hier zeigt sich regelmäßig, dass sich das männliche Geschlecht eher zu Aggressionen verführen lässt als das weibliche. So konnte eine Untersuchung zum Beispiel deutlich negative Kurzzeiteffekte der „Power Rangers" bei fünf- bis elfjährigen Jungen nachweisen, fand jedoch keine Effekte bei den Mädchen. *Intelligenz* ist eine weitere Variable, ebenso das *Ausmaß der Identifikation:* Inwieweit identifiziert sich jemand mit dem Helden, inwieweit glaubt er, dass das, was der Film zeigt, auch *Realität* ist. Je mehr man eine Darstellung für real hält, desto mehr lässt man sich beeinflussen. Auch das *soziale Umfeld,* die Eltern und frühe *Lernerfahrungen* sind von Bedeutung: Hat man in der Familie Gewalt gelernt? In diesem Zusammenhang wird von einer „doppelten Dosis" gesprochen. Das heißt: Die erste Dosis wird in der Familie gegeben. Wenn dort keine Gewalt stattfindet, dann kann die zweite Dosis – die Mediengewalt – Kinder nicht auf die schiefe Bahn bringen. Wenn aber in der Familie Gewalt vorgelebt wird, wenn zum Beispiel Kindesmisshandlung stattfindet, dann ist die Gefahr groß, dass solche Kinder, die nicht viel anderes kennen als Gewalt, sich eine Grundhaltung aneignen, die dann von den Medien verstärkt wird. Das ist die doppelte Dosis.

Herbert Selg/Helmut Lukesch

■ Mit der Frage, ob Gewaltdarstellungen im Fernsehen negative Wirkungen haben, beschäftigen sich in einem Interview auch **Herbert Selg** und **Helmut Lukesch**. Der Text geht auf die unterschiedlichen Faktoren (Variablen) ein, die hier eine Rolle spielen können.

2 Deine kleiner Schwester/dein kleiner Bruder sieht einen Film, in dem Gewalt verherrlicht oder verharmlost wird. Wie reagierst du darauf?

3. Und: Kann Fernsehen einen Menschen kriminell machen?

■ **Wolfgang Welsch** (* 1946) ist Professor für Philosophie und beschäftigt sich u.a. mit der Philosophie der Wahrnehmung.

Simulation: wirklichkeitsgetreue Nachahmung, vor allem in den elektronischen Medien
Substitut: Ersatz
Matrix: Muster, Vorbild
perzipieren: wahrnehmen

1 Wie sähe für euch der ideale Video-Lehrer aus? Entwerft auch den idealen Video-Schüler.

Die volle, reiche Erfahrung der Elternschaft?

In den USA wird unter der Bezeichnung „Video-Baby" ein 8-Minuten-Band mit interaktiven Komponenten vertrieben. Geburtszertifikat und Gesundheitsattest sind der Packung beigefügt. Der Benutzer hat sein Wunschbaby vor sich auf dem Bildschirm und kann sich ungestört an ihm erfreuen. Es reagiert auf Sätze wie „Iss den Brei", „Lächle Mammi an". Und man kann sich denken: Die Folgsamkeit *dieses* Kindes ist perfekt. Am Ende der acht Minuten lässt es sich auch noch in den Schlaf singen. Auf der Verpackung steht: „Die volle, reiche Erfahrung der Elternschaft ohne das Durcheinander und die Lästigkeit der wirklichen Dinge! Lieben Sie Kinder, haben aber keine Zeit, sich um sie zu kümmern? ‚Video-Baby' ist für Sie!"

Natürlich weiß der Benutzer um den Unterschied zwischen Simulation und Realität. Aber der springende Punkt ist: Dieser Unterschied *bedeutet* immer weniger. Die Simulation wird ohne weiteres als Substitut der Realität ergriffen, ja als die vollkommenere Version des Realen geschätzt [...]. Die Simulationserfahrung wird sogar immer mehr zur Matrix des Realverhaltens gemacht: Babys werden zunehmend wie Video-Babys perzipiert, und ihre Abweichungen vom elektronischen Idealbild gelten nicht etwa als Zeichen von Menschlichkeit, sondern als lästige Unvollkommenheiten.

Wolfgang Welsch

Szenen aus dem Film „Der Gladiator"

Ist wirklich wahr, was wir als wahr erleben?

Medientheoretiker warnen inzwischen davor, dass die durch digitale Rechenoperationen entstehenden neuen Bilderwelten bald in keiner Referenzbeziehung mehr zur vormedialen Wirklichkeit stehen:

Je umfangreicher wir die Realität nicht mehr direkt erleben und verwiesen sind auf Medien wie das Fernsehen oder internationale Computer-Netze, beispielsweise das Internet, umso mehr wird auch unser eigener Blick auf die Wirklichkeit getrübt und verbogen werden. Die Unterscheidungsfähigkeit zwischen simulierter, manipulierter und tatsächlicher Realität droht verloren zu gehen. [...]

Wenn menschliche Kommunikation in Zukunft „nur noch über Netzwerke läuft", so Michael Krebs von TVT Postproduction, „wenn wir also nicht mehr erkennen können, ob wir mit Computern oder mit Menschen kommunizieren, dann kann ich mir vorstellen, dass Menschen auf den Plan treten werden, die sich der manipulatorischen Möglichkeiten dieser digitalisierten Welt durchaus zu bedienen wissen."

Eckhard Franke

Referenz: Beziehung, z. B. die zwischen einer Aussage und der entsprechenden Wirklichkeit
Manipulation: 1. absichtliche Verfälschung von Information; 2. gezielter Einfluss auf Menschen ohne deren Wissen

2 Erkundigt euch bei einem Profi-Fotografen nach den Möglichkeiten des „Morphing".

Der englische Titel des amerikanischen Original-Gedichts lautet „The Full Life". Mit Ed Sullivan ist ein bekannter TV-Entertainer gemeint.

Das vollkommene Leben

Unsere Nachbarn
am Strand haben ihren

Fernseher so hingestellt,
dass sie gleichzeitig

Ed Sullivan sehen können &
den Sonnenuntergang.

James Laughlin

Mein Leben ist zu kurz für „Gute Zeiten, schlechte Zeiten"

Die 41-jährige Evelyn stellte spontan ihre Sitzgruppe um, damit sie „die dämliche Kiste" nicht immer sehen musste. Die Ärztin aus dem mecklenburgischen Matgendorf hat das Fernsehgerät aus dem Wohnzimmer verbannt. Sie beteiligt sich seit Aschermittwoch bis Ostern an der evangelischen Fastenaktion „Sieben Wochen ohne" und boykottiert Seifenopern ebenso wie Talkshows oder Kultursendungen. „Ich lese öfter, male, unterhalte mich und habe endlich wieder Zeit für Tagträume", resümiert die Medizinerin. „Im Kopf bin ich klarer."

Evelyn gehört für sieben Wochen zu der kleinen radikalen Minderheit der Medienasketen, die der „Droge Fernsehen" abgeschworen haben. Etwa 1,5 bis zwei Millionen Bundesbürger kommen nach einer Umfrage des Instituts Allensbach auf Dauer ganz ohne TV, Radio oder Internet aus – und fühlen sich meist wohl dabei. „Mein Leben ist zu kurz für ‚Gute Zeiten, schlechte Zeiten', meinte einer der Befragten mit Hinweis auf die zuweilen süchtig machende RTL-Serie. [...]

Die Organisatoren der Fastenaktion unter dem Motto „MedienLos", an der sich mehr als zwei Millionen Menschen in Deutschland und anderen Ländern beteiligen, wollen nicht unbedingt die Totalverweigerung propagieren. Angesichts der unüberschaubaren Bilder- und Medienflut komme es für viele Bürger aber darauf an, „persönliche Schutzdämme zu errichten", sagt Sabine Wegner-Ahnert, die das „Fernsehfasten" im Frankfurter Gemeinschaftswerk der Evangelischen Publizistik betreut. Und das könne auch durch Verzicht auf „süchtig machende" Sendungen oder auf die Mediennutzung zu bestimmten Zeiten geschehen. [...]

1 Haltet ihr „MedienLos" für eine sinnvolle Einstellung? Wäret ihr fähig, eine einzige Woche ohne Fernsehen auszukommen? Und eure Eltern?

Für Eltern, die es hören wollen

1. Zeigen Sie dem Kind, dass Sie selbst nicht vom Fernsehen abhängig sind. Das Fernsehgerät sollte nicht den Mittelpunkt der Wohnung oder gar des gesamten Familienlebens bilden; es sollte nicht täglich (und vor allem nicht beim Essen) genutzt werden. Sobald man erkennt, dass man sich nur berieseln lässt, sollte man abschalten. Wer wahllos in Gegenwart von Kindern fernsieht, gibt ein schlechtes Beispiel.
2. Man muss sich für fernsehende Kinder Zeit nehmen, das heißt, man muss bei Sendungen, welche die Kinder sehen dürfen, als Ansprechpartner im Raum bleiben.
3. Grundsätzlich gilt: „Wir müssen uns (mehr) Zeit nehmen für Kinder – unabhängig vom Fernsehen."
4. Kinder darf man beim Fernsehen nicht einfach bevormunden. Das Problem Fernsehen muss zwischen Eltern und Kindern vernünftig diskutiert werden mit dem Ziel, echte Absprachen zu treffen.
5. Eine völlige Medienaskese ist nicht hilfreich (und kaum erreichbar), wohl aber eine Reduzierung des Fernsehkonsums.
6. Je jünger Kinder sind, desto weniger sollten sie fernsehen. Kinder unter vier bis fünf Jahren verstehen Filme noch nicht.
7. Kinder unter sechs Jahren sollten nur gut bekannte und sorgfältig für Kinder gestaltete Sendungen sehen.
8. Sofern man Fernsehen zulässt, haben auch Kinder und Jugendliche einen Anspruch auf Entspannung und Unterhaltung; sie wollen nicht ständig belehrt werden.

Herbert Selg

2 Seid ihr mit den Ratschlägen zum Umgang mit dem Medium Fernsehen einverstanden? Gibt es weitere, bessere?

3 Formuliert Fernseh- und Computerregeln für Eltern.

Von der Sendereihe „Gute Zeiten, schlechte Zeiten" sind bisher mehr als 1000 Folgen ausgestrahlt worden.

Aus einem Bericht über ein Internet-Café in Peking

Mit Yahoo durch das Internet

30 Yuan kostet es, eine Stunde im Netz zu surfen, mehr als ein chinesischer Arbeiter am Tag verdient.

Wang Jian, 25, sitzt bereits seit Stunden hier. „Das Internet ist mein Ein und Alles", sagt er. Jian ist ein Netzwurm, wie die Chinesen Computerkids nennen. Er hat Computerwissenschaften studiert und berät westliche Firmen bei der Gestaltung ihrer Websites in China. „Es war das aufregendste Gefühl in meinem Leben, als ich zum ersten Mal online ging. Da saß ich in meinem winzigen Zimmer in Peking und stand plötzlich mit New York in Verbindung. Konnte lesen, was die New Yorker lesen, konnte spüren, dass es da draußen noch eine ganz andere Welt gibt."

Seine Finger fliegen über die Tasten, und auf dem Bildschirm erscheint seine E-Mailbox. Post aus San Francisco. Taipeh. Paris. Los Angeles. Kuala Lumpur. In den Briefen geht es um Berufschancen. Eheprobleme. Gedopte chinesische Athleten bei der Schwimmweltmeisterschaft. Hochzeitsrituale. „Das Internet zeigt mir, wie verschieden die Kulturen in Ost und West sind und dass es gut so ist", sagt Jian. „Ich lerne so viel, aber kann es nicht nutzen, um hier irgend etwas zu ändern."

Er surft mit Yahoo eine Weile durch das Internet. Auf dem Bildschirm erscheinen Fotos von kopulierenden Paaren. Der Newsletter einer Schwulen-und-Lesben-Vereinigung in Kalifornien. Die neuesten Reuters-Meldungen über den letzten Sex-Skandal des amerikanischen Präsidenten. Kommentare aus der „New York Times", die Menschenrechtsverletzungen in China verurteilen. „Früher", sagt Jian, „habe ich oft die Websites der ‚New York Times' oder von CNN angeklickt. Heute deprimiert mich das nur noch. Ich finde es beschämend, dass ich die wichtigsten Nachrichten über mein Land in der ausländischen Presse lesen muss. Ich kann es, die meisten Chinesen nicht." [...]

Jan-Philipp Sendher

Dirk Pfeiffer liegt die ganze Welt zu Füßen

Dirk Pfeiffer, aufgewachsen in Düsseldorf, lebt seit 18 Jahren zusammen mit 1200 behinderten Menschen in der Evangelischen Stiftung Volmarstein. Die Behinderung fesselt ihn an den Rollstuhl, und dennoch tragen seine Beine ihn durch die Welt. Das Medium ist der Computer. Zu seinen Füßen liegt eine spezielle Tastatur, die er mit dem großen Zeh zu bedienen gelernt hat. 60 Anschläge pro Minute. Sein großes Geschick am Rechner brachte ihn weit. [...]

Das Internet hat seinen Horizont noch erweitert. „Zuletzt habe ich mit einem Bekannten in Afrika an einem Abend sechsmal E-mails hin- und hergeschickt. Das Netz ermöglicht dem behinderten Menschen vieles, was vorher undenkbar war", sagt Pfeiffer. Bei RP-Online bedankte er sich per E-Mail für die aktuellen Nachrichten, „weil ich aufgrund der Behinderung nie eine Zeitung lesen könnte."

Erik Felske

Wenn Lara schießt

Von den unterschiedlichen Vorlieben bei Jungen und Mädchen auf dem Computerspielfeld ziehen manche Forscher eine Verbindung zum tendenziell andersartigen Umgang mit dem Medium. „Jungen und Männer neigen dazu, den Computer eher als Spielzeug zu sehen, Mädchen und Frauen mehr als Werkzeug", sagt Walter Stephani vom Computerpädagogischen Institut in Hamburg. Jungs verbrächten endlose Zeit vor dem Gerät, um es auszuprobieren oder das System lahm zu legen.

Erziehungswissenschaftler sehen darin das Ergebnis einer Sozialisation, in der Jungen stärker ermuntert werden, Grenzen zu überschreiten. Mädchen hingegen zeigten sich zweckorientierter, oft schneller in der Anwendung, aber auch kritischer – was vielleicht schon für eine gewisse Immunität gegen das hektische und brutale Treiben in vielen der Spiele sorgt. [...]

„Die Jungs haben im Vergleich mit den Mädchen oft erhebliche Kreativitätsprobleme", sagt der Computerdozent Stephani, „sobald sie aufhören herumzuspielen, Witze oder Sportmeldungen zu schreiben, wissen sie nichts mehr mit sich anzufangen." Und dann knallt's eben.

Wen freut diese Feststellung wohl?

Corinna Schöps

Vorurteile

Aus einem Bericht über die Arbeiten von **Brenda Laurel** am Forschungsinstitut Interval Research

Einige Ergebnisse von Brenda Laurels Forschungen stehen im Gegensatz zu gängigen Vorurteilen. Mädchen fühlten sich beispielsweise von den Gewaltszenen in Spielen wie „Doom" und „Quake" nicht sonderlich gestört. Sie verspürten eher Langeweile. „Mädchen halten so etwas für außerordentlich dumm", sagt die Forscherin, „immer wieder sterben und von vorne anfangen." Auch der Anreiz, die höchste Punktzahl zu erreichen, ödet sie offenbar an, obwohl Mädchen ein starkes Interesse an sozialen Hierarchien haben. „Bei Mädchen sind Konkurrenz und Wetteifern eher heimlich, und Kooperation wird allgemein höher bewertet als bei Jungen."

Leo Jacobs

Tod und Sterben gehören zum Leben

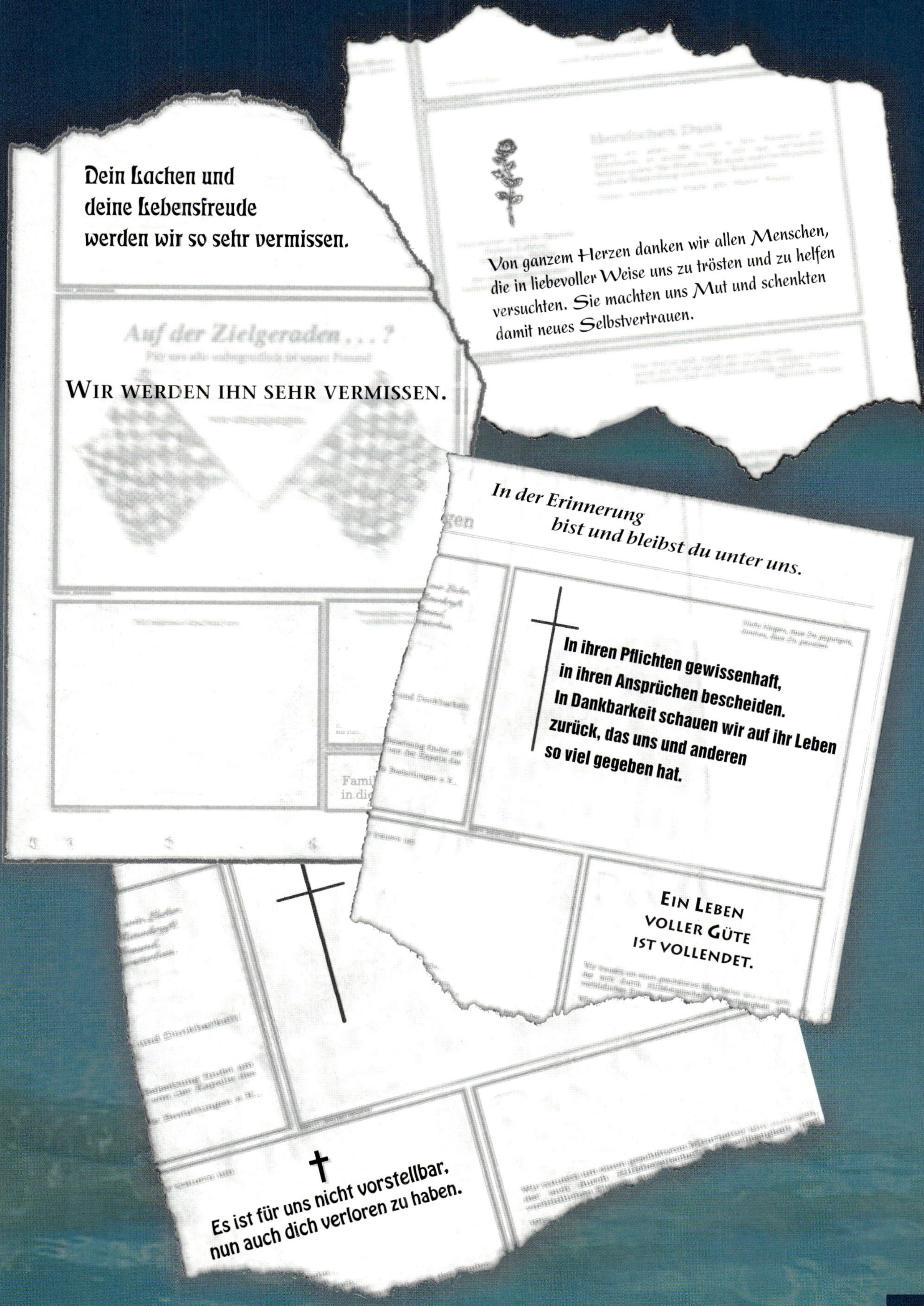
Dein Lachen und deine Lebensfreude werden wir so sehr vermissen.
Von ganzem Herzen danken wir allen Menschen, die in liebevoller Weise uns zu trösten und zu helfen versuchten. Sie machten uns Mut und schenkten damit neues Selbstvertrauen.
Auf der Zielgeraden . . . ?
Wir werden ihn sehr vermissen.
In der Erinnerung bist und bleibst du unter uns.
In ihren Pflichten gewissenhaft, in ihren Ansprüchen bescheiden. In Dankbarkeit schauen wir auf ihr Leben zurück, das uns und anderen so viel gegeben hat.
Ein Leben voller Güte ist vollendet.
Es ist für uns nicht vorstellbar, nun auch dich verloren zu haben.

Tod und Sterben gehören zum Leben

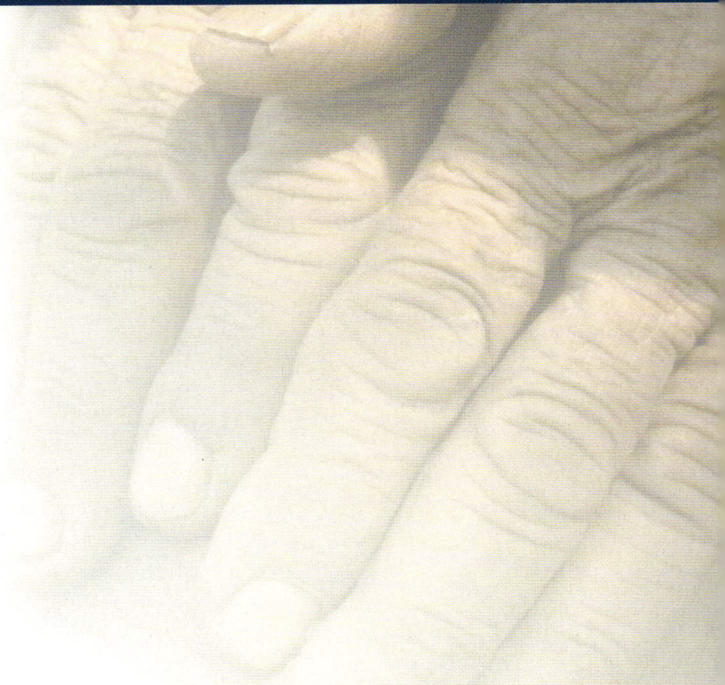

Das **Bild** auf **Seite 182** zeigt eine Situation, die man früher oft, heute aber nur noch selten erleben kann: Im Sterbezimmer nehmen Verwandte und Freunde Abschied von einem sterbenden Menschen. Die Gegenwart des Todes scheint greifbar nahe zu sein.
Das Bild wirft für den Betrachter viele Fragen auf; ihr könnt ihnen mit Hilfe der Angebote an Texten, Bildern und Methoden auf den folgenden Seiten nachgehen.
Wichtig wäre auch herauszufinden, welche Frage für jeden Einzelnen von euch von besonderer Bedeutung ist.
Als Möglichkeiten (die ergänzbar sind) kommen dafür in Betracht:

- Wie erfahren und erleben wir heute Tod und Sterben?
(S. 186)
- Welche Gefühle, Gedanken und Empfindungen haben wir bei der Begegnung mit dem Tod anderer Menschen und beim Denken an den eigenen Tod?
(S. 187)
- Ist der Tod das endgültige Ende?
(S. 202/203)
- Was bedeutet das Leben angesichts des Todes?
(S. 190/191)

Die Ausschnitte aus **Todesanzeigen** auf **Seite 183** wollen anregen, darüber nachzudenken, wie die unmittelbar Betroffenen bei einem Todesfall sich äußern und welche Einstellung zu Tod und Leben hinter diesen Äußerungen steht. Dabei könnten eure Überlegungen in folgende Richtungen gehen (S. 194–200):

- Wie äußert sich Trauer?
- Wie geht eine Trauerfeier und eine Bestattung vor sich?
- Welche Bräuche gibt es bei uns und anderswo?
- Wie haben sich bestimmte Sitten entwickelt?
- Welcher Sinn steht hinter Worten und Handlungen?

Oft ist es schwer, über diese Fragen zu sprechen.

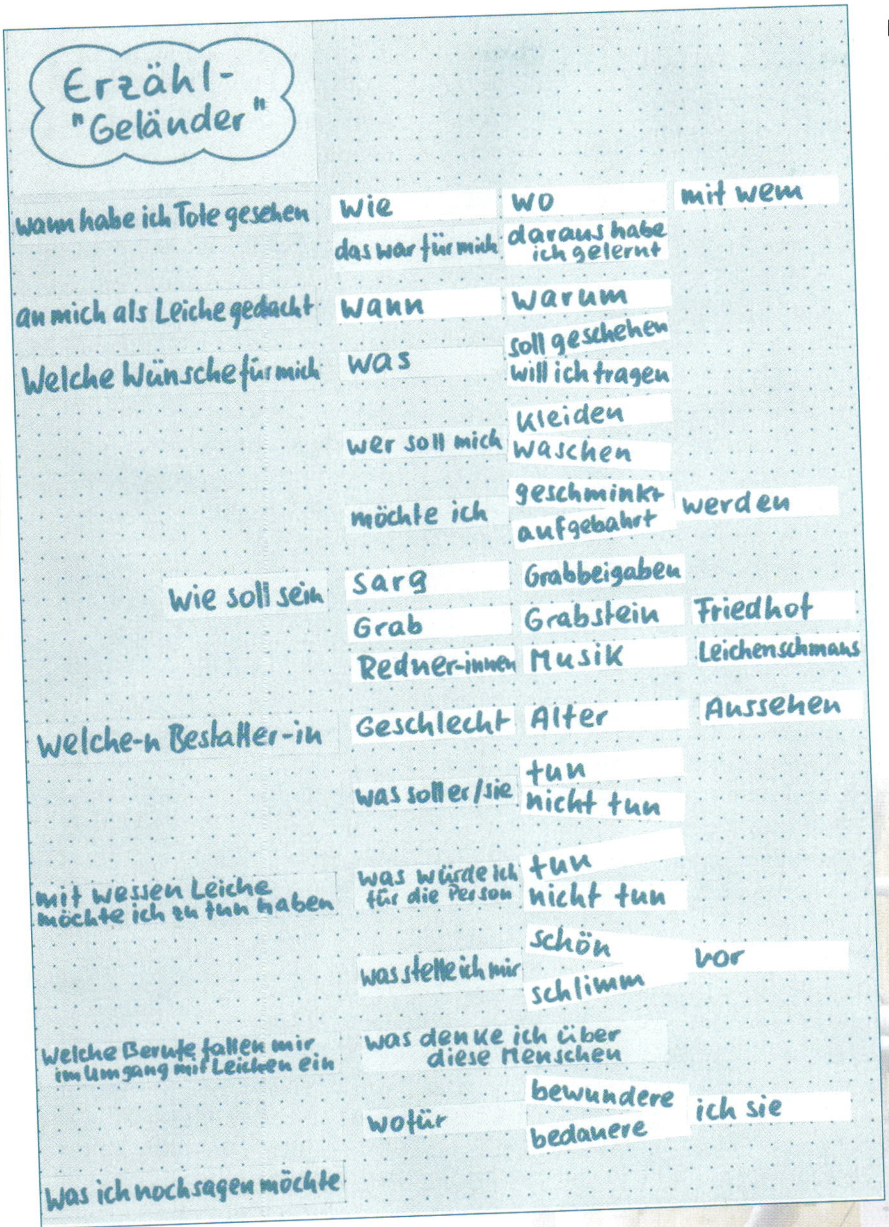

In ihrem Buch

„Berührungsängste? Vom Umgang mit der Leiche"

erzählt die Radioreporterin Carmen Thomas von Interviews mit Menschen verschiedenen Alters zu diesem Thema. Um ihren Interviewpartnern das Sprechen zu erleichtern, gibt sie ihnen einen Fragenkatalog als „Spickzettel" in die Hand. Sie nennt diese Hilfe

„ERZÄHLGELÄNDER".

Ihr könntet zu den

FRAGEN auf **SEITE 184**

ein eigenes „**Planungsgeländer**" entwerfen. Wie ein Geländer das Auf- und Absteigen einer Treppe unterstützen kann oder eine Brücke sichert, so gelingt es euch vielleicht, mit Hilfe eures Planungsgeländers einen anderen Standpunkt einzunehmen und einige Stufen weiterzuschreiten.
Es sollte auch die Möglichkeit eröffnen, auf einem Treppenabsatz Halt zu machen und zurückzuschauen.

Bilder und Texte, Anregungen, Aufgaben und Impulse der nächsten Seiten sollen Schritte zu höher gelegenen Stufen oder Podesten ermöglichen.

Daneben steht es eurer Planung frei – und wäre wünschenswert –, auch weitere (außerschulische) Orte und Menschen aufzusuchen, die euch Auskunft geben und Gesprächspartner sein können (z. B. Friedhof, Grabsteine, Bestattungsunternehmen, Krematorium, Leichenhalle, Friedhofswärter u. a.).

■ **Carmen Thomas** ist Rundfunkreporterin und erinnert sich an den Tod ihres Onkels.

Fragebogen
- Möchten Sie unsterblich sein?
- Möchten Sie wissen, wie Sterben ist?
- Was stört Sie an Begräbnissen?
- Wenn Sie einen toten Menschen sehen: haben Sie dann den Eindruck, dass Sie diesen Menschen gekannt haben?
- Möchten Sie lieber mit Bewusstsein sterben oder überrascht werden von einem fallenden Ziegel, von einem Herzschlag, von einer Explosion usw.?

Max Frisch

1 Das sind fünf Fragen aus einem Fragebogen, der insgesamt 25 Fragen zum Thema „Tod und Sterben" enthält. Welche Fragen würdest du deinen Freunden stellen, welche lieber nicht? Ergänze diese Fragen zu einer Gesamtzahl von 10 Fragen. Überlegt, weshalb ihr bestimmte Fragen stellen wollt und was Max Frisch mit seinen Fragen bezweckt.

Rosenkranz: Gebetskette katholischer Christen, in der jede Perle für ein bestimmtes Gebet steht

2 Sind dir ähnliche Gedanken vertraut?

Onkel Josef

Onkel Josef mochte ich fast am liebsten von der Verwandtschaft. Er besaß ein Motorrad. Ab 5 Jahren durfte ich manchmal, so klein ich war, mitfahren. Der hintere Sitz hatte einen eigenen Griff. Obwohl ich die Angst, den wulstigen Halt nicht fest genug umklammern zu können, nie verlor, war ich doch stolz, mit ihm ein Stück die Landstraße hinunterbrausen zu dürfen.

Onkel Josef war Bäckermeister. Seine Bäckerhose habe ich noch. Da sie mir um den Leib schlottert und doch nur wadenlang ist, trage ich sie zu Karneval. Auch wegen dieses lustigen Pepitas. Onkel Josef hatte schon immer ein graues, müdes Gesicht. Ich glaube, das kam von der Backstube und vom frühen Aufstehen. Aber auch davon, dass er seine evangelische Geliebte als Sohn erzkatholischer Eltern nicht hatte heiraten dürfen. So blieb Onkel Josef allein. Wie seine Schwestern.

Ich kann mich nicht an die Ursache erinnern. Aber eines Tages war Onkel Josef tot. Ich war entsetzt und traurig. Drei Tage lag er im Wohnzimmer aufgebahrt im Sarg. Alle kamen, um Abschied zu nehmen. Immer, wenn die anderen draußen waren, setzte ich mich ungläubig neben ihn. Ob er nicht doch wieder aufwachte? Ich starrte in sein Gesicht, das nur wenig blasser war als normal. Sein Mund schien sich fast zu einem Grinsen öffnen zu wollen. Ich konnte den Ansatz seiner schlechten Parodontosezähne sehen. Aber friedlich sah er aus. Nur – an einem Ohr, da war das Blut zu einem lila Fleck zusammengelaufen. Das fand ich ekelig und ängstigend. Dennoch setzte ich mich nicht auf die andere Seite, wo ich das Zeugnis des Verfalls nicht hätte sehen müssen.

Manchmal kam seine Schwester herein und drückte ihm – viel zu grob, wie ich fand – die Hände, die den Rosenkranz nicht so recht in ihrer Faltung behalten wollten, mit Macht wieder zusammen. Sie war Krankenschwester und kannte keine Berührungsängste.

Lange saß ich neben seiner Leiche – verwundert, staunend, fasziniert und angegruselt. So gerne hätte ich meine Hand auf die seine gelegt. Schon aus Neugierde. Wie fühlt sich der Tod an? Dieses marmorne Fleisch. Aber auch aus Anteilnahme hätte ich ihn streicheln mögen. Ich traute mich nicht. Also überlegte ich, wie ich ihn wohl berühren könnte, ohne ihn anzufassen. Ich nahm einen Kuli und machte eine kleine Markierung auf seinen Daumenmuskel. Ich erschrak und schämte mich, als ich den blauen Strich sah. Was tat ich da? Ich beeilte mich zu denken: Ich möchte ihm etwas von mir mitgeben. So eine Art Grabbeigabe. Da weiß er, dass ich an ihn gedacht habe. Aber einen Kulistrich? Vielleicht merkt er es ja doch? Sollte ich ihn wieder abputzen? Das wagte ich gar nicht. Das wächserne Fleisch sah so fremd aus. Nein, nein, ihn anfassen, an ihm herumputzen, womöglich mit Spucke. Nein, das wollte ich um keinen Preis. Also blieb der Kuli drauf. Nun ging ich immer hin, wenn die anderen beim Toten standen, und beobachtete ängstlich, ob sie mein Zeichen bemerkten. Keiner hat es gesehen.

Noch lange nach der Beerdigung habe ich überlegt, wie lange im Grab der Strich noch gehalten hat. Und wie er wohl verschwunden ist. Ob die Würmer so etwas auch fressen? Ob der Regen im Sarg Kulimarkierungen abwaschen kann?

In einer merkwürdigen Mischung aus Befriedigung und Beschämung blieb der Strich in meinem Gedächtnis. Erst als ich älter war, begriff ich, wie wichtig es für mich gewesen war, dass Onkel Josef noch drei Tage dagelegen hatte und ich bei ihm hatte sitzen, weinen, ihn anschauen und als Leiche bestaunen können. Ein Toter ist etwas ebenso Einmaliges und Wundersames wie ein Neugeborenes.

Schade, dass mir niemand geholfen hat, ihn doch anzufassen. Denn berühren bedeutet begreifen, es fassen. So war das also mit dem Totsein. Noch da und doch weg sein. Kalt und würdevoll, eklig und friedlich, einschüchternd-machtvoll und hilflos sein. Alles auf einmal. Beweint werden und sich zugleich nicht wehren können gegen grob drückende Schwestern und malende Nichten. Sein Anblick ist mir unvergesslich. Er hat mir geholfen beim Abschied. Die Bäckerhose hätte ich sonst bestimmt längst weggeworfen.

Carmen Thomas

Käthe Kollwitz: Der Ruf des Todes, 1934/1935

Carmen Thomas fasst ihre Gedanken am Ende einer Sendung zum Thema „Tod" so zusammen:

Zum Schluss: Ich habe viele Sendungen über den Tod gemacht. Dort schilderten Menschen oft, dass sie dadurch, dass sie den toten Menschen berührten und der Leiche nicht ausgewichen sind, diese Begegnung als wichtiges Erlebnis empfanden. Es musste nicht mal waschen sein: Tote überhaupt nur anzuschauen, selbst dann, wenn sie nicht so schön aussehen, scheint offenbar ausreichend, um mehr über den Tod – auch den eigenen – zu erfahren.
Das habe ich erst nicht glauben wollen. Aber dann wurde dieser Gewinn von so vielen berichtet, dass ich dachte: ‚Sie, liebes Publikum, sind freie Menschen und entscheiden selbst, wie Sie es tun.' Aber Sie sollten zumindest darum wissen, dass die Toten die Lebenden wirklich etwas lehren können. Und vielleicht lassen Sie es sich beim nächsten Mal, wenn Ihnen der Tod begegnet, einfach noch einmal durch den Kopf gehen, ob es auch für Sie eine wertvolle Erfahrung sein könnte, die Bedeutung hat. Schließlich ist es das Einzige im Leben, was wir sicher wissen: Dass wir selbst und alle anderen sterben werden.

3 Wie beurteilst du die Berührung mit dem Kuli und die anschließenden Überlegungen der Erzählerin?

95 % der Verstorbenen werden in den USA kosmetisch behandelt. *(Der Spiegel, 52/1994)*
Ein eigenes Fachgebiet der Thanatopraxie ist im Entstehen. Hierunter versteht man ein Verfahren, bei dem das Blut dem Verstorbenen entzogen und durch Formalin ersetzt wird, damit der Tote länger schön bleibt.
Auch in Deutschland wird dieses Verfahren immer mehr genutzt.
In den USA gibt es eine kleine, aber wachsende Zahl von Menschen, die ihre toten Angehörigen einbalsamieren oder einfrieren lassen – in der Hoffnung, dass die Medizin irgendwann in der Lage ist, eingefrorene Leichen wieder zum Leben zu erwecken. Es ist erstaunlich, was wir alles tun, nur um den Tod nicht anzuerkennen, ohne uns zu fragen, was dies für die Totenruhe bedeutet.

Tod und Sterben in der heutigen Zeit – Tod und Tabu

„Gelegentlich wird jedoch der Tote regelrecht in Szene gesetzt wie ein noch Lebender: etwa an einem Schreibtisch, in seinem Sessel und – warum nicht? – mit einer Zigarette im Mund … versucht man stets, die Zeichen des Todes durch die Kunst des „mortician" zu tilgen, der den Toten herausputzt und schminkt, um ihn möglichst lebendig aussehen zu lassen." (Philippe Aries: Geschichte des Todes)

„Meine Mutter war gestorben, und ich kam in meinen Heimatort zurück, um sie noch einmal zu sehen und an der Beerdigung teilzunehmen. Wen ich aber sah, war nicht meine Mutter, sondern eine herausgeputzte Frau mittleren Alters. Ich war so entsetzt! Meine Mutter hatte ihr Leben lang keine Dauerwelle gehabt, nun lag sie mit einer mir fremden Frisur, geschminkt und mit rosigen Wangen in ihrem Sarg, so wie sie im Leben nie ausgesehen hatte, und es war mir, als habe man ihr ganzes Wesen und ihre Persönlichkeit entstellt und mir weggenommen. Es war irgendwie makaber.*"*

Makaber – das heißt: mit dem Tod, mit Traurigem, Schrecklichem spaßend umzugehen. Das Makabre ist unheimlich, gespenstisch, Grauen erregend. (Duden)

In der gegenwärtigen Zeit wird wohl kaum der „Spaß" im Hintergrund einer makabren Erscheinung stehen. Eher entsteht es durch menschliche Unachtsamkeit, mangelnde Einfühlung, einen lieblosen Umgang oder durch den Versuch, den Tod zu verdrängen.

Daniela Tausch-Flammer/Lis Bickel

kolumne

1 Ein Ritual – hilfreich, überflüssig oder sogar verlogen? Wie stehst du dazu und was sagen ältere Menschen?

Verlogene Rituale

also ... sind Beerdigungen auch mal ein Thema für eine Kolumne? Warum eigentlich nicht, denn der Tod, ob es uns nun passt oder nicht, gehört zum Leben, und wir haben alle schon ratlos an Gräbern herumgestanden und gedacht: Das war's nun also? Die meisten Beerdigungen, die ich erlebt habe, waren entsetzlich. Das ganze Ritual kam mir steif und verlogen vor, ohne Liebe zum Toten, so, als wären wir, die wir da trauern, eigentlich auch schon tot und dürften nur ja keinen Mucks tun. Meine Freundin Brigitte hatte im Leben nichts mit der Kirche zu tun, aber bei der Beerdigung wurde ein Pfarrer angeheuert, der sie nie gekannt hat, der von „unserer lieben Birgit" sprach, davon, dass Gott nun für uns alle unbegreiflich diese liebe Birgit zu sich genommen habe – nein, es war nicht unbegreiflich, Brigitte war Kettenraucherin und starb an Lungenkrebs, so einfach ist das. Und „unser lieber Ronald", der auch viel zu früh heimgehen musste, hinterließ eben nicht eine trauernde Frau, der wir alle beistehen wollen, sondern er war acht Jahre lang an Aids gestorben, und sein schwuler Freund war auch schon tot. Lust- und lieblos wird an den Gräbern irgendwas heruntergeredet, und ich kann es diesen angemieteten Pastoren, in deren Kirche wir uns lebend nie blicken lassen, auch nicht übel nehmen, wenn sie sich dann für unsere Leichen nur gerade so interessieren, Asche zu Asche. Die Sargindustrie halte ich für einen einzigen großen Betrug mit ihren Eichen- und sonstigen teuren Kisten, verziert, mit Damast ausgeschlagen, viel zu viel Schnickschnack, erdrückende Blumengebinde, tränenreiche Orgelmusik, das Ganze keine Trauerfeier, sondern ein Trauerspiel. Gemessenen Schrittes ans Grab, ein Schäufelchen Erde, kondolieren – wie entwürdigend trostlos ist das alles, und ich denke, dass man sich sehr wohl dagegen wehren und sich beizeiten etwas anderes ausdenken, ein anderes Ritual, ein anderes Beerdigungsverfahren festlegen kann. Alles, was mit dem Tod zusammenhängt, gilt als unantastbar, bloß keine Scherze, nur nichts Leichtes, nur ja schwarze Kleider und umwölktes Gemüt. Trauer kann aber auch anders daherkommen. Ich fand es wunderbar, wie der Lieblingswirt von Günter in dessen Grab all die noch unbezahlten Bierdeckel warf – als letzten, verzeihenden Gruß. Und wie haben sich einige Tanten darüber aufgeregt! Aber sie kannten Günters gewaltige Räusche ja auch nicht. Wir haben keine Trauerkultur.

„Lieblos wird an Gräbern was heruntergeredet ..."

Foto: Isolde Ohlbaum

Wir überhäufen Beerdigungen mit Pomp und weißen Lilien. War schon das Leben beschissen, soll wenigstens der Sarg teuer sein. Das Unter-die-Erde-Bringen wird zum puren Entsorgungsproblem. In südlichen Länden leuchten Lämpchen auf den Friedhöfen, in den kleinen Kapellchen liegen Brot, Wein, Kaffee, Zigaretten für die lieben Toten, in Mexiko tanzen Gerippe aus Zuckerguss, man macht Picknick auf dem Grab des Verblichenen, als wäre er noch mit dabei. Wo ist der preiswerte farbenfrohe Ikea für Särge? Ich möchte einen kornblumenblauen Sarg, wenn's mal soweit ist! Und meine Freunde sollen vergnügt sein und was von Bob Dylan spielen. Und meine Lieblingsbücher will ich ins Grab mitnehmen, damit es im Jenseits mit dem ewigen Hosianna-Singen allein nicht so langweilig wird.

Elke Heidenreich

In einer Erzählung aus dem Jahr 1991 stellt sich ein Jugendlicher die Unsterblichkeit vor:

Leben ohne Tod?

Die Nachricht habe ich aus dem Rundfunk erfahren: Eine Tablette verlängert das Leben, verleiht Unsterblichkeit. Anfangs wollte ich es nicht glauben. Wie soll das möglich sein? Das ewige Leben! Wer hätte davon nicht wenigstens einmal geträumt? Aber mit Hilfe von Tabletten? Mir erschien das unwahrscheinlich. Doch am nächsten Tag wurde die Nachricht wiederholt. Auch die Presse schrieb darüber.

Zwar konnte man schon fast jedes menschliche Organ durch ein künstliches ersetzen; aber das ewige Leben – das wäre eine neue Dimension. Überall wurde über die neue Erfindung gesprochen: auf der Straße, bei der Arbeit, beim Essen. Es war das einzige Thema. Das Medikament sollte, einmal im Jahr eingenommen, garantieren, dass man nicht älter wurde. [...]

Die ersten Folgen waren positiv. Die Leute reagierten mit doppelter Kraft. Leider ...

1 Wie könnte dieser Text weitergehen? Schreibt die Fortsetzung.

2 Führt das berühmte *Gedankenexperiment* durch: Wie sähe es auf der Erde aus, wenn die Menschen unsterblich wären?

Heute beschäftigen sich auch Filme mit dem Thema, die Grenzen des Todes zu überschreiten. Vielleicht kennt ihr einen davon und seht ihn euch gemeinsam an.
Das nebenstehende Foto stammt aus dem Film „Highlander".

■ **Jonathan Swift** (1667-1745), englischer Schriftsteller. In seinem satirischen Roman „Gulliver's travels" (1726) stellt er mit dem Mittel der veränderten Perspektive alles Scheinhafte und Verlogene bloß.

In seinem fantastischen Roman „Gullivers Reisen" lässt Jonathan Swift seinen Romanhelden Gulliver in ein Land kommen, in dem einige Leute unsterblich sind. Gulliver stellt sich vor, welche Möglichkeiten deren Leben für sie selbst und für die ganze Gesellschaft böte. Er sagt:

Ich verbreitete mich noch über viele andere Themen, die mir die natürliche Sehnsucht nach endlosem Leben und irdischem Glück mit Leichtigkeit liefern konnte ...

Dann erlebt er die „Struldbrugs", wie die Unsterblichen genannt werden, und stellt fest:

Der Leser wird mir ohne Frage glauben, dass mein starkes Verlangen nach ununterbrochener Fortdauer des Lebens durch das, was ich gehört und gesehen hatte, sehr nachgelassen hatte. Ich fing an, mich der angenehmen Wunschbilder, die ich ersonnen hatte, von Herzen zu schämen, und dachte, kein Tyrann könne einen Tod erfinden, in den ich nicht mit Freuden aus einem solchen Leben gehen würde.

3 Was mag Gulliver gehört und gesehen haben?

Leben mit dem Tod

Wenn ich mein Leben mit dem Tod beschreiben sollte, würde ich sagen: „Der Tod verfolgt mich schon mein Leben lang." Das kommt daher, dass ich die Erbkrankheit Mukoviszidose habe. Dieser Befund beinhaltet eine ständige Therapie, damit der Tod hinausgezögert werden kann, bedeutet aber dennoch eine eingeschränkte Lebenserwartung. Und immer dann, wenn die Therapie mal nicht hilft und ich starken Husten und Atemnot bekomme, meine ich, den Tod dicht hinter mir zu spüren. Natürlich ist diese Vorstellung verbildlicht, aber zutreffend. Denn irgendwann wird der Tod mich einholen. Wahrscheinlich dann, wenn ich kaum mehr Atem zum Leben und zum Fliehen bekommen kann.

Im Laufe meiner 20 Lebensjahre hat der Tod sich tatsächlich schon näher an mich herangeschlichen. Zuerst bemerkte ich ihn kaum. Bis ich zehn Jahre alt war, beschränkte sich meine Therapie auf Tabletten, die ich einnehmen musste, beziehungsweise noch immer einnehme. Natürlich wusste ich schon um meine eingeschränkte Lebenserwartung, aber irgendwie meint man doch, vielleicht eine Ausnahme zu sein. Und ich glaube, ein wenig geht es jedem so. Jeder weiß, dass er sterben wird, aber glaubt im Geheimen, dem Tod doch zu entkommen. Aber das wird man nicht, und das wurde mir in den letzten zehn Jahren auch bewusst. Meine Therapie nimmt von Jahr zu Jahr zu und meine Luft zum Leben ab.

Es scheint jetzt so, als hätte ich diese Gewissheit sehr locker und flockig angenommen. Aber ganz so ist das nicht. Manchmal trifft mich mein tödlicher Verfolger auch schwer. Und das wird sicher auch kurz vor meinem Tod noch so sein. Dennoch arrangiert man sich langsam mit dem Gedanken an den Tod. Meine Eltern wissen, dass ich bei ihnen zu Hause sterben möchte, falls ich sie nicht überlebe. Ansonsten wird sich meine Schwester um mich kümmern, wenn ich nicht mehr fähig bin, alleine zu leben. Oder eben der Partner, falls es den Richtigen für mich gibt. Auch über die Vorstellungen meines Begräbnisses haben wir schon gesprochen. Und dann nicht nur über mein Begräbnis, sondern auch über das der anderen. Denn wer weiß schon, wie lange er noch zu leben hat, obwohl er kerngesund ist.

Aber, wie gesagt, der Tod verliert seinen Schrecken nie ganz und gar. Ich selber habe eigentlich keine Angst vor ihm. Aber was wird aus all den Freunden, die ich mit dem Tod zurücklasse? Ich kann mir zum Glück nicht vorstellen, wie groß der empfundene Schmerz ist, wenn man einen geliebten Menschen verliert, aber er muss unermesslich stark sein. Und ich bin dann tot und kann allen, die um mich trauern, nicht zur Seite stehen. Diese Hilflosigkeit macht den Tod schrecklich.

Vielleicht versuche ich gerade deswegen, allen meinen Freunden zu verdeutlichen, dass ich wahrscheinlich vor ihnen und in zu jungen Jahren sterben werde. Sie sollen nicht denken, dass ich Angst hätte oder Trauer über mein kurzes Leben empfinden würde. Auch wenn ich jetzt tot von meinem Schreibtischstuhl fiele, wäre mein Leben ein Erfolg gewesen.

Eigentlich freue ich mich auch darüber, dass der Tod mir so nahe steht. Schon jetzt habe ich eine gewisse Vertrautheit mit dem Tod. Und wenn er erst auf meiner Bettkante sitzt und mich bald mitnehmen wird, werde ich allen, die mich dann noch sprechen können, sicher ein wenig die Angst vor dem Tod nehmen können. Ich glaube, ich kann dadurch, dass mein Leben mit Mukoviszidose gleichzeitig den Tod beinhaltet, den Tod dem Leben anderer näher bringen.

Inka Rasch

■ **Inka Rasch,** 20 Jahre alt, Studentin, hat für dieses Buch den nebenstehenden Text geschrieben.

Reinhart Tausch schildert in seinem Buch „Sanftes Sterben" das bewusste Sterben seiner Frau Annemarie. Dabei zitiert er ihre Worte aus den letzten vier Jahren ihres Lebens:

„Ich denke, dass dieses Sich-auseinander-Setzen mit einem Teil unseres Lebens, der so sicher wie kein anderer kommt und für den wir oft so unvorbereitet sind, uns nicht vom Leben wegführt, sondern eher sogar hinführt. Also, mir ist das so gegangen:
Ich bin sehr offen für dieses Leben geworden, dankbar und sehr, sehr bewusst." „Ich denke, dass die Auseinandersetzung mit dem Sterben, mit unserer Endlichkeit uns möglicherweise überhaupt erst wach macht für dieses Leben, um es wirklich rund und voll zu leben."

4 „Das Leben als letzte Gelegenheit" lautet der Titel eines Buches aus dem Jahre 1993. Gelegenheit zu … ?
Fülle diese Aussage mit „Gelegenheiten", die das Leben wertvoll machen.

Dieser Holzschnitt von **Alfred Rethel** (1816-1859) trägt den Titel „Der Tod als Freund".

1 Welche Einstellung zum Tod vermittelt die Darstellung und welche Bilder, Gedanken und Gefühle löst sie aus?

„Plötzlich und unerwartet" lautet heute eine oft wiederkehrende Redewendung bei einer Todesnachricht. Die Menschen des *Mittelalters* ahnten oder wussten vom Nahen des Todes. Wie sie es spürten, scheint uns heute in den Bereich des Fantastischen zu gehören; es waren Traumbilder, Erscheinungen von Verstorbenen – oder sie konnten Erlebnisse ihres Körpers und ihres Geistes besonders gut deuten.

Angst vorm Sterben musste nur der haben, der allein war oder dessen Tod tatsächlich (was selten geschah) plötzlich eintrat. Die Sterbestunde selbst war geprägt von öffentlicher Anteilnahme, die Gemeinschaft der Familie gehörte zum Abschiednehmen dazu, aber auch Fremde konnten sich einem Pfarrer anschließen, der zum Sterbebett eilte. Das Läuten der Sterbeglocke verkündete der Dorfgemeinschaft, dass einer der Ihren Abschied nahm. Der Tote wurde dann im Haus aufgebahrt, Nachbarn und Freunde kamen, um sich von dem Toten zu verabschieden und den Angehörigen beizustehen. Vom Haus aus nahm man den Weg zum Friedhof, zur Beerdigung, über öffentliche Straßen. Viele schlossen sich dem Trauerzug an oder verharrten auf ihrem Weg kurze Zeit in Stille. Die Trauerkleidung, die die Angehörigen meistens ein Jahr lang trugen, machte auch die Trauer öffentlich.

So waren Jahrhunderte lang die Vorbereitung auf den Tod, das Sterben selbst und die Trauerzeit wichtige Lebensphasen des Einzelnen und der Gesellschaft.

Die Prophezeiung des Philosophen Pascal, dass man einmal allein sterben werde, war den Menschen seiner Zeit noch unvorstellbar.
Eine Änderung entwickelte sich in der 2. Hälfte des 19. Jahrhunderts, als die Menschen immer weniger den Tod und das Sterben in ihren Alltag aufnahmen und der Einzelne sich auch immer weniger mit dem Gedanken an den Tod befassen mochte, so dass die „Lüge" gesellschaftliches Ritual wurde und man als „idealen" Tod denjenigen ansah und wünschte, den man nicht spürt. Dieses Verständnis finden wir heute verbreitet vor.

Blaise Pascal (1623-1662)

Im 20. Jahrhundert geht die Entwicklung dahin, dass sich das Sterben weitgehend im Krankenhaus abspielt, von der Öffentlichkeit nicht mehr wahrgenommen. Die Pflege der Schwerkranken ist von der Kleinfamilie nicht mehr zu leisten, die Ansprüche an *Komfort* und *Hygiene* sind gestiegen. Das Krankenhaus wird der „Ort des einsamen Todes". Viele Angehörige kommen erst, nachdem der Tod eingetreten ist.

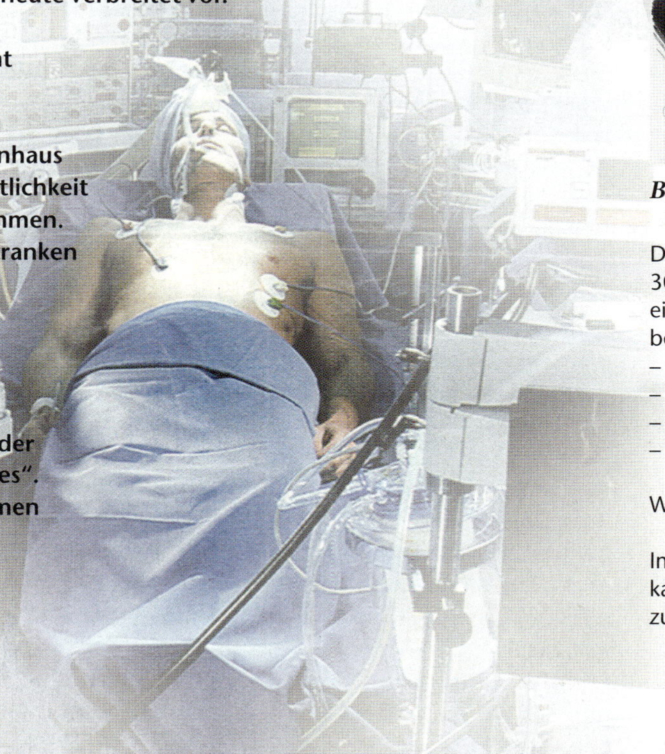

Diese Entwicklung setzte in den 30er Jahren des 20. Jahrhunderts ein. Vergleiche andere Lebensbereiche:
- Die „Labor"küche
- Der Partykeller
- Der Spielboden
- Die Essecke

Wo werden Kinder geboren?

Im Kapitel „Mit Technik leben" kannst du eine weitere Perspektive zu diesem Bild finden.

In seinem Text „Die Gesichter des Todes" hat Hubertus Halbfas Zeugnisse und Berichte aus der Literatur der verschiedenen Epochen aufgeführt, um die Einstellung der Menschen zu Tod und Sterben zu beleuchten:
Sie selbst hat ihr Leichenbegräbnis vorbereitet … und ihre Angelegenheiten geordnet – und dies alles, ohne dass ihr das Geringste fehlte. Als sie schließlich alle notwendigen Anordnungen getroffen hatte, um ihrem Gatten alle Besorgnisse zu ersparen, starb sie am Tag und zur Stunde, die sie bezeichnet hatte.

Leo Tolstoj (1828-1910): Der Tod des Iwan Iljitsch (1884)
Iwan Iljitsch sitzt in seiner Krankheit gefangen wie ein Tier in der Falle. Die Frau tut so, als glaube sie, er sei nur deshalb krank, weil er seine Arzneien nicht regelmäßig nehme. Auch der Arzt spielt die Komödie mit. Er tritt ins Krankenzimmer mit einem Gesichtsausdruck, als wolle er sagen: „Da habt ihr Euch mal wieder etwas überschreckt, aber das werden wir gleich haben."
Schließlich beginnt die lange Nacht, die Durchquerung des Tunnels. Iwan quält, dass keiner eingestehen will, was doch alle wissen, dass es vielmehr ihr Wille ist, ihn in seiner entsetzlichen Lage zu belügen, und dass sie ihn zwingen, die Heuchelei mitzuspielen. Mehr als einmal möchte er aufschreien: Hört auf zu lügen! Ihr wisst es, und ich weiß es ebenso gut, dass ich sterben muss, so hört doch wenigstens zu lügen auf! Und dennoch hat er sich niemals getraut, es zu tun.

2 Würdest du wollen, dass man dir die Wahrheit über deine tödliche Krankheit sagt?

3 Stelle dir vor, du trügest als erwachsenes Kind Verantwortung für einen kranken Elternteil. Die Ärzte vertrauen dir an, dein Vater/deine Mutter müsste bald sterben. Würdest du mit dem Sterbenden darüber sprechen?

4 Welche Ziele verfolgt die Hospizbewegung? Sammle Informationen, es gibt auch Filme.

Die Bestattung im Christentum: Der Kreis schließt sich

Im Hinblick auf den Glauben an die leibliche Auferstehung war die Einäscherung eines Christen lange Zeit untersagt. Während Protestanten schon im 19. Jahrhundert begannen, die Leichname zu verbrennen, war das für Katholiken erst im 20. Jahrhundert kirchlicherseits erlaubt. Heute halten sich im städtischen Bereich Erdbestattungen und Kremierungen die Waage, im ländlichen überwiegt nach wie vor die gebräuchliche Beerdigung des Sarges. Immer mehr Bestattungen erfolgen heute anonym, d. h. nach der Beerdigung ist nicht mehr erkennbar, wo Sarg oder Urne genau beigesetzt sind.

Ablauf und Form der Bestattung sind sehr von regionalen Bräuchen und praktischen Gegebenheiten abhängig. Die Begräbnisfeier gliedert sich immer in einen Wortgottesdienst und den Beerdigungsritus.

Traditionell gliedert sich die kirchliche Bestattung in drei „Stationen“: ein Gottesdienst in der Kirche, eine kleine Andacht in der Friedhofskapelle vor dem Sarg, schließlich die Beerdigung am Grab. Es kann aber auch sein, dass die Trauergemeinde direkt auf dem Friedhof zusammenkommt und der Gottesdienst erst am Abend oder am folgenden Sonntag stattfindet. Wenn der Leichnam eingeäschert werden soll, wird die Urne erst zu einem späteren Zeitpunkt im kleinen Familienkreis beigesetzt. Gibt es nur wenige Hinterbliebene, versammeln sich diese auch manchmal in Verabschiedungskapellen der Beerdigungsinstitute.

Zum Gottesdienst für einen Verstorbenen wird mit einer dunklen Glocke eingeladen. Für Katholiken ist die *Messe* ein wichtiger Bestandteil der Trauerfeier: in den Exequien (lateinisch für „Leichenbegängnis“) bittet die Gemeinde nicht nur um Gottes Erbarmen für den Toten, sie stärkt und tröstet sich auch im *Glauben an die Auferstehung*.

Das Sterben des Menschen wird nicht beschönigt, aber das Vertrauen auf ein gutes Ende gewinnt die Oberhand. Im Bekenntnis des Glaubens, dem Vaterunser und in Segenshandlungen wird ausgedrückt, dass die Christen den Tod als Durchgangsstadium zu einer größeren Wirklichkeit akzeptieren.

Die katholische Bestattungsliturgie sieht noch Zeichenhandlungen vor, so das Besprengen des Sarges mit Weihwasser, was an die Taufe erinnern soll:

Im Wasser und im Heiligen Geist
wurdest du getauft.

Der Herr vollende an dir,
was er in der Taufe begonnen hat.

Dieses deutende Wort des Liturgen zeigt, dass sich im Tode ein Lebenskreis schließt, der mit der Taufe anfing.

Auferstehungsglaube
In den Briefen des Paulus im Neuen Testament (um 60 n. Chr.) nennt er sich selbst – nach vielen anderen – einen Zeugen der Erscheinung des Auferstandenen. Auch die später geschriebenen Evangelientexte (70-100) erzählen von Erscheinungen des am Kreuz hingerichteten Jesus von Nazareth und vom leeren Grab. Der Auferstehungsglaube ist die zentrale Glaubensüberzeugung der Christen. So wie Jesus als erster von den Toten auferweckt wurde, so würden alle, die an ihn glauben, auch von den Toten auferstehen. Der neue Leib – so Paulus – wird mit Unsterblichkeit „bekleidet“ und sicher anders sein als der verwesliche Körper. Im 1. Brief an die Gemeinde in Korinth findet sich im 15. Kapitel die längste und wichtigste Darlegung des Auferstehungsglaubens des Paulus.

Messe: katholischer Gottesdienst, in dem das Sakrament der Eucharistie (wörtl. Danksagung, Abendmahl) gefeiert wird

1 Erzähle von Beerdigungsfeiern, die du miterlebt hast.

Hoffnung über den Tod hinaus

Im ersten Brief des Paulus an die Thessalonicher heißt es (4,13-14,18):

Brüder und Schwestern, wir wollen euch über die Verstorbenen nicht in Unkenntnis lassen, damit ihr nicht trauert wie die anderen, die keine Hoffnung haben.
Wenn Jesus – und das ist unser Glaube – gestorben und auferstanden ist, dann wird Gott durch Jesus auch die Verstorbenen zusammen mit ihm zur Herrlichkeit führen. Tröstet also einander mit diesen Worten.

Damit ist nicht gemeint, dass Christen gar nicht traurig sein dürften; aber ihre Trauer muss nicht in die Verzweiflung führen, muss nicht bodenlos sein. Den Angehörigen drückt man durch Formeln wie „Herzliches Beileid" oder „Aufrichtige Teilnahme" noch auf dem Friedhof sein Mitfühlen aus. Im Anschluss an die Beerdigung treffen sich häufig alle Teilnehmer zu einem Kaffeetrinken bei den Angehörigen oder in einer Gaststätte.

Noch in den 50er Jahren war es üblich, dass ein Zimmermann von Berufsgenossen zu Grabe getragen wurde.

Dieser „Leichenschmaus" oder „Trösterwein" ist eine alte Sitte, die heute oft gering geschätzt wird. Mancher, der einen geliebten Menschen betrauert, möchte lieber allein bleiben. Die Zusammenkunft aller Trauernden soll Gemeinschaft herstellen. Beim Essen und Trinken erzählt man vom Verstorbenen, frischt Erinnerungen auf, holt sich aus der Nähe des Todes ins Leben zurück. Bei diesen Gelegenheiten trifft man Menschen – entfernte Verwandte, alte Bekannte, ehemalige Nachbarn –, die man sonst selten sieht. Immer noch gebräuchlich ist schwarze, zumindest gedeckte Kleidung. In der Tradition stand „schwarz" früher für Feier, nicht in erster Linie für Trauer. Die Bestattung eines Christen ist eine feierliche und eine ernste Sache.

Christen leben ganz in dieser Welt und sind doch orientiert auf das Reich Gottes. Sie teilen Freude und Leiden in dem Bewusstsein, einst zu ihrem Schöpfer zu gelangen. Das lässt sie auch den Tod erdulden und alle Schrecken, die ihm vorausgehen können.
Im letzten Buch der Bibel, der Offenbarung des Johannes, heißt es in einer Verheißung:

Dann sah ich einen neuen Himmel und eine neue Erde; denn der erste Himmel und die erste Erde sind vergangen, auch das Meer ist nicht mehr. Ich sah die heilige Stadt, das neue Jerusalem, von Gott her aus dem Himmel herabkommen; sie war bereit wie eine Braut, die sich für ihren Mann geschmückt hat.
Da hörte ich eine laute Stimme vom Thron her rufen: Seht, die Wohnung Gottes unter den Menschen! Er wird in ihrer Mitte wohnen, und sie werden sein Volk sein; und er, Gott, wird bei ihnen sein. Er wird alle Tränen von ihren Augen abwischen: der Tod wird nicht mehr sein, keine Trauer, keine Klage, keine Mühsal. Denn was früher war, ist vergangen. Er, der auf dem Thron saß, sprach: Seht, ich mache alles neu.

Offenbarung 21,1-5a

Wie begleitet man die Sterbenden im Judentum?

Das Judentum ist eine Religion der Erinnerung.
Es vergegenwärtigt sich immer wieder seine eigene Geschichte. Die Lebenden fühlen sich mit allen Verstorbenen ihres Volkes verbunden. Alle streben der Erlösung entgegen. Und dennoch sind die Juden nicht auf eine Zukunft orientiert, in der einmal alles besser sein wird. Das Heute ist der Zeitpunkt der Begegnung mit Gott, und diese Welt ist der Ort, wo man ihm begegnen kann. Jeder steht in der Verantwortung, sein Leben – nach seinen Möglichkeiten – zur Ehre Gottes zu nutzen.
Davon erzählt eine Geschichte, der Martin Buber den Titel „Die Frage der Fragen" gegeben hat:

Vor dem Ende sprach Rabbi Sussja: „In der kommenden Welt wird man mich nicht fragen: Warum bist du nicht Mose gewesen? Man wird mich fragen: Warum bist du nicht Sussja gewesen?"

Die Juden sollen sich gegenseitig helfen, wenn es heißt, vom Leben Abschied zu nehmen. Wichtigste Voraussetzung ist, dass man einen Sterbenden nicht allein lässt. Das gilt um so mehr, wenn jemand Schmerzen leidet. Aktive Sterbehilfe lehnt die jüdische Religion ab, weil damit Gottes Autorität untergraben wird, der doch Herr über Leben und Tod ist.
Der Sterbende wird aufgefordert, seine Sünden zu bereuen. Jemand sagt ihm das Schuldbekenntnis vor, er möge es nachsprechen, wenn er dazu in der Lage ist. [...]
In dem Augenblick, in dem der Tod eintritt, sprechen die Anwesenden das Schma Israel, möglichst so, dass sie dem Sterbenden ins Gesicht sehen:
Höre, Israel, der Ewige unser Gott, der Ewige ist einzig. Gelobt sei der Name der Herrlichkeit seines Reiches für immer und ewig! (dreimal) Der Ewige ist der wahre Gott! (siebenmal)

Dem Toten werden Mund und Augen geschlossen, das Gesicht mit einem Leinentuch bedeckt. [Die] Beerdigungsbruderschaft [wird] informiert, die es in den meisten jüdischen Gemeinden gibt. Das sind Frauen und Männer, die sich um die Toten kümmern, sie waschen, kleiden, einsargen, bestatten und dabei alle rituellen und religiösen Vorschriften zu beachten wissen. [...]
Nach der Waschung wird dem Toten sein Totenhemd aus weißem Leinen angezogen. Die Braut hat es dem Mann schon zur Hochzeit geschenkt. [...] Seine weiße Farbe symbolisiert Reinheit und Würde. Es ist für alle gleich, Reiche wie für Arme, wie auch im Tod alle gleich sind. Es hat keine Taschen, wie man auch im Tod nichts mitnehmen kann.
Schon der große Rabbiner [...] Gamaliel bevorzugte im 1. Jahrhundert nach unserer Zeitrechnung ein Totenhemd aus dem billigsten Gewebe und einen einfachen, unbehandelten Holzsarg. Diese Schlichtheit wurde von allen übernommen. An der Kopfseite des Toten zündet man ein Licht an. Den Toten lässt man nicht allein und wechselt sich mit der Wache ab. Die Beerdigung soll möglichst bald stattfinden, am gleichen Tag noch oder am nächsten, wenn es geht.

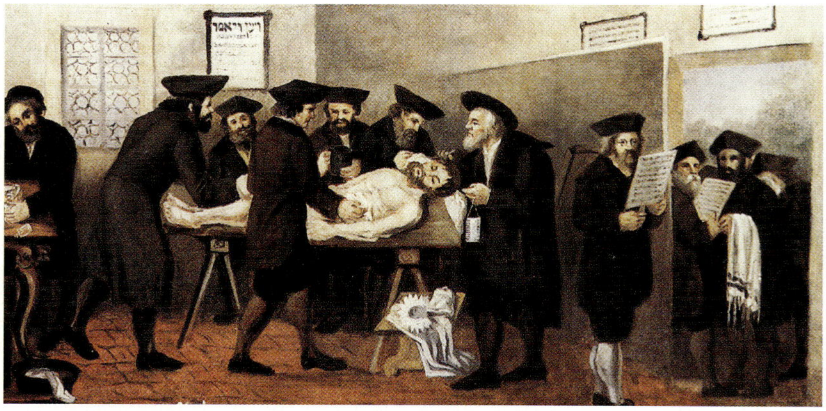

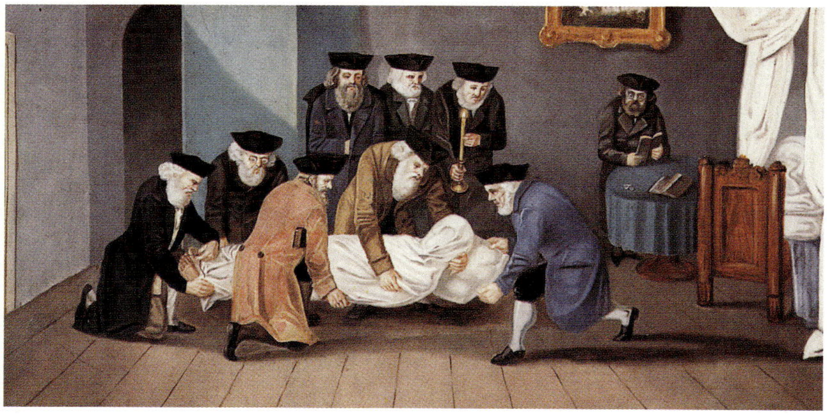

oben: Leichenwaschung
unten: Versorgung des Toten, ca. 1772. Öl auf Leinwand, je 55 x 110 cm. Prag, Jüdisches Museum

Der jüdische Friedhof heißt „Bet Olam", was mit „Ewiges Haus" übersetzt werden kann. Die Gräber sind – wenn möglich – von unbegrenzter Dauer und dürfen nur einmal belegt werden. Am Schabbat und an jüdischen Feiertagen ist der Friedhof geschlossen. Männliche Besucher haben – wie in der Synagoge – den Kopf zu bedecken.

Juden pflegen keinen ausgedehnten Gräberkult. Der Friedhof wird nicht oft aufgesucht, von Angehörigen eines Verstorbenen in der Regel im ersten Jahr gar nicht. Der Tote muss sich vom Irdischen lösen, die Hinterbliebenen dem Irdischen wieder zuwenden und das Weiterleben lernen.

[...]

Wer ein jüdisches Grab besucht, bringt nicht Blumen oder Kerzen mit, sondern legt einen Stein auf den Grabstein oder das Grab selbst. Für diesen Brauch gibt es verschiedene Erklärungsversuche. Er kann aus der Zeit stammen, da alle Gräber Steingräber waren und der Besucher eine Ordnung, also Wiederaufschüttung der verrutschten Steine vornahm. Andere sagen, früher habe man sehr wohl Blumen und Gräser auf das Grab gelegt und durch einen Stein vor dem Verwehen geschützt; nur der Stein sei geblieben. Schließlich heißt es, das Grab solle gar nicht zu gepflegt aussehen und durch die Steine seinen vorläufigen Charakter behalten. Wie auch immer, jeder Besucher sagt durch seinen Stein: Ich war hier.

Auf der ganzen Welt gibt es jüdische Friedhöfe. Traum eines jeden Frommen ist jedoch, am Ölberg in Jerusalem bestattet zu werden. Denn wenn der Messias erscheint, tritt er dort auf.

Georg Schwikart

„Was bringt Gott zum Lachen?"
– „Erzähl ihm deine Pläne für die Zukunft."

aus der jüdischen Überlieferung

1 Gibt es einen alten oder neuen jüdischen Friedhof in deinem Wohnort? Besuche ihn.

Alter Jüdischer Friedhof in Prag

Jede Seele soll den Tod schmecken, und ihr sollt nun euren Lohn empfangen am Tag der Auferstehung, und wer da dem Feuer entnommen und ins Paradies geführt wird, der soll glückselig sein. Und das irdische Leben ist nur ein trügerischer Nießbrauch.

Koran 3,185

Der Tod wird im Islam nicht so sehr als Lebensende aufgefasst, sondern als ein Übergang vom Erdenleben zum Danach, wo ewiges Leben herrscht.
So sicher, wie der Glaube an die Einzigartigkeit und Herrschaft Gottes ist, so sicher ist auch der Glaube an ein Danach. Immer wieder betont der Koran den Unterschied zwischen diesem Leben und dem zukünftigen. Während dieses Leben als ein Geschenk Gottes angesehen wird, das es in Einklang mit Gottes Gesetz zu genießen gilt, so bleibt es doch nur ein zeitlich begrenztes Vorspiel zu einem zukünftigen Leben.

1 Bitte an muslimische Mitschüler:
Lasst euch von euren Eltern die Bestattungsriten des Islam erklären und erzählt davon euren Mitschülern.

Das Dasein genießen, bis Gott ruft

Gott schenkt das Leben. Darin müssen sich die Muslime bewähren, denn eines Tages fordert Gott Rechenschaft. Daran erinnern sich die Muslime jeden Tag, wenn sie die „Fatiha“ beten, die erste Sure des Koran, die „Eröffnende“.
Sie lautet:

Im Namen des barmherzigen und gnädigen Gottes.
Lob sei Gott,
dem Herrn der Menschen in aller Welt,
dem Barmherzigen und Gnädigen,
der am Tag des Gerichts regiert!
Dir dienen wir
und dich bitten wir um Hilfe.
Führe uns den geraden Weg,
den Weg derer,
denen du Gnade erwiesen hast,
nicht den Weg derer,
die deinem Zorn verfallen sind und irregehen.

Der Muslim aber, der auf Gott vertraut, hat keine Angst vor dem Tod. Er darf das Leben lieben und braucht den Tod nicht zu furchten, denn „Allahu akbar!“ – „Gott ist größer!“

Der Koran sagt nichts zur Bestattung. Die entsprechenden Vorschriften gehen auf die prophetische Tradition zurück und wurden durch die verschiedenen Rechtsschulen systematisiert. Durchgesetzt hat sich der Dreischritt
1. rituelle Waschung,
2. Totengebet und
3. Beisetzung.

Diese wesentlichen Teile der Bestattung sind für alle Muslime gleich. Kulturelle und regionale Ausprägungen lassen sich nicht theologisch begründen.

Die Verbrennung des Leichnams ist untersagt, weil es dem Menschen als Geschöpf nicht erlaubt ist zu zerstören, was Gott geschaffen hat. Außerdem braucht die Seele einen Ort, an dem sie auf das Gericht warten kann.
Aus historischer Tradition muss die Beerdigung baldmöglichst stattfinden. Aus hygienischen Gründen war das in der Frühzeit des Islam unabdingbar [...]. Möglichst also am gleichen Tag soll bestattet werden; wenn der Tod am Abend eintritt, darf man bis zum nächsten Morgen warten.

[...]
Einmalige Waschung gilt als Pflicht, dreimalige wird empfohlen, mehrmalige – allerdings immer eine ungerade Zahl – ist verdienstvoll. Nachdem die hygienische Waschung des ganzen Körpers vorgenommen wurde, werden wie beim täglichen Pflichtgebet rituell Mund, Nasenlöcher, Gesicht, Kopf und Füße gereinigt.
Anschließend wickelt man den Leichnam in weiße Leinentücher, mancherorts werden sie parfümiert. Man bindet die Tücher mit Stoffstreifen zu. Die Benutzung eines Sarges ist unüblich. Allerdings erlauben die muslimischen Lehrer zunehmend die Benutzung von Särgen zum Transport, um den Hinterbliebenen in nichtmuslimischen Ländern eine Bestattung vor Ort zu ermöglichen.

In Deutschland beispielsweise schreiben die meisten Kommunen die Benutzung von Särgen zur Bestattung vor. Aus diesem Grund und natürlich, weil sie nicht in fremder Erde ruhen wollten – haben bisher die meisten Muslime ihre Toten in die Heimat überführen lassen, obwohl die muslimische Tradition rät, einen Toten dort zu bestatten, wo er verstorben ist. Wo also die Möglichkeit gegeben ist, wird auf den Sarg verzichtet und der eingewickelte Leichnam auf eine Tragbahre gebettet.

Die Bahre wird dann auf den Schultern zum Ort des Totengebetes getragen, ob das nun eine Moschee oder bereits der Friedhof ist. Eine Totenbahre zu tragen gilt als verdienstvoll, deswegen lösen sich die Träger ab: Verwandte, Freunde, Nachbarn und Kollegen helfen, aber auch jeder Mann, der gerade des Weges kommt und dem Trauerzug begegnet. Alle tragen schweigend ein Stück weit, zügigen Schritts. Die Frauen folgen mit Abstand.

Während des Totengebets soll das Gesicht des Toten wieder nach Mekka blicken. Das Gemeinschaftsgebet ähnelt dem Ablauf des Pflichtgebets, allerdings wird es stehend verrichtet, die sonst üblichen Niederwerfungen entfallen. Die Gläubigen stehen hinter dem Imam in Reihen hinter der Bahre.

O Allah!
Vergib unseren Toten und Lebenden,
unseren Jungen und Alten,
unseren Männern und Frauen,
den Anwesenden von uns und den Abwesenden!
O Allah!
Wen von uns du am Leben lässt,
den lass als Muslim leben!
Und wen du von uns hinscheiden lässt,
den lass als Gläubigen hinscheiden.

Die Beisetzung selbst findet dann in manchen Traditionen unter Ausschluss der Frauen statt. Männer steigen in das etwa brusttiefe Grab und nehmen den Leichnam entgegen. Dort wird er so in eine Nische gelegt, dass sein Gesicht nach Mekka blickt.

Georg Schwikart

Einen Gräberkult gibt es im Islam nicht. Den Ort der letzten Ruhestätte macht man durch schlichte Zeichen kenntlich, ein Holzstück oder einen Stein am Kopf- oder Fußende. Auch ein kleiner Grabstein ist erlaubt, auf dem der Name, ein Koranvers oder ein Gedicht stehen kann. Einfache Gräber werden allerdings ohne Hinweis auf die verstorbene Person angelegt.
Auf den Friedhof geht man selten. Zu den islamischen Festen jedoch besuchen die Menschen die Gräber und sprechen Gebete.

Imam: arabisch für „Anführer“; der Vorbeter bei rituellen Pflichtgebeten

Vom Propheten Mohammed ist eine Art „Gruß an die Toten“ überliefert, in dem es heißt:

Friede mit euch, ihr Leute der Behausung, von den Gläubigen und den Muslimen.
Wir werden, so Gott will, mit euch sein. Wir bitten Allah, uns und euch zu vergeben. Friede mit euch, ihr Leute der Gräber. Allah vergebe uns und euch. Ihr seid vorausgegangen, und wir folgen euch nach.

Grabstellen in der Türkei

Der tiefe Wunsch eines Hindus ist es, an den Ufern des Heiligen Flusses, der „Mutter Ganga" zu sterben. Jeden Tag werden Tausende von Sterbenden dorthin gebracht.
Am liebsten möchten sie in der heiligen Stadt Varanasi sterben, die wir in Europa unter dem Namen „Benares" kennen. Wer nämlich dort stirbt – vielleicht, nachdem er zuvor noch einmal ein Bad der Reinigung nehmen konnte –, hat gute Chancen auf eine bessere Wiedergeburt. Wer aber nicht zum Ganges kommen kann, weil er schon zu krank oder zu alt ist oder sich die Anreise einfach nicht leisten kann, dem möge man wenigstens etwas Wasser vom Fluss bringen.
Die Familie gibt dem Sterbenden löffelweise davon.
Der Brauch, die Leichen verstorbener Hindus zu verbrennen und ihre Asche der Natur zu übergeben, ist so alt und weit verbreitet, dass es in dieser Kultur keine Friedhöfe gibt. Die Asche wird zum Ganges gebracht, ins Meer oder in einen Fluss in der Nähe geworfen. Hindus, die außerhalb Indiens sterben, lassen ihre Asche ins Heimatland bringen. Zur Not kann die Asche auch außerhalb der Heimat in einen Fluss oder das Meer gegeben werden. Die Asche in einer Urne beizusetzen ist ungewöhnlich.
Einen Gräberkult gibt es nicht; denn es werden nur die Reste des Leibes einer von vielen Existenzen bestattet, das *Atman* aber lebt weiter auf andere Art und Weise.

Im Atman jedes Menschen, seinem innersten Selbst, ist die „Gottheit" Brahman, das Allesdurchwirkende, spürbar.

Hinduismus: Der älteste Sohn entzündet das Feuer

Im Sterben löst sich zwar der physische Körper auf, nur der „feine Körper" bleibt, mit dem Leichnam wird aber sorgfältig umgegangen. Während einige klagen und weinen und ihrer Trauer freien Lauf lassen, kümmern sich andere um die Versorgung des Toten: Man wäscht, schmückt und bekränzt ihn, hüllt ihn in ein neues Kleid, das häufig von rotgoldener Farbe ist.

Die Leiche bleibt drei Tage daheim im Eingangsbereich oder in einem Zimmer. Alle Angehörigen und Freunde nehmen Abschied, indem sie ununterbrochen spirituelle Lieder singen.

Der Körper eines Menschen muss verbrannt werden, damit sich der „feine Körper" samt dem Atman davon lösen kann. Das ist ein notwendiger Akt, der nicht kummervoll, sondern festlich begangen wird. Auf Bali begleiten eine Leichenverbrennung besondere Feierlichkeiten mit Musik, Bewirtung der Gäste und Geschenken für die Familie des Verstorbenen. Verbrennungsstätte ist in der Regel ein eigens dafür vorgesehener Verbrennungsplatz im Freien. Auf der bloßen Erde kann Verbrennungsholz liegen, es gibt aber auch betonierte Plätze mit Stahlgestellen, auf die man die Leichname legt und von unten befeuert.

Der Leichenzug bringt den Leichnam – der in Tüchern geschmückt oder in einem offenen, verzierten Holzsarg ruht – zum aufgeschichteten Scheiterhaufen, der oben flach ist. [...]

Dem ältesten Sohn kommt die Aufgabe zu, das Feuer in Brand zu setzen. Geschmolzene Butter wird in die Kremierungsflammen gegossen. Wenn das Feuer fast abgebrannt ist, muss der Sohn den Schädel aufspalten, damit die Seele aus dem Körper austreten kann.

Georg Schwikart

In der Bhagavadgita, dem heiligen Buch der Hindus, heißt es dazu, dass der Gott Krischna auf Leiderfahrungen und Klagen von Menschen so antwortet:

Dein Wort scheint sinnvoll , doch du klagst
um die, die nicht beklagenswert,
ein Weiser klagt um niemanden,
dem Leben oder Tod beschert.
Nie war die Zeit, da ich nicht war
und du und dieser Fürsten Schar,
nie kommt der Tag, da wir nicht sind,
im Lauf der Zeit herbei fürwahr.
Denn wie die Seele jetzt im Leib
zum Knaben, Jüngling, Greise wird,
so lebt sie auch im neuen Leib;
das glaubt der Weise unbeirrt. [...]
Wie die Menschen sich des frischen
Kleides nach dem alten freuen,
also tauscht die Seele immer
alte Leiber mit den neuen.
Die Seele spalten Pfeile nicht,
die Seele brennen Flammen nicht,
die Seele netzen Fluten nicht,
die Seele dörren Winde nicht.

Buddhismus: Abschied von einer „leeren Hülle“

Buddhistische Leichenverbrennung

Wenn der Buddhismus – oberflächlich betrachtet – den Eindruck erwecken mag, er sei weltverachtend und lebensverneinend, so ist seine Zielrichtung doch gerade eine positive: Das Leiden soll überwunden werden, der Durst gestillt, das verzehrende Feuer erlöschen. Um das zu erreichen, müssen allerdings unter schweren Anstrengungen viele Mühen bewältigt werden; die meisten Menschen schaffen das nicht in einem Leben, sie benötigen mehrere Existenzen. Darin steckt aber auch ein großer Trost: Was in einem Leben nicht gelingt, ist nicht für immer verloren. Es gibt eine neue Chance – unendlich viele für jene, die sie benötigen. [...]

Die buddhistischen Bestattungsformen sind sehr von regionalem Brauchtum geprägt. Der Leichnam ist nurmehr eine leere Hülle, der dennoch mit Respekt begegnet wird. Er kann in der Erde begraben werden, verbrannt oder auch – wie in Tibet nicht unüblich – zerstückelt den Geiern, dort heiligen Tieren, als Himmelsspeise geopfert werden.

In Japan ist die Kremierung der Leichen die Regel, in Thailand können Trauerfeiern den Eindruck fröhlichen Anlasses vermitteln: Auf einer geschmückten Trage unter einem Baldachin geleitet die Menge den Leichnam zum Ort der Verbrennung. [...]

In der einen Tradition spricht man jeden Toten als „Buddha“ an, in der anderen sorgt man sich um die einfachen Anhänger des Buddhismus, die in Fötushaltung bestattet werden, um eine gute Wiedergeburt zu erlangen, und wünscht ihnen, sie mögen bald aus diesem Kreislauf aussteigen und das Nirwana erreichen. Wie auch immer, die Bestattung eines Toten wird zur Gelegenheit, über sich selbst und seinen Weg nachzudenken.

Georg Schwikart

Siddharta Gautama, der historische **Buddha,** der entweder von 566 bis 486 v. Chr. oder von 448 bis 368 v. Chr. lebte, war aufs tiefste vom Bewusstsein um die Sterblichkeit des Menschen angerührt. Am Beginn seines geistlichen Weges sehnte er sich dorthin, wo es keinen Tod gibt. Das Überwinden der Todesangst und all der Stufen, die zu ihr hinführen, nimmt in der buddhistischen Erlösungslehre einen zentralen Platz ein.
Die Glaubensvorstellungen in Indien zu jener Zeit beruhten auf der Annahme, dass das Leben ein sich stets wandelnder, aber endloser Prozess ist, in dem der Tod eine nur immer wiederkehrende Phase darstellt.
Der Buddhismus nahm die allgemeine indische Sicht von *Karma* und endlosen Lebensringen und Toden auf und verband sie mit seinen eigenen Vorstellungen.

Karma: „Lebenskonto“: die Summe dessen, was der Mensch durch gute oder böse Taten angesammelt hat und was dafür ausschlaggebend ist, in welche neue Existenz der Mensch nach seinem Tode übergeht

Eigentlich gibt es – was den Verstorbenen betrifft – keinen Grund zur Trauer, denn er hat, wenn er sein Leben mit überwiegend nützlichen Handlungen verbracht hat, im Tod die Chance zu einer besseren Wiedergeburt, die ihn der Erleuchtung näher bringt.

G. Schwikart

Wer interessiert sich heute noch für das Jenseits? Lohnt sich eine Umfrage? Sollte diese nach Altersstufen differenziert sein? Oder nach Geschlecht? Oder nach …?

„Natürlich gibt es eine jenseitige Welt" – Die alltägliche Vielfalt der Jenseitsvorstellungen

„Natürlich gibt es eine jenseitige Welt. Die Frage ist nur: Wie weit ist sie von der Innenstadt entfernt, und wie lange hat sie offen?" Mit Ironie soll sich der bekannte Filmemacher Woody Allen einmal zum Thema geäußert haben. Er scheint sagen zu wollen: Wer interessiert sich heute noch für das Jenseits? Eine solche Vorstellung ist längst überholt und passt nicht mehr in die moderne Welt. Die Vorstellungen vom Paradies, von Himmel und Hölle, sind überholten Weltbildern entnommen. Und das Misstrauen gegenüber den Hoffnungen auf ein Leben nach dem Tod ist begründet, denn die Vertröstung auf ein besseres Jenseits hat allzu oft als Ablenkung von den Ungerechtigkeiten dieser Welt gedient. Schließlich bleibt die Frage, ob nicht jede Rede über das Jenseits besser unterbleiben sollte, da dieses prinzipiell der Überprüfbarkeit entzogen ist.

Rüdiger Sachau

1 Was sagen Grabinschriften oder Symbole auf Grabsteinen über die Vorstellungen der Menschen im Hinblick auf eine Existenz nach dem Tode aus?

2 Wie wird „Tod" heute definiert, wie früher?

Wie spricht man über das Jenseits?

Die Sprache über das Jenseits ist symbolischer und bildhafter Art. Und sie ist auch persönliche Sprache, wenn sie glaubwürdig sein will. Ein schönes Beispiel ist der Grabsteintext, den Benjamin Franklin (1706-1790) für sich formuliert hat. Er war als junger Mann von Beruf Buchdrucker, bevor er später Präsident der Vereinigten Staaten wurde. Das Bild, in das er seine Hoffnung kleidet, kommt aus seiner Berufs- und Lebenswelt:

Hier ruht als Speise für die Würmer
der Körper von Benjamin Franklin, Buchdrucker,
gleich dem Deckel eines alten Buches,
aus dem die Blätter herausgerissen sind
und dessen Einband abgebraucht ist.
Aber das Werk wird nicht verloren sein,
denn es wird wieder erscheinen,
in einer neuen Auflage, durchgesehen
und verbessert vom Verfasser.

Gegen Verführung

Laßt euch nicht verführen!
Es gibt keine Wiederkehr.
Der Tag steht in den Türen;
Ihr könnt schon Nachtwind spüren:
Es kömmt kein Morgen mehr.

Laßt euch nicht betrügen!
Das Leben wenig ist.
Schlürft es in schnellen Zügen!
Es wird euch nicht genügen
Wenn ihr es lassen müßt!

Laßt euch nicht vertrösten!
Ihr habt nicht zu viel Zeit!
Laßt Moder den Erlösten!
Das Leben ist am größten:
Es steht nicht mehr bereit.

Laßt euch nicht verführen
Zu Fron und Ausgezehr!
Was kann euch Angst noch rühren?
Ihr sterbt mit allen Tieren
Und es kommt nichts nachher.

Bertolt Brecht

Bilder vom Jenseits

Wie sehr das Leben nach dem Tod unsere Kultur weiterhin trotz aller Abwehr beschäftigt, ist in Kinofilmen und Fernsehprogrammen schnell zu erkennen. Einerseits beeinflusst das Medium der bewegten Bilder unsere Vorstellungen von Wirklichkeit, andererseits hält es diese Wirklichkeit zugleich auf Distanz. Der Film ist für den modernen Menschen die Möglichkeit, sich auf unterschiedliche Lebensdeutungen einzulassen, ohne sich festzulegen. Dazu gehören auch Bilder vom Jenseits. Zahllose Spielfilme variieren denselben Plot: Die Grenzen zwischen dieser und jener Welt sind durchsichtig. Sei es, dass ein Mensch noch einmal ins Leben zurücksmuss, um sich zu bessern, sei es, dass Menschen experimentell die Todesgrenze zu überschreiten versuchen, wie in „Flatliners", sei es, dass die „Schatten der Vergangenheit" auf bedrohliche Weise in dieses Leben hineinragen. In den letzten Jahren konnten wir den Trend beobachten, im Kino mit den Übergängen von Diesseits und Jenseits zu „spielen". Ob es der Engel bei Wim Wenders („Der Himmel über Berlin") ist oder die bedrohlichen und unheimlichen Einwirkungen aus dem Jenseits in den beliebten Mystery-Serien wie „Akte X". Auch Raum- und Zeitreisende wie E. T. oder der Terminator sind letztlich popularisierte Boten aus dem Jenseits unserer Welt.

Rüdiger Sachau

Boten aus dem Jenseits?
Erscheinungen?
Berichte?
Humbug?

3 Kennt ihr die angesprochenen Filme? Erzählt deren Handlung. Welche Wirkung haben oder hatten sie auf euch?

Kennt ihr noch andere Filme mit Bildern vom Jenseits?

William Turner (1757-1827): Die Inschrift über dem Höllentor, um 1825.

Zum Glück gibt es das Glück

GLÜCKSKASTEN

LOTTO:

Gewinnzahlen: 10, 17, 28, 33, 34, 38 / 16; Superzahl: 3

Gewinnklasse 1: unbesetzt/Jackpoat: 2 132 608,45 €

Gewinnklasse 2:	710 869,45 €
Gewinnklasse 3:	46 361,05 €
Gewinnklasse 4:	4013,90 €
Gewinnklasse 5:	59,90 €
Gewinnklasse 6:	31,35 €
Gewinnklasse 7:	8,20 €

ELFERWETTE:

Gewinnzahlen: 1, 1, 1, 1, 1, 1, 1, 0, 1, 0, 2

Gewinnklasse 1:	176,20 €
Gewinnklasse 2:	16,20 €
Gewinnklasse 3:	3,30 €

Kann man wirklich mehr Glück als Verstand haben?

Natürlich. Erstens ist dazu bei einigen Menschen nur sehr wenig Glück nötig. Zweitens ist das Glück bekanntlich mit den Dummen. Weil sie gar nicht merken, was ihnen fehlt, und gar nicht auf die Idee kommen, sich etwas anderes zu wünschen. Drittens ist Nachdenken der erste Schritt zum Grübeln. Und Grübeln die Spitzenmethode, um unglücklich zu sein.

Das Glück wohnt nicht im Besitze und im Golde, das Glücksgefühl ist in der Seele zu Hause.

Demokrit, griechischer Philosoph, um 460-371 v. Chr.

SCHORNSTEINFEGER haben sich im Mittelalter als unverzichtbare Berufsgruppe etabliert. Sie waren die Rettung, wenn Ruß die Rauchfänge und Kamine verstopfte, und bewahrten die Menschen vor verqualmten Stuben und verheerenden Feuersbrünsten, die damals ganze Städte in Schutt und Asche legten. Vom Schornsteinfeger hing die Wärme und Gemütlichkeit des Hauses ab – und damit auch die Gesundheit und das Glück der Bewohner.

An den **GLÜCKSPFENNIG** glaubten schon die alten Römer. Zu Ehren der Götter opferten sie zum Jahreswechsel Münzen, wünschten sich Wohlstand und beschenkten sich gegenseitig mit Geld. Gerade kleine Münzen gelten seitdem als überaus wichtige Währungseinheit. Dagobert Ducks Liebe zu seinem ersten selbst verdienten „Glückstaler" hat sich jedenfalls längst ausgezahlt.

Glückwunschkarte aus dem 18. Jahrhundert

Muss wirklich jeder von uns sein Glück selbst schmieden?

Absolut. Weil jeder nur sein ganz eigenes, höchstpersönliches Glück finden kann. Wenn es ein allgemein gültiges Glücksrezept gäbe, wären ja alle längst glücklich. Zwei Schleifsteine im Brunnen versenken, wie bei mir, dem Hans im Glück, funktioniert eben nicht für jeden.

Geld allein macht nicht glücklich.

Stimmt, man braucht noch ein großes Auto, einen gut aussehenden Liebhaber und ein Outfit von Gucci dazu. Im Ernst, Milliardäre sind tatsächlich nicht glücklicher als arme Schlucker. Glück ist ein innerer Zustand, der nie in den Dingen selbst liegt. Weshalb das größte Glück auf Erden auch nicht auf Pferderücken zu finden ist. Es sei denn, man ist ein Mädchen, zwölf Jahre alt und hat noch keinen Freund.

Der beste Weg, wirkliches Glück im Leben zu erlangen, ist der:
Geh aus dir hinaus ohne jede Bedachtsamkeit nach allen Seiten, wie eine Spinne; webe dir ein solides Gewebe aus dem Stoff Liebe und fange darin alles, was du triffst: ein altes Weib, ein Kind, ein Mädchen oder einen Polizisten.

Leo Tolstoi, russischer Dichter, 1828-1910

Vergiss nicht, man benötigt so wenig, um ein glückliches Leben zu führen.

Mark Aurel, römischer Kaiser, 121-180 n. Chr.

Alfred im Glück

„Zum Glück" steht auf dem Schild, das den Weg in das Arbeitszimmer des Glücksforschers Alfred Bellebaum weist. Der 68-jährige emeritierte Soziologieprofessor betreibt in Vallendar (Kreis Mayen-Koblenz) das gemeinnützige Institut für Glücksforschung – das einzige seiner Art in Deutschland.

oder Das Glück suchen und finden

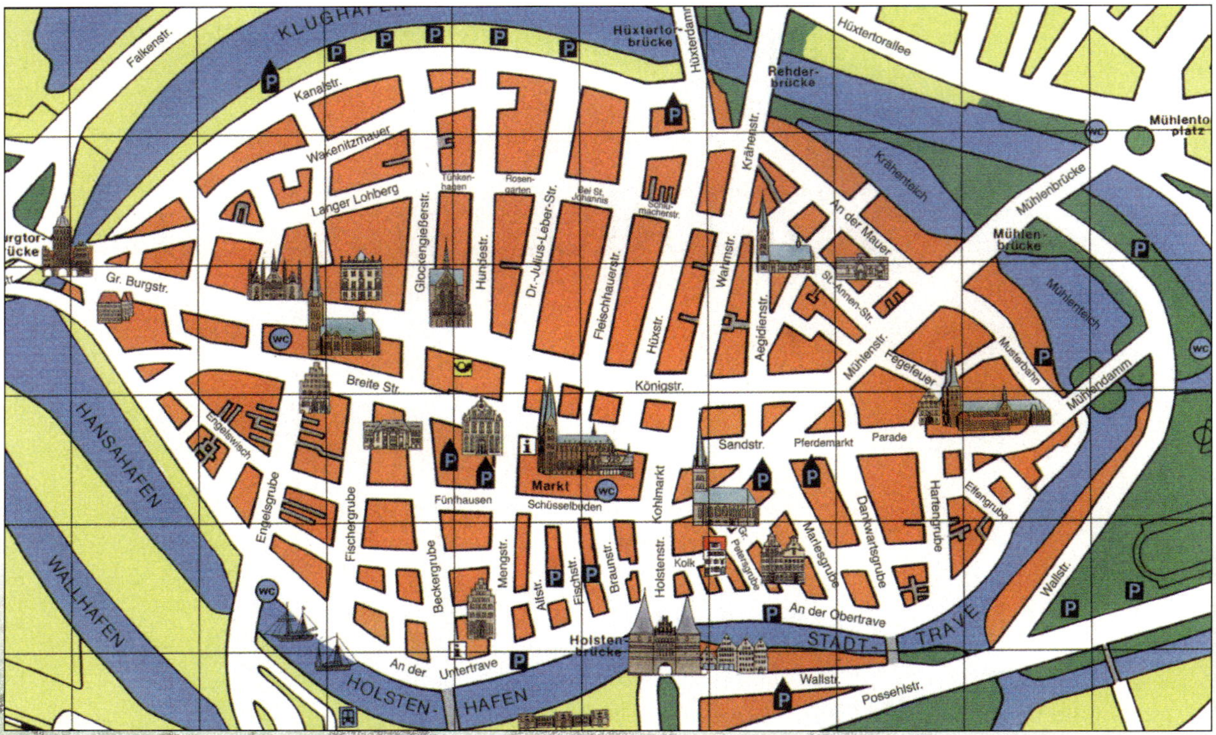

Bei der Suche nach dem Glück kann es sein wie bei einer Erkundung einer fremden Stadt:

- Du stehst mit deinen Vorstellungen vom Glück, deinen Wünschen und Erwartungen, ein glücklicher Mensch zu sein oder zu werden, wie auf einem Marktplatz einer alten Stadt. Um dich herum sind viele Menschen, junge, ältere und auch alte Menschen.
- Manche sehen so ähnlich aus wie du und deine Freunde und Verwandten, manche sehen aber auch ganz anders aus.
- Jeder hat seinen eigenen Standpunkt und seine Blickrichtung, vielleicht lebt der eine oder die andere schon lange in der Stadt, ohne die Schönheit eines Hauses wahrzunehmen. So kann es auch mit den Gedanken über das Glück sein. Manche Menschen meinen zu wissen, was ihr Glück ausmacht, andere sind ihr Leben lang auf der Suche.
- Vom Marktplatz aus, deinem Ausgangspunkt, gehen Straßen in verschiedene Richtungen. Du machst dich auf in eine Richtung, die dir ein verlockendes Ziel verspricht. Dort triffst du neue Menschen, machst neue Erfahrungen.
- Vielleicht kehrst du bald auf dem gleichen Weg um, vielleicht nimmst du einen anderen Weg zurück, möglicherweise gerätst du auf einen neuen, einen anderen Platz.
- Dein Verständnis vom Glück hat sich verändert, vielleicht war die Suche erfolgreich, es können sich aber auch neue Fragen ergeben haben.

Die folgenden Fragen, Stichworte und Gedankenverbindungen möchten verschiedene Möglichkeiten anbieten, das Thema zu erschließen.

Glück – was ist das?

Glücksvorstellungen

- bei mir
- bei anderen Menschen
- in früheren Zeiten
- heute
- in meiner Umgebung
- anderswo

Bei der Thematik „**Glücksvorstellungen verschiedener Menschen heute**“ könnten folgende Wege beschritten werden:
a) Menschen befragen,
b) Werbetexte und -bilder untersuchen,
c) Aussagen aus Songs und Schlagern analysieren,
d) in Büchereien und Buchhandlungen stöbern: Gibt es „Glücks“-Bücher?

Die Ergebnisse könnt ihr mitteilen:

mündlich:
- ein Interview aufnehmen
- ein Gespräch nachspielen

schriftlich:
- eine Liste anordnen
- eine Informationsseite gestalten
- eine *Wandzeitung* präsentieren

Die Texte, Bilder, Zitate, Impulse in diesem Kapitel können sicherlich auch bei der Fragestellung dieser Doppelseite hilfreich sein („Stöbern“ ist erlaubt und erwünscht!). Ganz besonders aber widmen sich die folgenden Seiten der Überlegung, wo denn Menschen ihr Glück suchen und finden. So könnt ihr einiges lesen über

Das Glück suchen und finden

Das Kapitel beginnt allerdings ganz märchenhaft

Das Märchen vom Glück

Siebzig war er gut und gern, der alte Mann, der mir in der verräucherten Kneipe gegenübersaß. Sein Schopf sah aus, als habe es darauf geschneit, und die Augen blitzten wie eine blank gefegte Eisbahn.

„Oh, sind die Menschen dumm“, sagte er und schüttelte den Kopf, dass ich dachte, gleich müssten Schneeflocken aus seinem Haar aufwirbeln. „Das Glück ist ja schließlich keine Dauerwurst, von der man sich täglich seine Scheibe herunterschneiden kann!“

1 Der Schinken des Glücks hängt im Rauchfang ...
Was mag dieses Bild bedeuten? Findest du andere Bilder für die gleiche Aussage?

„Stimmt“, meinte ich, „das Glück hat ganz und gar nichts Geräuchertes an sich. Obwohl ...“ „Obwohl?“ „Obwohl gerade Sie aussehen, als hinge bei Ihnen zu Hause der Schinken des Glücks im Rauchfang.“

„Ich bin eine Ausnahme“, sagte er und trank einen Schluck. „Ich bin die Ausnahme. Ich bin nämlich der Mann, der einen Wunsch frei hat.“

Er blickte mir prüfend ins Gesicht, und dann erzählte er seine Geschichte.

„Das ist lange her“, begann er und stützte den Kopf in beide Hände, „sehr lange. Vierzig Jahre. Ich war noch jung und litt am Leben wie an einer geschwollenen Backe. Da setzte sich, als ich eines Mittags verbittert auf einer grünen Parkbank hockte, ein alter Mann neben mich und sagte beiläufig: ‚Also gut. Wir haben es uns überlegt. Du hast drei Wünsche frei.‘

2 Am Leben leiden ...
Wie sähe das heute wohl aus?

Ich starrte in meine Zeitung und tat, als hätte ich nichts gehört. ‚Wünsch dir, was du willst‘, fuhr er fort, ‚die schönste Frau oder das meiste Geld oder den größten Schnurrbart – das ist deine Sache. Aber werde endlich glücklich! Deine Unzufriedenheit geht uns auf die Nerven.‘ Er sah aus wie der Weihnachtsmann in Zivil. Weißer Vollbart, rote Apfelbäckchen, Augenbrauen wie aus Christbaumwatte. Gar nichts Verrücktes. Vielleicht ein bisschen zu gutmütig. Nachdem ich ihn eingehend betrachtet hatte, starrte ich wieder in meine Zeitung. ‚Obwohl es uns nichts angeht, was du mit deinen drei Wünschen machst‘, sagte er, ‚wäre es natürlich kein Fehler, wenn du dir die Angelegenheit vorher genau überlegtest. Denn drei Wünsche sind nicht vier Wünsche oder fünf, sondern drei. Und wenn du hinterher noch immer neidisch und unglücklich wärst, könnten wir dir und uns nicht mehr helfen.‘ Ich weiß nicht, ob Sie sich in meine Lage versetzen können. Ich saß auf einer Bank und haderte mit Gott und der Welt. In der Ferne klingelten die Straßenbahnen. Die Wachtparade zog irgendwo mit Pauken und Trompeten zum Schloss. Und neben mir saß nun dieser alte Quatschkopf!“

„Sie wurden wütend?“

„Ich wurde wütend. Mir war zumute wie einem Kessel kurz vor dem Zerplatzen. Und als er sein weiß wattiertes Großvatermündchen von neuem aufmachen wollte, stieß ich zornzitternd hervor:

‚Damit Sie alter Esel mich nicht länger duzen, nehme ich mir die Freiheit, meinen ersten und innigsten Wunsch auszusprechen – scheren Sie sich zum Teufel!‘ Das war nicht fein und höflich, aber ich konnte einfach nicht anders. Es hätte mich sonst zerrissen.“

„Und?“

„Was ‚Und‘?“

„War er weg?“

„Ach so! – Natürlich war er weg! Wie fortgeweht. In der gleichen Sekunde. In nichts aufgelöst. Ich guckte sogar unter die Bank. Aber dort war er auch nicht. Mir wurde ganz übel vor lauter Schreck. Die Sache mit den Wünschen schien zu stimmen! Und der erste Wunsch hatte sich bereits erfüllt! Du meine Güte! Und wenn er sich erfüllt hatte, dann war der liebe, brave Großpapa, wer er nun auch sein mochte, nicht nur weg, nicht nur von meiner Bank verschwunden, nein, dann war er beim Teufel! Dann war er in der Hölle! ‚Sei nicht albern', sagte ich zu mir selber. ‚Die Hölle gibt es ja gar nicht und den Teufel auch nicht.' Aber die drei Wünsche, gab's denn die? Und trotzdem war der alte Mann, kaum hatte ichs gewünscht, verschwunden ... Mir wurde heiß und kalt. Mir schlotterten die Knie. Was sollte ich machen? Der alte Mann musste wieder her, ob's nun eine Hölle gab oder nicht. Das war ich ihm schuldig. Ich musste meinen zweiten Wunsch dransetzen, den zweiten von dreien, o ich Ochse! Oder sollte ich ihn lassen, wo er war? Mit seinen hübschen, roten Apfelbäckchen? ‚Bratapfelbäckchen', dachte ich schaudernd. Mir blieb keine Wahl. Ich schloss die Augen und flüsterte ängstlich: ‚Ich wünsche mir, dass der alte Mann wieder neben mir sitzt!' Wissen Sie, ich habe mir jahrelang, bis in den Traum hinein, die bittersten Vorwürfe gemacht, dass ich den zweiten Wunsch auf diese Weise verschleudert habe, doch ich sah damals keinen Ausweg. Es gab ja auch keinen ..."

„Und?"

„Was ‚Und'?"

„War er wieder da?"

„Ach so! – Natürlich war er wieder da! In der nämlichen Sekunde. Er saß wieder neben mir, als wäre er nie fortgewünscht gewesen. Das heißt, man sah's ihm schon an, dass er ..., dass er irgendwo gewesen war, wo es verteufelt, ich meine, wo es sehr heiß sein musste. O ja. Die buschigen weißen Augenbrauen waren ein bisschen verbrannt. Und der schöne Vollbart hatte auch etwas gelitten. Besonders an den Rändern. Außerdem roch's wie nach versengter Gans. Er blickte mich vorwurfsvoll an. Dann zog er ein Bartbürstchen aus der Brusttasche, putzte sich Bart und Brauen und sagte gekränkt: ‚Hören Sie, junger Mann, – fein war das nicht von Ihnen!' Ich stotterte eine Entschuldigung. Wie Leid es mir täte. Ich hätte doch nicht an die drei Wünsche geglaubt. Und außerdem hätte ich immerhin versucht, den Schaden wieder gutzumachen. ‚Das ist richtig', meinte er. ‚Es wurde aber auch die höchste Zeit'. Dann lächelte er. Er lächelte so freundlich, dass mir fast die Tränen kamen. ‚Nun haben Sie nur noch einen Wunsch frei', sagte er, ‚den dritten. Mit ihm gehen Sie hoffentlich ein bisschen vorsichtiger um. Versprechen Sie mir das?' Ich nickte und schluckte. ‚Ja', antwortete ich dann, ‚aber nur wenn Sie mich wieder duzen.' Da musste er lachen. ‚Gut, mein Junge', sagte er und gab mir die Hand. ‚Leb wohl. Sei nicht allzu unglücklich. Und gib auf deinen letzten Wunsch Acht.' – ‚Ich verspreche es Ihnen', erwiderte ich feierlich. Doch er war schon weg. Wie fortgeblasen."

„Und?"

„Was ‚Und'?"

„Seitdem sind Sie glücklich?"

„Ach so – Glücklich?"

Mein Nachbar stand auf, nahm Hut und Mantel vom Garderobehaken, sah mich mit seinen blitzblanken Augen an und sagte:

„Den letzten Wunsch habe ich vierzig Jahre lang nicht angerührt. Manchmal war ich nahe dran. Aber nein. Wünsche sind nur gut, solange man sie noch vor sich hat. Leben Sie wohl."

Ich sah vom Fenster aus, wie er über die Straße ging. Die Schneeflocken umtanzten ihn. Und er hatte ganz vergessen, mir zu sagen, ob wenigstens er glücklich sei. Oder hatte er mir absichtlich nicht geantwortet? Das ist natürlich auch möglich.

Erich Kästner

3 Versuche eine Neufassung: Nach deinem Wunsch sollte der alte Mann woanders hin verschwinden …

4 Auch andere, alte Märchen handeln von Wünschen und vom Glück. Du kennst vielleicht das eine oder andere? Welche Lebenseinstellung wollen sie vermitteln?

5 Vierzig Jahre einen Wunsch offen haben … Situationen eines Lebens, in denen der Wunsch „auf den Lippen lag": Schreibt pro Gruppe drei Karten mit solchen Situationen auf, sammelt alle ein und versucht zu ordnen:

Wunschart A: Situation a, d, f
B: Situation c, e
C: Situation g, b

6 Wie könnte die Antwort heißen?

„Wir haben doch alles, um glücklich zu sein.“

1 Stelle die Aussage des Bildes in andere Orte. Das könnten sein:
- ein Kinderzimmer
- eine Villa im Grünen
- ein Haus mit …
- ein Auto mit …

2 Sind die Modelle der 60er Jahre vielleicht für die Zukunft neu zu beleben?

3 Was weißt du über Car-Sharing?

4 Es gibt sicher noch mehr Dinge, die man mit Nachbarn oder Freunden gemeinsam anschaffen könnte.

Eine Untersuchung über den Sinn und Nutzen von Besitz kommt zu folgenden Schlussfolgerungen:

Tatsächlich gibt es eine Fülle von Gegenständen, die sich bei genauer Betrachtung für den individuellen Besitz überhaupt nicht lohnen. Braucht jede Familie ein oder zwei Autos? Müssen wirklich in jedem Haushalt eine Waschmaschine und ein Trockner stehen, benötigt jeder Haushalt eine eigene große Leiter, einen eigenen Rasenmäher, eine Bohrmaschine? Würden solche Gegenstände von einer Gemeinschaft genutzt, könnte „quasi nebenbei ein ganz grundlegendes menschliches Bedürfnis“ befriedigt werden: das Bedürfnis nach Kontakt und Gemeinschaft.

„Wie wesentlich der kommunikative Aspekt ist, zeigt eine Untersuchung über die – mittlerweile von den Haushaltsgeräten weitgehend verdrängten – dörflichen Gemeinschaftseinrichtungen. Noch Anfang der 60er Jahre hatten beispielsweise rund 1100 der 1500 württembergischen Gemeinden ein zentral gelegenes Gemeinschaftshaus, das mit Großgeräten wie Backofen, Teigknetmaschine, Waschmaschine, Schleuder, Bügelmaschine und teilweise auch Tiefkühlanlage ausgestattet war. Heute haben die Haushalte ihre eigenen Geräte, die Bäuerinnen können sich die Wege durch das Dorf sparen.“

Doch so angenehm diese Bequemlichkeit ist, die Bäuerinnen vermissen das gemeinschaftliche Arbeiten und die Gespräche mit den anderen Frauen.

Arm, aber glücklich? – Für viele Völker keine Frage

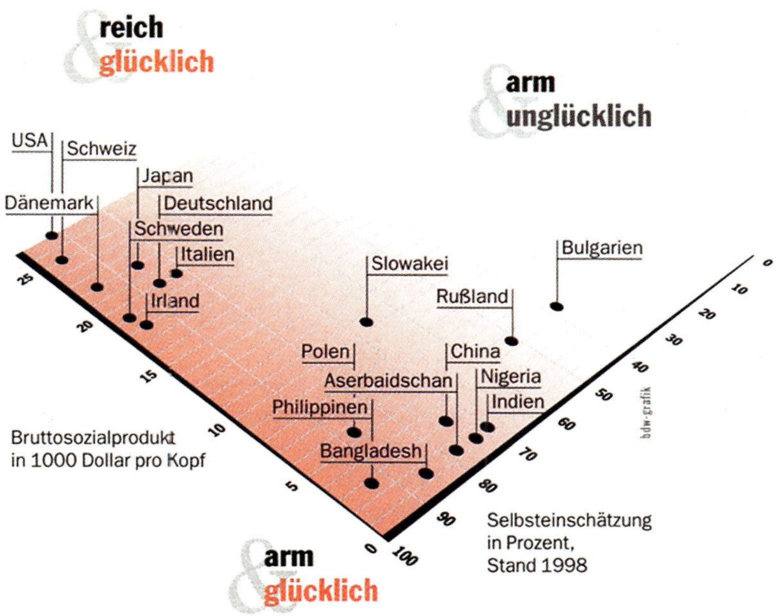

Diejenigen, die sich mit der Frage auseinander gesetzt haben, ob es einen Zusammenhang zwischen Wohlstand und Glück gibt, fassen als Ergebnis ihrer Untersuchungen zusammen: „Geld mag beruhigen, aber es macht nicht glücklich." Geld und Reichtum sehen viele Menschen genau wie ihre Gesundheit als ein selbstverständliches Kapital an. Die Freude an den „Zinsen" ist dann geringer, wenn das Kapital selbst bereits ein angenehmes Leben sichert. So ist es auch zu erklären, weshalb sich bei internationalen Glücksvergleichen die reichen Deutschen als weniger glücklich und zufrieden einstufen als die wesentlich ärmeren Iren.

„Glück bedeutet nicht, das zu kriegen, was wir wollen, sondern das zu wollen, was wir kriegen."

Ob dieser Satz stimmt?

5 Eine Möglichkeit, sich über eigene Ansprüche materieller Art klar zu werden:

a) Stellt in einer Gruppe zu viert diejenigen Dinge zusammen, die für euch alle zum Glücklichsein gehören.
b) Streicht dann die Dinge, auf die ihr verzichten könntet. Was bleibt?
c) Vergleicht eure Ergebnisse mit denen der anderen Gruppen und versucht Übereinstimmungen oder Unterschiede zu erklären.
d) Gedankenexperiment: Stell dir vor, ein Einbrecher stiehlt dir Dinge aus deinem Zimmer. Bei welchen Gegenständen wärst du besonders unglücklich?

■ **Diogenes von Synope** (412-323 v. Chr.) erhielt den Spottnamen „kyon", d. h. „Hund" (daher der Name der Philosophenschule der Kyniker), weil er sich in eine Tonne zurückzog, die einer Hundehütte glich.
Eine Anekdote erzählt: Als Alexander der Große ihn besuchte und ihm einen Wunsch erfüllen wollte, soll er gesagt haben: „So geh mir ein wenig aus der Sonne!"
Als Alexanders Reaktion wird überliefert: „Wenn ich nicht Alexander wäre, so möchte ich wohl Diogenes sein."

Wenn du eine Stunde
glücklich sein willst, schlafe.
Wenn du einen Tag glücklich
sein willst, gehe fischen.
Wenn du eine Woche glücklich
sein willst, schlachte ein
Schwein und erzähle es.
Wenn du ein Jahr glücklich
sein willst, habe ein Vermögen.
Wenn du ein Leben lang glück-
lich sein willst, liebe deine
Arbeit.

Japanisches Sprichwort

Mihaly Csikszentmihalyi

1 Du kennst sicher auch Beispiele für diese Aussagen. Hast du „Flow" schon bei der Arbeit erlebt? Vielleicht im Schülerbetriebspraktikum?

2 Gibt es das möglicherweise auch in der Schule?

Glück beim Arbeiten oder Glück beim Faulenzen?

Sind Schüler glücklicher bei ihrer Arbeit oder in ihrer Freizeit? Man brauchte wohl kaum eine Umfrage starten, um das Ergebnis zu kennen: Da für die meisten Schüler die Schule und besonders die häusliche Arbeit eine lästige Pflicht bedeutet, würden wohl die meisten erklären, dass sie in der Freizeit glücklicher seien.

Eine Befragung unter Erwachsenen, ob sie in ihrer Freizeit glücklicher seien oder sich an ihrem Arbeitsplatz glücklicher fühlten, zeigte auch das erwartete Ergebnis: Die überwiegende Mehrheit sagte, sie seien natürlich in der Freizeit glücklicher. Diese Einschätzung wurde überprüft, und das Ergebnis war überraschend:

Als der Glücks- und Kreativitätsforscher Mihaly Csikszentmihalyi in einer groß angelegten Studie die von ihm entwickelte „beeper"-Stichproben-Methode anwandte, stellte sich heraus, dass die meisten Glücksmomente am Arbeitsplatz erlebt werden. (Die Methode besteht darin, die Versuchsteilnehmer über Wochen hinweg mehrmals täglich „anzupiepen" und ihnen damit das Signal zu geben, ihre gegenwärtige Befindlichkeit in ein Logbuch einzutragen. So entsteht ein Protokoll, das die Muster von emotionalen Aufs und Abs, von Launen und Empfindungen, von Langeweile und Glück abbildet.) Die hoch geschätzte Freizeit dagegen ist für viele Menschen eher zur Quelle für Stress, Langeweile und enttäuschte Erwartungen geworden.

Csikszentmihalyi spricht von *„Flow"*, wenn ein Mensch so sehr in seiner Tätigkeit, seiner Aufgabe aufgeht, dass er sich selbst und die Welt um sich herum vergessen kann. Dies Glückserlebnis stellt sich ein, wenn die Aktivität den Menschen so erfüllt, dass äußere Anreize oder Bedingungen unwichtig werden, wenn die Sache, um die es gerade geht, für ihn die im Augenblick wichtigste Sache der Welt ist. Unter dieser Blickrichtung ist dann die Frage nach dem Glücksempfinden in Arbeit und Freizeit neu zu überdenken. Der Forscher schreibt selbst:

Das Ergebnis unserer Studien, nämlich dass Erwachsene häufiger bei der Arbeit als in der Freizeit **Flow** erleben, erscheint zunächst recht überraschend. Situationen, die hohe Anforderungen an uns stellen, große Fähigkeiten verlangen und von Gefühlen der Konzentration, Kreativität und Befriedigung begleitet werden, ergeben sich eher am Arbeitsplatz als zu Hause. Bei weiterem Nachdenken ist dieses Ergebnis jedoch weniger erstaunlich. Es wird nämlich häufig übersehen, dass Arbeit viel mehr Spielcharakter hat als die meisten anderen Tätigkeiten, denen man tagsüber nachgeht. Gewöhnlich kennzeichnen klare Ziele und Ausführungsregeln die Arbeit. Sie gibt Feedback, entweder indem man erkennt, dass man seine Sache gut gemacht hat – etwa bei messbaren Verkäufen –, oder indem man die positive Bewertung durch den Vorgesetzten erhält. Während der Arbeit ist man zumeist konzentrierter und lässt sich nicht so leicht ablenken. Außerdem lassen die Aufgaben in unterschiedlichem Maße Kontrolle zu und entsprechen – zumindest im Idealfall – dem Können des Berufstätigen. Somit hat Arbeit in der Regel die gleiche Struktur wie andere Tätigkeiten, bei denen sich Flow einstellt, wie zum Beispiel Spiele, Sport, Musik und Kunst.

Mihaly Csikszentmihalyi

Freie Zeit – erfüllte Zeit – glückliche Zeit

Wie der Glücksforscher das Glück in der Freizeit beschreibt, zeigt folgender Text:

Obwohl die freie Zeit vermutlich eine notwendige Bedingung für Glück und ein glückliches Leben darstellt, reicht sie für sich genommen leider nicht aus, ein glückliches Leben zu garantieren. Zu lernen, wie man die Freizeit nutzbringend einsetzen kann, erweist sich als schwieriger als erwartet.

Bevor eine Flow erzeugende Aktivität Spaß macht, verlangt sie eine anfängliche Investition an Aufmerksamkeit. Um Freude an komplexen Tätigkeiten zu haben, bedarf es einer solchen „Aktivierungsenergie“. Sind wir zu müde oder ängstlich oder fehlt uns die Disziplin zur Überwindung des anfänglichen Widerstandes, werden wir uns mit einer Beschäftigung begnügen, der – obwohl sie weniger Freude macht – leichter nachzukommen ist. Lediglich mit Freunden herumzulungern, ein anspruchsloses Buch zu lesen oder den Fernseher anzuschalten, erfordert keinen großen Energieaufwand. Es verlangt weder besondere Fähigkeiten noch eine besonders große Konzentration. Eben deshalb ziehen viele – und zwar nicht nur Jugendliche, sondern auch Erwachsene – eine passive Form der Freizeitgestaltung vor. Passivität aber erzeugt nur selten Flow. [...]

Wer aktiv einem Hobby nachgeht, Sport treibt, ein Musikinstrument spielt, ins Kino geht oder in einem Restaurant isst, ist meist glücklicher, motivierter, konzentrierter und gerät dabei häufiger in Flow als irgendwann sonst während des Tages.

Will man die Freizeit auf besondere Weise nutzen, so gilt es, auf sie ebenso viel Erfindungsreichtum und Aufmerksamkeit zu verwenden wie auf die Arbeit. Die aktiven Formen der Freizeitgestaltung, die zum seelischen Wachstum einer Person beitragen, fallen uns nicht in den Schoß. Früher bezog die Freizeit ihre Berechtigung daraus, dass sie den Menschen die Gelegenheit bot, zu experimentieren und Fähigkeiten und Fertigkeiten zu entwickeln. Mehr noch: In der Zeit vor der Professionalisierung der Wissenschaft und der Künste entstanden zahlreiche Forschungsarbeiten, Werke der Dichtkunst, der Malerei und der Musik in der Freizeit.

Mihaly Csikszentmihalyi

3 Du kennst Beispiele aus deinem Freizeitbereich: Wie steht es mit der „Aktivierungsenergie“ beim Sport, in der Musik?

4 Versetze dich in eines der Bilder: Was empfindet der dargestellte Mensch?

5 Lass ihn über diesen im Bild festgehaltenen Moment sprechen oder eine Tagebuchaufzeichnung schreiben.

1 Sammle Beispiele für die „Erlebniswelt" des „Erlebnismenschen" heute:
- das Einkaufs-Erlebnis,
- der Erlebnisurlaub. (Was bedeutet im Unterschied dazu ein Urlaubs-Erlebnis?)

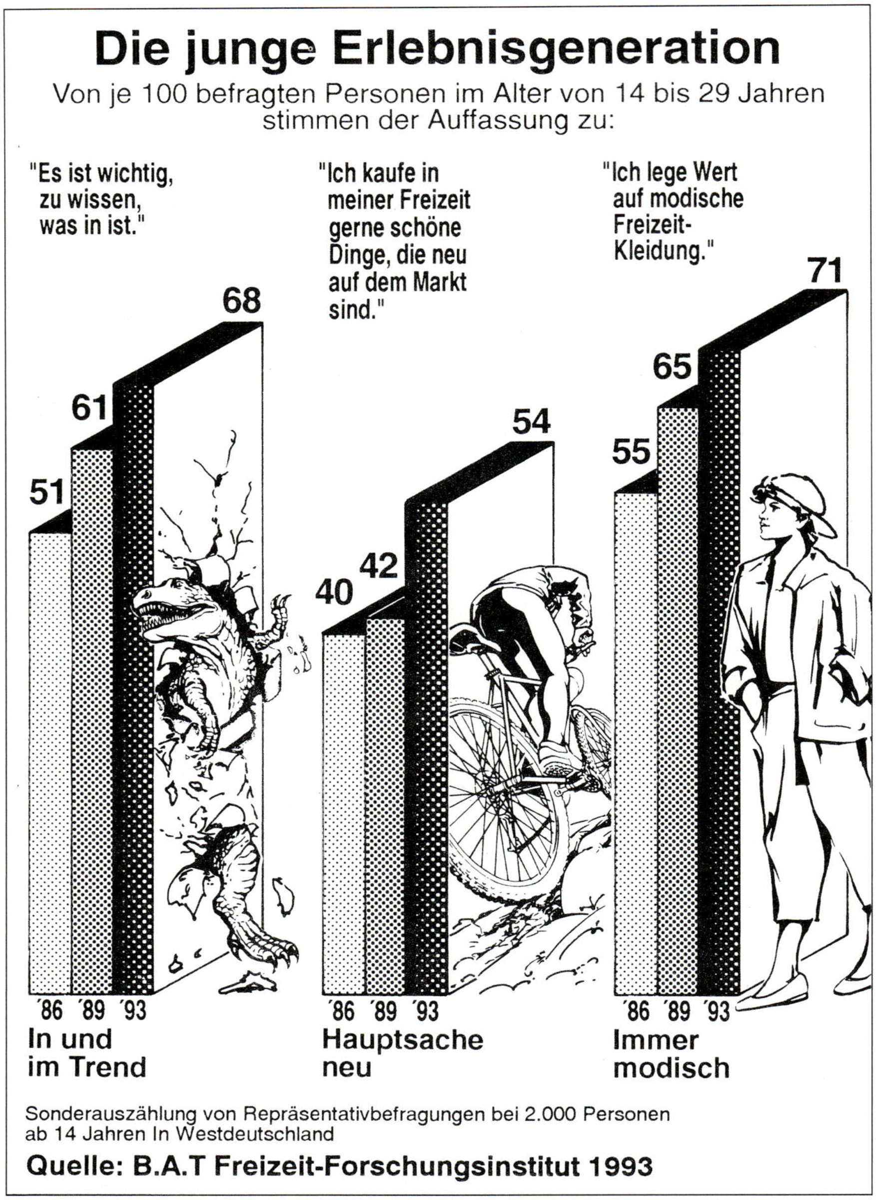

Nicht nur die Jungen gelten als „Erlebnisgeneration"; der Soziologe Gerhard Schulze spricht von unserer Gesellschaft als der „Erlebnisgesellschaft". Dieser Begriff soll nach den Aussagen eines Reporters das „Lebensgefühl einer Epoche" beschreiben. Das Lebensgefühl sei geprägt von Sehnsucht nach einem gelingenden Leben und nach der Suche nach dem Glück. Dafür kennzeichnend mag es sein, dass es „Glücksforscher" gibt. Ob Menschen das „Glücklich-Sein" lernen können, knüpft Schulze an besondere Bedingungen:

„Dazu müssten Pädagogen auftreten, die dem Menschen einen anderen Umgang mit sich selbst beibringen. Seit einigen Jahren gibt es beispielsweise in Deutschland die pädagogische Bewegung „spielzeugfreier Kindergarten". Eine überzeugende Idee. Damit wird ein anderer Akzent gesetzt."

Gerhard Schulze

2 Was tun die Kinder im „spielzeugfreien Kindergarten"? Eine Beobachtung: Kinder in einem „spielzeugfreien" Raum, z. B. der Küche.

Glückspilz oder Unglücksrabe – die Eltern haben es in der Hand.

Elternhaus prägt entscheidend die Persönlichkeitsstruktur

Glückliche Kinder fallen nicht vom Himmel

Ob Kinder glücklich sind oder sich zu Unglücksraben entwickeln, hängt entscheidend von den Eltern ab.

Was die zum Glück ihrer Sprößlinge beitragen können, erläutert jetzt der australische Glücksforscher, Psychologe und Bestsellerautor Steve Biddulph. Glückskinder fallen nicht vom Himmel. Ob ein Kind sich mit Zuversicht und Tatendrang dem Leben stellt oder sich nur wenig zutraut, voller Ängste und Zwänge steckt - das liegt an seiner Persönlichkeitsstruktur. Und die wird entscheidend im Elternhaus geprägt.

Wer statt kurzer Freudenkicks dauerhafte Glücksgefühle erzeugen will, muss dem Kind Selbstvertrauen und Optimismus vermitteln und viel Liebe geben. Dazu die Ratschläge von Glücksforscher Steve Biddulph:

- Fordern Sie Ihr Kind heraus: Schon Minis fühlen sich bärenstark, wenn es ihnen gelingt, Aufgaben eigenständig zu erledigen und eine Mutprobe zu bestehen.
- Schenken Sie Aufmerksamkeit: Nur wenn ein Kind sich akzeptiert fühlt, kann es Selbstachtung entwickeln: die wichtigste Voraussetzung für gesundes Selbstbewusstsein.
- Setzen Sie Grenzen: Bei strengen, konsequenten und gerechten Eltern wissen die Kinder stets, woran sie sind und mit welchen Folgen sie zu rechnen haben.
- Nicht in Watte packen: Schulhof-Kriege, schlechte Zensuren und Enttäuschungen – nicht zu schnell zur Stelle sein, um große und kleine Seelenwunden zu heilen. Nur durch erfolgreiches Auseinandersetzen mit den negativen Seiten des Lebens reift ein junger Mensch zur unabhängigen, glücklichen Person.
- Verströmen Sie Optimismus: Schon Kleinkinder profitieren davon, wenn die Eltern ein realistisches, aber positives Weltbild vermitteln – ein Bild, das innerlich festigt und sicher macht.
- Selbst gut drauf sein: Nur wer sich wohl fühlt, glücklich und ausgeglichen ist, kann seinen Kindern Glück vermitteln – nicht nur für den Augenblick, sondern für ein ganzes Leben.

3 Füge den Ratschlägen weitere hinzu.

4 Formuliere auch „negative" Ratschläge: Was sollten Eltern auf keinen Fall tun?

5 Ob das Befolgen dieser Ratschläge tatsächlich zu „glücklicheren Kindern" führt?

6 Was bedeutet der Ausdruck „Unglücksrabe"? Skizziere eine Typbeschreibung.

Bergpredigt:
Sie ist die im Matthäus-Evangelium überlieferte Predigt, die Jesus von einem Berg aus an seine Jünger richtete. Sie stellt eine Komposition des Matthäus aus verschiedenen Überlieferungsstücken dar. In ihr stellt Jesus der von den Pharisäern praktizierten buchstäblichen Einhaltung des Gesetzes eine Ethik gegenüber, die einerseits das alttestamentliche Gesetz verschärft (nicht nur objektiv begangene, sondern bereits nur „im Herzen" begangene Verfehlungen werden verurteilt), andererseits einzelne Vorschriften dieses Gesetzes aufhebt.
Wesentliche Bestandteile der Bergpredigt sind die Seligpreisungen (5,3-12: „Selig sind die ..., denn ..."), das Vaterunser (6,9-13) und die „Goldene Regel" (7,12: „Alles nun, was ihr wollt, dass es euch die Menschen tun, das sollt auch ihr ihnen tun").

Schülerduden

Zentrale Aussagen des Christentums in der „Bergpredigt":

Glücklich – mehr noch: Selig sind,
die arm sind vor Gott und sich nicht einbilden,
selbst stark genug zu sein ohne Ihn.
Glücklich, die Gottes Barmherzigkeit brauchen
Und alles von seiner Liebe erwarten,
denn Gott liebt sie und macht sie reich
und tut ihnen zu seinem Reich die Tür auf.

Glücklich, die Leid tragen,
denn Gott wird sie trösten.
Glücklich, die behutsam und freundlich sind,
denn diese Erde wird ihnen gehören.

Glücklich, die nach Gerechtigkeit hungern
und dürsten, denn Gott wird sie satt machen.
Glücklich zu preisen die Barmherzigen,
denn Gott wird ihnen barmherzig sein.

Glücklich die Menschen, denen Gott ein reines
Herz gibt, denn sie werden ihn schauen.
Glücklich, die Frieden machen, wo Streit ist,
denn sie sind die Kinder Gottes.

Glücklich zu nennen, die verfolgt werden,
weil sie die Gerechtigkeit lieben
und weil Gottes Willen ihnen wichtig ist,
denn Gottes Welt steht ihnen offen.

Glücklich seid ihr, wenn man euch verleumdet
und verfolgt, weil ihr zu mir gehört.
Glücklich seid ihr,
wenn man euch Böses nachsagt und dabei lügt.
Freut euch und seid unbekümmert,
denn Gott legt euch einen reichen Lohn bereit.

Matthäus 5,1-12 (nach Jörg Zink)

1. Vergleicht den nebenstehenden Text mit anderen Übersetzungen.
2. Wie könnte man in der heutigen Umgangssprache dieses „Glücklichsein" umschreiben?
3. Zu jeder der „Seligpreisungen" lassen sich passende Zeitungsartikel finden.
4. Manche Verse fordern zum Widerspruch heraus.
5. Meine eigenen Vorstellungen vom Glücklichsein: Wo gibt es Übereinstimmungen, wo Unterschiede?

Welche Bedeutung haben das Leiden und das Glück für die Vervollkommnung des Menschen? Soll er für sich und alle anderen ein glückliches Leben anstreben?

In dem Buch „Die Antwort der Religionen" von Gerhard Szczesny antworten bekannte und gelehrte Vertreter der Weltreligionen auf Fragen des Herausgebers. Auch die Frage nach dem glücklichen Leben wird in der links abgedruckten Form gestellt.

Für das Judentum antwortet Kurt Wilhelm:

In seiner Verdeutschung der Schrift übersetzt Buber den 1. Psalm (bei Luther : Wohl dem, der nicht wandelt im Rate der Gottlosen ...): O Glück des Mannes, der nicht ging im Rat der Frevler, den Weg der Sünder nicht beschritt, am Sitz der Dreisten nicht saß, sondern Lust hat an *seiner* Weisung, über *seiner* Weisung murmelt tages und nachts! Der wird sein wie ein Baum, an Wassergräben verpflanzt, der zu seiner Zeit gibt seine Frucht, und sein Laub welkt nicht: Was alles er tut, gelingt.

Das Glück besteht also darin, dass der Beglückte Lust hat an der göttlichen Lehre, und – Kästner sagt es wohl: Es gibt nichts Gutes, außer man tut es – alles, was er tut, glückt. So gleicht der Mann des Glücks einem grünenden Baum an fließendem Wasser, und der Baum zeitigt Früchte. Das Bild von der Frucht ist so umfassend, dass es, wie die Frucht, köstlicher und sättigender ist als alle theologische Deutung des Glücks für die Vervollkommnung des Menschen.

6 Das Judentum wird oft als Gesetzesreligion bezeichnet. Welche Vorstellung vom Gesetz (hier „Weisung") spricht aus diesen Sätzen?

7 Versuche das Bild zu skizzieren und die Früchte des Baumes zu benennen.

Martin Buber (1878-1965): jüdischer Religionsphilosoph, übersetzte die hebräische Bibel, das Alte Testament, ins Deutsche

Nach Muhammad Asad sieht die Antwort des Islam so aus:

Der Mensch hat ein Recht, nach Glück zu streben. [...] Dabei wird der Muslim das Glück als ein unerwartetes Geschenk Gottes dankbar entgegennehmen und es nicht als „Belohnung" des rechten Handelns empfinden. Er wird sich anstrengen, um auch seinen Mitmenschen Glück zu ermöglichen. Niemals darf sein eigenes Streben nach Glück auf Kosten anderer gehen.

Aber auch das Leid wird der Muslim als etwas Gottgewolltes annehmen, jedoch sein Bestes tun, um ähnliches Leiden seinen Mitmenschen zu ersparen, ja er ist verpflichtet, daran zu arbeiten, die Konflikte und Leidenszustände, die Menschen immer wieder erleben, so weit wie möglich aufzuheben.

In seinem Verhältnis zu Glück und Leid spiegelt sich auch die religiöse Entwicklung des Muslimen und seine Einwilligung in den Willen Gottes, da das Wort „Islam" übersetzt „Hingabe an Gott" bedeutet.

8 In unserer Gesellschaft gibt es viele Beispiele dafür, wie eigenes Glücksstreben andere Menschen benachteiligt. Das eigene Leid annehmen, doch gegen das Leiden anderer arbeiten: ein Widerspruch?

9 Ein altes Sprichwort sagt: „Das Glück ist mit den Tüchtigen." Was denkt wohl ein Muslim davon, was hältst du davon?

Eine Zen-Geschichte
Buddha erzählte einmal folgende Parabel:

Ein Mensch, der über ein Feld ging, stieß auf einen Tiger. Da rannte er vor dem Tiger davon und kam zu einem Abgrund; dort klammerte er sich an einer Wurzel von wildem Wein an und baumelte so über der Tiefe. Der Tiger fauchte von oben. Vor Angst zitternd blickte der Mensch hinunter und sah in der Tiefe einen anderen Tiger, der ihn verschlingen wollte. Nur der Weinstock hielt ihn. Zwei Mäuse, die eine weiß, die andere schwarz, begannen, Stückchen für Stückchen von dem Weinstock abzunagen. Der Mensch entdeckte neben sich eine wunderschöne Erdbeere. Mit einer Hand den Weinstock umklammernd, pflückte er mit der anderen die Erdbeere. Wie süß diese schmeckte!

Ein buddhistischer Psychologe definierte „Glück“ einmal so:

Glück ist das Vertrauen darauf, dass wir Enttäuschungen und Schmerz aushalten können und dass Liebe auf lange Sicht stärker als Hass sein wird.
Glück bedeutet, nicht an Lust und Genuss gefesselt, nicht von uns selbst besessen zu sein.

Eine buddhistische Antwort

Anagarika Govinda kennzeichnet das Verhältnis des *Buddhismus* zum Glück folgendermaßen:

Leiden und Glück sind die Prüfsteine des Charakters, die positiven und negativen Vorzeichen unseres Erlebens und die Wertmesser der Erfahrung. Freude und Leid verhalten sich zueinander nicht wie Wert zu Unwert, denn es gibt Freuden, die wertlos, wenn nicht gar Schaden bringend sind, und Leiden, die in hohem Grade förderlich und darum von bleibendem Wert sind. Im Allgemeinen aber ist es so, dass Freude ein Zeichen der Harmonie und Leiden ein Symptom der Disharmonie ist und dass beide darum Gradmesser unseres richtigen oder falschen Verhaltens sind.
Wir leiden in erster Linie an unserer eigenen Unvollkommenheit, und indem wir leiden, werden wir uns ihrer bewusst, und es erwacht in uns das Streben nach Vervollkommnung. In dem Maße aber, in dem wir unsere Unvollkommenheiten und Beschränkungen überwinden, werden wir freier und glücklicher. Ein vollkommener Mensch müsste somit vollkommen leidfrei und vollkommen glücklich sein. Kann aber Glückseligkeit ohne den Kontrast des Leidens empfunden werden?
Die Antwort des Buddhismus ist: Der Vollkommene nennt zwar kein Leiden mehr sein Eigen, aber die Fähigkeit des Mitleidens bleibt ihm erhalten und in gleicher Weise die Freude des Helfens und die Freude, die aus der Anteilnahme am Wohle des Nächsten wächst. […] Je weiter wir in unserer seelischen Entwicklung fortschreiten, desto freier werden wir von Begrenzungen, desto weiter wird unser geistiger Horizont – und desto weniger ist es möglich, für uns selbst Glück zu suchen oder nach unserer eigenen Erlösung, ja, nach dem eigenen „Seelenheil“ zu streben, ohne alle anderen Wesen darin einzuschließen.

Anagarika Govinda

Buddistische Gläubige in Westeuropa anlässlich eines Besuchs des Dalai Lama

Eine hinduistische Antwort

Für den *Hinduismus* spricht B. H. Bon über das Glück:

Leiden und Freuden sind die Ergebnisse früherer schlechter oder guter Handlungen, ob sie nun in diesem Leben begangen sind oder in früheren. Wenn wir leiden, sollten wir uns vornehmen, in Zukunft keine Sünde mehr zu begehen, und wir sollten zu Gott beten, Er möge uns unsere Sünden verzeihen. Wenn wir uns des Glückes erfreuen, sollten wir eingedenk sein, dass die Dinge der Welt vergänglich sind und die Freude in dieser Welt nicht lange dauert. Glück an sich sollte nicht das Ziel eines Menschen sein, da es Bindung an die Dinge dieser Welt erzeugt und ihn leicht Gott vergessen lässt, was zuletzt in Leiden endet. Glück für andere kann ein relatives Objekt für unser Streben in dieser Welt sein. Aber selbst dann sollten wir kein Verlangen nach dem Lohn unseres Handelns tragen. Wenn ein Mensch Glück für andere zur Hauptaufgabe seines Lebens macht, besteht immer die Gefahr, dass er zum Atheisten wird, denn er wird vielleicht denken, warum gibt es soviel Leiden auf dieser Welt, wenn es einen allmächtigen und barmherzigen Gott gibt. Tatsächlich ist das Leiden eines jeden Menschen selbst bewirkt durch seine früheren Sünden. Gott gibt uns Leiden, damit wir uns läutern.

B. H. Bon

1 Heute bemühen sich viele Menschen um einen Dialog zwischen den Religionen. Führt zum Thema „Glück" eine *Podiumsdiskussion* durch, indem jeweils ein Teilnehmer die Auffassung einer Religion vertritt. Möglicherweise benötigt ihr weitere Informationen, die es zunächst zu beschaffen gilt.
Nach einer solchen Diskussion könnten folgende Fragen wohl beantwortet werden:
Wo wird es leicht Übereinstimmungen geben, wo bleiben die Unterschiede deutlich?
Welcher Position werden die meisten deiner Mitschüler zustimmen, gleichgültig, in welcher religiösen Tradition sie erzogen wurden?

Wahres Glück

Gibt es überhaupt wahres Glück? Gibt es etwas, das unser Leben erhalten kann? Was soll ich tun, und was soll ich glauben? Was soll ich meiden und wem soll ich folgen? Was soll ich annehmen und was zurückweisen? Was soll ich lieben, und was soll ich hassen? Was die Welt schätzt, ist Reichtum, Rang, langes Leben und Güte. Was die Leute genießen, ist Gesundheit, gutes Essen, feine Kleidung, Schönheit und Musik. Was sie hassen, ist Armut, Niedrigkeit, jung sterben und hässliche Krankheit. Worüber sich die Leute Sorgen machen, ist, dass ihr Leib nicht gesund bleibt und dass sie nicht imstande sein könnten, schmackhafte Speisen zu genießen, feine Kleider zu tragen, schöne Dinge zu sehen und gute Musik zu hören. Wenn sie diese Dinge nicht erhalten können, verfallen sie in tiefe Trauer und Sorge. Solches Haften an Äußerlichkeiten ist wirklich töricht. Die Reichen laufen geschäftig herum, um Reichtum aufzuhäufen, den sie nicht gebrauchen können.

Ihre Art, sich an äußere Bequemlichkeit zu klammern, ist oberflächlich. Die, welche Stellungen bekleiden, planen und sorgen Tag und Nacht und fragen: „Soll ich das tun oder nicht?" Ihre Art, sich an die Äußerlichkeiten des Lebens zu halten, ist nicht verlässlich. [...]

Und was das betrifft, was die Welt tut, und die Art, wie die Leute jetzt ihr Glück suchen, weiß ich wirklich nicht, ob ein solches Glück wirklich Glück ist oder nicht vielmehr Unglück. Ich betrachte die Welt, wie sie mit der Menge herumfährt, um dem Glücke nachzujagen, als ob etwas sie dazu antriebe. Freilich sagen sie alle, sie seien glücklich. Ich habe an ihrem Glück oder Unglück keinen Anteil. Gibt es überhaupt so etwas wie Glück oder Unglück?

Ich betrachte Untätigkeit als das wahre Glück, während die Welt sie als großes Unglück ansieht. Es ist gesagt worden: „Vollkommenes Glück ist das Nichtvorhandensein des Strebens nach Glück; vollkommenes Ansehen ist das Nichtvorhandensein der Sorge um Ansehen."

Tschang Tse

■ **Tschang Tse**, wahrscheinlich ein Schüler von **Lao Tse** (chinesisch „der alte Meister") war ein chinesischer Philosoph, der im 3. oder 4. Jahrhundert v. Chr. lebte.
Lao Tse gilt als Begründer des Taoismus, einer der Religionen Chinas. Über sein Leben gibt es nur wenige Aussagen. Es wird überliefert, dass er im Alter seine Heimat verlassen habe und beim Überschreiten des Grenzpasses seine Philosophie, niedergelegt im Buch „Taoteking", dem Grenzbeamten hinterlassen hat. Bertolt Brecht hat zu diesem Ereignis ein Gedicht geschrieben: „Legende von der Entstehung des Buches Taoteking auf dem Weg des Laotse in die Emigration".
Grundgedanken von Lao Tses Lehre sind dem Gedicht zu entnehmen. Passen sie zu den Überlegungen über das Glück?

Philosophen aller Zeiten haben sich auch die Frage nach dem Glück gestellt und darauf unterschiedliche Antworten formuliert. Eine Auswahl der berühmtesten Antworten ist hier zusammengestellt:

Aristoteles

Glück als letztes Ziel menschlichen Handelns

Was das Glück wirklich ist, darüber gibt es verschiedene Ansichten, und die Leute allgemein stellen sich wohl darunter etwas anderes vor als derjenige, der lange darüber nachgedacht hat. Die Leute meinen, Glück sei etwas, was man sehen, erleben oder erfahren kann, so wie Spaß haben, Reichtum oder hohes Ansehen. Was gerade als Glück empfunden wird, kann wechseln: Wird jemand krank, so sieht er das Glück in der Gesundheit, ist er arm, dann im Reichtum. Die meisten Leute verstehen unter Glück wohl ein genussvolles Leben.

Das wichtigste Ziel, das Menschen in ihrem Leben erreichen wollen, müsste doch ihr Endziel sein, und unter den verschiedenen Zielen wäre das einzig wirkliche Endziel das vollkommenste, das, was für sich erstrebenswert ist und nicht nur Mittel zu einem anderen Ziel ist. Da kein Mensch das Glück als ein Mittel zu einem anderen Ziel ansieht, so wird das Glück dieses Endziel aller Handlungen sein, die den Menschen möglich sind.

Glück wird erreicht, wenn der Mensch den spezifisch menschlichen Fähigkeiten entsprechend handelt. Dazu gehört die aktive Teilnahme am Leben der politischen Gemeinschaft und die Betätigung der Vernunft in der Philosophie. Diese Aktivitäten haben ihr Ziel in sich selbst

„Übersetzt" in heutigen Sprachgebrauch

1 Manche Gedanken der Philosophen finden sich auch in den Lehren der Religionen wieder. Wo seht ihr Verbindungslinien?

Epikur

Als ein Philosoph, auf den eine bestimmte Glücksvorstellung zurückgehe, wird oft Epikur (342-270 v. Chr.) genannt. Denn einen „Epikureer" nennt man landläufig einen Menschen, dessen Lebensfreude sich am Genuss für den Körper, am guten Essen und Trinken, insgesamt am angenehmen Leben orientiert und der hierin auch den Sinn seines Daseins sieht. So wird die Lehre des Epikur jedoch verfälscht dargestellt, denn er selbst schätzte gerade die Lebenslust, die sich nicht vom Genuss abhängig macht. Bei seinen Handlungen wägt er zwischen Lust und Unlust ab und bedenkt auch die Folgen:

„Leer ist die Rede jenes Philosophen, die nicht irgendeine Leidenschaft des Menschen heilt. Wie nämlich eine Medizin nichts nützt, die nicht die Krankheiten aus dem Körper vertreibt, so nützt auch eine Philosophie nichts, die nicht die Leidenschaften aus der Seele vertreibt."

„Philosophische Medizin" ist für Epikur vor allem die Vertreibung der Angst vor dem Tod oder vor den Göttern. Indem der Mensch sich nicht zu sehr mit den Alltagsdingen belastet, wozu auch die Politik zu zählen ist, und im privaten Freundeskreis sein Leben bedenkt, erfährt er Glück und sinnerfülltes Leben. Der Philosoph Epikur ließ auch Frauen und Sklaven an seinen Gesprächsrunden teilnehmen, für seine Zeit etwas Außergewöhnliches.

Arthur Schopenhauer: Aphorismen zur Lebensweisheit

Schopenhauer sagte:

Die Güter, auf welche Anspruch zu machen einem Menschen nie in den Sinn gekommen ist, entbehrt er durchaus nicht, sondern ist, auch ohne sie, völlig zufrieden; während ein anderer, der hundert Mal mehr besitzt als er, sich unglücklich fühlt, weil ihm eines abgeht, darauf er Anspruch macht.

und:

Für unser Lebensglück ist demnach das, was wir sind, die Persönlichkeit, durchaus das erste und Wesentlichste, – schon weil sie beständig und unter allen Umständen wirksam ist.

Wenn Schopenhauer mit einem Menschen aus unserer Zeit sprechen würde, könnte es vielleicht zu einem solchen Dialog kommen:

Schopenhauer – ein Heutiger

Schopenhauer: Wenn einem Menschen nie in den Sinn gekommen ist, einen Anspruch auf irgendwelche Dinge zu erheben, so ist er auch ohne diese Dinge ganz zufrieden.

Heutiger: Aber es kommt doch den Menschen in den Sinn! Jeder hört, sieht und liest so viel von verlockenden Dingen, dass er diese auch gern haben möchte. Ich z. B. ...

Schopenhauer: Nun, wenn du die Sache kennst, die du haben möchtest, dann ist das natürlich eine andere Sache; das hängt davon ab, ob die Sache für dich möglicherweise erreichbar ist.

Heutiger: Erreichbar? Meine Traumreise? Bei meinem Gehalt sicher nicht. Aber es gibt so viele, die sich das leisten können. Dauernd höre ich davon. Auch ich würde gern in die Südsee reisen. Warum immer nur die Leute, die ohne Anstrengung genug Geld haben?

Schopenhauer: Aber sieh sie dir doch an: Sind die Reichen, die sich alles leisten können, deshalb glücklicher? Hast du nicht vieles, was weder Reichtum noch Erfolg ersetzen kann, nämlich Gesundheit, gute Laune und genügend Grips? Ist das nicht wichtiger als alles andere?

Heutiger: Wo lebst du eigentlich? Heute geht das gar nicht, dass ich mit dem, was für mich allein wohl genügend wäre, zufrieden bin. Dann würde unsere Wirtschaft ja eingehen! Und ich möchte auch dazugehören und wenigstens meine Wünsche äußern!

Schopenhauer: Ja, bist du denn nicht mit dir selbst zufrieden und glücklich? Das Wichtigste ist doch deine Persönlichkeit. Du musst dich doch nicht immer mit anderen messen. Du selbst bist doch als Person beständig, du hast etwas, was keiner dir nehmen kann.

Heutiger: Ob du das nicht zu idealistisch siehst? Ich bin längst nicht immer die gleiche Person! Dachte ich vor einigen Jahren, ich könnte stolz auf meine Arbeit sein, so hat die Entwicklung gezeigt, dass ich heute froh sein muss, nicht arbeitslos zu werden. Dagegen fühlte ich mich immer hilflos im Umgang mit Kranken. Ein eigener Krankenhausaufenthalt hat mir gezeigt, dass ich doch in der Lage bin, sie zu verstehen und sogar zu helfen. Also: meine Persönlichkeit – das ist doch kein feststehender Begriff! Ich ändere mich doch und erlebe Zufriedenheit oder Unzufriedenheit in Abhängigkeit vom Urteil anderer.

Schopenhauer: Das sehe ich anders. Ob die Zeit unsere verschiedenen Sichtweisen so unterschiedlich gestaltet?

■ **Arthur Schopenhauer** (1788-1860), deutscher Philosoph

2 Was erfährst du im Kapitel „Wer bin ich – und wenn ja, wie viele?" zu diesem Thema?

3 Ob der Heutige Schopenhauer richtig versteht? Kannst du die Gedanken des Philosophen nachvollziehen?

Ist doch logisch, oder? – Ein Briefwechsel

A: „DER HUT IST WEISS!"

B: „DER HUT IST SCHWARZ!"

C: „DER HUT IST NICHT WEISS!"

GROSSKATZE + SCHWARZGELB GESTREIFT

EINIGE JUNGEN SIND SÄNGER

J.  S.

- Nichts ist besser als die ewige Glückseligkeit!
- Ein Käsebrötchen ist besser als nichts.

ALSO:
Ein Käsebrötchen ist besser als die ewige Glückseligkeit.

Ist doch logisch, oder? – Ein Briefwechsel

Dieses Kapitel besteht aus Briefen. Das Mädchen Miriam, das ihr vielleicht aus dem Kapitel „Alles nur Ansichtssache?“ kennt, bittet ihren Onkel, den Journalisten Hanns, ihr zu helfen, und Hanns kommt ihrer Bitte geduldig nach. Worum es in diesen Briefen geht, schreibt Miriam gleich zu Anfang. Aber so viel sei hier schon gesagt: Es geht um die Möglichkeiten, in Diskussionen und Gesprächen mit Begriffen richtig umzugehen, sich auf den Gesprächspartner einzustellen, logisch korrekt zu argumentieren, Widersprüche zu vermeiden und begründete Kritik zu äußern.
Wir meinen zwar, das sei alles nicht so schwer, da wir vieles von selbst richtig machen; bei genauerem Hinsehen gibt es aber sehr viel, was man beachten muss.
Lest und diskutiert die Briefe und die Faxe, am besten der Reihe nach, da eins auf dem anderen aufbaut. Allerdings kann man den 5. und den 6. Brief auch verstehen, ohne die anderen gelesen zu haben. Manches wird euch ganz selbstverständlich vorkommen, anderes wird euch Schwierigkeiten bereiten, aber alles lässt sich verstehen.

Die folgenden kleinen Texte sind sozusagen Rätsel, die zu lösen sind. Vielleicht findet ihr selbst heraus, was falsch ist oder wie die Lösungen lauten müssten. Um sicherzugehen und Hilfe zu bekommen, könnt ihr nach eigenen Versuchen die angegebenen Briefe durchlesen.

BEWEIST, DASS IHR SELBST DENKEN KÖNNT!

1.

Tom findet im Lesebuch den Satz:

„SEIN TOD IST NOCH KEIN BEWEIS DAFÜR, DASS ER GELEBT HAT.“

Dieser Satz, der von dem polnischen Schriftsteller Lec stammt, ist ein so genannter Aphorismus, also eine kurze Formulierung, die ohne weiteren Zusammenhang eine Art Weisheit enthält und zu denken gibt.
Tom liebt scharfsinnige Kritik. Nachdem er Katrin den Satz vorgelesen hat, sagt er daher zu ihr: „So ein Unsinn! Wenn jemand gestorben ist, dann muss er vorher gelebt haben. Sterben kann nur, was lebendig ist. Das ist doch logisch. Also ist der Tod ein Beweis dafür, dass dieser Mann gelebt hat. Wie kann man nur so einen Schwachsinn drucken?“

Katrin denkt eine Weile nach und sagt: „Ich finde den Satz überhaupt nicht schwachsinnig. Er enthält sogar einen ganz wichtigen Gedanken.“

- Wer hat Recht, Tom oder Katrin?

HILFE BRINGT HIER VIELLEICHT DER 1. BRIEF, DEN HANNS AN MIRIAM SCHREIBT. (SEITE 227)

2.

Der Mathelehrer fragt: „WAS IST EIN PUNKT?“

Jörg, der Witzbold der Klasse, hat bald eine Antwort parat. „Ein Punkt ist ein Winkel, dem man die Schenkel ausgerissen hat.“
Der Lehrer lacht mit, will's aber genau wissen.

- Wie also lautet die Antwort auf diese höchst überflüssige Frage?

DER 2. BRIEF KÖNNTE ANREGUNGEN BRINGEN. (SEITE 229)

Alle sind sich einig:
Wenn jemand ein guter Mensch ist, dann versucht er auch, seinen Mitmenschen zu helfen. Man ist sich auch einig, dass Herr Müller, der Hausmeister, versucht, seinen Mitmenschen nach besten Kräften zu helfen.
Man kommt zu dem Schluss: HERR MÜLLER IST EIN GUTER MENSCH.

- Ist der Schluss richtig?

TIPP: LEST DEN 5. BRIEF. (SEITE 235)

Mia behauptet, Tillmann sei ein Lügner (ein harter Vorwurf). Ihre Begründung:

**„IST DOCH KLAR: EIN LÜGNER SAGT DIE UNWAHRHEIT.
ODER ETWA NICHT? UND TILLMANN HAT DIE UNWAHRHEIT GESAGT.
ALSO: ER IST EIN LÜGNER."**

Eine wasserfeste Argumentation, so scheint es.

EINEN HINWEIS DARAUF, WIE MAN ÜBERPRÜFEN KANN, OB MIA RECHT HAT, BIETET DAS FAX VOR DEM 4. BRIEF.

Aus einer Diskussion über die TODESSTRAFE: Philipp hat davon gehört, dass in den USA auch Geisteskranke hingerichtet werden, wenn sie selbst getötet haben. Er sagt: „Ich finde das ganz richtig, wenn sie auch jemanden umgebracht haben." Nach einiger Zeit spricht er sich aber dagegen aus, dass Kinder hingerichtet werden sollten, wie dies früher der Fall war und auch heute noch in einigen Ländern geschehen mag. Nach der Begründung für seine Auffassung gefragt, sagt Philipp: „Kinder sind nicht verantwortlich für das, was sie tun, da ihre Vernunft noch nicht ausgebildet ist. Deshalb dürfen sie auch nicht zum Tode verurteilt werden."

Lena runzelt daraufhin die Stirn. Warum wohl? –

KLARHEIT KÖNNTE DER 6. BRIEF BRINGEN. (SEITE 238)

Aus einer anderen Diskussion. Zwei Philosophen streiten miteinander bei einem Tischgespräch über die **WILLENSFREIHEIT.** Der **Professor,** ein älterer Herr, vertritt den Determinismus, also die Auffassung, dass wir keine Willensfreiheit haben, sondern dass all unsere Handlungen durch die Gene und durch die Erziehung festgelegt sind. Der andere, ein junger temperamentvoller **Dozent,** ist der Meinung, der Mensch sei frei. Es entwickelt sich folgender Wortwechsel.

Dozent *(laut):* Wenn Sie noch weiter leugnen, dass ich in meinen Entscheidungen frei bin, dann muss ich Ihnen wirklich eine runterhauen."
Professor *(rot anlaufend):* „Ich muss sagen, dass ich Ihr Benehmen unverzeihlich finde."
Dozent: „Entschuldigen Sie bitte. Ich habe mich hinreißen lassen."
Professor: „Sie sollten sich wirklich besser beherrschen."
Dozent: „Danke. Das Experiment ist gelungen."

Frei nach: Koestler, Arthur: Der Mensch. Irrläufer der Evolution. Frankfurt/M. 1989. S. 279.

- Euer Kommentar dazu?

GENAUERES: BRIEF NR. 6.

Vorinformation
Ihr kennt schon das Mädchen Miriam und ihren Onkel, den Journalisten Hanns, aus dem Kapitel „Alles nur Ansichtssache?" (S. 158-160). Die beiden reden gern miteinander, Hanns ist aber zur Zeit im Ausland tätig. Statt eines Gesprächs schreiben sie einander Briefe und E-Mails. Das ist vielleicht gar nicht so schlecht, denn wenn man schreibt, muss man sich präziser ausdrücken als in einem Gespräch.
Hanns klärt schreibend seine eigenen Vorstellungen, und Miriam erfährt genauer, was sie von Hanns wissen will.

Briefe zu Logik und Argumentation

HALLO HANNS!

DU MUSST MIR HELFEN, ICH BIN SAUER (JA JA, ICH WEISS, ICH SOLL NICHT MIT DER TÜR INS HAUS FALLEN, ABER ICH BIN: S. O.!). IN DER SCHULE UND IN DER CLIQUE DISKUTIEREN WIR EINE GANZE MENGE, DAS MACHT AUCH SPASS, ABER MANCHMAL BIN ICH GEFRUSTET.
ICH GEBE MIR ALLE MÜHE, FAIR ZU DISKUTIEREN, EHRLICH ZU SEIN, DIE ANDEREN AUSREDEN ZU LASSEN UND AUF SIE EINZUGEHEN. ICH WILL AUCH NICHT IMMER RECHT BEKOMMEN (MANCHMAL SCHON), SONDERN MÖCHTE ZUSAMMEN MIT DEN ANDEREN RAUSKRIEGEN, WAS WAHR UND RICHTIG IST. DIE DISKUSSIONEN IM FERNSEHEN FINDE ICH BLÖD: DA WILL JEDER NUR SEINEN STANDPUNKT DURCHDRÜCKEN. UND DIE POLITIKER KÖNNEN AUCH NICHT ZUHÖREN UND WOLLEN NUR EINANDER FERTIGMACHEN.
ALSO: ICH GEBE MIR ALLE MÜHE, FAIR ZU DISKUTIEREN USW. USW. UND BEKOMME DOCH VON ALLEN MÖGLICHEN LEUTEN VORWÜRFE. IMMER WIEDER MUSS MAN HÖREN: „DAS IST DOCH UNLOGISCH" ODER „DU WIDERSPRICHST DIR DOCH SELBST" ODER „ERKLÄR' DOCH ERST MAL, WAS DU MIT DEM UND DEM WORT MEINST!" ABER KEINER SAGT MIR GENAU, WIE MAN DAS MACHT: LOGISCH ZU SEIN, SICH NICHT SELBST ZU WIDERSPRECHEN ODER WÖRTER GENAU ZU ERKLÄREN. DU BIST BESTIMMT DER EINZIGE, DER MIR SAGEN KANN, WIE MAN BEI EINER DISKUSSION RICHTIG ARGUMENTIERT, ICH MEINE LOGISCH UND NICHT NUR SO AUS DEM GEFÜHL HERAUS.
HANNS, SCHREIBST DU MIR MAL, WENN DEINE „AUFREIBENDE JOURNALISTENTÄTIGKEIT" DIR EIN BISSCHEN ZEIT LÄSST?
ÜBRIGENS: WIE GEHT ES DIR IN DER FERNE, GUT? ODER?

DEINE MIRIAM

P.S.: ICH HABE EINE COLLAGE GEMACHT AUS AUFNAHMEN VON POLITIKERDEBATTEN UND DAZUGELEGT: SO STELLE ICH MIR DISKUSSIONEN NICHT VOR!

1. Brief: Zur Vieldeutigkeit von Sprache

Liebe Miriam,

was du von mir erwartest, ist nicht so einfach, wie du denkst, denn wir Journalisten machen vieles auch nur unbewusst, weil es uns zu selbstverständlich ist, und ich muss mich anstrengen, dir zu erklären, was du wissen möchtest. Übrigens: Ich bewundere deine Diskussionsregeln, leider sind sie sehr „idealistisch".

O.K., ich tu mein Bestes. Und du musst Geduld haben, ich fange nämlich bei Adam und Eva an, genauer: bei den Wörtern.
Es ist tatsächlich oft nötig zu erklären, was man unter einem Ausdruck versteht, weil Missverständnisse möglich sind. Woher kommt das?
Im Laufe der Zeit verändern Wörter ihre Bedeutung. Wenn im 19. Jahrhundert ein Text den Titel trägt „Der tolle Mensch", dann ist keineswegs einer gemeint, der toll ist im Sinne von überdurchschnittlich, höchst eindrucksvoll oder „super", sondern ganz einfach ein Verrückter, ein Irrer (siehe auch „das Tollhaus"). Und wenn dein kleiner Bruder ein Star-Wars-Figürchen wie Boba Fett „echt cool" findet, dann braucht er diesen Ausdruck auch anders, als das vor wenigen Jahren noch üblich war. Da konnte man einen Jungen „cool" nennen, der besonders lässig war, der sich über nichts aufregte und der meistens ein poker face machte. Also: Schon in kurzer Zeit eine Bedeutungsänderung!

Es gibt außerdem viele Wörter, die mehrere Bedeutungen haben. Du kennst das vom Teekesselchen-Spiel (wenn nicht, dann frag deine Mutter, die kennt das). „Teekesselchen" sind Wörter mit mehreren Bedeutungen, z. B. „Ball", „Hahn", „Schloss" oder „Tau". Solche Wörter nennt der Fachmann (oder die Fachfrau) „Homonyme", man spricht hier auch von „Äquivokation". Die genannten Beispiele machen natürlich keine Probleme, aber es gibt Wörter, die tatsächlich zu Missverständnissen führen wie das Allerweltswort „positiv". „Positiv" meint doch zunächst etwas Wertvolles, Gutes. Wenn der Patient vom Arzt hört: „Der Befund ist positiv", ist dann der Befund wirklich „positiv"? Ein negativer Befund müsste jedoch vom Patienten mit Erleichterung aufgenommen werden. In solchen Fällen muss man wirklich klären, was man mit dem Begriff genau meint.
Überlege mal, welche Bedeutungen Wörter wie „Welt", „Natur" und „Wesen" haben. Schlag bitte im Lexikon nach, wie „Glück" und „Himmel" ins Englische übersetzt werden müssen! Alles Äquivokationen (oder „Teekesselchen").

Einfache „Teekesselchen":
die Taube, Erde, Fernseher, Maus, Schimmel, Hamburger (weiter?)

Schwierigere „Teekesselchen":
Vorstellung, Produktion, Aufzug, Anzug, Geschmack, Wurzel, Schluss, umsonst, gut (Gegenteile von „gut"?)

„Böse":
ein böser Mensch und eine böse Verletzung. Unterschied?

Übrigens:
Ist „Teekesselchen" ein „Teekesselchen"?

Eine weitere Schwierigkeit. Oft kann man ein und dasselbe mit verschiedenen Wörtern benennen. „Schlips" bedeutet dasselbe wie „Krawatte", „Metzger" dasselbe wie „Fleischer" und „Semmel" dasselbe wie „Brötchen" und „Blaukraut" dasselbe wie „Rotkohl". Solche Wörter, die man austauschen kann, nennt man „Synonyme". Sie stellen zunächst kein Problem dar. Aber in manchen Fällen werden Wörter als Synonyme gebraucht (als hätten sie dieselbe Bedeutung), die sich doch unterscheiden, wenn auch nur wenig. Auch hier gibt es Missverständnisse und Streitereien, die nicht nötig wären, wenn man genau sagte, was man unter einem Begriff versteht. Nach meiner Meinung sollte man unterscheiden zwischen „Mut" und „Tapferkeit", „Egoismus" und „Eigenliebe", und – wie im Strafrecht üblich – zwischen „Mord" und „Totschlag" (merkst du, mein Beruf kommt durch).

Natürlich muss man sich bemühen, genau zu verstehen, was der andere wirklich meint. Man darf den anderen nicht wörtlich nehmen, wenn dieser einen Ausdruck nur bildlich meint. (Obwohl das auch ganz lustig sein kann, wie die Karikaturen, die ich beigelegt habe.)

Ich denke, für heute reicht's. Mach's gut, Miriam!

Hanns

Miriam mailt:

Betreff

Miriam an Hanns

Hi Johannes!
Nur eine Frage! Warum benutzt du eigentlich diese doofen Fremdwörter (richtige Zungenbrecher): „Homonyme", „Synonyme" und „Äquivokation"? Ist das nicht total überflüssig?

Miriam

Hanns mailt zurück:

Betreff

Hanns an Miriam

Liebe Miriam,
kurz dies: Fremdwörter sind nicht nötig – da hast du Recht –, aber sie erleichtern manchmal die Verständigung. Du darfst natürlich auch „Teekesselchen" sagen oder (für „Synonyme") „unterschiedliche Wörter, mit denen man ein und dieselbe Sache bezeichnen kann". Deine Meinung dazu?

Hanns

Wenn ein Zeichner Ausdrücke, die anders gemeint sind, wörtlich nimmt, kommt so etwas heraus:

2. Brief: Über Begriffe und ihre Beziehungen

Liebe Miriam!

Trotz des schönsten Wetters schreibe ich dir. Ich hoffe, du weißt das zu schätzen. Aber schließlich bist du meine einzige Nichte (auch wenn du den Ausdruck nicht gern hörst).

Hab' bitte noch weiter Geduld. Denn noch erzähle ich dir nichts über Begriffsklärung, sondern nur etwas über Begriffe selbst, etwas, was du dir bewusst machen solltest. Ich erinnere dich zunächst an die Ausdrücke „Unterbegriff" und „Oberbegriff". Du weißt wahrscheinlich, was gemeint ist. „Hund" ist der Oberbegriff zu „Pudel", „Pudel" ist der Unterbegriff zu „Hund". Andere Beispiele: „Blume" – „Tulpe", „Viereck" – „Quadrat", „Spielzeug" – „Jojo". Nichts Neues für dich. Du weißt auch: Der Oberbegriff ist allgemeiner oder abstrakter als der Unterbegriff, und der Unterbegriff ist genauer, konkreter oder spezieller als der Oberbegriff, er enthält mehr Merkmale als der Oberbegriff. (Ein Pudel muss alle Eigenschaften eines Hundes haben, sonst wäre er kein Hund, und zusätzlich hat er noch besondere Eigenschaften, die ihn eben zum Pudel machen, ist doch klar!)

Man kann regelrecht „Leitern" von zusammengehörenden Begriffen bilden. Wie lauten wohl die Zwischenbegriffe (die Leitersprossen) zwischen den Begriffen „Pudel" und „Tier"?

Nun etwas für dich Neues. Man unterscheidet den Inhalt eines Begriffes, nämlich seine Merkmale, vom Umfang des Begriffs. Die Merkmale unterscheiden einen Begriff von anderen Begriffen. Ein Beispiel: Die Merkmale von „Fisch" sind z. B. „im Wasser lebend", „durch Kiemen atmend", „wechselwarm" und „Wirbel besitzend".

Mit dem Umfang eines Begriffes ist all das gemeint, was er „umfängt", genauer: alles, worauf er zutrifft. In unserem Fall gehören zum Umfang von „Fisch" alle Fische, egal ob groß oder klein, bunt oder grau, essbar oder nicht essbar, in Süß- oder Salzwasser lebend. (Eine Frage nebenher: Welcher Begriff hat den größeren Umfang: „Fisch" oder „Hering"?) Die Unterscheidung zwischen Umfang und Inhalt ist wichtig, weil man den Begriffsumfang mit einem Kreis darstellen kann. Man kann auch Kreise kombinieren, wie bei „Haustier" und „Raubtier".

Du wirst wissen, welche Tiere sowohl zu den Haustieren als auch zu den Raubtieren gehören (man darf in die Überschneidung noch weitere Umfangkreise zeichnen!).

Ich zweifle nicht daran, dass du das alles verstanden hast. Aber zu deiner Selbstkontrolle: Zeichne die Umfangskreise für „Blume", „Rose" und „Heckenrose" und für die Begriffe „Mädchen" und „Mathematiker".

Ich verspreche dir, beim nächsten Mal wirklich etwas darüber zu erzählen, wie man Begriffe klären und erklären kann.

Mach's gut!

Hanns

3. Brief: Begriffe klären

Liebe Miriam!

Versprochen ist versprochen. Ich falle mit der Tür ins Haus und erkläre dir sofort das bekannteste Mittel zur Erklärung von Begriffen: die Definition. Die Definition ist eine möglichst genaue Bestimmung von Begriffen. Wie man das macht, sagt eine uralte Regel. Sie lautet ungefähr so: Man definiert einen Begriff, indem man den nächsthöheren Oberbegriff und seine besonderen Merkmale nennt. (Das Besondere des Begriffs nennt man auch „spezifische Differenz", aber das musst du dir nicht merken.)

Vier Beispiele für Definitionen:

1. Der Schimmel ist ein weißes Pferd.
2. Das Quadrat ist ein Rechteck mit gleich langen Seiten.
3. Empathie ist die Fähigkeit, sich in andere Menschen einzufühlen.
4. Gerechtigkeit ist die Tugend, die darin besteht, einem jeden das zu geben, was ihm zusteht.

Du siehst, dass Definitionen manchmal recht simpel, manchmal aber auch ziemlich schwierig sein können. Sicher bin ich aber, dass du in allen genannten Fällen genau sagen kannst, wie der jeweilige Oberbegriff lautet und wie die besonderen Merkmale des Begriffs (die spezifische Differenz). Wenn du im Gespräch die für dich wichtigen Begriffe definierst, weiß der Gesprächspartner genau, was du meinst (allerdings muss man sich das vorher überlegen, aus dem Stegreif ist das schwer).

Es gibt noch weitere Möglichkeiten, dem anderen klar zu machen, wie man einen Begriff versteht. Oft genügt es, nur wesentliche Merkmale anzugeben, die dir für das Gespräch wichtig sind. Man spricht hier von einer Charakteristik des Begriffs. Wenn du mit anderen über Gerechtigkeit sprichst und der Ansicht bist, dass Gleichbehandlung noch nicht Gerechtigkeit bedeutet, dann kannst du beispielsweise sagen: „Zur Gerechtigkeit gehört, dass jeder das bekommt, was ihm zusteht." Oder ihr sprecht über Zivilcourage; jetzt kannst du sagen: „Zur Zivilcourage gehört, dass ich mich für eine gerechte Sache einsetze und mit großen Nachteilen für mich rechnen muss."

Eine weitere Methode: Du zählst Beispiele auf, die zu dem Begriff passen. Nehmen wir den Begriff „Virtuelle Realität": Du kannst sagen: „VR erlebst du, wenn du in der Spielhalle mit einem Auto scheinbar durch eine wilde Gegend bretterst." Oder: „Der angehende Tankerkapitän fährt im Simulator sein Schiff an schwierigen Stellen vorbei." Oder: „Der Architekt geht mit dem Bauherrn am Bildschirm sozusagen durch das noch nicht errichtete Gebäude." Oder (viele sprechen jetzt erst von VR): „Du stülpst dir einen Helm mit Bildschirm über den Kopf, ziehst dir Data Gloves an und bewegst dich, wenn du gehst,

1 Es gibt Wörter, die sozusagen selbst Definitionen sind, z. B. Ringfinger, Bierkrug, Korkeiche, Schwarzdrossel. Kennt ihr weitere?

2 Versucht „Kreis", „Eifersucht" und „Internet" zu definieren.

3 Wie könnte eine Charakterisierung von „Toleranz" lauten? Vgl. auch S. 77 zum Stichwort „Zivilcourage".

Ein Junge mit Daten-Helm

durch eine fremde Landschaft und berührst Gegenstände, die nur in dieser Landschaft sind.“ Ich glaube, dass man auch so einen Begriff erklären kann (hast du etwas dazugelernt?).

Um anderen klarzumachen, wie du einen Begriff verstehst, kannst du auch Vergleiche verwenden: „Das Gewissen ist wie ein Schiedsrichter, der dir sagt, was du falsch gemacht hast, und dir die gelbe Karte zeigt“ (man kann darüber streiten, ob diese Erklärung ausreicht), „Kategorien sind Schubladen mit Etiketten drauf“ oder „Zufriedenheit ist für mich wie Liegen in warmem Wasser, alle Viere von sich gestreckt“.

Die einfachste, aber nicht ganz sichere Möglichkeit: Du ersetzt den fraglichen Begriff durch ein Synonym, also durch ein Wort, das dasselbe aussagt, aber vielleicht bekannter ist als das, was du benutzt. Das gilt vor allem für Fremdwörter. „Printmedien“: Zeitungen und Bücher. „Symptom“: Anzeichen. „Norm“: Regel, Vorschrift. „Mentalität“: Denkweise, Sinnesart. „Über-Ich“ so etwas wie „Gewissen“, nicht ganz dasselbe. Unter „Freiheit“ verstehe ich Selbstbestimmung.

Ich meine, das reicht für den Anfang. Nur Mut!

Hanns

4 Sucht Vergleiche für „Politik“, „Liebe“, „Bescheidenheit“, „Traum“ und „Lächeln“.

5 Kennt ihr Synonyme für „Empathie“, „Daily Soap“, „Hämatom“ und „Handy“?

Miriam mailt:

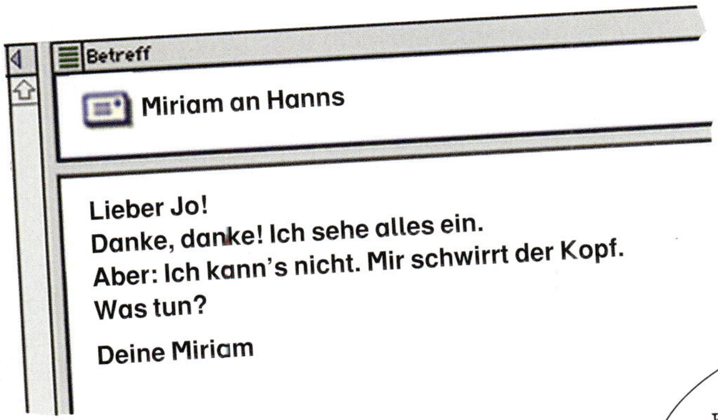
Betreff
Miriam an Hanns

Lieber Jo!
Danke, danke! Ich sehe alles ein.
Aber: Ich kann's nicht. Mir schwirrt der Kopf.
Was tun?
Deine Miriam

6 Bildet Gruppen und untersucht je ein Kapitel dieses Buches mit der Fragestellung: Wie werden in der Randspalte Begriffe erklärt: durch Definitionen, Charakterisierungen, Beispiele, Vergleiche oder Synonyme? Welche Methode haltet ihr für hilfreich, welche für weniger hilfreich?

Hanns mailt zurück:

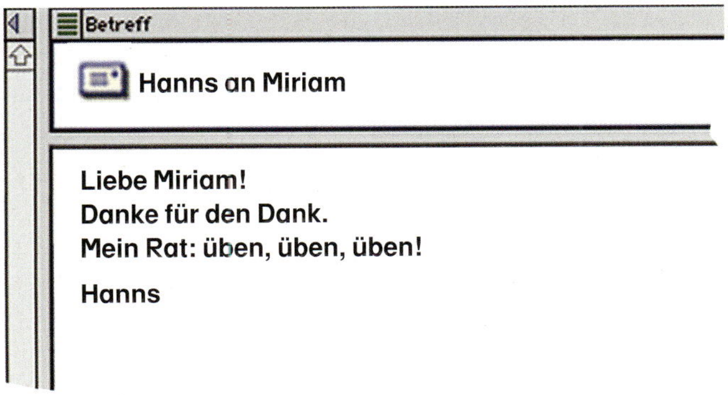
Betreff
Hanns an Miriam

Liebe Miriam!
Danke für den Dank.
Mein Rat: üben, üben, üben!
Hanns

Hanns mailt zurück:

Betreff — An/Von

Hanns an Miriam

Liebe Miriam,
aus Zeitnot nur eine kleine Anmerkung, bevor ich Genaueres über das Schließen und Argumentieren sage.
Eine wichtige Faustregel: „Aussagen darf man nicht einfach umdrehen."
Einige Beispiele:
- **„Alle Indianer sind Menschen."**
  Falsch:
  „Alle Menschen sind Indianer."
- **„Wer gerecht ist, behandelt alle gleich."**
  Falsch:
  „Wer alle gleich behandelt, ist gerecht."
- **„Die besten Dinge im Leben kosten nichts."**
  Falsch:
  „Alles, was nichts kostet, zählt zu den besten Dingen des Lebens."

Ausnahme: „<u>Nur</u> Mathematiker sind Denker."
Jetzt durchaus richtig: „Alle Denker sind Mathematiker."
(Allerdings bezweifle ich den Ausgangssatz.)

Bis bald! **Hanns**

1 Darf man den Satz „Alle Indianer sind Menschen" nicht doch umdrehen, wenn man in der Umkehrung statt „alle Menschen" sagt „einige Menschen"? Überlegt mal, ob's jetzt stimmt.

2 Bildet weitere Sätze nach dem Muster: „Alle Indianer sind Menschen, aber nicht alle Menschen sind Indianer."

4. Brief: Korrekte Schlüsse ziehen

Liebe (geduldige?) Miriam!
Es regnet in Strömen, der Himmel ist grau, ich muss heute niemanden interviewen: kurz: Ich habe Zeit, dir etwas über das folgerichtige Denken oder über das logisch richtige Argumentieren zu schreiben.

Was ist überhaupt ein Argument? Antwort: eine Gruppe von Aussagen, und zwar von solchen, die in einem bestimmten Zusammenhang stehen. In was für einem Zusammenhang? Antwort: in einem Begründungszusammenhang. Genauer: Eine dieser Aussagen ist die zu begründende Behauptung oder These, die anderen Aussagen dienen der Begründung dieser Aussage. Wie all diese Aussagen angeordnet und eingeleitet werden, das kann ganz unterschiedlich sein. Man kann z. B. sagen:
„Sokrates ist sterblich, denn er ist ein Mensch, und Menschen sind sterblich." Oder:
„Sokrates ist ein Mensch. Daher ist er sterblich, denn alle Menschen sind sterblich." Oder:
„Da Sokrates ein Mensch ist, muss er sterblich sein. Schließlich sind alle Menschen sterblich." Oder:
„Alle Menschen sind sterblich. Daher ist auch Sokrates sterblich. Er ist auch nur ein Mensch."

Ich glaube, du lässt dich nicht so leicht täuschen und hast gemerkt, dass es in allen vier Formulierungen um dasselbe geht.
(Nebenher: Das Sokrates-ist-sterblich-Beispiel ist in der Philosophie beliebt, ich vermute, um den großen Mann zu ehren, der für seine Überzeugung gestorben ist: Er hat freiwillig einen Schierlingsbecher geleert. Ich habe dir die Kopie eines alten Stiches beigelegt, den ich auf dem Flohmarkt entdeckt habe.)
Um die Richtigkeit eines Arguments zu überprüfen, bringt man es in eine bestimmte Form. Und zwar so:

Alle Menschen sind sterblich.
<u>Sokrates ist ein Mensch</u>.
Also: Sokrates ist sterblich.

Diese Form nennt man einen „Schluss" (oder auch „Syllogismus"). Die ersten beiden Aussagen heißen „Prämissen" oder „Voraussetzungen", der letzte Satz heißt „Konklusion" oder „Schlussfolgerung".
Wie funktioniert eigentlich ein solcher Schluss? Lies bitte nicht weiter, sondern vergleiche in dem Sokrates-Beispiel die Konklusion mit den beiden Prämissen! (Lesepause! Denkpause!) – Hast du was gemerkt? – Stimmt: In der letzten Aussage fehlt der Begriff „Mensch", er ist sozusagen weggekürzt worden. (Man nennt diesen Begriff, den man „wegkürzt", den Mittelbegriff.)
Du kannst logisch denken, davon gehe ich aus, deshalb fällt es dir bestimmt nicht schwer, aus den folgenden Prämissen den richtigen <u>Schluss</u> zu ziehen, unabhängig davon, ob sie wahr sind.

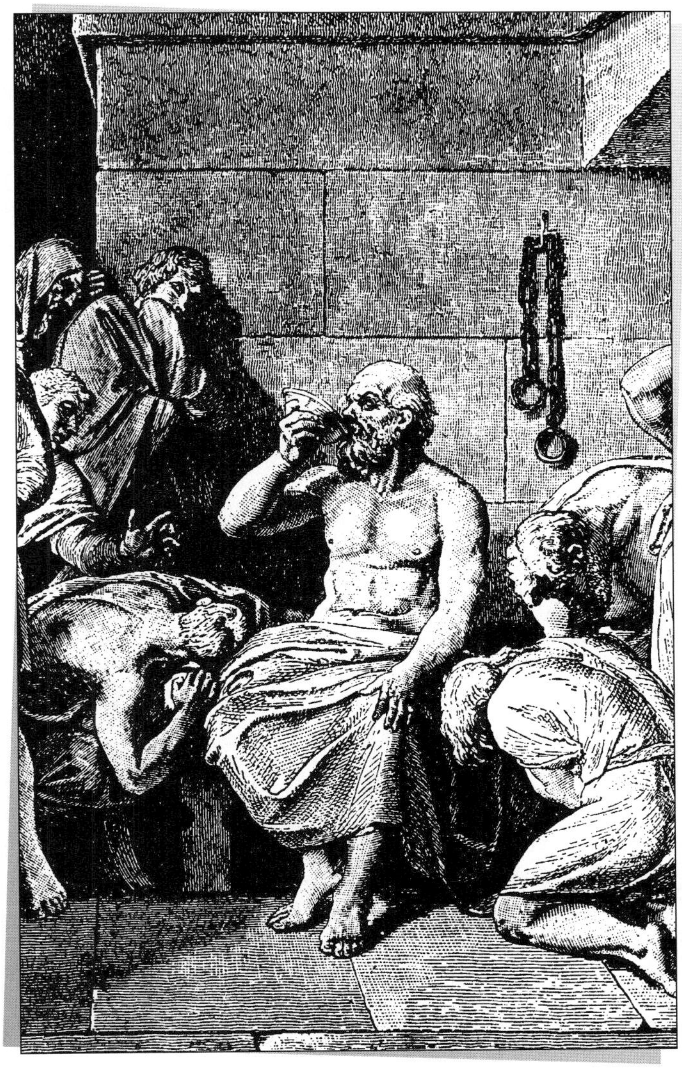

Sokrates trinkt den Giftbecher, mit dem im Altertum die Todesstrafe vollzogen wurde

Alle Schüler sind fleißig.
<u>Fleißige bekommen gute Noten.</u>
Also: . . . .

Kein Mensch kann fliegen.
<u>Meyer ist ein Mensch.</u>
Also: . . . .

Einige Schüler sind Musiker.
<u>Musiker sind Träumer.</u>
Also: . . . .

Du merkst, das Ganze ist einfach. Leider aber nicht immer. Schau dir das folgende Beispiel an:

Alle Philosophen sind gute Denker.
<u>Schüler sind noch keine Philosophen.</u>
Also: Schüler sind noch keine guten Denker.

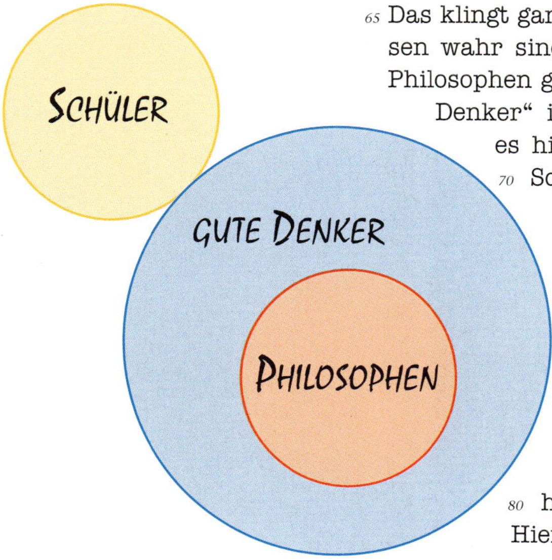

Das klingt ganz richtig, stimmt aber nicht. Auch wenn die beiden Prämissen wahr sind, ist die Schlussfolgerung falsch. Warum? Weil nicht nur Philosophen gute Denker sind. Das heißt, der Umfang des Begriffs „guter Denker“ ist größer als der Umfang des Begriffs „Philosoph“. Wenn es hieße: „Nur Philosophen sind gute Denker“, dann wäre der Schluss richtig.

Die Richtigkeit eines Schlusses kannst du überprüfen, indem du den Kreis für den Umfang benutzt. Im letzten Beispiel liegt der Kreis für „Schüler“ laut zweiter Prämisse außerhalb des Kreises für „Philosophen“ (kein Schüler ist Philosoph). Ob er jedoch außerhalb des Kreises für „gute Denker“ liegt oder diesen schneidet, kann von den Prämissen her nicht gesagt werden. Es ist also kein korrekter Schluss möglich. Siehst du's ein?

Ein anderer Trick. Du bildest Beispiele, die genauso aussehen wie das fragliche, aber leichter zu durchschauen sind. Hier ein Parallelbeispiel zu dem oben genannten:

Vielleicht sieht's ja so aus:

Alle Menschen sind Zweibeiner.
Hühner sind keine Menschen.
Kein Huhn ist Zweibeiner.

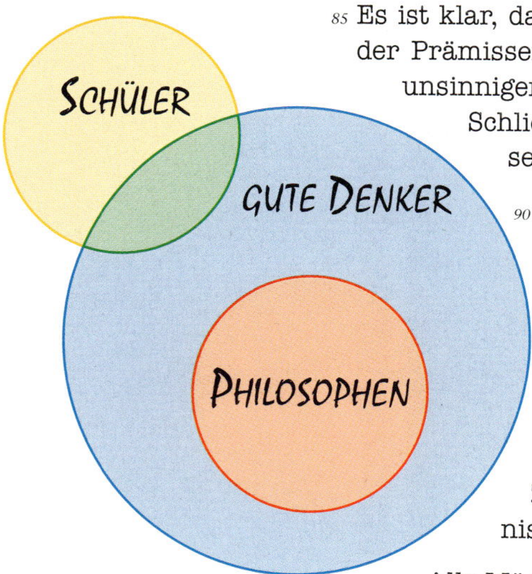

Es ist klar, dass das kein korrekter Schluss ist. Nicht wegen des Inhaltes der Prämissen (der ist richtig), sondern wegen der Form, die zu einem unsinnigen Ergebnis führt. Ich will dich nicht mit Regeln des korrekten Schließens langweilen, denn du hast genug Verstand, um Fehler selbst zu entdecken. Aber merke dir zweierlei.

Erstens: Auch aus falschen Prämissen kann Richtiges erschlossen werden. Oder um es andersherum zu sagen: Wer falsche Gründe für seine Behauptung anführt, dessen Behauptung kann trotzdem richtig sein.

Alle Chinesen sind Stars.
Di Caprio ist ein Chinese.
Also: Di Caprio ist ein Star. (Ohne Kommentar!)

Zweitens: Korrekte Schlüsse können nur ein wahres Ergebnis haben, wenn die Prämissen wahr sind.

Alle Mädchen sind Intellektuelle.
Kein Intellektueller hat Herz.
Also: Kein Mädchen hat Herz.

1 Ist der folgende Schluss korrekt:

Turner sind gute Sportler.
Einige Jungen sind keine Turner.
Einige Jungen sind keine guten Sportler.

Du siehst: Ein korrekter Schluss (von der Form her), aber drei falsche Aussagen.

Ich gebe zu: Mir brummt der Kopf vom Überlegen und Formulieren. Wie geht's dir, bist du ein bisschen benommen? Das ist nur ausgleichende Gerechtigkeit! – Vielleicht macht dir das Ganze auch ein bisschen Spaß. Hoffentlich.

Ciao!

Hanns

5. Brief: Schlüsse aus Wenn-dann-Sätzen

Liebe Miriam,

ich hoffe, dass du ein wenig verdaut hast, was ich dir beim letzten Mal geschrieben habe. Heute muss ich noch eine Kleinigkeit (?) nachtragen. Es geht um Schlüsse aus Bedingungssätzen, und diesmal ist es wirklich einfach, Fehler im Schließen zu entdecken. Du glaubst das nicht? Du wirst sehen!

Die erste Prämisse ist hier immer ein Satz, der aus einem Bedingungssatz (eingeleitet mit „wenn", „falls" o. ä.) und einem Hauptsatz besteht.

Ein schrecklich einfaches, aber einprägsames Beispiel: „Wenn es regnet, wird die Straße nass." Die zweite Prämisse kann lauten: „Es regnet." Die Schlussfolgerung ist klar: „Also wird die Straße nass." Ein korrekter Schluss, zu einfach für dich. – Die zweite Prämisse kann auch lauten: „Die Straße wird nicht nass." Auch hier ist ein korrekter Schluss möglich: „Es regnet nicht." Ist doch logisch!

Jetzt aber aufgepasst! Die zweite Prämisse heißt jetzt: „Nun regnet es nicht." Darf ich jetzt schließen: „Also wird die Straße nicht nass"? Keineswegs! Denn es kann noch andere Ursachen für das Nass-Werden der Straße geben: Die Kinder des Nachbarn spritzen wie wild mit dem Gartenschlauch herum, oder es fährt ein städtischer Sprengwagen vorbei.

Eine vierte Möglichkeit. Die zweite Prämisse lautet jetzt: „Die Straße wird nass." Darf ich jetzt schließen, dass es regnet? Auch hier ist kein Schluss erlaubt, denn – s. o.! – es kann noch andere Ursachen geben.

Obwohl dies schrecklich schematisch aussieht, schreibe ich dir die vier Möglichkeiten noch einmal untereinander. (Warum wohl?)

Korrekte Schlüsse:

a) Wenn es regnet, wird die Straße nass.
Nun regnet es.
Also wird die Straße nass.

b) Wenn es regnet, wird die Straße nass.
Nun wird die Straße nicht nass.
Also regnet es nicht.

Folgende Formen aber sind falsch:

c) Wenn es regnet, wird die Straße nass.
Nun regnet es nicht.
Also wird die Straße nicht nass.

d) Wenn es regnet, wird die Straße nass.
Nun wird die Straße nass.
Also regnet es.

Bona fide

Palmström geht durch eine fremde Stadt …
Lieber Gott so denkt er, welch ein Regen!
Und er spannt den Schirm auf, den er hat.

Doch am Himmel tut sich nichts bewegen,
und kein Windhauch rührt ein Blatt.
Gleichwohl darf man jenen Argwohn hegen.

Denn das Pflaster, über das er wandelt,
ist vom Magistrat voll List – gesprenkelt.
Bona fide hat der Gast gehandelt.

Christian Morgenstern

Hier kommt Arbeit auf euch zu.

Ich empfehle dir, diese vier Möglichkeiten ganz formal aufzuschreiben, nämlich so:

a) Wenn p, dann q.
Nun p.
Also q.

Den Rest musst du selbst hinschreiben, vielleicht wird dir noch einmal bewusst, wie hier geschlossen werden darf und wie nicht.

Man kann auch eine allgemeine Regel formulieren. Du könntest das wahrscheinlich auch selbst, aber aus purer Freundlichkeit will ich sie dir verraten:

Was für ein Lerntyp bist du? Prägen sich dir besser Beispiele oder abstrakte Regeln ein?

Wenn die Bedingung gilt, gilt auch das Bedingte, und wenn das Bedingte nicht gilt, gilt auch nicht die Bedingung.
Aber: Wenn die Bedingung nicht gilt, darf nicht auf das Nichtgelten des Bedingten geschlossen werden, und wenn das Bedingte gilt, darf nicht auf das Gelten der Bedingung geschlossen werden.

Um ehrlich zu sein: Beim Schreiben wäre ich beinahe ins Schleudern gekommen. Und ich gebe zu, dass mir solche abstrakten Formulierungen gar nicht liegen. Du musst dir die Regel auch nicht merken. Denn es genügt völlig, wenn du dir die vier Beispiele merkst und von ihnen ableitest, was erlaubt ist und was nicht. Ich mache das auch nicht anders.

Aber wichtig ist die Sache schon, weil im Alltag, in der Politik und sogar in der Wissenschaft zu oft falsch geschlossen wird. Ich bringe ein Beispiel.

Wenn Person X Bürger der BRD ist, hat sie Grundrechte.
Person X ist nicht Bürger der BRD (sondern Tamile).
Also: Person X hat keine Grundrechte.

Vergleiche diesen Fall mit dem Regenbeispiel! Welcher Form entspricht es? Merkst du, was für ein Unsinn aus falschen Schlüssen erwächst?

So, mir knurrt der Magen, und ich habe Durst. Mit anderen Worten: Ich gehe rüber ins Bistro und genehmige mir was Gutes. Ich überlasse dir, liebe Miriam, die Logik, aber nicht ganz, da ich bei Diskussionen mit Monsieur Dupont immer höllisch aufpassen muss.

Ich denke an dich.

Hanns

Miriam mailt:

Betreff

Miriam an Hanns

Lieber Hannes!
Herzlichen Dank für die Mühe, die du dir (und mir) gemacht hast. Ich meine, ich hätte das meiste verstanden. Sag mir bitte, ob ich richtig gedacht habe.
Ich habe mit dem Markus aus meiner Klasse über Gott diskutiert, er hat gesagt, Gott müsse es geben, da die Welt Ordnung und Gesetzmäßigkeit aufweist. Da ich von dir etwas gelernt habe, habe ich seine Ansicht in eine logische Form gebracht, nämlich so:

Wenn die Welt von Gott geschaffen wurde, dann zeigt sie Ordnung und Gesetzmäßigkeit. Die Welt zeigt tatsächlich Ordnung und Gesetzmäßigkeit. Also wurde die Welt von Gott geschaffen.

Markus war zwar etwas verdutzt, weil das für ihn total mathematisch war, er meinte aber, das sei genau seine Vorstellung. Ich habe gesagt, ich müsste mir das überlegen. Ich war nämlich nicht ganz sicher, ob der Schluss falsch ist oder nicht. Ich meine aber, dass er falsch ist, will aber auch nicht, dass der Markus mich für eine Besserwisserin hält. Was rätst du mir? Nerve ich dich?

Deine Miriam

1 Lest nicht weiter, sondern überlegt, ob der Schluss richtig ist. (Übrigens: Wie viele Bedeutungen hat das Wort „Welt"?)

Hanns mailt zurück:

Betreff | An/Von

Hanns an Miriam

Liebe Miriam!
Gratuliere, du hast's kapiert: Der Schluss, von dem du sprichst, ist tatsächlich als Schluss falsch: Ich darf vom Bedingten nicht auf die Bedingung schließen. (Wenn die Straße nass ist, darf ich streng genommen nicht schließen, dass es geregnet hat.)

Aber: Auch wenn ich nicht schließen darf, dass Gott die Welt geschaffen hat, so ist doch die Möglichkeit, dass er sie geschaffen hat, damit keineswegs widerlegt. Denke an die nasse Straße: Sie kann durchaus vom Regen nass geworden sein.

Also: Man darf aus der Falschheit eines Schlusses nicht zuviel schließen. Wenn du Markus das sagst, kann er, so meine ich, einverstanden sein mit dir und deinen Überlegungen.

Wenn du Fragen hast, frag nur!

Tschüss! Hanns

6. Brief: Über das Widersprechen und den Satz vom Widerspruch

Liebe Miriam,

heute wird's vielleicht noch einmal ein bisschen schwer. Du fragst, was es bedeutet, wenn man sich in einer Diskussion nicht selbst widersprechen soll. Ich will versuchen, es dir zu erklären.

Im Alltag sagt deine Mutter vielleicht: „Widersprich mir nicht dauernd!" Das sagt sie, wenn du nicht einverstanden bist mit dem, was du tun sollst, wenn du also „motzt" oder „meckerst". Im Zusammenhang mit einer Diskussion ist aber ein „Widerspruch" keine „Motzerei" oder „Meckerei", sondern etwas Logisches. Was ist gemeint?

1 Könnt ihr die Frage selbst beantworten?

In einer Fernsehdiskussion über fremde Lebensformen behauptet jemand: „Auf dem Mars gibt es Lebewesen." Ein anderer sagt: „Das stimmt nicht: Auf dem Mars gibt es keine Lebewesen." Hier liegt ein logischer Widerspruch vor. Was heißt das? Gemeint ist: Eine von beiden Behauptungen muss wahr, und die jeweils andere muss falsch sein. Welche nun wahr ist oder nicht, das müsste nachgewiesen werden. Wichtig ist jedoch: Es wäre falsch, einfach zu sagen: „Beide haben recht, für den einen ist wahr, dass es auf dem Mars Lebewesen gibt, und für den anderen ist eben wahr, dass es dort keine Lebewesen gibt." (Das wäre zwar kein unsympathischer Kommentar, bringt aber kaum weiter.) Wer beiden recht geben möchte, sagt mit anderen Worten: „Es gibt Lebewesen auf dem Mars, und es gibt keine Lebewesen auf dem Mars." Allgemeiner formuliert: Er sagt, dass etwas der Fall ist, und behauptet zugleich, dass eben dies nicht der Fall ist. Das aber ist einfach unsinnig, oder etwa nicht? Wenn du so etwas hörst, weißt du nicht, woran du bist und was der Sprecher eigentlich meint. Oder wir halten den, der so spricht, schlicht für verrückt. Du nicht?

Folglich: Widersprüche müssen vermieden werden. Das bedeutet:

1. Du darfst dir in einer Diskussion nicht selbst widersprechen (wenn man dich ernst nehmen soll).
2. Wenn zwei Diskussionspartner einander widersprechen, dann muss man versuchen herauszubekommen, wessen Behauptung nun richtig ist; denn <u>beide</u> Behauptungen können <u>nicht</u> richtig sein.

Hast du mich verstanden? Noch nicht ganz? Gut, ich fange noch mal an und bringe weitere Beispiele (Beispiele sind immer nützlich).
In manchen Fällen kann man sicher sein, dass ein Widerspruch vorliegt, wie z. B. bei den Aussagen „Gott existiert" und „Gott existiert nicht". Einer der beiden Sätze muss doch wahr sein, während der jeweils andere falsch ist. Das ist doch logisch! Es gibt aber auch schwierigere Fälle. Ein einfaches Beispiel (für den schwierigen Fall), ich schreibe es dir übersichtlich auf:

A sagt: „<u>Tim war Schüler</u>." **B** sagt: „<u>Tim war nicht Schüler</u>."

Dies sieht nach einem Widerspruch aus. Denkbar ist jedoch, dass mit „Tim" zwei verschiedene Jungen gemeint sind, so dass sich die beiden Sätze keineswegs widersprechen. Aber auch wenn mit „Tim" ein und derselbe Junge gemeint ist, muss es sich nicht um einen Widerspruch handeln. Denn dieser Tim kann zu einer bestimmten Zeit Schüler gewesen sein, zu einer anderen Zeit aber nicht. Besteht nun ein Widerspruch, wenn die Zeit genauer bestimmt wird, nämlich so:

A: „<u>Tim war 1990 Schüler</u>." **B:** „<u>Tim war 1990 nicht Schüler</u>."

Auch diese Sätze müssen sich nicht widersprechen. Zu fragen ist nämlich, wovon genau die Rede ist: Ist gemeint, ob Tim z. B. Realschüler oder Schüler einer Musikschule war? Erst wenn die Zuordnung zu einer Schule (oder zu einem Lehrer) ausgedrückt wird, widersprechen sich die beiden Sätze offensichtlich:

A: „Tim war 1990 Schüler einer Musikschule."
B: „Tim war 1990 nicht Schüler einer Musikschule."

Hier liegt also eindeutig ein Widerspruch vor. Einverstanden?
Man muss also genau darauf achten, was die Gesprächspartner meinen. Alle hier zu bedenkenden Punkte hat Aristoteles in seinem berühmten „Satz vom Widerspruch", genannt, den man sich einfach merken muss. Er lautet:
Es ist unmöglich, dass demselben dasselbe in derselben Hinsicht zugleich zukommt und nicht zukommt.

Ich kann seinen Inhalt auch einfacher (?) formulieren:
Es ist falsch zu sagen: S ist in derselben Hinsicht und zur selben Zeit P und nicht P.

2 Welche der beiden Formulierungen würdet ihr lieber auswendig lernen?

Hier ist S das, worüber etwas gesagt wird, und P das, was über S gesagt wird. Statt „in derselben Hinsicht" kann es auch heißen: „in derselben Beziehung", „bezogen auf dieselbe Sache", „unter demselben Aspekt", „unter demselben Gesichtspunkt" oder „in derselben Relation". (Übrigens: Frag mal deinen Mathelehrer, mit welcher Formel die Mathematiker den Widerspruch darstellen! Wichtiges wird nach meiner Ansicht dabei gar nicht beachtet!)
Der Satz vom Widerspruch, genauer: der Satz vom zu vermeidenden Widerspruch, verbietet sozusagen, dass du dir selbst widersprichst, also an zwei einander widersprechenden Sätzen festhältst.

Aber: Du darfst natürlich deine Meinung ändern und eine Behauptung zurücknehmen, die du zunächst aufgestellt hast.
Verboten ist auch nicht, dass du anderen widersprichst. Denn die könnten ja Unrecht haben. Du allerdings auch, klar. (Ich ebenfalls.)

Dieser seltsame Gegenstand macht schön deutlich, was man mit dem Satz meint, es komme immer auf den Standpunkt an.

Ich muss noch etwas Wichtiges nachschieben, wenn du noch Geduld hast. Oben hieß es: „Für den einen ist wahr, dass es auf dem Mars Lebewesen gibt, und für den anderen ist eben wahr, dass es dort keine Lebewesen gibt." Das ist ungenau ausgedrückt. Richtig müsste es heißen: „Der eine hält für wahr, dass es … gibt, der andere hält für wahr, dass es … nicht gibt." Mag sein, dass das stimmt, aber eine solche Feststellung bringt uns nicht weiter. Denn wir wollen normalerweise nicht wissen, was für wahr gehalten wird, sondern, was wahr ist. Und hier gilt (ich sag's noch einmal): Von zwei Aussagen, die einander widersprechen, kann nur eine wahr sein.

Tschüss bis zum nächsten Mal

Hanns

P. S.: Ich muss mich korrigieren. Ganz sicher kann man keineswegs sein, dass die beiden Aussagen „Gott existiert" und „Gott existiert nicht", sich widersprechen. Denn es ist ja möglich, dass die beiden Gesprächspartner, unter den Begriffen „Gott" und „existieren" nicht dasselbe verstehen und so aneinander vorbeireden, wie das eben oft der Fall ist.

Ist doch logisch, oder?

Eure Meinung dazu?

Miriam mailt:

Betreff | An/Von

Miriam an Hanns

Lieber Hanns!
Wenn ich mir durchlese, was du zum Widerspruch geschrieben hast, dann leuchtet mir das alles ein. Alles ist so logisch. Wenn ich mir aber selbst Beispiele ausdenke, bin ich gar nicht mehr so sicher.
Mir fiel Folgendes ein:
Einer sagt: „Die Wand ist weiß." Der andere antwortet: „Nein, im Gegenteil, die Wand ist schwarz."
Mir kommt das wie ein Widerspruch vor, habe aber das Gefühl, dass es kein richtiger Widerspruch ist. Kläre mich bitte auf (nein, nicht so, ich weiß Bescheid).

Deine Miriam

Hanns mailt zurück:

Betreff | An/Von

Hanns an Miriam

Liebe Miriam!
Ich finde es gut, dass du auch beim Denken auf deine Gefühle achtest: Sie geben uns oft wichtige Tipps. Du hast Recht: Dein Beispiel ist gar kein Widerspruch im logischen Sinne. Wieso nicht?
Alle Widersprüche sind Gegensätze, aber nicht alle Gegensätze sind Widersprüche (erinnere dich an die Indianer!). Die beiden Sätze „Die Wand ist weiß" und „Nein, die Wand ist schwarz" behaupten Gegenteiliges, aber: Sie können beide falsch sein, dann nämlich, wenn die Wand grau ist. Zu einem echten Widerspruch gehört aber – du erinnerst dich –, dass eine von beiden Aussagen wahr sein muss und die andere jeweils falsch. Ein Mittleres gibt es nicht. Hier aber: Ein Mittleres ist durchaus möglich.
Das musst du dir wirklich nicht merken: Der echte Widerspruch bildet einen kontradiktorischen Gegensatz. Der Gegensatz, bei dem es ein Mittleres gibt, heißt konträr: Die gegensätzlichen Behauptungen können beide falsch sein!
Da du denken kannst, bitte ich dich zu überlegen: Weshalb bilden die beiden Sätze „Alle Wege führen nach Rom" und „Kein Weg führt nach Rom" keinen richtigen Widerspruch, sondern nur einen (jetzt benutze ich den Begriff doch) „konträren" Gegensatz? Schwer?
Habe ich damit deine Frage beantwortet? – Nochmals: Es ist beim Denken gar nicht verkehrt, einem Gefühl nachzugehen, das einem sagt: „Vorsicht! Hier stimmt was nicht."

Hanns

Wenn ihr euch die Eröffnungsseite des Kapitels anschaut, werdet ihr eine Reihe von Kästchen sehen, die von Weiß über Abschattierungen von Grau bis Schwarz reichen. Hier könnt ihr gut erkennen, was Hanns meint.
Ein richtiger Widerspruch liegt dann vor, wenn der eine sagt: „Die Wand ist weiß" und der andere sagt: „Die Wand ist nicht weiß". Jetzt muss einer der beiden Sätze wahr sein und der jeweils andere falsch.

Ein letzter Brief von Miriam:

Lieber Hanns!
Ich weiß, dass du dir 'ne Menge Mühe gemacht hast, um alle meine Fragen mit einer Riesengeduld zu beantworten. Und als Dank – nicht aus Bosheit – erzähle ich dir von einer Denkaufgabe, über die wir in der Klasse nachgedacht haben (wir haben uns gefetzt, bis einer die absolut einfache Lösung gefunden hat). Also, weil dir das Denken Spaß macht:

Zwei Männer stehen vor einem Bild, einem Porträt. Der erste zeigt auf das Bild und fragt den zweiten: „Wer ist dort dargestellt?" Der Angesprochene sagt: „Ich habe keine Brüder und keine Schwestern. Aber der Vater dieses Mannes ist der Sohn meines Vaters."

Wer ist auf dem Bild dargestellt? Hast du's gleich rausgekriegt? Ich nicht.

Nochmals: Dankedankedankedanke ... !

Deine

Miriam

Miriam hat dem letzten Brief noch einige Bildchen beigelegt, die sie ausgeschnitten und aufgeklebt hat. Auf der Rückseite steht:

„IST DAS ETWA LOGISCH?"

Philosophie – was heißt das überhaupt?

Philosophie: Das Wort Philosophie stammt vom griechischen „philos" (Freund) und „sophia" (Weisheit, vernünftiges Nachdenken).

Philosophie bedeutet also „Liebe zur Weisheit", und das ist bescheiden gemeint, denn die Betonung liegt auf der „Liebe" zum Wissen, nicht auf dessen Besitz.

Antike
492-448: Perserkriege
431-404: „Peloponnesischer" Krieg zwischen Athen und Sparta

Die Philosophie ist dem Wort wie der Sache nach eine Hervorbringung des antiken Griechenland. Einer der ersten und gleichzeitig einer der berühmtesten Philosophen überhaupt ist **Sokrates** (469-399 v. Chr.). Auf dem Marktplatz, dem Zentrum des öffentlichen Lebens in Athen, konfrontierte er seine Zeitgenossen mit Fragen, um sie zur kritischen Prüfung ihres Wissens zu veranlassen. Sein Leitspruch war *Erkenne dich selbst* **(S. 14)**, und man kann vermuten, dass er, wenn er heute lebte, der modernen *Technik* gegenüber genauso kritisch eingestellt gewesen wäre wie gegenüber vielen Erscheinungen in seiner Zeit **(S. 134)**. Fälschlich der Gotteslästerung und jugendverderbender Lehren angeklagt, starb Sokrates für seine Überzeugungen. Platon, der ihn als Gesprächpartner in seinen berühmten Dialogen auftreten lässt, lässt ihn überlegen: Der Tod ist entweder ein Nichtsein oder der Übergang der Seele an einen anderen Ort.

Der griechische Philosoph **Platon** (427-347 v. Chr.) war ein Schüler des Sokrates. Platon verwendete neben der argumentativen philosophischen Rede (Lógos) auch manche alte Geschichte (Mythos), um seine Lehren zu verdeutlichen, zum Beispiel die von den *Kugelmenschen* **(S. 61)**. Platon befasste sich mit den überzeitlichen und überweltlichen Ideen als den Urbildern allen Seins. Berühmt ist sein so genanntes *Höhlengleichnis* **(S. 166)**.

Schüler wiederum Platons war **Aristoteles** (384-322 v. Chr.), der *Vater aller Wissenschaften* **(S. 132)**. Aristoteles hat zu fast allen Erscheinungen der Natur und der Menschenwelt Untersuchungen angestellt, so äußerte er sich auch zu *Freundschaft* **(S. 56/57)** und *Zorn* **(S. 15)**. Ideal des Aristoteles war die „mesótes", die „rechte Mitte" (z. B. Tapferkeit zwischen Tollkühnheit und Feigheit).

Um Christi Geburt: Rom beherrscht die Mittelmeerwelt

In der Spätantike dachten die Denker vor allem über Lebens- und Glücksregeln nach. Zunächst hatte **Diogenes von Sinope** (412-323 v. Chr.), der legendäre Tonnenbewohner, das Glück in der Bedürfnislosigkeit **(S. 211)** gesehen. **Epikur** (342-270 v. Chr.) lehrte eine mäßige Lust, die sich von ihren Genüssen nicht abhängig macht **(S. 220)**. Zum Glück gehört auch, die Angst vor dem Tod zu überwinden **(S. 220)**.

Im Mittelalter spielten die Religion und Hoffnung auf ein Leben über den Tod hinaus **(S. 195)** bei Philosophen wie **Thomas von Aquin** (1225-1274) eine große Rolle.

■ **Mittelalter**
Heiliges Römisches Reich deutscher Nation
um 1100: Kreuzzüge

■ **Neuzeit**
1492: Entdeckung Amerikas durch Kolumbus

Mit der Entdeckung der „neuen Welt" entwickelte sich auch eine neue Sicht auf den Menschen.

Der französische Philosoph **Michel de Montaigne** (1533-1592) zog sich 1570 in den Turm seines Schlosses im Périgord zurück, um die fast tausend Seiten „Essais" („Versuche") zu schreiben, die sich mit ganz diesseitigen Themen wie etwa der *Freundschaft* **(S. 61)** befassen.

Galileo Galilei (1564-1642) und **Francis Bacon** (1561-1626) können als die Begründer der modernen *Naturwissenschaften und Technik* angesprochen werden **(S. 132/133)**.

Philosophie der Aufklärung

Was ist „Aufklärung"? Umgangssprachlich reden wir von der Aufklärung im Gegensatz zum Unwissen. Gemeint ist die Erklärung und Erhellung zuvor „dunkler" oder geheimnisvoller Vorgänge. Wir sprechen etwa auch davon, dass der Himmel „sich aufklärt". Hier wird deutlich, dass der Begriff das Bild vom *Licht* enthält, das in die Dunkelheit vor- oder unaufgeklärter Verhältnisse zu bringen ist. Dies kann nach der Überzeugung der Aufklärer durch die Kraft der menschlichen Vernunft geschehen. Die Philosophie der Aufklärung fordert: „Habe Mut, dich deines eigenen Verstandes zu bedienen". Dies war der Leitspruch des Philosophen Kant.

1789: Französische Revolution

Immanuel Kant (1724-1804) hat sich in seiner „Kritik der reinen Vernunft", in der er behauptet, dass wir von der „wahren Welt" eigentlich gar nichts wissen können, auf die umstürzenden Leistungen von Galilei berufen **(S. 133)**. In seiner Ethik (Untersuchung moralisch richtigen Handelns) hat Kant das Gewissen als einen Gerichtshof aufgefasst **(S. 83)**.

Der „Goldenen Regel" **(vgl. S. 100/101)** ähnlich, aber durchaus nicht mit ihr identisch ist Kants berühmter „Kategorischer Imperativ": *Handle nur nach derjenigen Maxime, von der du zugleich wollen kannst, dass sie ein allgemeines Gesetz werde!*

Christentum

Etwa eine Milliarde Menschen bekennen sich zur Religion *„Christentum“*.
Sie geht zurück auf die Person Jesus von Nazareth (ca. 4 v.-31 n. u. Z.), Sohn des Zimmermannes Josef und seiner Frau Maria. In ihm sehen seine Anhänger die Weissagungen des Alten Testaments erfüllt: Er ist der von Gott verheißene Messias (hebr. der Gesalbte).

Titel: Christus

Zentraler Inhalt des christlichen Glaubens ist deshalb zunächst ihr Stifter Jesus Christus selbst (Christus: griech. der Gesalbte). Er ist für die Christen der Sohn Gottes, der in die Welt gekommen ist um die Menschheit zu erlösen. Durch seinen Tod am Kreuz hat er das gestörte Verhältnis der Menschen zu Gott (Sündenfall, **S. 24**) wieder in ein vertrauensvolles Kindheitsverhältnis verwandelt. Durch die Auferstehung von den Toten hat Jesus als erster den Tod überwunden und „ewiges Leben“ für alle Menschen ermöglicht.

Liebesgebot

Weitere Inhalte des Glaubens bestehen in der Verkündigung Jesu, wie sie im Neuen Testament niedergelegt ist: Diese Verkündigung ruft alle Menschen zur Änderung ihres Verhaltens, von der Liebe zum Ich hin zur Nächstenliebe. Das Liebesgebot wird erweitert zum Gebot der Feindesliebe. Ein weiterer Schwerpunkt der Verkündigung Jesu ist die Botschaft vom Reich Gottes, dessen glücklich machende Erfahrungen dem Glaubenden durch Gottes Gnade zuteil werden (s. Bergpredigt, **S. 216**; Goldene Regel, **S. 100/101**).

Eine Darstellung des Lebens und der Lehre des Jesus von Nazareth mit menschlichen Sorgen und Nöten (**S. 19**) findet sich in den ersten vier Büchern des Neuen Testaments, in den Evangelien (griech. frohe Botschaft) des Matthäus, Markus, Lukas und Johannes. Die Inhalte des christlichen Glaubens sind nicht nur im NT als seiner Offenbarungsurkunde formuliert; für die Christen gilt auch das AT, das Buch, das vom Handeln Gottes in der Geschichte Israels berichtet und das Gesetz Gottes enthält, ebenso als Offenbarung. Der Gottesbegriff der israelitisch-jüdischen Religion wird übernommen und zur Trinität (= Dreifaltigkeit) erweitert, weil Gott in der Person Jesu Christi erschienen ist und der Geist Gottes, der „heilige Geist“, eine Offenbarungsweise Gottes ist, die durch unsichtbare Weise den Glauben im Menschen bewirkt und damit den Lebenswandel der Christen sowie die Tradition der Auslegung der Schrift leitet.

Trinität

Sichtbares Zeichen der Zugehörigkeit zum christlichen Glauben ist die Taufe, die in unterschiedlichen Formen vollzogen wird. Der Auftrag zur Taufe geht von Jesus selbst aus (nach Matthäus 28,19).

Taufe

Das Leben als Christ besteht im Wesentlichen darin, die Offenbarung Gottes in Form der Aussagen der Bibel ernst zu nehmen und davon auszugehen, dass die Liebe Gottes, die Gott durch seinen Sohn den Menschen erwiesen hat, im Miteinander-Leben der Menschen deutlich und bewusst gemacht werden soll.

Glaubensbekenntnis

Die Grundaussagen des christlichen Glaubens sind im Apostolischen Glaubensbekenntnis formuliert, die jedoch die verschiedenen Kirchen unterschiedlich interpretieren. Deshalb gibt es keine einheitliche Organisationsform, in der alle Christen zusammengeschlossen sind. Allen Christen gemeinsam ist aber die Auffassung, dass sie insgesamt – unabhängig von der Organisationsform – über die Grenzen der konkreten Kirchen und Gruppierungen hinweg eine Einheit bilden, gewissermaßen eine „verborgene Kirche“.

Die Geschichte der Nachfolge Jesu (Kirchengeschichte) beginnt bereits mit dem Buch des NTs, der Apostelgeschichte des Lukas. Mit dem Ehrennamen Apostel (griech. Gesandter) wurden zunächst die zwölf Jünger Jesu bezeichnet, die mit der Verkündigung der Lehre beauftragt waren, dann aber auch weitere urchristliche Missionare, die Jesus selbst nicht mehr begegnet sind, besonders Paulus.

Die nachbiblische Zeit des Christentums lässt sich in **vier Abschnitte** gliedern:

1. Im römischen Reich:
Die christliche Gemeinde galt im römischen Reich zunächst als eine jüdische Sekte. Der römische Staat entzog dieser schnell wachsenden Gemeinschaft bald die religiösen und rechtlichen Privilegien, die er dem Judentum eingeräumt hatte. Da die Christen den Kaiserkult ablehnten, kam es zu Christenverfolgungen. Kaiser Konstantin stellte die Christenverfolgungen ein und machte das Christentum zu der mit allen zeitgenössischen Kulten gleichberechtigten, Kaiser Theodosius im Jahre 380 schließlich zur allein berechtigten Religion im römischen Reich.

54-68: Verfolgung unter Kaiser Nero

311: Toleranzedikt Kaiser Konstantins

2. Im Mittelalter
Die zweite Epoche in der Geschichte des Christentums beginnt mit dem Übergang des christlichen Glaubens auf die germanischen, romanischen und slawischen Völker. Der Papst betrachtete die Fürsten und Bischöfe als seine Untergebenen. In geistiger Hinsicht schien der christliche Glaube die eine Weltanschauung zu sein, mit der alle Probleme des Lebens gelöst werden sollten. Im Zusammenhang mit dieser monopolartigen Machtstellung stellten sich in der Kirche Verfallserscheinungen ein, die den Ruf nach einer Reform laut werden ließen.

Monopolartige Machtstellung
Papst = Bischof von Rom, an der Spitze der Hierarchie der kirchlichen Ämter

Hierarchie: (griech.) = heilige Ordnung

3. In der Neuzeit
Die dritte Epoche war die Zeit der Reformation und der Gegenreformation, sie umfasst das 16. und 17. Jahrhundert, in denen es zur Umbildung der gesamten Kirche kam. Martin Luther (1483-1546) legte die Kriterien der Bibel an die äußeren Formen des Christentums an, in Europa trennten sich die Anhänger der Lehre Luthers, die „Evangelischen", von der alten „katholischen" (griech. allgemein) Kirche. Es kam zur Entstehung territorial und national begrenzter Landeskirchen. Das „Augsburger Bekenntnis" formulierte die Position der Protestanten.
Die Reformation löste die Gegenreformation aus. Im Mittelpunkt dieser Erneuerung steht das Konzil von Trient (1545-1563), auf dem die Lehren des Katholizismus gegenüber denen der evangelischen Kirchen fixiert wurden.

1521: Reichstag zu Worms

1555: Augsburger Religionsfriede

4. Ausbreitung des Christentums
Im Zuge der missionarischen Ausbreitung des Christentums fanden vielfach Begegnungen mit fremden, einheimischen Religionen statt. Es entstand das Bewusstsein einer religiösen Vielfalt, die zur wissenschaftlichen Beschäftigung mit fremden Religionen und damit zur Entstehung einer neuzeitlichen Religionswissenschaft führte. Durch die Auseinandersetzung mit anderen Weltanschauungen wurde die Besinnung auf das Gemeinsame der christlichen Konfessionen (lat. Bekenntnisse) gefördert und wesentliche Impulse für die ökumenische Bewegung geliefert (Ökumene griech.: die bewohnte Welt).

Ökumenische Bewegung

Islam

Rund 1 Milliarde Menschen auf der Welt, etwa 2 Millionen in Deutschland, sind *Muslime* (veraltet: Moslems); d. h. sie bekennen sich zum *Islam*. „Völlige Hingabe in den Willen Gottes" – das ist die Übersetzung des arabischen Wortes „Islam" **(S. 217)** – ist Kern der Glaubenslehre und Lebenspraxis der Muslime. Ihr Glaubensbekenntnis (*Schahada*) besteht aus zwei Teilsätzen:

„Ich bezeuge, es gibt keinen Gott außer Allah,
und Muhammad ist sein Prophet."

Wie Judentum und Christentum ist auch der Islam monotheistisch: Muslime glauben nur an Gott, genannt „Allah" (aus arab. al-ilah „der Gott"), er ist der eine und einzige Gott. Allah ist für Muslime der alleinige Schöpfer der gesamten Welt und auch ihr Erhalter, er leitet die Menschen und richtet sie; er ist allwissend, allmächtig und barmherzig. Die Menschen als Teil der Schöpfung seien von ihm befähigt, zwischen Gut und Böse zu unterscheiden. Sie hätten die Aufgabe, sich in der Welt zu bewähren, durch Hingabe in den Willen Gottes und durch sittliches Handeln. Das Wissen um diese Pflichten sei in den Herzen aller Menschen verankert.
Diesem Auftrag seien die Menschen aber nicht immer gerecht geworden, daher habe Gott *Propheten* (Gesandte) auf die Erde geschickt, damit sie die Menschen erinnerten und ermahnten. Zu ihnen zählen im Islam Adam, Noah, Abraham (Ibrahim), Moses (Musa) als Übermittler der Tora für die Kinder Israels, David und Jesus Christus, der das Evangelium verkündete **(S. 216)**. Herausragende Bedeutung aber komme dem letzten in der Reihe der Propheten zu: *Muhammad* (auch: Mohammed). Er wird daher auch als Religionsstifter des Islam bezeichnet.

Koran und Sunna als Hauptquellen des gläubigen Lebens

Der *Koran* (arab. „Lesung") ist die heilige Schrift des Islam und gilt den Muslimen als das direkte unverfälschte und unfehlbare Wort Gottes. Er beruhe auf den Offenbarungen, die dem Muhammad in 22 Jahren in Mekka und Medina vom Erzengel Gabriel übermittelt worden seien und die er seinen Landsleuten verkündet habe. Muhammads Anhänger hätten seine Botschaften bewahrt. Aus ihnen sei 20 Jahre nach seinem Tode der bis heute gültige Korantext in arabischer Sprache zusammengestellt worden. Verkündigung und Niederschrift im Koran seien notwendig geworden, weil die Tora und das Evangelium als seine Vorläufer vieles im Unklaren gelassen hätten. Der Koran besteht aus 114 *Suren* (Kapiteln), die ihrerseits in drei bis über 300 *Verse* unterteilt sind. Die Suren folgen nicht einer strengen zeitlichen oder thematischen Ordnung. Überwiegend sind sie ihrer Länge nach sortiert, nach der kurzen Eröffnungssure beginnend mit der längsten.
Dem Koran als Glaubensquelle nachgeordnet ist die *Sunna*, d. h. „Gewohnheit" des Vorbildes Muhammad. Sie ist überliefert in *Hadithen*, in Textsammlungen über seine Worte und Taten, aufbewahrt von Zeitzeugen und deren Überlieferern.

Koran und Sunna bieten den Muslimen umfassende Orientierungen; das privatreligiöse, das gemeinschaftliche und das politische Leben bilden eine Einheit. Im Verhältnis zu Gott verlangen die Gebote Gehorsam, Demut und Dankbarkeit. Gegenüber den Mitmenschen geht es um Gerechtigkeit, Barmherzigkeit, Solidarität, Achtung vor dem Leben, Respekt der Kinder vor den Eltern, Sexualität in der Ehe, Bescheidenheit und Wahrhaftigkeit. Alkohol und Schweinefleisch sind untersagt. In vielem ähneln die Vorschriften (vor allem Sure 17, 22-39) dem Dekalog der Tora **(S. 98)**. Auch die Goldene Regel **(S. 100/101)** wird in einem Hadith ausdrücklich erwähnt.

■ Muhammad, der Prophet

Muhammad wurde um 570 n. Chr. in Mekka (im westlichen Teil des heutigen Saudi-Arabiens) geboren. Er stammte aus einer armen Kaufmannsfamilie. Als er im Alter von 25 Jahren eine reiche Witwe heiratete, wurde er zum angesehenen Kaufmann in Mekka.
Mit 40 Jahren begann Muhammad daran zu zweifeln, ob das Leben in einer Gesellschaft sinnvoll sein kann, in der die Reichen ihren Vergnügungen nachgehen und die Armen bedenkenlos übervorteilten.
In einer einsamen Höhle in der Nähe von Mekka soll Muhammad ein Berufungserlebnis gehabt haben: Im Schlaf hat ihn Gott durch den Engel Gabriel aufgefordert, Gottes Botschaft zu verkünden.
Muhammads mahnende Predigten missfielen den meisten Mekkanern.
Denn er stellte die herrschende soziale Ordnung der Stadt und die Vielgötterei in Frage.
Als die Anfeindungen gegenüber Muhammad und seinen Anhängern unerträglich wurden, siedelte er 622 nach Medina (ca. 300 km nördlich von Mekka) über.
Das Jahr dieser Auswanderung (*Hidschra*) gilt als der Beginn der islamischen Zeitrechnung.
Muhammads Anhängerschaft wuchs in Medina, es kam zu kriegerischen Auseinandersetzungen mit den Mekkanern, die ihm aber 630 ohne Widerstand die Tore der Stadt öffneten. 632 starb Muhammad in Medina, wo er auch begraben ist.

um 570 n. Chr.:
Geburt Muhammads in Mekka

622: Auswanderung Muhammads nach Medina (Hidschra)

632: Tod Muhammads,
Abu Bakr 1. Kalif

Außer Koran und Sunna regeln auch die Übereinstimmungen (Konsense) der islamischen Gemeinden und juristische Analogieentscheidungen das menschliche Zusammenleben. Diese vier Quellen sind die Grundlagen der *Scharia*, des islamischen Rechts. Es ist in unterschiedlichen Rechtsschulen ausgeprägt.

Maßgeblich für alle Muslime sind fünf Gebote, die *„fünf Säulen des Islam"*:
1. den Glauben bekennen,
2. fünfmal am Tag in vorgegebener Körperhaltung mit Blickrichtung nach Mekka beten,
3. im Monat Ramadan vom Sonnenaufgang bis Sonnenuntergang fasten,
4. Almosen geben,
5. mindestens einmal im Leben nach Mekka pilgern. Die Erfüllung der Gebote hat Bedeutung für das Leben nach dem Tode.

Im Tode – so der Koran – trennen sich Leib und Seele. In einem *Zwischengericht* prüfen Engel den Lebenswandel des Toten. In der Endzeit, am *Jüngsten Tag*, werden die Toten auferweckt **(S. 198)**. Allah wird dann richten über endgültige *Verdammnis* oder Aufnahme ins *Paradies*.

Ausbreitung und Aufgliederung des Islam

Schon zu Lebzeiten Muhammads haben sich die meisten arabischen Stämme dem Islam angeschlossen. Nach seinem Tod verbreitete sich die Herrschaft unter seinen Nachfolgern, den ersten vier *Kalifen*, bis ins heutige Libyen und das heutige Afghanistan. Im Streit um die Nachfolge des 4. Kalifen Ali kam es zur Spaltung: Alis Anhänger („Schiat Ali", Partei Alis, *Schiiten*) sprachen nur ihm des Nachfolgerecht zu. Die *Sunniten*, zu denen heute 90 % der Muslime gehören, gehen auf die Anhänger seines Vorgängers zurück. Im 8. Jahrhundert reichte das islamische Gebiet schon bis nach Nordindien, nach Nordafrika und Spanien. Dort aber wurden die Muslime 1492 vertrieben. 1453 eroberten die Osmanen Konstantinopel (früher: Byzanz, ab 1930: Istanbul). Islamisiert wurden dann Indonesien und Teile Indiens.

Der türkische Staatsgründer Kemal Atatürk hob das Kalifat auf und trennte 1928 Staat und Religion. 1979 errichtete Ayatollah Khomeini im Iran eine schiitisch-islamische Republik auf der Basis der Scharia. In Deutschland orientieren sich Muslime teils mehr, teils weniger streng an islamischen Rechtsregeln. Dies führt gelegentlich zu Konflikten, vor allem zwischen den Generationen **(S. 44/45)**.

634-661: Herrschaft der Kalifen Umar (Omar), Utman (Osman) und Ali

635-642: Eroberung des Vorderen Orients

680: endgültige Spaltung in Sunniten und Schiiten

ab 700: Ausweitung der Herrschaft bis Nordindien und Spanien

1453: Eroberung von Konstantinopel (heute: Istanbul)

1492: Ende der islamischen Herrschaft in Spanien

14. bis 18. Jahrhundert: Ausdehnung des Islam auf Indonesien und Teile Indiens

1928: Mustafa Kemal Atatürk trennt in der Türkei Staat und Religion

1979: Ayatollah Khomeini errichtet im Iran eine Islamische Republik auf der Basis der Scharia

Judentum

- **Vor unserer Zeitrechnung**

1800: Erzväter
- Abraham
- Isaak
- Jakob

1300: Mose

Es ist die älteste monotheistische Religion (Monotheismus = Eingottglaube), deren Offenbarungsurkunde die hebräische Bibel ist (Tora). Die Christen nennen die Tora auch Altes Testament. (Testament = Bund Gottes mit den Menschen). Das Judentum ist geprägt von dem Glauben an Jahwe als alleinigen Gott, als Schöpfer der Welt und Lenker der Geschichte der Juden. Was den „Erzvätern" Abraham, Isaak und Jakob verheißen wurde, wurde durch den Bundesschluss des Mose am Sinai besiegelt. Dabei überbrachte Mose dem Volk Israel die Zehn Gebote, den Dekalog **(S. 98)**. Das Befolgen dieser Gebote kann das persönliche Verhältnis der Menschen zu Gott, das durch den Sündenfall **(S. 24)** der ersten Menschen gestört ist, wieder in positive Bahnen lenken, ebenso wie diese „Weisungen" auch das Verhältnis der Menschen untereinander ordnen können. Aus dem Bundesschluss erwuchs die Überzeugung von der Auserwähltheit Israels unter den Völkern der Erde.

1000: König David

Eine Blütezeit erlebte das Volk Israel unter den Königen David und Salomo. David sind viele der Psalmen (= Lieder) **(S. 217)** zugeschrieben, deren 150 im Psalter, einem Buch der hebräischen Bibel, zusammengestellt sind. König Salomo **(S. 60)** baute den prächtigen Tempel in Jerusalem und war berühmt für seine Weisheit.

Die Ausschließlichkeit des Glaubens an Jahwe bedingte die kompromisslose Haltung der Propheten gegenüber anderen Religionen. Sie sahen den Menschen als Geschöpf Gottes, das seinem Willen und seinen Forderungen unterworfen ist, und deshalb mahnten sie immer wieder zum guten Handeln. Eine allgemein formulierte „Goldene Regel" **(S. 100/101)** war bereits im Judentum bekannt.

587–539: Babylonisches Exil (vom babylon. König Nebukadnezar II. angeordnete Zwangsverschleppung führender jüdischer Bevölkerungsschichten nach Babylon)

Propheten

Im babylonischen Exil und in der nachexilischen Zeit vollzog sich die Ausbildung des Judentums zur Gesetzesreligion. Ihr Kernstück ist das Gebot, den Sabbat als Feiertag mit völliger Arbeitsruhe zu heiligen. Hinzu kommen Reinheits- und Speisevorschriften.

Endgültige Befreiung und Erlösung aus aller Bedrängnis erwartet das Judentum durch das Erscheinen des Messias (hebr. Gesalbter) als König eines endzeitlichen Gottesreiches.

- **Nach unserer Zeitrechnung:**

70: Zerstörung des Tempels

Nachdem mit der Zerstörung des Tempels in Jerusalem das Judentum kein kultisches Zentrum mehr hatte, hörte der Opferkult auf, und an seine Stelle trat der Gottesdienst der Synagoge (Versammlungsort). Die Stelle des Priesters nahm nun der Rabbiner als Lehrer seiner Gemeinde ein.

Nach der Zerstörung Jerusalems durch die Römer wurden die Juden nach Rom und in entlegene Provinzen vertrieben. Reste der Bevölkerung versuchten einen Aufstand gegen Kaiser Hadrian (Bar Kochba 132-135), den die Römer jedoch niederschlugen. Jerusalem wurde dem Erdboden gleichgemacht. Die 800 Jahre zuvor von den Propheten vorausgesagte Zerstreuung der Juden über alle Länder (griech. Diaspora) ging in Erfüllung.

380: unter Kaiser Theodosius wird das Christentum Staatsreligion im römischen Reich

Nach der Anerkennung des Christentums als Staatsreligion im römischen Reich führte man Krankheiten und Missernten auf den Einfluss der Juden zurück, denen man die Schuld am Kreuzestod Jesu zuwies.

1516: erstes Getto in Venedig

In Deutschland traten Juden zur Römerzeit auf. Vom germanischen Recht wurden sie zunächst begünstigt, dann aber unter kirchlichem Einfluss einer „Judenordnung" unterstellt: Grundbesitz und Wohnen auf dem Lande war ihnen verboten, so dass sie ausschließlich „Städter" wurden. Dann wurden sie in Judenviertel verwiesen. Das Verlassen des Gettos war nur mit besonderen Pässen, befristet und mit besonderer

Kleidung (Judenabzeichen, „gelber Fleck") gestattet. Die Gotteshäuser mussten schmucklos bleiben und in versteckten Winkeln stehen. „Ehrliche Gewerbe" wurden ihnen verboten, nur der Trödelhandel und der Geldverleih war gestattet. Besonders befähigte Juden wurden vom Kaiser mit Schutzbriefen versehen und von den Fürsten zur Führung ihrer Finanzgeschäfte an den Hof gezogen. Dadurch wurden die Juden dem vielfach ausgebeuteten Volk immer verhasster. Zum erstenmal kam es in Deutschland während der *Kreuzzüge* zu offenen Feindseligkeiten. Auch in vielen anderen westeuropäischen Ländern begann mit der Zeit der Kreuzzüge der Kampf der Kirche gegen die Juden.

Ende des 11. bis Ende des 13. Jahrh.: Kreuzzüge (Züge nach Vorderasien zur Befreiung der heiligen Stätten des Christentums von islamischer Herrschaft)

1180: Ausweisung der Juden aus Frankreich

Viele Juden wanderten in die östlichen Nachbarländer aus. Als dort aber im 19. Jahrhundert die Verfolgungen zunahmen, wanderten viele Juden aus Osteuropa in die USA aus. New York hat heute die größte jüdische Gemeinde der Welt.
Seit der Mitte des 19. Jahrhunderts wurde auch in Deutschland der Antisemitismus immer stärker.
Die schwersten Verfolgungen der europäischen Juden begannen 1933 unter dem Nationalsozialismus in Deutschland, der die Juden als rassisch minderwertig und als Staatsfeinde diskriminierte und die Volksstimmung systematisch gegen sie aufhetzte.
Mit Kriegsausbruch verschärfte sich der Terror. Nach 1941 konkretisierten sich die Pläne zur Vernichtung der Juden. Etwa 6 Millionen Juden wurden in Konzentrationslager gebracht und in „Vernichtungslagern" umgebracht.

31.7.1941: Befehl zur „Endlösung der Judenfrage"

Ein großer Teil der Überlebenden wanderte 1945 nach Palästina aus. Die Idee eines jüdischen Staates wurde 1948 mit der Gründung des Staates Israel verwirklicht.
Heute gibt es wieder neues jüdisches Leben auch in Deutschland. Besonders nach der Öffnung des „Eisernen Vorhangs" wanderten Juden aus Osteuropa in Deutschland ein, und die jüdischen Gemeinden haben nun etwa 60 000 Mitglieder. So wurde z. B. in Recklinghausen 1997 eine neue Synagoge gebaut.

Hinduismus

ca. 1300-1200 v. Chr.: Einwanderung arischer Stämme in das Industal

ca. 1500-500 v. Chr.: Entstehung der „Veden", der ältesten religiösen Schriften Indiens

ab 800 v. Chr.: Entstehung der „Upanishaden": religiös-philosophische Schriften Indiens: Einheit von Atman und Brahman (= Brahmanismus)

■ **Buddhas Leben:** Siddharta Gautama wurde ca. 560 v. Chr. in Kapilavastu im heutigen Nepal als reicher Sohn eines Fürsten oder Königs geboren. Er heiratete als junger Mann, und seine Frau gebar ihm einen Sohn. Sein Vater soll ihn zunächst im Palast vor aller Erfahrung der Übel der Welt bewahrt haben.
Nach einer Legende habe der Prinz aber auf Ausfahrten mit einem Wagen bestanden. Er sah erstmals einen kranken, einen alten und einen toten Mann. Nach Erläuterungen durch den Wagenlenker war der Prinz bestürzt wegen der Aussicht, auch selbst solches Leid erfahren zu müssen. Als der Prinz auf einer weiteren Fahrt einen durch Fasten ausgemergelten Mönch sah, verließ er Frau und Kind und führte selbst einige Jahre ein Leben als Asket (weitgehender Verzicht auf Nahrung, Besitz, Geschlechtsverkehr). Er merkte aber, dass Übertreibungen nicht zur Erlösung von Leid und Tod führten.
Unter einem Feigenbaum in Bodh Gaya im heutigen indischen Bundesland Bihar habe er nach langer Konzentration die Erleuchtung gefunden (daher „Buddha": „Erleuchteter") über die Dinge, wie sie wirklich sind, ausgesprochen in den „vier edlen Wahrheiten". 45 Jahre lang lehrte

Als Hindus bezeichnen sich 80 % der ca. 1 Milliarde Inder und weitere 30 Millionen in anderen Ländern. Hinduismus ist eine Sammelbezeichnung recht unterschiedlicher Religionen: Viele Hindus glauben an eine größere Anzahl von Göttern, andere an einen einzigen Gott, manche sind auch Atheisten. Die Hauptgötter sind Brahma, der Schöpfer, Vishnu, der Erhalter und Shiva der Zerstörer. Auch Krishna **(S. 157)** und Ganesh werden vielfach verehrt.
Der Vielfalt der Lehren entspricht die Dunkelheit ihres Ursprungs. Einen Religionsstifter kennt der Hinduismus nicht. Seine ältesten Spuren reichen zurück in das 2. Jahrtausend v. Chr., als von Norden her der Stamm der Arier das Land um den Strom Indus (daher: Hindus, Inder) eroberte. Die kriegerischen Bauern und Viehzüchter verehrten die Kräfte der Natur wie Feuer, Wind und Wasser als Götter und priesen sie in religiösen Lobgesängen. Bis ca. 500 v. Chr. wurden diese nach langer mündlicher Überlieferung in den *Veden* („heiliges Wissen") schriftlich festgehalten. Schon hier wird vermutet: Hinter den vielen Göttern wirke eine einheitliche, höchste, alles durchdringende Kraft (Brahman = „Wachsen", „Ausdehnung").
Als sich das Herrschaftsgebiet der Arier nach Osten zum Ganges hin ausweitete (1000-750 v. Chr.), bildete sich das *Kastensystem* heraus, das die Gesellschaft ihrer Funktion nach in rangunterschiedliche, geschlossene Gruppen unterteilt. Ursprünglich gab es vier Kasten, die Priester und Philosophen (Brahmanen), die Fürsten und Krieger, die Händler und Bauern und schließlich die Handarbeiter. Unter ihnen standen noch die Unberührbaren (Parias). Später folgten weitere Unterteilungen.
In der Zeit nach der Ostausweitung (ca. 800-500 v. Chr.) entstand mit den *Upanishaden* (von: bei einem Lehrer „in der Nähe sitzen") philosophische Lehrsammlungen mit zwei Grundgedanken: 1. Was wir als Vielfalt der Dinge der Welt sehen, ist nur Täuschung (Maya). Man müsse vielmehr das eigene Selbst (Atman, verwandt mit unserem „Atem", **S. 200**) erkennen, denn letztlich falle es mit dem Urgrund allen Seins (Brahman) zusammen. 2. Nach dem Tode lösen sich die Seele und ihr „Fahrzeug", der nicht materielle „feinstoffliche Körper", wie auch der Atman vom Körper und wird in einem anderen Körper wiedergeboren. Eine bessere Wiedergeburt, etwa als Mensch in einer höheren Kaste, hängt ab von einem guten Lebenswandel, denn jede Handlung wirkt sich gesetzmäßig (Karma-Gesetz, **S. 201**) in der Zukunft aus. Wichtig seien auch eine gute Vorbereitung auf den Tod und entsprechende Rituale **(S. 200)**. Erlösung (Moksa) vom leidvollen Kreislauf der Wiedergeburten (Samsara) sei erreichbar durch vollendetes Wissen in der Versenkung in sich selbst.
Für den richtigen Lebensweg sind für Hindus vor allem die Hinweise in der großen Verserzählung Mahabbarata (400 v.-400 n. Chr.) hilfreich, z. B. die Goldene Regel (**S. 100/101**). Eingebunden in diese Sammlung ist die bis heute beliebte *Bhagavadgita* (kurz: *Gita*; 3. Jahrh. v. Chr., „Gesang des Erhabenen"). Krishna, eine Verkörperung von Gott Vishnu, belehrt darin den Fürsten Arjuna über seine Pflichten im Kampf, bei dem er auch Verwandte töten muss. Drei Wege zur Erlösung, d. h. der Verschmelzung mit dem Göttlichen **(S. 200)** weist Krishna auf:

1. der Weg tiefer Einsicht in die Vergänglichkeit der Welt und die Ewigkeit des Geistes,
2. der Weg des pflichtbewussten Handelns ohne Leidenschaft und Bindung an Erfolg und
3. der Weg der vertrauensvollen Hingabe an Gott.

Die Gita verehrte auch der Hindu Mahatma Gandhi (1869-1948). Aus ihr schöpfend, führte er sein Land mit den Prinzipien des gewaltlosen Kampfes und des passiven Widerstandes in die Unabhängigkeit. Wichtig waren ihm die Abschaffung des Kastenwesens und die Verwirklichung des Prinzips *Ahimsa* („Nichtverletzen").

Jainismus

Mit der Betonung von Ahimsa griff Gandhi die Hauptlehre des Jainismus auf. Diese indische Religion wurde im 6. Jahrh. v. Chr. von Mahavira gestiftet. Bei der heute eher kleinen Religionsgemeinschaft äußerte sich die absolute Achtung vor dem Leben nicht nur im Vegetarismus. Ahimsa ging bei den Jainas so weit, dass sie den Weg vor sich fegten, um keine Insekten zu töten. Im Umgang mit den Mitmenschen gilt auch bei ihnen die Goldene Regel **(S. 100/101)**.

Buddhismus

Bis ca. 1200 war in Indien neben dem Hinduismus auch der Buddhismus bestimmend. Dann erlosch diese Religion dort weitgehend. Sie verbreitete sich aber in vielen anderen asiatischen Ländern, und zwar in unterschiedlicher Ausprägung, z. B. als Zen-Buddhismus **(S. 218)** oder tibetischer Buddhismus mit dem Friedensnobelpreisträger von 1989, dem 14. Dalai-Lama, als Oberhaupt. Heute gibt es ca. 300 Millionen Buddhisten, ein wachsende Zahl auch in Europa.

Der Buddhismus wurde von Siddharta Gautama **(S. 201)**, genannt „Buddha" („der Erleuchtete"), gestiftet. Im Ursprung ist er eine Religion ohne Gott; es geht um Selbsterlösung. Die Vorstellung der Wiedergeburt und des Karma hat Buddha aus dem Hinduismus übernommen. Das Kastensystem lehnte er ab. Auch die Lehre vom immer identischen Selbst (Atman) verwarf er, denn die Welt wie der Mensch veränderten sich ständig.

Der Kern der Weisheiten Buddhas sind die *vier edlen Wahrheiten*:

1. Alles Leben ist geprägt von Leid und Vergänglichkeit, auch das Glück.
2. Ursache des Leidens ist die begierige Sehnsucht nach Dingen, die doch nur vergänglich sind.
3. Die Erlösung vom Leiden und dem Kreislauf der Wiedergeburten ist möglich durch Aufgabe der Gier, und sie mündet im friedvollen „Verlöschen" (Nirwana).
4. Der Weg dorthin ist der *achtfältige Pfad* **(S. 14)**. Als zentrale soziale Tugenden gelten im Buddhismus „Nichtverletzen" (Ahimsa) und Mitgefühl, gebündelt in der Goldenen Regel **(S. 100/101)**.

Buddha andere Mönche seine Einsichten; seine Anhängerschar vergrößerte sich. Als er mit 80 Jahren starb, soll er ins Nirwana, aus dem es keine Wiedergeburt gibt, eingegangen sein.

ca. 550-470 v. Chr.: Mahavira stiftet den Jainismus

ca. 400 v.-400 n. Chr.: Entstehung der indischen Verserzählung Mahabaratta (100 000 Verse); darin enthalten die Bhagavadgita (kurz: Gita)

273-232 v. Chr.: große Verbreitung des Buddhismus in Indien unter dem Herrscher Asoka

um Christi Geburt: Buddhismus gelangt nach China

500: Buddhismus in Japan

600: Buddhismus in Tibet

bis 1250: Ende des Buddhismus in Indien

1869-1948: Mahatma Gandhi

1935: Geburt des 14. Dalai-Lama
1959: Flucht aus Tibet nach Indien

Etwas herauskriegen, entdecken, ausfindig machen, sich einer Sache bewusst werden, Erfahrungen machen, sich Klarheit verschaffen, Durchblick gewinnen, etwas einsehen, Unterschiede feststellen, etwas beurteilen und bewerten, anderen etwas klarmachen: Zu all dem sind Methoden hilfreich. Daher haben fast alle Kapitel

METHODENKÄSTEN,

die zeigen, wie ihr vorgehen könnt, um etwas herauszukriegen, zu entdecken, ausfindig zu machen usw. (s. o.!). Das letzte Kapitel beschäftigt sich sogar ausschließlich mit Methoden.

Warum sind Methoden so wichtig? Das Wort „Methode" kommt aus dem Griechischen, „methodos" bedeutet soviel wie „der Weg, dem man nachgeht, um etwas zu erreichen". Methoden sind also Wege, die man geht, um zu einem Ziel zu kommen. Man kann sie auch mit Geräten vergleichen, die für viele Zwecke genutzt werden können und daher dem Besitzer ungeahnte Möglichkeiten eröffnen. Wer eine Methode beherrscht, ist selbstständiger als jemand, der von ihr keine Ahnung hat. Er ist weniger von anderen abhängig, er ist freier.

- Einige der Methoden dieses Buches könnt ihr nur jeder für sich anwenden.
- Andere dagegen erfordern die Zusammenarbeit.

Folgenden Methoden gehören zu denen, die jeder nur allein anwenden kann:

DIE GEDANKENSTROMTECHNIK

Sie ist interessant, aber gar nicht so einfach durchzuführen. Sie dient dazu, dass dir Vorgänge in deinem eigenen Innern, vor allem die Abfolge von Vorstellungen, bewusst werden, dass du ans Licht hebst, was dir oft gar nicht so bewusst ist. Du erforschst dich selbst. **(S. 11)**

DIE SELBSTBEOBACHTUNG

Hier geht es nicht darum festzuhalten, was dir gerade durch den Kopf geht, vielmehr beobachtest du, welche Wirkungen ein bestimmtes Tun oder eine bestimmte Verhaltensweise bei dir hervorruft. Du fragst dich, welche Erfahrung du machst. **(S. 151)**

DAS GEDANKENEXPERIMENT

Es ist eine etwas verrückt wirkende Methode. Verrückt deshalb, weil es oft von völlig unmöglichen Voraussetzungen ausgeht. Aber wenn du weiterdenkst, wird dir vieles klarer und deutlicher als vorher. Dir wird bewusst, was schon vorher in dir vorhanden war, aber sozusagen noch im Dunkeln lag. **(S. 165)**

Methodenkasten

Einen Text verstehen

Es gibt eine Reihe von Tricks, die es dem Leser leichter zu machen, wirklich zu verstehen, was der Verfasser gemeint hat. Es gibt niemanden, dem es nicht schon passiert ist, dass er einen Text zu oberflächlich gelesen und daher missverstanden hat. **(S. 35)**

Methodenkasten

Ein Bild betrachten

Sehen kann jeder, so glaubt man. Es gibt aber Menschen, die trotz gesunder Augen blind wie die Maulwürfe sind. Dann nämlich, wenn es darum geht, Bilder genau zu betrachten, zu erkennen, wie sie gemacht sind, und sich von ihnen etwas sagen zu lassen. Es gibt aber Tipps, die dir hier helfen können, auch wenn du nicht blind wie ein Maulwurf bist. **(S. 64)**

Die folgenden Methoden lassen sich nur in einer Zusammenarbeit anwenden; Kooperation ist verlangt:

Methodenkasten
Ein Standbild bauen
Ihr könnt es bauen, wenn ihr euch Klarheit darüber verschaffen wollt, welche Beziehungen es zwischen Menschen gibt oder wie sie sein sollten. Es ist nicht ganz so anspruchsvoll wie die fogende Methode. **(S. 69)**

Methodenkasten
Das Projekt
Ihr lernt dabei, was oft recht schwer ist: mit anderen effektiv zusammenzuarbeiten. Ihr übt, euch sorgfältig zu informieren, miteinander zu planen, den Plan Schritt für Schritt durchzuführen und – manchmal mit viel Geduld – zu einem Ergebnis zu kommen. Damit die Präsentation eurer Arbeit bei anderen ankommt, müsst ihr euch in die Betrachter versetzen und sozusagen mit ihren Augen das Produkt anschauen. **(S. 104)**

Methodenkasten
Das Rollenspiel
Es ist keineswegs nur für künftige Schauspieler gedacht. Mit seiner Hilfe lässt sich herausbekommen, worin Probleme zwischen Menschen bestehen und wie man sie vielleicht lösen kann. Wichtiger ist aber die Erfahrung, die ihr macht, wenn ihr in fremde Rollen schlüpft und euch bewusst wird, wie andere Menschen fühlen, denken und wahrnehmen. Dabei erfahrt ihr auch immer etwas über euch selbst. **(S. 69)**

Methodenkasten
Die Wandzeitung
Am wichtigsten ist die Überlegung, wie das rüberkommt, was ihr anderen vermitteln wollt. Auch hier ist es wieder notwendig, sich in die Betrachter zu versetzen.

Methodenkasten
Das Schreibgespräch
Natürlich könnt ihr miteinander sprechen, und es bringt auch etwas. Wozu also das Schreibgespräch? Hierbei zwingt ihr euch dazu, genau zu überlegen, was ihr sagen wollt, und ihr seid gezwungen, genau hinzuschauen, was andere meinen. Gewöhnliche Gespräche laufen oft zu schnell ab. Schreiben verlangsamt und bringt so oft bessere Ergebnisse als das zu schnelle Reden. **(S. 74)**

Methodenkasten
Sich informieren
Dass es nützlich ist zu wissen, wie man sich Informationen beschafft, wie man Experten befragt und was man dabei beachten sollte, ist klar. Hier könnt ihr euch einzeln oder auch in Gruppen engagieren.

„Ist doch logisch, oder? – Ein Briefwechsel" – So lautet der Titel des letzten Kapitels, das ausschließlich Methoden zum Inhalt hat. Es geht hier um die Voraussetzungen dafür, wie man sachlich richtig diskutiert, argumentiert und Kritik übt.
Das gilt nicht nur für die mündliche Auseinandersetzung, sondern auch für das Schreiben.

- Die Briefe 1-3 zeigen, wie ihr vorgehen könnt, um sprachliche Missverständnisse zu vermeiden, und wie ihr euch selbst und anderen Begriffe klarmachen könnt.
- Im 4. und 5. Brief erfahrt ihr, wie man selbst korrekte Schlussfolgerungen zieht und wie man erkennen kann, ob die Gesprächspartner richtige Überlegungen angestellt haben.
- Wie man in den Äußerungen anderer Widersprüche entdeckt und wie man beim eigenen Reden Widersprüche vermeidet, könnt ihr im 6. Brief und in den folgenden E-Mails zwischen Hanns und Miriam nachlesen.

Alle Briefe oder auch die Randspalten enthalten Hinweise zum Üben der dargestellten Methoden (niemand beherrscht eine Methode auf Anhieb!).

Texte

S. 12/13: *Köhle, Anne-Bärbel*:Wenn der Mutter die Hutschnur reißt. Aus: *Dies.*: Wut lass nach! Kreativer Umgang mit einem starken Gefühl. Zürich: Kreuz 1998. S. 9, 10, 17; **S. 13, 18**: Der Wut-Zyklus; Angst und Zeitlichkeit. Aus: *Wilks, Frances*: Das intelligente Gefühl. Wie man Herz und Verstand in Einklang bringt. Übers. v. *Karin Diemerling*. München: Knaur 2000. S. 108-110, 125, 134-135; **S. 14**: *Goleman, Daniel*: Emotionale Intelligenz. Aus: *Ders.*: Emotionale Intelligenz. Übers. v. *Friedrich Griese*. München/Wien: Hanser 1996. S. 67. – *Wilker, Jessica*: Achtsamkeit ... Aus: *Dies.*: Das Einmaleins der Achtsamkeit. Vom täglichen Umgang mit alltäglichen Gefühlen. Berlin: Theseus ^{3}1999. S. 32-33; **S. 15**: *Epiktet*: Stoische Gelassenheit ... Aus: *Ders.*: Handbüchlein der Moral und Unterredungen. Hrsg. v. *W. Kraus*. Diogenes: Zürich 1987. S. 13, 17, 43. – *Aristoteles*: ... oder gerechter Zorn. Aus: *Ders.*: Die Nikomachische Ethik. Übers. v. *Olof Gigon*. Zürich: Artemis 1951. 1126 a 1; **S. 17**: *Hülshoff, Thomas*: Angst in ... Aus: *Ders.*: Emotionen. Eine Einführung für beratende, therapeutische, pädagogische und soziale Berufe. Müchen/Basel: Ernst Reinhardt, 2. überarb. Aufl. 2001. S. 63-71; **S. 19**: *Malthe-Bruun, Kim:* Angst und Stärke ... Aus: Kim. Auszüge aus Tagebuch und Briefen. Hrsg. v. *Vibeke Malthe-Bruun*. München/Basel: Reinhardt 1949. In: Du hast mich heimgesucht bei Nacht. Abschiedsbriefe und Aufzeichnungen 1933 bis 1945. Hrsg. v. *H. Gollwitzer, K. Kuhn* u. *R. Schneider*. Gütersloh: Gütersloher Verlagshaus ^{7}1985. S. 52-53; **S. 20/21**: Lachen, Weinen, Lächeln. Nach: *Plessner, Helmuth*: Philosophische Anthropologie. Frankfurt/M.: S. Fischer 1970. S. 120-121. – *Kottler, Jeffrey A.*: Die Sprache der Tränen. Warum wir weinen. Übers. v. *Margarete van Pée*. München/Zürich: Diana 1997. S. 154; **S. 22**: *Hilgers, Micha*: Alltäglichkeit und ... Aus: *Ders.*: Scham. Gesichter eines Affekts. Göttingen: Vandenhoeck & Ruprecht ^{2}1997. S. 14, 19; **S. 23**: *Sartre, Jean-Paul*: Heimlich ... Aus: *Ders.*: Das Sein und das Nichts. Übers. v. *Hans Schöneberg* u. *Traugott König*. Reinbek: Rowohlt 1993. S. 467-470, 406, 497; **S. 24/25**: *Jacoby, Mario*: Scham in der Geschichte ... Zu mir ... Aus: *Ders.*: Scham-Angst und Selbstwertgefühl. Aus: *Kühn, Rolf/Raub, Michael/Titze, Michael* (Hrsg.): Scham – ein menschliches Gefühl. Opladen: Westdeutscher Verlag 1997. S. 163-164, 161-162. – Gen 3,1-8.21-23. Aus: Die Bibel. Einheitsübersetzung. Stuttgart: Katholisches Bibelwerk 1980; **S. 25**: *Raub, Michael*: Markenartikel – ein Muss? Aus: *Ders.*: Scham in neuer Form. – *Lee, Zuk-Nae*: Abhängig ... Aus *Ders.*: Koreanische Kultur und Schamgefühl. beide in: *Kühn/Raub/Titze* (Hrsg.): Scham – ein menschliches Gefühl. S. 40, 42, S. 76. – *Anders, Günther*: Die Antiquiertheit des Menschen, Bd. 1. München: C. H. Beck 1956; **S. 26**: *Ivona*: Im Zug. Originalbeitrag; **S. 27**: Sozialscham. Aus: *Neckel, Sighard*: Achtungsverlust und Scham. Die soziale Gestalt eines existentiellen Gefühls. In: *Fink-Eitel, Heinrich/Lohmann, Georg* (Hrsg.): Zur Philosophie der Gefühle. Frankfurt/M.: Suhrkamp ^{2}1994. S. 254-255 (Text geändert); **S. 28**: *Goleman, Daniel*: „Elliot ..." Aus: *Ders.*: Emotionale Intelligenz. A. a. O. (s. zu S. 14) S. 74-76; **S. 29**: *Hülshoff, Th.*: Das dreieinige Gehirn. Aus: *Ders.*: Emotionen. A. a. O. (s. zu S. 17) S. 37 (Text geändert); **S. 30/31**: *Silverberg, Robert*: Absolut unbeugsam. Aus: *Silverberg, R.* (Hrsg.): Die Mörder Mohammeds und andere time-travel-Stories. Übers. v. *Alfred Joseph*. Berlin: Marion v. Schröder 1969; **S. 34/35**: *Pascal, Blaise*: Was ist das Ich? Aus: Gedanken. Übers. v. *Wolfgang Rüttenauer*. Bremen: Schünemann 1992. S. 60. (© Leipzig: Dieterich 1937) – Selbsteinschätzung. Aus: *Lauster, Peter*: Selbstbewusstsein kann man lernen. München: Heyne 1978. S. 29 (© 1974/1977 Mosaik Verlag, München) – Zwiebel und Zweifel. Aus: Transatlantik, 2/1985. München: New Magazines. S. 10. – *Morgenstern, Christian*: Die Behörde. Aus: *Ders.*: Galgenlieder. Jubiläumsausgabe, Bd. 1. Hrsg. v. *C. Heselhaus*. München/Zürich: Piper 1979. S. 143f.; **S. 36/37**: Originalbeiträge; **S. 38/39**: *Salinger, Jerome D.*: Der Fänger im Roggen. Übers. u. neu durchgesehen v. *Heinrich Böll*. Köln: Kiepenheuer & Witsch 1956. S. 128-129; **S. 40/41**: *Linke, Detlef B.*: Operation am Gehirn. Aus: *Ders.*: Hirnverpflanzung. Reinbek: Rowohlt 1993. S. 103. – P gegen S. Aus: Entscheidungen des Europäischen Gerichtshofs, I-2146/2147; **S. 44/45**: Meine zwei Gesichter. Aus: *Ayse und Devrim*: Wo gehören wir hin? Zwei türkische Mädchen erzählen. Hrsg. v. *Michael Kuhlmann* u. *Alwin Meyer*. Göttingen: Lamuv ^{8}1994. S. 35-36. – *Bilden, Helga*: Ich bin eine Viele. Aus: *Dies.*: Das Individuum – ein dynamisches System vielfältiger Teil-Selbste. In: *Keupp, Heiner/Höfer, Renate* (Hrsg.): Identitätsarbeit heute. Frankfurt/M.: Suhrkamp 1997. S. 229-230; **S. 48/49**: *van Tongeren, Paul*: Toleranz als ... Aus: *Ders.*: Multikulturalität, Identität und Toleranz. In: edition ethik kontrovers, 6/1998. Frankfurt/M.: Diesterweg. S. 11. – Leserbriefe aus: Neue Zürcher Zeitung, 8. 9. 2000/Basler Zeitung, 11. 9. 2000; **S. 50/51**: *Fettes Brot*: Jein. © Yo Mama's Record Company 1996; **S. 54/55**: Was ein Freund ist, weiß doch jeder!? Aus: *Beck, U./Vossenkuhl, W./Erdmann Ziegler, U.*: Eigenes Leben. Ausflüge in die unbekannte Gesellschaft, in der wir leben. Mit Fotos v. *Timm Rautert*. München: Beck 1995. S. 84, 86 (Text geändert); **S. 56**: Aristoteles. Aus: *Casamassima, Domenico*: Geschichte der Philosophie in Comics – das griechische Denken. Zeichnungen v. *E. Fiorentini*. Übers. v. *Helmut Schareika*. Stuttgart: Klett 1994. S. 64; **S. 57**: *Aristoteles*: Arten der Freundschaft. Aus: *Ders.*: Nikomachische Ethik, VIII, 1-4. Übers. v. *Franz Dirlmeier*. Stuttgart 1963. S. 213-223 © Akademie Verlag, Berlin. (Die Formulierungen „akzidentell" und „trefflich" der Übersetzung wurden durch „zufällig" und „gut" ersetzt.); **S. 58**: *Schopenhauer, Arthur*: Stachelschweine. Aus: Werke, Bd. VI. Hrsg. v. *Arthur Hübscher*. Wiesbaden: Brockhaus ^{2}1946-1950. S. 690f. – Kritik der „Freundschaft". Aus: *Ders.*: Aphorismen zur Lebensweisheit. In: Werke, Bd. VIII/2. Teilband: Parerga und Paralipomena. Zürcher Ausgabe. S. 499-501; **S. 60**: Das Hohelied der Liebe. 1. Kor 13, 1-8.13; Hoheslied 8,6f. Aus: Die Bibel. Stuttgart: Deutsche Bibelgesellschaft 1990; **S. 61**: *Montaigne, Michel de*: Wirkliche Freundschaft. Aus: *Ders.*: Essais. Übers. v. *Hans Stilett*. Frankfurt/M.: Eichborn 1998. S. 101. – *Heine, H.*: Sämtl. Schriften, Bd. 1. Hrsg. v. *K. Brieglieb*. München: Hanser 1976. S. 96; **S. 62**: *Engeln, Henning*: Die Evolution der Liebe. Aus: *Ders.*: Liebe. Weshalb wir lieben und leiden, uns verbinden, trennen und betrügen müssen. In: GEO, 1/1997. S. 30-34; **S. 63**: *Fromm, Erich*: Liebe als Tauschgeschäft. Aus: *Ders.*: Die Kunst des Liebens. Übers. v. *Liselotte u. Ernst Mickel*. Frankfurt a. M./Berlin: Ullstein 1980. S. 11-13. (Titel geändert). – *Watzlawick, Paul*: Wann küsst man? Aus: *Ders.*: Das menschliche Paarungsverhalten lässt sich sozialwissenschaftlich untersuchen. In: *Ders./Beavin, Janet H./Jackson, Don D.*: Menschliche Kommunikation. Bern: Huber ^{4}1974. S. 20 (Titel geändert); **S. 66**: Nach: Glauben Sie an die große Liebe? Aus: Allegra, 5/2000. S. 48 - Gutes Image in Umfrage. Aus: Westf. Nachrichten, 4. 1. 2001 (AP); **S. 67**: „Das haut uns alle um". Interview mit Doris Dörrie. Aus: Focus, 24/1994. S. 151. – Stichwort: „allein erziehend". Aus: *Bender, W./Mutzbauer, M./Wilhelmi, V.*: Ethik 10 S. München: Bayerischer Schulbuch Verlag 1996. S. 70-73; **S. 74**: Ganz dringend. Aus: *Beil, Brigitte*: Gutes Kind, böses Kind. Warum brauchen Kinder Werte? München: Deutscher Taschenbuch Verlag 1998. S. 127-128 (Text geändert); **S. 75**: Der Lehrer muss z.B. ... Aus: *Hermes, Eberhard*: Individuum, Gruppe, Gesellschaft. Kursheft Sozialwissenschaftliche Grundlagen, Bd. 1. Stuttgart: Klett 1987. S. 19; **S. 76/77**: Der Start der „Challenger": Aus: *Hubig, Christoph/Lenk, Hans/Maring, Matthias*: Technikethik aus dem Elfenbeinturm? Forderungen an die Ethik. In: Funkkolleg Technik. Hrsg. v. DIFF, Tübingen. Hemsbach: Beltz-Rübelmann 1994. S. 4/3-4/38,

S. 4/10. – *Lenk, Hans*: Verantwortung als Mensch. Aus: *Ders.*: Komplexe Ebenen der Verantwortung. In: *Sänger, Monika* (Hrsg.): Verantwortung. Stuttgart: Reclam 1991. S. 67, 68. – *Wallraff, Lukas*: „Ich scheiße jeden ... Aus: *Ders.*: Fahrgäste griffen ein. In: die tageszeitung, 28. 7. 2000. S. 7; **S. 78**: *Evans, Edward P.*: Schweine vor Gericht. Nach: *Cheney, Dorothy L./Seyfarth, Robert M.*: Wie Affen die Welt sehen. Übers. v. *Ellen Vogel* u. *Andreas Paul*. München/Wien: Hanser 1994. S. 11. – *Seiffert, Helmut*: Wenn wir stolpern ...; Nur scheinbar ... Aus: *Ders.*: Einführung in die Wissenschaftstheorie, Bd. 3. München: C. H. Beck 1985. S. 16, 18; **S. 79**: *Aristoteles*: Freiwilligkeit. Aus: *Ders.*: Aristoteles: Nikomachische Ethik A. a. O. (s. zu S. 57) S. 54; **S. 80**: Gründliche Arbeit. Aus: Frankfurter Rundschau, 23. 3. 1992. S. 20 (AP); **S. 81**: Handlung & Co. Aus: *Schiller, Friedrich*: Der Verbrecher aus verlorener Ehre. In: Sämtliche Werke, Bd. 5. Hrsg. v. *G. Fricke* u. *H. G. Göpfert*. München: Hanser 1965-1967. S. 14. – Die Verschwörung des Fiesco zu Genua, Vorrede. A. a. O., Bd. 1. S. 640. – *Derbolav, Josef*: Drei Arten ethischer Argumentation. Aus: *Ders.*: Abriss europäischer Ethik. Würzburg: Königshausen und Neumann 1983. S. 16-17; **S. 82**: *Schnurre, Wolfdietrich*: Auf der Flucht. Aus: *Ders.*: Man sollte dagegen sein. Geschichten. Olten/Freiburg: Walter 1960. S. 47-54; **S. 83**: *Einstein, Albert*: Der Staat und das individuelle Gewissen. Aus: *Ders.*: Mein Weltbild. Frankfurt/M.: Das Goldene Vlies/Ullstein 1955. S. 13; **S. 84/85**: Schülerduden „Die Philosophie". Mannheim/Wien/Zürich: Bibliographisches Institut 1985. S. 291. - Woran orientiert sich ...? Aus: Die Zeit, 14. 9. 1974.– *Patzig, Günther*: Normen der Moral und des Rechts. Aus: *Ders.*: Ethik ohne Metaphysik. Göttingen: Vandenhoeck & Ruprecht 1971. S. 11-12, 14-15; **S. 90**: Flüssiges Gold. © Globus (Text zur Globus-Grafik 6207). – Gebrauchswert ...: Aus: Microsoft: Encarta 1999. Artikel: Tauschwert; **S. 91**: Was ist für Beat wertvoll ... © *R. Furrer* c/o Kaderschule Zürich (KBM = Kaufmännischer Bildungsgang für Maturitätsabsolventen); **S. 92**: *de Saint-Exupéry, Antoine*: Eine Rose wie jede andere ... Aus: *Ders.*: Der Kleine Prinz. Übers. v. *Grete* u. *Josef Leitgeb*. Düsseldorf: Rauch 1982. S. 52. – *James, William*: Wertgefühl ... Aus: *Ders.*: Die Vielfalt religiöser Erfahrung. Übers. v. *Eilert Herms* u. *Christian Stahlhut*. Frankfurt a. M./Leipzig: Insel 1997. S. 173; **S. 93**: *Guggenberger, Bernd*: Orientierung durch ... Aus: *Ders.*: Das Menschenrecht auf Irrtum. München/Wien: Hanser 1987. S. 68; **S. 94**: Verbindliche Norm ... Aus: *Pöttgen, Heribert u. a.*: Allgemeine Schulordnung (ASchO) NRW. Kommentar für die Schulpraxis. Essen: Wingen [16]1997. S. 175. – Werte und Normen. Aus: *Pfeifer, Volker*: Ethisch Argumentieren. Bühl: Konkordia 1997. S. 22; **S. 95**: *Morel, Julius*: Ein Wert ... Aus: *Ders.*: Werte als soziokulturelle Produkte. In: *Hanf, Theodor u. a.*: Funk-Kolleg Sozialer Wandel, Bd. 1. Frankfurt/M: S. Fischer 1975. S. 209. – *Patzig, Günther*: Ein Wert, ... Aus: *Ders.*: Ethik ohne Metaphysik. A. a. O. (s. zu S. 84/85) S. 80-81; **S. 96**: *Roitsch, Jutta*: Der geliehene Tisch. Aus: *Dies.*: Über den Verlust der Werte und die Konkurrenz der Wertungen. In: Frankfurter Rundschau, 8. 12. 1999. S. 19; **S. 98**: Todsünden ... Nach: *Haubl, Rolf*: Über Hass, Neid und Gewaltbereitschaft. Aus: Große Gefühle. Bausteine menschlichen Verhaltens. Hrsg. v. ZDF-nachtstudio. Frankfurt/M.: Suhrkamp 2000. S. 71; **S. 99**: *Meissner, Toni*: Zweimal sieben ... Aus: *Ders.*: Die sieben Todsünden. Über die wunderbare Wandlung ethischer Normen. Bayern 2 Radio, 5. 4. 1998, 9.30-10.00 Uhr. Manuskript aus dem Internet. – *Opaschowski, Horst W.*: Zehn Gebote für das . . Aus: *Ders.*: Blick in die Zukunft: Wie wir morgen arbeiten und leben. Vortrag im Clemens-Brentano-Gymnasiums am 7. 11. 2000 in Dülmen (Manuskript); **S. 100**: *Dihle, Albrecht*: ... präzise auf den Punkt gebracht. Aus: *Ders.*: Die Goldene Regel. Eine Einführung in die Geschichte der antiken und frühchristlichen Vulgärethik. Göttingen: Vandenhoeck & Ruprecht 1962. S. 8; **S. 101**: *Reiner, Hans*: Eine Regel, zwei Varianten. Aus: *Ders.*: Die „Goldene Regel". Die Bedeutung einer sittlichen Grundformel der Menschheit. In: ZfPF, Bd. 3/1948. S. 74. – *Hoche, Hans-Ulrich*: Die Goldene Regel ... Aus: *Ders.*: Neue Aspekte eines alten Moralprinzips. In: ZfPF, Bd. 32/1978. S. 362-363; **S. 102**: Unbek. Verf.: Das Geschäft mit Werten. Aus: Ahlener Zeitung, 28. 11. 2000; **S. 105**: WERTEladen im Kaufhaus? © epd, Frankfurt/M.; **S. 106/107**: *Eberle, Ute*: Die kleinen Richter. Aus: DIE ZEIT, 13. 8. 1998. S. 49-50; **S. 110**: *Jolitz, Bernd*: Zwei 13-jährige Rheinländer ... Aus: Rheinische Post, 27. 10. 1998; **S. 112**: Das salomonische Urteil. Aus: Die Bibel. Einheitsübersetzung. Stuttgart: Katholisches Bibelwerk 1980; **S. 113**: *von Radecki, Sigismund*: Ein schöner Einfall. Aus: Das ABC des Lachens. Hamburg: Rowohlt 1953. S. 193. – *de Mello, Anthony*: Weises Urteil; Keine Verwirrung. Aus: *Ders.*: Wer bringt das Pferd zum Fliegen. Übers. v. *Ursula Schottelius*. Freiburg/Brsg.: Herder [7]1989. S. 49-50, 35; **S. 114/115**: Entscheidungsgrundsätze. Aus: „Es gibt keine Lösung einer Ungerechtigkeit, die nicht zu neuen Ungerechtigkeiten führen würde". Ein Gespräch mit dem Gerechtigkeitsforscher Leo Montada. In: Psychologie heute, 11/1995. S. 28. – *Kaplan, Helmut F.*: Was das Gleichheitsprinzip ... Aus: *Ders.*: Philosophie des Vegetarismus. In: Universitas, 8/1992. S. 725-726 (Titel geändert); **S. 116**: Wir sprechen .... Aus: *Spaemann, Robert*: Moralische Grundbegriffe. München: C. H. Beck 1982. S. 49. – Wer oder was jedem ... Aus: *Brunner, Emil*: Gerechtigkeit. Zürich 1943; **S. 121**: ... in einfachen Worten. Aus: Allgemeine Erklärung der Menschenrechte, in einfacheren Worten – für Kinder verständlicher. Aus: Aktionsanleitung zur Menschenrechtserziehung. Bonn: amnesty international 1988; **S. 122**: Straßenkinder als Freiwild. Aus: ai-Bulletin: Aktuelles zur Menschenrechtserziehung, 5/1996. – *Thoren, Horst*: Hoffnung für Jungen und Mädchen in La Paz. Aus: Rheinische Post, 15. 5. 1998; **S. 123**: *Herrmann, Frank*: Ein Mädchen wäre der Ruin. Aus: Rheinische Post, 5. 1. 1995 (Titel geändert); **S. 124**: *Minard, Robert*: Headline = Deadline?; *Gesterkamp, Harald*: Urgent Action: Eilaktion. Aus: *Ders.*: Urgent Action. Human Rights Watch & Co: Die nichtstaatlichen Menschenrechtswächter. Beide aus: *Köhne, Gunnar* (Hrsg.): Die Zukunft der Menschenrechte. Reinbek: Rowohlt 1998. S. 162-164, 198-199; **S. 133**: Nach: *Kant, Immanuel*: Kritik der reinen Vernunft. In: Werke, Bd. XIII. Neu hrsg. v. *Th. Valentiner*. Leipzig [12]1922. S. 26; **S. 134**: *de Crescenzo, Luciano*: Sokrates und der Gebrauchtwagen. Aus: *Ders.*: Oi dialogoi: Von der Kunst, miteinander zu reden. Übers. v. *Jürgen Bauer*. Zürich: Diogenes 1987. S. 73-75 (Titel geändert); **S. 137**: *Bopp, Annette*: Intensivstation. Aus: *Dies.*: In: GEO, 6/1989. S. 138-140; **S. 138**: *Kerner, Charlotte*: Geboren 1999. Aus: *Dies.*: Geboren 1999. Weinheim/Basel: Beltz [2]1995. S. 142-144; **S. 139**: *Förger, Dirk*: Sind wir auf dem Weg zum Menschen nach Maß? Aus: Die Welt, 13. 11. 1999; **S. 141**: *Watson, James*: Ich meine, ... Nach: *Krebs, Renée*: Angriff auf ein letztes Tabu. Manipulation des menschlichen Erbgutes und Klonierung von Menschen. In: Mabuse, 118/1999. S. 35; **S. 142**: *Anders, Günther*: Die Welt: ein Wald von Besenstielen. Aus: *Ders.*: Die Antiquiertheit des Menschen, Bd. 2. München: C. H. Beck 1980. S. 398, 402-403; **S. 143**: Interview mit Dennis Meadows. Aus: Der Spiegel, 46/1988. S. 118; **S. 145**: *Lübbe, Hermann*: Praktisches Handeln ... Aus: *Ders.*: Der Lebenssinn der Industriegesellschaft. Berlin/Heidelberg: Springer 1990. S. 33-34; **S. 147**: Was ich unmittelbar für das Klima tun kann. © Dritte Welt Haus, Bielefeld; **S. 154/155**: *Nørretranders, Tor*: Spüre die Welt. Übers. v. *Alken Bruns*. Reinbek: Rowohlt 1994. S. 274. – *Twain, Mark*: Der Missisippi. Aus: *Ders.*: Leben auf dem Mississippi. Übers. v. *Otto Wilck*. München: Hanser 1977. S. 72-75. – *Watzlawick, Paul*: Der richtige Abstand. Aus: *Ders.*: Wie wirklich ist die Wirklichkeit. München: Piper 1976. S. 18-19. – *de Mello, Anthony*: Medizinische Bildbetrachtung. Aus: *Ders.*: Wer bringt das Pferd zum Fliegen. Freiburg/Brsg.: Herder 1989. S. 78; **S. 156**: *Horkheimer, Max*: Die Polizisten. Aus: *Ders.*: Persönlichkeit und Vorurteil. Vortrag 1958. Aus: Schriften der Bundeszentrale für politische Bildung: Über Vorurteile. Bonn 1962. S. 3-4. – *Schopenhauer, Arthur*: Vorurteile. In: Arthur Schopenhauer. Ein Lesebuch. Hrsg. v. *A.* u. *A. Hübscher*. Wiesbaden: Brockhaus 1980; **S. 157**: *Rinser, Luise*: Wir sehen ... Aus: Man sieht nur, was man weiß! 40 Jahre DuMont Buchverlag. Konzept v. *Peter H. Untucht*. Köln: DuMont 1996. S. 162. – Lord Krischna und die zwei Könige; Hören – worauf? Beide aus: *Berendt, Joachim-Ernst* (Hrsg.): Geschichten wie Edelsteine. München: Kösel 1996. S. 121, 134; **S. 161**: *Nietzsche, Friedrich*: Es gibt ... Aus: *Ders.*: Zur Genealogie der Moral. In: Werke, Bd. 2. Hrsg. v. *K. Schlechta*. Darmstadt: WBG 1997. S. 861; **S. 166/167**: *Ferber, Rafael*: In der Höhle. Aus: *Ders.*: Philosophische Grundbegriffe. München: C. H. Beck 1994. S. 9-10 (Titel geändert); **S. 168/169**: Virtual Realities. Alle aus: *Pelz, Monika*: True Stories. Wien: Jungbrunnen 1998; **S. 170/171**: *Nürnberger, Christian*: Süchtig nach Mario. Ehestreit um ein Videospiel. Aus: Spiegel special, 3/1998. S. 92-93; **S. 172/173**: Über das Lebensgefühl der medialen Gesellschaft. Interview mit Hinderk Emrich. Aus: STERN, 1. 10. 1997 (Titel geändert). - *Morath, Frank A.*: Realität ist nicht wirklich. In: DIE ZEIT, 26. 9. 1997 (Titel geändert); **S. 174/175**: *Roser, Thomas*: Die stählernen Muskelpakete sind die beliebtesten Vorbilder. Aus: Frankfurter Rundschau, 11.-13. 4. 1998. – *Selg, Herbert/Lukesch, Helmut*: Kann Gewaltverherrlichung gefährlich sein? Aus: Psychologie heute, 4/1999. S. 46; **S. 176**: *Welsch, Wolfgang*: Die volle, reiche Erfahrung der Elternschaft? Aus: *Ders.*: Künstliche Paradiese? Betrachtung zur Welt der elektronischen Medien – und anderen Welten. In: *Ders.*: Grenzgänge der Ästhetik. Stuttgart: Reclam 1996. S. 312-313 (Titel geändert); **S. 177**: *Franke, Eckhard*: Ist wirklich wahr, was wir als wahr erleben? Aus: Rheinische Post, 17. 8. 1996; **S. 178**: *Laughlin, James*: Das vollkommene Leben. Aus: Hans-Jürgen Heise stellt vor: Beispiele moderner Weltlyrik: James Laughlin. In: Universitas, 4/1988. – *Unbek. Verfasser*: Mein Leben ist zu kurz für Gute Zeiten, schlechte Zeiten. Aus: Rheinische Post, 16. 3. 1999 (epd); **S. 179**: *Selg, Herbert*: Für Eltern, die es hören wollen. Aus: A. a. O. (s. zu S. 174/175) S. 46; **S. 180**: *Sendher, Jan-Philipp*: Mit Yahoo durch das Internet. Aus: konr@d, 1/1998. (Titel geändert) – *Felske, Erik*: Dirk Pfeiffer liegt die ganze Welt zu Füßen. Aus: Rheinische Post, 6. 10. 1998; **S. 181**: *Schöps, Corinna*: Wenn Lara schießt. Aus: Spiegel special, 3/1998. S. 131. – *Jacobs, Leo*: Vorurteile. Aus: DIE ZEIT, 19. 3. 1998. S. 69 (Titel geändert); **S. 185, 187**: *Thomas, Carmen*: Erzählgeländer; Onkel Josef. Aus: *Dies.*: Berührungsängste? Vom Umgang mit der Leiche. Köln: vgs 1994. S. 27, 9-10, 122; **S. 186**: *Frisch, Max*: Fragebogen. Aus: Ders.: Tagebuch 1966-1971. Frankfurt/M.: Suhrkamp 1972. S. 424-426; **S. 188**: *Tausch-Flammer, Daniela/Bickel, Lis*: Tod und Sterben in der heutigen Zeit ... Aus: *Dies.*: Wenn ein Mensch gestorben ist – wie gehen wir mit dem Toten um? Freiburg/Brsg.: Herder 1995. S. 31-32; **S. 189**: *Heidenreich, Elke*: Verlogene Rituale. Aus: Brigitte, 6/1999. S. 139; **S. 190**: *Unbek. Verfasser*: Leben ohne Tod? Aus: *Kucza, Jan*: Unsterblichkeit. In: Sonderseite „Jugend schreibt“. FAZ, 2. 12. 1991. – *Swift, Jonathan*: Gullivers Reisen. Übers. v. *Franz Kottenkamp*. Frankfurt/M.: Insel 1974. S. 303, 309. © Aufbau Verlag, Berlin/Weimar; **S. 191**: Leben mit dem Tod. Originalbeitrag. - *Tausch, Reinhard*: Ich denke ... Aus: *Tausch, Anne-Marie* u. *Reinhard*: Sanftes Sterben. Reinbek: Rowohlt 1997. S. 24; **S. 193**: *Halbfas, Hubertus*: Sie selbst ...; Nach *Tolstoj, Leo*: Der Tod des Iwan Iljitsch. Beide aus: *Halbfas, Hubertus* (Hrsg.): Religionsbuch für das 9./10. Schuljahr. Düsseldorf: Patmos 1991; **S. 195**: 1. Thessalonicher, 4; Johannes: Offenbarung, 21. Aus: Die Bibel. Einheitsübersetzung. Stuttgart: Katholisches Bibelwerk 1980; **S. 196-199**: *Schwikart, Georg*: Wie begleitet man ...; Das Dasein genießen ... Beide aus: *Ders.*: Tod und Trauer in den Weltreligionen. Gütersloh: Gütersloher Verlagshaus 1999. S. 41-43, 50; 119, 112; **S. 200-201**: Hinduismus; Buddhismus: Aus: Ebd. S. 134-136, 75, 95, 90-91; **S. 202/203**: Aus: *Sachau, Rüdiger*: Weiterleben nach dem Tod? Gütersloh: Gütersloher Verlagshaus 1996. S. 159, 18-19. – *Brecht, Bertolt*: Gegen Verführung. Aus: Gesammelte Werke, Bd. 8. werkausgabe edition suhrkamp. Frankfurt/M.: Suhrkamp 1967. S. 260; **S. 208/209**: *Kästner, Erich*: Das Märchen vom Glück. Aus: *Ders.*: Der alltägliche Kram. Zürich: Atrium 1948. S. 137-139; **S. 212-213**: *Csikszentmihalyi, Mihaly*: Glück beim Arbeiten ...; Freie Zeit ... Aus: *Ders.*: Das Leben ist kurz. Mach was draus! In: Psychologie heute, 2/1999. S. 25-26; **S. 214**: *Schulze, Gerhard*: Dazu müssten ... Aus: *Ders.*: Es gibt keine ewige Perfektion der Lammkeule. In: Psychologie heute, 2/1999. S. 29; S. 215: Aus: Münstersche Zeitung, 29. 10. 1998; **S. 216**: Bergpredigt. Aus: Schülerduden Die Religionen. Mannheim: Bibliographisches Institut 1977. S. 55. – Zentrale Aussagen ... (Mt 5,1-12). Aus: Das Neue Testament. Übertr. v. *Jörg Zink*. Stuttgart/Berlin: Kreuz 1990; – **S. 217-219**: *Wilhelm, Kurt*: In seiner Verdeutschung ...; nach *Asad, Muhhamad*: Der Mensch hat ...; *Govinda, Anagarika*: Leiden und Glück ...; *Bon, B. H.*: Leiden und Freuden ... Alle aus: *Szczesny, Gerhard*: Die Antwort der Religionen. Reinbek: Rowohlt 1971. S. 113-118; **S. 218**: Eine Zen-Geschichte. Aus: Ohne Worte – ohne Schweigen. 101 Zen-Geschichten und andere Zen-Texte aus vier Jahrhunderten. Hrsg. v. Paul Reps. München: Scherz 1976; **S. 219**: *Tschiang Tse*: Wahres Glück. Aus: Die Weisheit des Laotse. Hrsg. v. *Lin Yutang*. Übers. v. Gerolf Coudenhove. Frankfurt/M.: Fischer TB [15]2000. S. 176-177; **S. 220**: *Aristoteles*: Glück als letztes Ziel menschlichen Handelns. Aus: *Ders.*: Nikomachische Ethik. Stuttgart: Reclam 1969. S. 15; **S. 221**: *Schopenhauer, Arthur*: Die Güter, auf welche ...; Für unser Lebensglück ... Aus: *Ders.*: Aphorismen zur Lebensweisheit. Stuttgart: Kröner 1974. S. 47, 48; **S. 235**: *Morgenstern, Chr.*: Bona fide. Aus: *Ders.*: Der vermehrte Palmström, 1912. In: Jubiläumsausgabe, Bd. 1. Hrsg. v. *C. Heselhaus*. München: Piper 1979. S. 159.

Bilder

S. 9: Fotos P. Ekman, San Francisco; **S. 12**: Foto The Picture Book/Bavaria; **S. 14**: Edler Achtfältiger Pfad. © Windross-Publikationen, Essen - Buddha. 5. Jh. n. Chr. Sandstein (Ausschnitt). Mathura, Indien; **S. 16**: Edvard Munch: Der Schrei, 1895. Lithographie. © VG Bild-Kunst, Bonn, 2002; **S. 19**: Foto Historisches Archiv der Stadt Köln; **S. 21**: Leonardo da Vinci: Mona Lisa, 1504. Öl auf Leinwand, 76,8 x 53,3 cm. Paris, Louvre. © RMN, Paris; **S. 23**: Zeichnung aus: *Kunzmann, Peter* u. a.: dtv-Atlas zur Philosophie. München: dtv 1991. S. 200; **S. 24**: Der Sündenfall/Vertreibung aus dem Paradies, um 1360. Buchmalerei. Darmstadt, Hessische Landesbibliothek; **S. 27**: Foto Eugene Richards, New York; **S. 28**: Aus: *Damasio, Antonio R.*: Descartes' Irrtum. München/Leipzig: List [2]1996. S. 62; **S. 34**: *Dik Browne*: Hägar (J 117). Aus: *Ders.*: Hägar der Schreckliche. Ich bin der Größte. München: Heyne [5]1992. (© King Features Syndicate, Inc./Distr. Bulls); **S. 37**: *Quinto*: Mafalda. © Bulls; **S. 38**: Zeichnung Hans-Georg Rauch; **S. 41**: Zeichnung Papan (Motiv 11.11/12) © 1989 Cartoonverlag Weitzdörfer, Köln; **S. 42/43**: Edvard Munch: Selbstbildnis, 1886.Öl auf Leinwand, 33 x 24,5 cm. Oslo, Nasjonalgalleriet – Arnulf Rainer: Ohne Titel, 1974. New York, Guggenheim Museum, Gift Montedison. – Nickolas Murray: Frida Kahlo, o. J. Fotografie. New York, International Museum of Photography, George Eastman House. Alle: © VG Bild-Kunst, Bonn, 2002; **S. 44/45**: *Sempé, Jean-Jacques*: Die Besetzung ... Aus: *Ders.*: Der Morgenmensch. Zürich: Diogenes 1984. S. 94/95; **S. 46/47**: Tun und Lassen. Aus: *van Swaaij, Louise/Klare, Jean*: Atlas der Erlebniswelten. Frankfurt/M.: Eichborn 2000. Karte 3;